LA PUISSANCE DU SERPENT
(The Serpent Power)

OUVRAGES DU MÊME AUTEUR
publiés en français

Aux Éditions Orientales
LA DOCTRINE DU MANTRA — La Guirlande des Lettres/Varnamâlâ, traduit de l'anglais par Alain Porte — Paris, 1979.

Aux Éditions Dervy-Livres/Trismégiste
INTRODUCTION A L'HINDOUISME TANTRIQUE — concepts et pratiques, traduit par M. Shibata — Paris, 1983.

Collection « Mystiques et religions »

Arthur AVALON
(Sir John WOODROFFE)

LA PUISSANCE DU SERPENT

(THE SERPENT POWER)

Introduction au Tantrisme

Traduit par Charles VACHOT
sur la 4e édition anglaise, Ganesh et Cie à Madras 1950
Préface de Jean HERBERT

*Ouvrage orné de 8 planches en couleurs
et de 4 tableaux dont 1 hors-texte*

DERVY-LIVRES
26, rue Vauquelin
PARIS Ve

© *by Ed. Ganesh & Cº à Madras 17*
© *et Dervy Livres à Paris pour les pays de langue française, 1971 à 1985*
ISBN 2-85076-054-4

PRÉFACE

L'image que les Occidentaux se font du tantrisme découle généralement de certaines manifestations spectaculaires et dégénérées qu'ils ont eu l'occasion d'en voir ou, bien plus souvent encore, qui leur ont été décrites après avoir passé par de très nombreux intermédiaires. D'autre part certains auteurs occidentaux qui n'en avaient pratiquement aucune connaissance ont publié sur ce sujet des livres d'une complète fantaisie en faisant croire qu'ils en avaient une expérience directe, et malheureusement de tels ouvrages ont connu de très gros succès de librairie. Aussi sommes-nous fort tentés de prendre le tantrisme pour un ensemble de pratiques fort peu recommandables, plus orientées vers la sensualité et la sexualité que vers la spiritualité, qui se poursuivent dans un secret propice à la magie noire et aux orgies les plus abominables.

Or il se trouve que les plus grands maîtres spirituels de l'Inde moderne revendiquent hautement leur appartenance aux écoles sur lesquelles nous faisons peser de si graves soupçons. Shrî Râmakrishna avait fait personnellement l'expérience complète des soixante-quatre disciplines tantriques. Shrî Aurobindo me disait lui-même qu'il se considérait plus tantriste que védântiste, et cela apparaît d'ailleurs à tous les lecteurs avertis de ses œuvres. Mâ Ananda Moyî, Mahâmahopadhyâya Pandit, Gopînâth Kavirâj ne cachent pas qu'ils le sont aussi. Et lorsqu'à Bénarès, dans le lieu saint du shivaïsme, les moines les plus rigoureusement advaïtistes, disciples de Shankara, sont parvenus au point suprême de leur discipline, à la conscience de l'Absolu, au nirvikalpa samâdhi, ils sollicitent, pour aller plus loin, la faveur d'adorer la Déesse sous son aspect suprême de Râjarâjeshvari. Cela ne surprend d'ailleurs que les Occidentaux, car tous les Hindous savent fort bien que le maître de tous les advaïtistes, Shankarâchârya, était un grand adorateur de la Mère Divine, à qui il a consacré ses plus beaux hymnes.

En réalité on peut sans doute compter sur les doigts les Occidentaux qui ont été véritablement initiés dans les enseignements et les cultes extrêmement hermétiques que comporte le tantrisme.

Or, dans une telle discipline, l'instruction n'est donnée par le Gourou au disciple que très progressivement, au fur et à mesure que ce dernier montre à la fois qu'il a assimilé tout ce qui lui a été donné et qu'il est digne d'en recevoir davantage. Les lamas tibétains n'accèdent aux plus hauts grades qu'après des études qui peuvent se prolonger pendant soixante années, au cours de chacune desquelles ils peuvent être appelés non seulement à mémoriser un millier de pages de textes terriblement ardus, mais encore à les mettre en pratique.

Plus que dans d'autres enseignements du même ordre, dans les textes qui sont transmis, et dont une faible partie seulement a été mise par écrit et bien moins encore imprimée, l'auteur reste volontairement obscur et ambigu, et la possession matérielle d'un tel document reste sans aucune utilité pour celui à qui un maître ne vient pas l'expliquer. Par ailleurs, tous ces textes comportent un nombre parfois important de significations successives, toutes authentiques et aucune ne contredisant les autres, mais chacune allant plus loin et plus haut que celles de caractère plus exotérique.

L'auteur du présent volume est un de ces très rares Européens qui ont reçu d'authentiques initiations, et si les livres importants qu'il a publiés et traduits du sanskrit sont souvent à peu près inintelligibles, ce n'est pas par sa faute, mais par suite de la nature même du texte et par suite aussi de ce que le traducteur n'a pu révéler la compréhension ésotérique qu'il en avait obtenue que dans la faible mesure où son instructeur lui-même le lui a permis. C'est pourquoi les textes qu'a composés lui-même Arthur Avalon, s'ils vont infiniment moins loin que les ouvrages sanskrits communiqués par lui, sont bien plus accessibles et peuvent nous apporter une connaissance qui, sans être approfondie, n'en a pas moins le mérite d'être véridique. C'est le cas de « *la Puissance du Serpent* » que M. *Charles Vachot a traduite en français aussi bien qu'il est possible de le faire.*

Il faut pourtant mettre le lecteur solennellement en garde contre la tentation à laquelle il pourra être soumis d'essayer dans la pratique ce qu'il aura compris ou cru comprendre de ces enseignements. Justement parce qu'ils sont absolument vrais et extrêmement puissants, ils sont infiniment dangereux. Celui qui s'y aventure sans être guidé par un maître authentique — ce qui est presque certainement impossible en Occident — se trouvera dans une situation fort analogue à un enfant qu'on laisserait jouer avec toutes les drogues garnissant une pharmacie, ou se promener avec une torche dans un magasin d'artificier. Troubles cardiaques incurables, destruction lente de la moëlle épinière, désordres sexuels et folie attendent ceux qui s'y risquent.

JEAN HERBERT.

AVERTISSEMENT DU TRADUCTEUR

La *Puissance du Serpent* fut rédigée en guise d'introduction à la traduction anglaise (1) de deux ouvrages sanskrits, précédemment publiés par Avalon dans la langue originale seulement (2) : le *Shatchakranirûpana*, ou *Description des Six Centres Corporels*, constituant le sixième chapitre, en cinquante-cinq versets, d'un écrit sur le rituel tantrique intitulé *Shrîtattvachintâmani* et composé au XVIe siècle par Pûrnânanda ; le *Pâdukâpanchaka*, ou *Quintuple Piédestal du Guru*, en sept versets ; chacun des versets de ces deux textes étant accompagné de son commentaire par Kâlîcharana.

En réalité, *La Puissance du Serpent* est une substantielle introduction au Tantrisme en général, et qui demeure sans doute la plus autorisée ; la seule autorisée peut-être, au sens plein du terme (3). Ce fut le dernier ouvrage publié sous le pseudonyme d'Arthur Avalon par Sir John Woodroffe, juriste et juge éminent, qui pourtant, avec la collaboration de sa

---

(1) Parue en 1918 chez Luzac, à Londres.

(2) *Tântrik Texts*, vol. II. Le texte sanskrit figure à la suite du texte anglais dans les éditions de *The Serpent Power* parues en 1922, 1931, 1950 et 1953 chez Ganesh, à Madras.

(3) « A l'exception de l'œuvre d'Arthur Avalon (Sir John Woodroffe), les études, traductions et commentaires publiés récemment en Occident relèvent de la plus entière fantaisie... Jusqu'ici il semble bien n'y avoir eu qu'un seul Occidental, Sir John Woodroffe (Arthur Avalon) qui ait reçu une véritable initiation tantrique et qui ait été autorisé par des maîtres compétents à publier des textes et des commentaires. Ses ouvrages,

femme Ellen Avalon, consacra le meilleur de sa vie à l'étude
du Tantrisme, à la publication de quelques-uns de ses textes
capitaux, à l'exposition lucide de ce qui pouvait en être
exposé. Son œuvre lui valut l'estime et la gratitude des
Hindous comme des hindouistes compétents ; elle reste pour
nous la clef la plus sûre d'une doctrine inconnue ou mé-
connue, réservée entre toutes : réservée, est-il dit, à l'intention
de notre époque, le Kali-Yuga, le Quatrième et Dernier Age
des traditions unanimes.

Aussi ne donnerons-nous de bibliographie que la liste
des autres ouvrages de cet irremplaçable introducteur :

Introduction to Tantra Shâstra ;
Shakti and Shâkta ;
Garland of Letters ;
The World as Power ;
Mahâmâyâ.

On lui doit aussi :

une analyse du *Tantrarâja Tantra ;*
la traduction du *Tantratattva (Principles of Tantra) ;*
celle du *Mahânirvâna Tantra (The Great Liberation) ;*
celle de divers hymnes à la Devî tirés des Tantra, des
Purâna, du *Mahâbhârata* et de Shankarâchârya *(Hymns to
the Goddess) ;*
la publication du *Kulachûdâmani Nigama ;*
et celle, avec traduction anglaise et commentaire, des
textes suivants :

Kâmakalâvilâsa ;
Karpûrâdi Stotra (Hymn to Kâlî) ;
Anandaharî (Wave of Bliss) ;
Manimnastava (Greatness of Shiva) ;
Isopanishad.

Tous ces ouvrages sont publiés chez Ganesh, à Madras.

_____

heureusement abondants, autant que consciencieux et métho-
diques, dans l'exposé d'un sujet extraordinairement difficile et
délicat, sont donc les seules sources authentiques auxquelles on
puisse actuellement puiser. » Jean Herbert, *Spiritualité hindoue*
(Albin Michel, 1947), pp. 308, 407-408.

I

INTRODUCTION

Il sera traité ici d'une forme particulière de Yoga tantrique nommée Kundalinî Yoga, ou, dans certains ouvrages, Bhûta-shuddhi. Ces noms évoquent d'une part la Kundalinî Shakti, Puissance Suprême présente dans le corps humain et dont l'éveil permet la réalisation du Yoga, d'autre part la purification des Eléments du corps (Bhûta-shuddhi) qui se produit lors de cette réalisation. Ce Yoga s'effectue suivant une technique appelée Shat-chakra-bheda, c'est-à-dire percement des six Centres ou Régions (Chakra) ou Lotus (Padma) du corps, sous l'action de la Kundalinî Shakti, que, pour lui donner une désignation occidentale, j'ai nommée ici la Puissance du Serpent (1). Kundala signifie *lové*. La puissance est la Déesse (Devî) Kundalinî, celle qui est lovée ; car Sa forme est celle d'un serpent lové et endormi dans le plus bas des centres corporels, à la base de la colonne vertébrale, tant qu'Elle n'est pas éveillée par le Yoga qui porte Son nom. Kundalinî est l'Energie Cosmique Divine dans les corps. Les Saptabhûmi, ou sept régions (Loka) (2), sont une interprétation populaire, une présentation exotérique de l'enseignement profond du Tantrisme touchant les sept centres (3).

---

(1) Un des noms de cette Devî est Bhujangî, le Serpent.

(2) Les sept « mondes » : Bhûh, Bhuvah, Svah, Mahah, Jana, Tapah, Satya. (Voir Avalon, *Wave of Bliss*, Comm. du v. 35.) Les Loka sont « ce qui est vu » (lokyante), c'est-à-dire atteint, et sont par suite les fruits du Karma sous la forme d'une renaissance particulière. (Voir Satyânanda, Comm. de l'*Isha Up.*, Mantra II, p. 258).

(3) C'est-à-dire les six Chakra et le centre cérébral supérieur, ou Sahasrâra. Il sera parlé plus loin des Upanishad et des Purâna.

Ce Yoga est appelé tantrique pour plusieurs raisons. Certes, on le trouve mentionné dans les Yoga Upanishad relatives aux Centres, ou Chakra, et dans quelques-uns des Purâna. Les traités sur le Hathayoga s'en occupent également. Nous trouvons même des conceptions analogues dans des systèmes étrangers à l'Inde, à laquelle il est possible qu'ils les aient empruntées dans certains cas. C'est ainsi que dans le *Risala-i-haq-numa*, du prince Mahomed Dara Shikoh (4), sont décrits les trois centres « Mère du Cerveau » ou « Cœur sphérique » *(Dil-i-muddawar)* ; « Cœur de cèdre » *(Dil-i-sanowbari)* ; et « Cœur de lis » *(Dil-i-nilofari)* (5). On peut trouver d'autres allusions dans les ouvrages des Soufis de l'Islam. Par exemple certaines confréries soufiques (comme les Naqshbandi) ont, dit-on (6), imité, ou plutôt emprunté, la méthode de la Kundalinî pratiquée par les Yogî de l'Inde (7) comme moyen de réalisation (8). On me dit que des correspondances se peuvent discerner entre les Shâstra de l'Inde et, chez les Mayas d'Amérique, le livre sacré des Zunis appelé *Popul Vuh* (9). Mon informateur me dit que leur « tube à air » est la Sushumnâ ; leur « double tube à air », les Nâdî Idâ et Pingalâ. « Hurakan », l'éclair, est Kundalinî, et les centres sont représentés par des symboles animaux. On expose, m'a-t-on rapporté, des conceptions analogues dans l'enseignement secret d'autres communautés. Que la doctrine et la pratique soient largement répandues, nous pouvions nous

---

(4) *La Boussole de Vérité.* L'auteur était le fils aîné de l'empereur Shah-i-Jehan, et il mourut en 1659 de notre ère. On prétend que son enseignement est celui de la doctrine secrète de l'« Apôtre de Dieu ».

(5) Ch. I sur *Alam-i-nasut:* le plan physique, ou ce que les Hindous appellent l'état Jâgrat. (Ed. Rai Bahadur Srisha Chandra Vasu).

(6) Voir Shaikh Muhammad Iqbal, *The Development of Metaphysics in Persia*, p. 110.

(7) Al-Biruni traduisit en arabe, dit-on, les œuvres de Patanjali, et aussi les Sânkhya Sûtra, au début du XIᵉ siècle.

(8) L'auteur dit pourtant : « De telles méthodes de contemplation n'ont pas du tout un caractère islamique, et les Soufi supérieurs ne leur attachent aucune importance ».

(9) On me dit qu'une traduction fut commencée, puis abandonnée, par l'occultiste James Pryse dans *Lucifer*, l'ancien journal théosophique, que je n'ai pas vu.

y attendre, si elles reposent sur une réalité. Cette forme de
Yoga est, cependant, particulièrement associée aux Tantra
ou Agama, et d'abord parce que ces Ecritures lui sont en
grande partie consacrées. En fait, les descriptions métho-
diques, détaillées, pratiques qui ont été mises par écrit, se
trouvent principalement dans les ouvrages sur le Hathayoga
et dans les Tantra, qui sont les manuels, non seulement du
culte, mais de l'occultisme hindou. D'autre part, le Yoga
réalisé par action sur le centre inférieur semble caractéristique
du système tantrique, dont les adeptes sont les gardiens du
savoir technique par lequel les indications générales des
livres peuvent être mises en pratique. En outre, ce système
est d'un caractère tantrique en raison de son choix d'un
centre principal de conscience. Dans l'antiquité, on a localisé
en diverses parties du corps le siège de l'« âme » ou de la vie :
par exemple dans le sang (10), le cœur, le souffle. Le cerveau
n'a pas été, en général, considéré comme étant ce siège.
Le système védique admet que le cœur est le centre principal
de la Conscience, conception dont il reste un souvenir dans
des expressions comme « prendre à cœur » et « apprendre
par cœur ». Sâdhaka, qui est l'une des cinq fonctions de
Pitta (11), et qui est situé dans le cœur, collabore indirectement à l'accomplissement des fonctions cognitives en maintenant le rythme des contractions du cœur, et l'on a supposé (12) que peut-être ce fut cette conception du cœur qui
prédisposa les physiologistes de l'Inde à le tenir pour le
siège de la connaissance. Selon les Tantra, cependant, les
centres de conscience principaux se trouvent dans les Chakra
du système cérébro-spinal et dans le sommet du cerveau
(Sahasrâra), bien que le cœur soit aussi reconnu pour un
siège du Jîvâtmâ, l'esprit incarné, sous son aspect de principe
vital ou Prâna (13). C'est pourquoi le premier verset du

---

(10) Cf. l'expression biblique : « Le sang est la vie ».

(11) Voir Avalon, *Tântrik Texts*. Introduction au vol. III
(*Prapanchasâra Tantra*), p. 12.

(12) Kavirâja Kunjalâla Bhishagaratna, dans son édition de
la *Sushruta Samhitâ*. On peut cependant donner cette autre
explication, qu'au cours de l'histoire humaine l'importance des
divers centres de perception a réellement varié.

(13) Selon certaines conceptions hindoues, le cerveau est le

Shatchakranirûpana parle du Yoga qui doit être réalisé
« selon les Tantra » (Tantrânusârena), c'est-à-dire, comme
le dit Kâlîcharana, son Commentateur, « en suivant l'autorité des Tantra ».

On s'est occupé de ces choses ces derniers temps, dans
des ouvrages occidentaux de tendance occultiste. En général
leurs auteurs ont voulu exposer ce qu'ils croyaient être la
théorie hindoue sur cette question, mais avec des inexactitudes considérables. Celles-ci ne sont d'ailleurs nullement
l'apanage des études de ce genre. Ainsi, pour ne prendre
que deux exemples dans deux catégories différentes, nous
trouvons, dans un dictionnaire sanskrit bien connu (14), les
Chakra définis comme « des cercles ou des dépressions *(sic)*
du corps, utilisés pour des buts de mystique ou de chiro-
mancie », et leur localisation est presque en tous points
erronée. Le Mûlâdhâra est inexactement décrit comme situé
« au-dessus du pubis ». Quant au Svâdhishthâna, il ne
correspond nullement à la région ombilicale. Anâhata n'est
pas la racine du nez, mais le centre spinal de la région du
cœur ; Vishuddha n'est pas « le creux entre les sinus fron-
taux », mais le centre spinal de la région de la gorge. Ajnâ
n'est pas la fontanelle où se réunissent les sutures coronale
et sagittale, qu'on donne pour le Brahmarandhra (15), mais
se trouve à l'emplacement assigné au troisième œil, ou
Jnânachakshu. D'autres, sans tomber dans des erreurs aussi
grossières, ne sont pas exempts d'inexactitudes mineures.
C'est ainsi qu'un auteur dont la connaissance des choses
occultes était, me dit-on, considérable, parle de la Sushumnâ
comme d'une « force » qui « ne peut être mise en action
tant qu'Idâ et Pingalâ ne l'ont pas précédée », qui « passe,
accompagnée d'un choc violent, par chaque section de la

centre du mental et des sens, et le cœur celui de la vie. Charaka
dit que le cœur est la racine d'où proviennent toutes les autres
parties du corps, et qu'il est le centre de certaines fonctions ou
de certains organes. Selon Sushruta, le cœur est le siège des
sensations.

(14) Le *Dictionnaire Sanskrit* du Professeur Monier William,
à l'article « Chakra ».

(15) Ce terme s'emploie aussi pour désigner la Brahmanâdî,
cette dernière étant la voie par où l'on atteint le Brahmarandhra
dans le cerveau.

moelle épinière », et qui, une fois éveillé le plexus sacré, suit la moelle et frappe le cerveau, avec ce résultat que le néophyte se sent « comme une âme désincarnée, seule dans l'abîme ténébreux de l'espace vide, en proie à une terreur et une épouvante indicibles ». Il écrit aussi que le « courant » de Kundalinî s'appelle Nâdî ; que la Sushumna s'allonge comme un nerf jusqu'au Brahmarandhra ; que les Tattva sont au nombre de sept ; et autres inexactitudes. La Sushumnâ n'est pas une « force » (16), elle ne suit ni ne frappe rien, mais elle est la plus extérieure des trois Nâdî, qui canalisent la force libérée par l'éveil de la Devî nommée Kundalinî, la Puissance Cosmique dans les corps, force qui n'est pas elle-même une Nâdî, mais passe par la plus intérieure, ou Chitrinî Nâdî, qui se termine au lotus à douze pétales au-dessous du Sahasrâra, d'où l'on s'élève au Brahmarandhra. Il serait facile de relever d'autres erreurs chez des auteurs qui ont traité ce sujet. Il sera plus profitable d'exposer, aussi correctement que le permettra mon savoir, ce mode de Yoga. Mais je veux ajouter que certains auteurs hindous modernes ont contribué, pour leur part, à répandre des idées fausses sur les Chakra en les décrivant d'un point de vue purement matérialiste ou physiologique : ce qui n'est pas seulement une inexactitude, mais une trahison ; car la physiologie ignore les Chakra tels qu'ils sont en réalité, c'est-à-dire comme centres de conscience, et l'activité de Sûkshma Prâna-vâyu, ou force vitale subtile ; bien qu'elle s'occupe du corps grossier qui leur est associé. Ceux qui n'en appellent qu'à la physiologie ont des chances de ne pas recevoir satisfaction.

Nous pouvons signaler ici la description faite par un auteur « théosophique » bien connu (17), de ce qu'il appelle les « centres de Force » et le « Feu du Serpent », dont il dit avoir fait l'expérience personnelle. Bien qu'il parle aussi du Yoga Shâstra, il est peut-être bon de préciser que son exposé ne prétend pas représenter l'enseignement des Yogî hindous (dont cet auteur dénigre quelque peu la compétence en leur propre Yoga), mais qu'il est donné comme l'explication personnelle et originale (confirmée,

---

(16) Excepté en ce sens que tout est manifestation de la puissance.

(17) C.W. Leadbeater, *The Inner Life*, pp. 143-478, 1re série.

dans sa pensée, par certains aspects de la doctrine hindoue)
de l'expérience personnelle que, dit-il, il a connue. Cette
expérience consiste, semble-t-il, en l'éveil conscient du
« Feu du Serpent » (18), avec la vision « astrale » et mentale
qu'il apporte et qui lui a révélé, croit-il, ce qu'il nous
expose (19). Les centres, ou Chakra, du corps humain sont
décrits comme des tourbillons de matière « éthérique » (20),
dans lesquels se précipite, venue du monde « astral » (21), et
à angle droit avec le plan du disque tournoyant, la septuple
force du Logos apportant « la vie divine » dans le corps
physique. Bien que ces sept forces opèrent toutes sur tous
les centres, en chacun d'eux une forme particulière de force
prédomine nettement. Cette irruption de forces est censée
déterminer à la surface du « double éthérique » des forces
secondaires formant angle droit avec elles. La force première,
en entrant dans le tourbillon, rayonne de nouveau en lignes
droites, mais à angle droit. Le nombre de ces radiations de
la force première détermine, paraît-il, le nombre de « pétales »
(comme disent les Hindous) que déploie le « Lotus » ou
tourbillon. La force secondaire, en se précipitant autour du
tourbillon, produit l'apparence de pétales de fleur, ou « peut-
être plus exactement de soucoupes ou de vases peu profonds
en verre ondulé et irisé ». Ainsi, en supposant un tourbillon
éthérique soumis à l'arrivée d'une force du Logos, les « Lotus »
décrits dans les livres hindous et le nombre de leurs pétales
sont également expliqués par l'auteur, qui substitue au centre
Svâdhishthâna un lotus à six pétales situé au niveau de la
rate, (22) et corrige le nombre des pétales du lotus de la

---

(18) Comparons sa théorie avec la théorie hindoue. La Devî
ou Déesse, nous l'avons dit, est appelée Bhujangî ou Serpent,
parce qu'au centre le plus bas (Mûlâdhâra) Elle est « enroulée »
autour du Linga. « Enroulée » signifie « au repos ». La
Puissance Cosmique dans les corps est ici au repos ; une fois
éveillée elle est ressentie comme une chaleur intense.

(19) Certaines Siddhi ou pouvoirs occultes s'acquièrent à
chaque centre à mesure que s'élève le Yogî.

(20) Les pétales du lotus sont Prâna-shakti manifestée par
Prâna-vâyu, la force vitale. Chaque lotus est un centre d'une
forme différente de « matière » (Bhûta) qui y prédomine.

(21) C'est là un terme occidental.

(22) Non mentionné dans le *Shatchakranirûpana*.

tête, qui, déclare-t-il, n'est pas mille, comme le disent les traités de Yoga tantrique, « mais exactement 960 » (23). Le centre « éthérique » qui maintient en vie le véhicule physique correspondrait à un centre « astral » à quatre dimensions, mais entre elles se trouve une gaine ou un réseau de tissu serré, composé d'une seule couche comprimée d'atomes physiques, qui empêche l'ouverture d'une communication prématurée entre les plans. Il existerait une manière de les ouvrir ou développer correctement, afin d'introduire des plans supérieurs, par ce canal, plus qu'il n'en passe ordinairement. Chacun de ces centres « astraux » a certaines fonctions : au nombril s'obtient un simple pouvoir de sentir ; à la rate, le « voyage conscient » en corps astral ; au cœur, « le pouvoir de comprendre les vibrations d'autres entités astrales et de sympathiser avec elles » ; à la gorge, le pouvoir d'entendre sur le plan astral ; entre les sourcils, la « vue astrale » ; au « sommet de la tête », la perfection de toutes les facultés de la vie astrale (24). C'est pourquoi l'auteur dit que ces centres jouent le rôle, dans une certaine mesure, d'organes des sens pour le corps astral. Dans le premier centre, « à la base de la moelle épinière », est le « Feu du Serpent », ou Kundalinî, qui existe en sept couches ou sept degrés de force (25). Ce « Feu » est la manifestation dans la matière éthérique, sur le plan physique, de l'une des grandes forces cosmiques, l'une des puissances du Logos, dont la vitalité et l'électricité sont des exemples. Autre, paraît-il, est Prâna, la vitalité (26). Les « centres éthériques », une fois

---

(23) On semble accorder si peu d'attention à l'exactitude en cette matière, qu'on néglige une des lettres pour faire 1.000 pétales, c'est-à-dire 50×20. « Mille », ici, n'est qu'un symbole de grandeur.

(24) Certaines Siddhi s'acquièrent, comme nous l'avons dit, à chaque centre. Mais le sommet de la tête est bien au delà de la vie « astrale ». Là s'obtient le Samâdhi, ou union avec la Conscience Suprême.

(25) Parashabda, qui est Kundalinî sous son aspect de cause de tous les sons, a sept aspects, de Kundalî à Bindu.

(26) Kundalî est Shabdabrahman ou le « Verbe » (Vâk) dans les corps, Elle est en Sa propre forme (Svarûpa) Conscience Pure, et Elle est toutes les Puissances (Sarvashaktimayî). Kundalinî est en fait l'énergie cosmique dans les corps, et comme telle

complètement éveillés par le « Feu du Serpent », sont censés
amener à la conscience physique la qualité, quelle qu'elle
soit, inhérente au centre astral qui lui correspond. Une fois
vivifiés par le « Feu du Serpent », ils deviennent des portes
faisant communiquer les mondes physique et « astral ».
Quand l'éveil astral de ces centres a eu lieu pour la première
fois, la conscience physique n'en fut pas avertie. Mais le
corps sensible peut maintenant « être amené à partager tous
ces avantages en répétant ce processus d'éveil avec les
centres éthériques ». On y parvient en éveillant, par la force
de la volonté, le « Feu du Serpent », qui existe vêtu « de
matière éthérique sur le plan physique, et dort (27) dans le
centre éthérique correspondant, celui qui se trouve à la
base de la moelle ». Les centres supérieurs en sont vivifiés,
ce qui a pour effet d'amener à la conscience physique les
puissances éveillées par le développement des centres astraux
qui leur correspondent. En un mot, on commence à vivre sur
le plan astral, ce qui ne serait pas absolument un bénéfice,
n'était que l'accès au monde céleste s'obtient, dit notre
auteur, à la fin de la vie sur ce plan (28). Ainsi, au deuxième
centre, on a conscience dans le corps physique « de toutes
sortes d'influences astrales, avec le vague sentiment qu'il en
est d'amicales et d'autres hostiles, sans qu'on sache le moins
du monde pourquoi ». Au troisième centre on devient capable
de se rappeler, « en partie seulement », de vagues voyages
dans l'astral, avec parfois le demi-souvenir d'une sensation
délicieuse de voler à travers les airs. Au quatrième centre
l'homme connaît d'instinct les joies et les peines des autres
reproduisant parfois en lui-même leurs maux et leurs souffrances physiques. A l'éveil du cinquième centre il entend

---

la cause de tout, et, bien que manifestée en elles, non limitée par
aucune de Ses productions.

(27) Kundalinî est appelée le Serpent (Bhujangî). Elle dort
dans le Mûlâdhâra. Elle dort, parce qu'Elle repose. Alors la
conscience de l'homme est éveillée au monde, Sa création, dans
laquelle Elle demeure immanente. Lorsqu'Elle s'éveille et que le
Yoga est réalisé, l'homme « dort au monde » et jouit d'une
expérience transcendante.

(28) Le but du Kundalî Yoga est au delà de tous les mondes
célestes. Aucun Yogî ne cherche « le Ciel », mais l'union avec
ce qui est la source de tous les mondes.

des voix « qui lui suggèrent toutes sortes de choses ». Parfois
il entend de la musique, « ou d'autres bruits moins agréables » (29). Un complet développement procure la clair-
audience sur le plan « astral ». L'éveil du sixième centre
produit des résultats qui sont d'abord d'un caractère insi-
gnifiant, comme « d'entrevoir des paysages et des nuages
colorés », mais par la suite atteignent à la clairvoyance.
Il y aurait ici un pouvoir d'agrandissement obtenu au moyen
d'un tube « éthérique » flexible qui ressemble au « serpent
microscopique figuré sur la coiffure des Pharaons ». Le
Pouvoir d'étendre ou de limiter la vision de ce « serpent
microscopique » expliquerait la possibilité, dont parlent les
livres anciens, de se rendre grand ou petit à volonté (30).
Quand le corps pituitaire est mis en état de fonctionner,
il forme un lien avec le véhicule astral, et quand le Feu
atteint le sixième centre, et le vivifie pleinement, la voix du
« Maître » (qui dans ce cas signifie le Soi supérieur à ses
degrés divers) se fait entendre (31). L'éveil du septième
centre permet de quitter le corps en pleine conscience.
« Quand le feu est ainsi passé par tous ces centres dans un
certain ordre (qui varie pour les différents types humains),
la conscience s'élève graduellement jusqu'à l'entrée dans le
monde céleste (32) à la fin de la vie sur le plan astral ».

Il y a quelques ressemblances entre cet exposé et l'enseignement du Yoga Shâstra, dont l'auteur cité semble avoir,
d'une manière générale, une certaine connaissance, et qui a
pu lui suggérer quelques traits. D'abord, on nous parle de
sept centres, qui, à une exception près, correspondent aux
Chakra. L'auteur dit qu'il existe trois autres centres inférieurs, mais que la concentration sur eux est pleine de danger.
Ce qu'ils sont, on ne le précise pas. Il n'existe pas, que je
sache, de centre inférieur au Mûlâdhâra (comme l'implique

---

(29) D'après le *Shatchakranirûpana*, le son du Shabdabrahman
est perçu dans l'Anâhata, ou quatrième centre.

(30) Il n'est pas fait mention de ce « serpent » dans les textes.
Les Siddhi (Animâ, etc.) n'en ont aucun besoin. C'est la conscience
qui s'identifie avec le petit ou le grand.

(31) Comme le dit le *Shatchakranirûpana*, l'Ajnâ est ainsi
nommé parce qu'en lui est reçu le commandement du Guru
d'en haut.

(32) Voir note 28.

le nom même de « centre-racine »), et le seul centre voisin, qui est exclu dans l'exposé précédent, est le centre Apas Tattva, ou Svâdhishthâna. Ensuite il est question de cette Force, « le Feu du Serpent », que les Hindous nomment Kundalinî, située dans le centre le plus bas, le Mûlâdhâra. Enfin, l'effet de l'éveil de cette force, qui est accompli par la puissance de la volonté (Yogabala) (33), exalterait la conscience physique, en passant par les plans ascendants, jusqu'au « monde céleste ». Pour employer l'expression hindoue, l'objet et le but de Shat-chakra-bheda est le Yoga. Celui-ci est finalement l'union avec le Soi Suprême ou Paramâtmâ ; mais il est évident que le corps dans son état actuel étant déjà, bien qu'inconsciemment, en Yoga, sans quoi il ne saurait exister, tout pas fait consciemment vers le haut est Yoga, et il en existe bien des degrés avant que soit obtenue la Délivrance complète ou Kaivalya Mukti. Ce degré, et, en vérité, bon nombre des degrés précédents, sont bien au delà du « monde céleste » dont parle l'auteur. Les Yogî ne s'intéressent pas au « monde céleste », mais cherchent à le dépasser ; sinon, ils ne sont nullement des Yogî. Ce que semble accomplir, dans cette théorie, la force manifestée, c'est l'exaltation des qualités mentales et morales de l'opérateur, telles qu'elles existaient lorsque se révéla à lui cette force. Mais s'il en est ainsi, une telle exaltation peut être aussi peu désirable que l'état originel. En dehors de la nécessité de posséder santé et force, la pensée, la volonté et la moralité qu'on se propose de soumettre à son influence doivent être d'abord purifiées et fortifiées, avant d'être intensifiées par l'influence vivificatrice de la force éveillée. En outre (34), les Yogî disent que la percée du Brahmagranthi ou « nœud » (35) entraîne parfois une souffrance considérable, des désordres physiques, et même la maladie, comme en peut fort bien entraîner la concentration sur un centre tel que le nombril (Nâbhipadma).

Pour user de termes hindous, le Sâdhaka doit être qualifié

_____

(33) A l'aide de la purification du corps, et de certains Asana et Mudrâ, dont il sera parlé plus loin.

(34) Voir Avalon, *Mahânirvâna Tantra*, CXXIV, 1re édit.

(35) Il y a trois « nœuds » qui doivent être percés : ce sont des centres où la force de Mâyâ est particulièrement puissante.

(Adhikârî), et sa qualification déterminée par son Guru, qui peut seul enseigner la méthode effective du Yoga. Les dangers possibles que signale l'auteur dépassent, cependant, tous ceux qui m'ont été mentionnés par les Hindous eux-mêmes : ceux-ci, en général, semblent tout ignorer d'une « sorcellerie phallique » à laquelle l'auteur fait allusion, parlant d'Ecoles de « Magie Noire » (apparemment occiden-tale), qui se serviraient de Kundalinî pour stimuler le centre sexuel. Un autre auteur déclare (36) : « Le simple amateur qui se mêlerait du pseudo-occulte ne ferait que dégrader son intelligence par les puérilités du psychisme, il deviendrait la proie de la funeste influence du monde des fantômes, ou ruinerait son âme par les pratiques répugnantes de la sorcel-lerie phallique, comme le font, aujourd'hui même, des milliers d'égarés ». En est-il ainsi ? Il est possible qu'une concentration perverse ou mal dirigée sur les centres sexuels et ceux qui leur sont associés ait l'effet signalé. Et il se peut que le Commentateur Lakshmîdhara y fasse allusion quand il parle des Uttara Kaula qui éveillent Kundalinî dans le Mûlâdhâra pour satisfaire leurs désirs de jouissance terrestre, et ne tentent pas de La conduire vers le Centre Supérieur qui est l'objet du Yoga en quête de la félicité transcendante. De ceux-là, un vers sanskrit dit qu'« ils sont les véritables prostitués ». Je n'ai jamais entendu, pourtant, d'Hindous parler de ces choses, probablement parce qu'elles sont étrangères au Yoga pris dans son sens habituel, et aussi parce qu'en raison de la discipline préalable requise de ceux qui voudraient entreprendre ce Yoga, de la nature de leurs pratiques, et du but qu'ils ont en vue, une telle possibilité n'entre pas en considération. L'Hindou qui pratique le Yoga tantrique, ou toute autre sorte de Yoga spirituel, ne le fait pas d'ordinaire par curiosité de l'occultisme ou par désir d'acquérir des expériences « astrales » ou d'un genre similaire (37). Son

---

(36) *The Apocalypse Unsealed* p. 62.

(37) Ceux qui pratiquent réellement une magie de l'espèce mentionnée n'opèrent que dans le centre le plus bas ; ils ont recours au Prayoga, qui conduit à la Nâyika Siddhi, par laquelle on a commerce avec des esprits féminins et autres entités. La voie décrite en cet ouvrage est celle de la Délivrance, et n'a rien à voir avec la magie noire sexuelle.

attitude, en cela comme en tout le reste, est essentiellement
religieuse, basée sur une foi solide en Brahman (Sthiranishthâ),
et inspirée par un désir d'union avec Lui, c'est-à-dire de
Délivrance.

Les qualifications pour le Tantra (Tantrashâstradhikâra),
le deuxième chapitre du *Gandharva Tantra* les décrit comme
il suit. L'aspirant doit être intelligent (Daksha), avoir la
maîtrise de ses sens (Jitendriya), s'abstenir de nuire à aucun
être (Sarvahimsâvinirmukta), faire toujours le bien à tous
(Sarvaprânihite ratah), être pur (Shuchi), croire au Veda
(Astika), avoir sa foi et son refuge en Brahman (Brahmish-
thah, Brahmavâdi, Brâhmî, Brahmaparâyana), et être non-
dualiste (Dvaitahîna). « Un tel homme est qualifié pour cette
Ecriture, sinon il n'est pas un Sâdhaka. » (So'smin shâstre,
dhikarî syât tadanyatra na Sâdhaka.) Avec une telle attitude il est possible, comme l'indique un auteur hindou
(voir plus loin, ch. VII), que la concentration sur les centres
inférieurs associés aux passions puisse, bien loin de stimuler
ces dernières, les apaiser. Il est fort possible, d'autre part,
qu'une attitude, des pratiques et un but différents produisent
un résultat différent. Parler, pourtant, de concentration sur
le centre sexuel est en soi-même propre à égarer, car les
Chakra ne sont pas dans le corps grossier, et la concentration
s'effectue sur le centre subtil, avec la Conscience qui le
gouverne, même si de tels centres peuvent avoir, en dernière
analyse, une relation avec la fonction physique grossière.
Sans doute y a-t-il également relation et correspondance
entre les Shakti des centres mental et sexuel, et la force du
second, si on la dirige vers le haut, exalte extraordinairement
toutes les forces mentales et physiologiques (38). En fait,
ceux qui sont « centrés » savent comment faire converger
toutes leurs forces sur l'objet de leur vouloir, et exercer,
puis utiliser toutes ces forces sans en négliger aucune. Ceux
qui ont l'expérience de cette méthode avouent cependant,
comme je l'ai signalé, qu'elle peut s'accompagner de certains
inconvénients ou dangers, et par suite on considère qu'elle
est à déconseiller à qui n'est pas pleinement qualifié.

---

(38) Le Mental, le Souffle et la Fonction sexuelle sont associés.
Le but du Yogî est de porter « sa semence vers le haut » pour être
« Urddhvaretâs ». Les Viparîta Mudrâ sont conçus dans ce but.

Il existe, d'autre part, de nombreuses et importantes
différences entre l'exposé que nous avons résumé plus haut,
et la doctrine sur quoi repose la forme de Yoga dont traite
cet ouvrage. La terminologie et la classification adoptées par
l'exposé peuvent être qualifiées de « théosophiques » (39) ;
et bien qu'il soit possible, à ceux qui sont familiarisés à la
fois avec cette terminologie et avec la terminologie hindoue,
d'établir des points de correspondance entre les deux systèmes,
on ne saurait admettre que la signification, même dans ces
cas privilégiés, soit exactement la même. Car, bien que la
doctrine « théosophique » soit largement inspirée des idées
hindoues, le sens qu'elle attribue aux termes hindous qu'elle
emploie n'est pas toujours celui que donnent à ces termes les
Hindous eux-mêmes. Il y a là parfois une source de confusion
et d'erreur, ce que les auteurs de cette doctrine eussent
évité en adoptant dans tous les cas leur nomenclature et
leurs définitions propres (40). Bien que pour exposer nos
conceptions le terme de « plans » soit acceptable, la division
en « principes » donne une plus juste image de la vérité.
Il n'est pas facile de mettre en parallèle avec une parfaite
exactitude les théories hindoue et théosophique sur les
principes de l'homme. On a dit, cependant (41), que le
corps physique se subdivise en corps « opaque » et corps
« éthérique » ; qu'ils correspondent aux Kosha Annamaya et
Prânamaya, et que le corps « astral » correspond au côté
« kâmique » ou affectif du Manomayakosha ou enveloppe

(39) Je sais bien que la Société Théosophique n'a pas de
doctrine officielle. J'appelle « théosophiques » les théories avancées
par ses principaux représentants et généralement acceptées par
ses membres. Je mets le mot entre guillemets pour désigner la
doctrine ainsi enseignée et admise par la Société, doctrine avec
laquelle la Théosophie, prise dans son sens général, ne s'identifie
pas nécessairement tout entière.

(40) Ainsi le sankritisant théosophique Srîsha Chandra Vasu,
dans son *Introduction to Yoga Philosophy*, appelle* le Linga
Sharîra « le double éthérique » (p. 35). Selon l'usage ordinaire
du terme hindou le Linga Sharîra est le corps subtil (Antahkarana et Indriya) véhiculé par les Tanmâtra, ou, selon d'autres
exposés, par les cinq Prâna. Ailleurs (p. 51), cet auteur l'appelle
le corps « astral », et ce qu'il dit des Chakra est plusieurs fois
en désaccord avec les textes que je connais.

(41) *Ancient Wisdom*, par le Dr A. Besant, p. 176,

mentale. Si l'on se base sur la correspondance invoquée, les
« centres éthériques » ou Chakra apparaissent, d'après
l'auteur, comme des centres d'énergie du Prâna-vâyu ou
Force vitale. Les lotus sont aussi cette force et des centres
de la conscience universelle. Kundalinî est la forme statique
de l'énergie créatrice dans les corps, qui est la source de
toutes les énergies, y compris Prâna. D'après cette théorie,
Kundalinî est une force distincte de Prâna, entendu dans le
sens de vitalité ou de principe vital, qui à son entrée dans
le corps se révèle par diverses manifestations de vie, les
Prâna secondaires, qu'on désigne du nom général de la force
elle-même (Prâna). Le *Shatchakranirûpana* (v. 10 et 11) dit
de Kundalinî : « C'est Elle qui maintient tous les êtres
(c'est-à-dire Jîva, Jîvâtmâ) par l'inspiration et l'expiration. »
Elle est donc la Prâna Devatâ, mais, comme Elle est Srishti-
sthitî-layâtmikâ (42), *toutes* les forces sont en Elle. Elle est,
en fait, le Shabdabrahman ou « Verbe » dans les corps.
La théorie que nous discutons semble s'écarter de celle des
Yogî sur la question de la nature des Chakra et sur celle
de leur vivification. D'après l'auteur anglais, les Chakra
sont tous des tourbillons de « matière éthérique », apparemment de la même espèce et sujets à la même influence
extérieure de la septuple force envahissante du « Logos »,
mais différents en ceci, que dans chacun des Chakra l'une
ou l'autre des sept forces est prédominante. D'autre part,
si, comme on l'affirme, le corps astral correspond au Manomayakosha, la vivification des Chakra apparaît alors comme
un éveil de l'aspect kâmique de l'enveloppe mentale. Dans
la doctrine hindoue, ces Chakra sont des centres différents
de conscience, de vitalité et d'énergie tâttvique. Chacun des
cinq Chakra inférieurs est le centre d'énergie d'un Tattva
grossier, c'est-à-dire de cette forme d'activité tâttvique ou
Tanmâtra qui manifeste le Mahâbhûta ou matière sensible.
Le sixième est le centre du Tattva mental subtil, et le
Sahasrâra n'est nullement désigné comme un Chakra. D'autre
part, comme nous l'avons dit, le centre splénique n'est pas
compris dans les six Chakra dont il est ici question.

Dans le système hindou, le nombre total des pétales
correspond au nombre des lettres de l'alphabet sanskrit (43),

(42) Voir Comm. du *Shatchakranirûpana*, v. 10 et 11.
(43) Elles sont tantôt 50, tantôt 51.

et le nombre des pétales de n'importe quel lotus particulier
est déterminé par la disposition des « nerfs » subtils ou
Nâdî qui l'entourent. Ces pétales, de plus, possèdent des
pouvoirs de son subtils, et sont au nombre de cinquante,
comme les lettres de l'alphabet sanskrit.

La *Shatchakranirûpana* décrit encore certaines choses qui
s'obtiennent par la contemplation de chacun des Chakra.
Quelques-unes sont d'un caractère général, comme la longévité, la libération du désir et du péché, la maîtrise des sens,
la connaissance, la puissance de la parole et la renommée.
Certaines de ces qualités, et d'autres encore, sont un résultat
commun de la concentration sur des Chakra divers. D'autres
sont données comme associées à la contemplation d'un centre
seulement. De telles affirmations semblent faites, non pas
nécessairement dans l'intention de noter exactement le
résultat spécifique, s'il existe, de la concentration sur un
centre particulier, mais pour célébrer la maîtrise accrue de
soi-même, ou Stuti-vâda ; ainsi lorsqu'il est dit au verset 21
que la contemplation du Nâbhi-padma procure au Yogî le
pouvoir de détruire et de créer le monde.

On dit aussi que la maîtrise des centres peut produire
diverses Siddhi ou pouvoirs suivant les éléments qui y prédominent (44). Le Pandit Ananda Shâstrî déclare (45) :
« Tous les jours nous pouvons rencontrer et coudoyer dans
les rues ou les bazars plusieurs personnes qui ont tenté en
toute sincérité d'atteindre au plan suprême de la félicité,
mais furent victimes des illusions du monde psychique et
s'arrêtèrent à l'un ou l'autre des six Chakra. Elles appartiennent à divers degrés de maîtrise, et l'on constate qu'elles
possèdent certains pouvoirs qui ne se trouvent pas même
dans l'élite intellectuelle de l'humanité courante. Que cette
école de psychologie pratique ait eu dans l'Inde, à une
certaine époque, des résultats excellents, est prouvé de
manière évidente par l'exemple vivant (pour ne point parler
des innombrables traités sur cette question) de ces hommes

---

(44) Voir la *Yogatattva Up.*, où la contemplation du centre
terrestre assure la maîtrise sur la terre, etc. Elle souligne, en
même temps, que ces « pouvoirs » sont des obstacles sur la voie
de la Libération.

(45) *Anandalaharî*, p. 35.

circulant dans toutes les régions du pays ». Le seul éveil de
la puissance du Serpent n'est pas, du point de vue spirituel
qui est celui du Yoga, d'un grand prix. Rien de vraiment
important, du point de vue du Yogî supérieur, ne s'obtient
avant que l'Ajnâ Chakra ne soit atteint. Il est dit que le
Sâdhaka dont l'Atmâ n'est que méditation sur ce lotus
« devient le créateur, le préservateur et le destructeur des
trois mondes » ; et pourtant, comme le remarque le commentateur du *Shatchakranirûpana* (v. 34), « ce n'est là que le
plus haut Prahamsâ-vâda ou Stutivâda », c'est-à-dire « com-
plément », qui, dans la littérature sanskrite, est aussi souvent
dépourvu de réalité que notre vie ordinaire. Bien qu'il
y ait là un gain appréciable, ce n'est qu'au moment où les
Tattva de ce centre sont absorbés aussi, et où une connaissance complète (46) du Sahasrâra est acquise, que le Yogî
atteint ce qui est à la fois son but et la raison de son travail,
la libération des renaissances qui est le résultat de la maîtrise
et de la concentration du Chitta sur le Shivasthânam, la
Demeure de la Félicité. Il ne faudrait pas s'imaginer, simplement parce que le Feu du Serpent a été éveillé, qu'on est
devenu par cela même un Yogî ou qu'on a atteint le but
du Yoga.

Il y a d'autres différences que le lecteur découvrira par
lui-même, mais que je laisse de côté, mon objet en comparant
les deux doctrines ayant été d'établir un contraste général
entre la doctrine moderne et celle des écoles hindoues. Je
peux ajouter, pourtant, que ces différences ne concernent pas
de simples détails. Le style de pensée diffère d'une façon
qu'il est malaisé de décrire brièvement, mais que reconnaî-
tront vite ceux qui sont un peu familiarisés avec les Ecritures
et le mode de pensée de l'Inde. Celle-ci a toujours tendance
à interpréter toutes les opérations, ainsi que leurs résultats,

---

(46) Elle ne s'obtient naturellement qu'après un long effort,
et à la suite d'expériences et de résultats moins complets. Suivant
les idées hindoues, le succès (Siddhi) dans le Yoga peut être le
fruit des expériences de nombreuses vies antérieures. Kundalinî
doit être graduellement élevée d'un centre à un autre, jusqu'à
ce qu'elle atteigne le Lotus du cerveau. Le temps nécessaire varie
selon les individus : des années en général, ou des mois dans
des cas exceptionnels.

d'un point de vue subjectif, bien que pour les buts de la Sâdhanâ l'aspect objectif ne soit pas ignoré. La théorie hindoue est hautement philosophique. Ainsi, pour ne prendre qu'un exemple, tandis que le Rev. Leadbeater attribue le pouvoir de se faire grand ou petit à volonté (Animâ et Mahimâ Siddhi) à un tube flexible ou « serpent microscopique » situé au niveau du front, l'Hindou dit que tous les pouvoirs (Siddhi) sont les attributs (Aishvarya) du Seigneur Ishvara, ou Conscience Créatrice, et que dans la mesure où le Jîva réalise cette conscience (47), il a sa part des pouvoirs inhérents à son degré de réalisation.

Ce qui, d'une manière générale, caractérise les systèmes hindous, et ce qui constitue leur profondeur véritable, c'est l'importance souveraine qu'ils attachent à la Conscience et à ses états. Ce sont ces états qui créent, soutiennent et détruisent les mondes. Brahmâ, Vishnu et Shiva sont les noms des fonctions de la Conscience Une et Universelle opérant en nous-mêmes. Et quels que soient les moyens employés, c'est la transformation des états de conscience « inférieurs » en états « supérieurs » qui est l'opération et le fruit du Yoga, et la raison de toutes ses expériences. Pourtant, sur cette question comme sur plusieurs autres, nous devons distinguer de la théorie la pratique et l'expérience. Une expérience semblable peut s'obtenir par des moyens pratiques divers, et une expérience, réelle en fait, peut être expliquée par une théorie inexacte.

Les chapitres ultérieurs permettront au lecteur de poursuivre par lui-même la comparaison.

En ce qui regarde la pratique, on me dit que Kundalinî ne peut être éveillée que dans le Mûlâdhâra et par les moyens indiqués ici, bien que cet éveil puisse se produire accidentellement lorsqu'une personne a rencontré par hasard les positions et les conditions nécessaires, mais pas autrement. C'est ainsi qu'on rapporte l'histoire d'un homme dont le corps fut trouvé froid comme un cadavre, bien que le sommet de la tête fût légèrement tiède. (C'est, dans le Kundalî-yoga, l'état de Samâdhi.) On le massa avec du ghee (beurre clarifié),

---

(47) Comme elle se réalise par la grâce de la Devî, on L'appelle « celle qui donne les huit Siddhi » (Ishitvâdyâshtasiddhidâ ; voir *Trishatî*, II, 47). Elle donne Aishvarya.

et la tête se réchauffa graduellement. La chaleur descendit
jusqu'au cou, et alors le corps tout entier retrouva d'un
seul coup sa chaleur. L'homme reprit conscience, et conta
comment il était tombé dans cet état. Il dit qu'il avait fait
des contorsions, imitant les postures d'un Yogî, quand
brusquement le « sommeil » l'avait pris. On supposa que
sa respiration avait dû s'arrêter, et que, se trouvant dans la
position et les conditions requises, il avait sans le savoir
éveillé Kundalinî, qui était montée à Son centre cérébral.
Cependant, n'étant pas Yogî, il n'avait pu la faire redescendre. Cela, d'ailleurs, n'est possible que si les Nâdî sont
pures. Je contai au Pandit qui me rapporta cette histoire
(il connaissait le Yoga tantrique, et son frère le pratiquait)
le cas d'un de mes amis européens, ignorant des opérations
du Yoga ici décrites, bien qu'il eût appris quelque chose au
sujet de Kundalî dans des traductions d'ouvrages sanskrits,
et qui néanmoins croyait avoir éveillé Kundalî par le moyen
de la seule méditation. En fait, comme il me l'écrivit, il
était inutile pour lui, Européen, d'entrer dans les détails du
Yoga oriental. Il vit pourtant les « nerfs » Idâ et Pingalâ,
le « feu central » avec une aura tremblante de lumière rosée,
une lumière bleue ou azurée, un feu blanc qui montait
jusqu'au cerveau et s'irradiait en ailes de flamme des deux
côtés de la tête. Le feu gagnait de centre en centre avec une
telle rapidité qu'il ne put percevoir qu'une faible part du
spectacle, et il voyait des mouvements de forces dans le
corps des autres. Le rayonnement, l'aura qui entourait Idâ
avait un aspect lunaire (c'est-à-dire qu'il était du plus pâle
azur), et celui qui entourait Pingalâ était rouge, ou plutôt
d'un rose pâle et opalescent. Kundalî apparaissait dans cette
vision comme un feu intense, blanc et doré, en forme de
spirale. Si l'on considère le Caducée de Mercure (48) comme
symbolisant les centres, Sushumnâ, Idâ et Pingalâ, la
petite boule au sommet de la baguette s'identifiait au Sahasrâra ou glande pinéale (49), et les ailes au flamboiement des

---

(48) Dans lequel la baguette est le canal central (Sushumnâ),
auquel s'entrelacent les sympathiques Idâ et Pingalâ, les points
d'intersection se trouvant à l'emplacement des centres. Les deux
ailes au sommet sont les deux lobes ou pétales de l'Ajnâ Chakra.

(49) Sur ce point je ne suis pas d'accord. Le Sahasrâra est

auras de part et d'autre du centre quand le feu l'atteint. Une nuit, se trouvant exceptionnellement pur de tout désir charnel, il sentit le serpent se dérouler, puis s'élancer, et il se trouva « dans une fontaine de feu » ; je sentis, disait-il, « les flammes se déployer comme des ailes autour de ma tête, et il y avait un fracas musical comme un choc de cymbales, tandis que certaines de ces flammes, comme des émanations, semblaient s'étendre et se rejoindre en ailes repliées au-dessus de ma tête. Je me sentais comme bercé. Je fus réellement effrayé, car cette Puissance semblait capable de me consumer ». Mon ami m'écrivit que dans son agitation il oublia de fixer son esprit sur le Suprême, et manqua ainsi une aventure divine. Peut-être est-ce pour cette raison qu'il déclare ne point regarder l'éveil de cette puissance comme une très haute expérience spirituelle, ni du niveau d'autres états de conscience par lui éprouvés. L'expérience le convainquit, pourtant, qu'il y avait une science et une magie réelles dans les livres hindous qui traitent de physiologie occulte.

Voici les observations du Pandit sur cette expérience. Si la respiration est arrêtée et le mental dirigé vers le bas, on ressent une chaleur. Il est possible de « voir » Kundalinî avec l'œil mental, et ainsi d'en avoir l'expérience sans vraiment L'éveiller et L'élever, ce qui ne peut s'accomplir que par les méthodes prescrites par le Yoga. Kundalinî peut donc avoir été vue comme une Lumière dans le centre fondamental (Mûlâdhâra). C'est l'esprit (Buddhi) qui La percevait, mais comme l'expérimentateur était ignorant de la pratique il ne vit rien clairement. Il existe une preuve simple de l'éveil réel de la Shakti. Lorsqu'elle est éveillée, on ressent une chaleur intense à l'endroit où l'éveil s'est produit ; mais lorsqu'elle abandonne un centre particulier, la partie abandonnée devient aussi froide et apparemment inanimée qu'un cadavre. La montée de la Puissance peut être ainsi vérifiée de l'extérieur par autrui. Quand la Shakti (Puissance) a atteint le sommet du cerveau (Sahasrâra), le corps tout entier est froid et cadavérique, sauf le sommet du crâne où l'on sent quelque chaleur, cet endroit étant celui

_____

au sommet du crâne ou du cerveau. La glande pinéale est beaucoup plus bas, dans la région de l'Ajnâ Chakra.

où s'unissent les aspects statique et énergétique de la Conscience.

Je publie cet ouvrage, non en vue d'établir la vérité ou l'opportunité des principes et des méthodes d'une forme de Yoga, chose que chacun déterminera par lui-même, mais comme un premier effort pour donner, plus particulièrement à ceux qui s'intéressent à l'occultisme et au mysticisme, une présentation plus complète, plus exacte et plus rationnelle du sujet.

La compréhension du contenu abstrus d'un traité tantrique ne leur sera possible, que si d'abord nous résumons brièvement quelques-unes des doctrines philosophiques et religieuses qui sont à sa base, et dont l'auteur suppose chez son lecteur une certaine connaissance.

C'est pourquoi les chapitres de cette Introduction traiteront d'abord des notions de Conscience (50) et d'inconscient, comme Mental, Matière et Vie, et de leur association dans l'Esprit Incarné ou Jîvâtmâ. Puis nous considérerons l'aspect énergétique de l'Esprit, ou Shakti ; son idéation et sa manifestation dans le développement du Macrocosme et dans le corps humain ou Microcosme (Kshudra-brahmânda), qui est une réplique ou une réduction de l'univers. Car, comme le dit le *Vishvasâra Tantra*, « ce qui est ici est partout ; ce qui n'est pas ici n'est nulle part ». (Yad ihâsti tad anyatra yannehâsti na tat kvachit.) Après un exposé sur le « Verbe » et sur les lettres du langage, je conclus par la méthode de Retour au principe qu'est le Yoga. On ne comprendra celui-ci que si l'on a assimilé la matière des chapitres qui précèdent.

Il est nécessaire d'expliquer et de comprendre la théorie de l'évolution universelle, même en vue de la pratique. Car, comme le dit au verset 39 le Commentateur du *Shatchakranirûpana*, lorsqu'il s'agit de la pratique du Yoga, la règle est que les choses se dissolvent en cela dont elles sortent, et l'opération du Yoga ici décrit est une telle dissolution (Laya). Ce retour, ce processus de dissolution (Nivritti), effectué par le Yoga, ne sera compris que si l'on a compris d'abord la marche en avant, le processus créateur (Pravritti).

---

(50) Sur la signification de ce terme ainsi employé, voir Avalon, *Shakti and Shâkta.*

Des considérations analogues sont valables pour les autres questions ici traitées.

C'est ainsi qu'une brève analyse de la doctrine Shâkta sur la Puissance ne sera pas inutile.

Tout ce qui est manifesté est Puissance (Shakti) comme Mental, Vie et Matière. La Puissance implique un Tout-Puissant (Shaktimân). Il n'est pas de Tout-Puissant sans la Puissance, ou de Puissance sans un Tout-Puissant. Le Tout-Puissant est Shiva. La Puissance est Shakti, la Grande Mère de l'Univers. Il n'est pas de Shiva sans Shakti, ni de Shakti sans Shiva. Les deux, tels qu'ils sont en eux-mêmes, ne font qu'un. Chacun est Etre, Conscience et Béatitude. Ces trois termes sont choisis pour désigner la suprême Réalité, parce que l'Etre en soi, distinct des formes particulières de l'Etre, ne peut être pensé. « Etre », c'est « être conscient », et l'Etre-Conscience en sa perfection est le Tout, et l'Etre sans limite, absolument libre, est Béatitude. Ces trois termes désignent la suprême Réalité créatrice telle qu'elle est en elle-même. Par l'imposition sur ces termes du Nom (Nâma) et de la Forme (Rûpa), autrement dit du Mental et de la Matière, nous avons l'Etre-Conscience et la Béatitude limités qui sont l'Univers.

Qu'est donc la Puissance lorsqu'il n'y a pas d'Univers ? Elle est alors Puissance d'Etre, de se conserver et de résister au changement. Dans l'évolution, elle est Puissance de devenir et de changer, et dans sa manifestation formelle, elle est, comme cause matérielle, le Devenir changeant des Mondes. Le Devenir n'égale pas Dieu, car il est forme finie et Dieu est l'infini informel. Mais l'essence des formes est la Puissance infinie, qui égale le Tout-Puissant infini. C'est Lui qui exerce la Puissance et crée l'Univers.

Le Repos implique l'Activité, et l'Activité implique le Repos. Derrière toute activité, il y a un fond statique. Shiva représente l'aspect statique de la Réalité, et Shakti son aspect mouvant. Les deux, tels qu'ils sont en eux-mêmes, ne font qu'un (51). Tout est Réel, à la fois Immuable et Chan-

(51) Sur la Puissance, voir *Chhândogya Up.*, 6, 2, 1 ; 6, 3, 4 ; 6, 8, 6 ; 7, 26, 1 ; 6, 2, 3 ; *Taittirîya Up.* ; *Sveta Up.*, 1-3 ; 6-8 ; *Rigveda Samhitâ*, 10, 129, 2 ; 10, 129, 5 ; *Taittirîya Brâhmana*, 3, 8 ; 17, 3 ; *Yajurveda*, 7, 3, 14, 1 ; *Mundaka Up.*, 1, 9 ; *Kûrma Purâna*, 1, 12, 28.

geant. Mâyâ dans cette doctrine n'est pas « illusion », mais
elle est, suivant l'expression concise du *Shâkta Sâdhaka
Kamalâkânta*, « la Forme du Sans forme » (Shûnyasya âkâra
iti Mâyâ). Le monde est *sa* forme et ces formes sont donc
réelles.

L'homme est ainsi, en son essence, le Tout-Puissant
statique, ou Shiva qui est Conscience pure ; et, en tant que
Mental et Corps, il est la manifestation de la Puissance de
Shiva, Shakti, ou la Mère. Il est donc Shiva-Shakti.
Il est, dans son état ordinaire, une expression de la Puissance.
L'objet de la Sâdhanâ, ou Adoration, et du Yoga, est d'élever
cette Puissance à son expression parfaite, qui est parfaite
dans le sens d'expérience illimitée. Un moyen d'y parvenir
est le Yoga tantrique, par lequel l'homme échange son
expérience limitée du monde contre celle qui est le Tout
sans limite (Pûrna), ou la Béatitude Parfaite.

LA CONSCIENCE NON INCARNÉE

Les bases du Yoga tantrique sont d'un caractère hautement métaphysique et scientifique. Sa compréhension exige une connaissance complète de la philosophie, de la doctrine religieuse et du rituel hindous en général, et en particulier de l'exposition que présentent de ces trois sujets les Shâkta Tantra et les Shaiva Tantra monistiques (Advaita) (52). Un gros volume ne suffirait pas à décrire et expliquer d'une manière un peu détaillée la nature et le sens de ce Yoga, et les bases sur lesquelles il repose. Je dois donc supposer chez le lecteur soit cette connaissance générale, soit le désir de l'acquérir, et me borner à un exposé des principes généraux et des faits essentiels, qui fournira la clef capable d'ouvrir, pour ceux qui désirent passer au delà, les portes conduisant à une connaissance théorique du sujet, et qui facilitera ainsi la compréhension des difficiles textes tantriques. Car, pour ce qui concerne la pratique, je ne peux que reproduire les indications données dans les livres, avec les explications que j'ai reçues oralement. Ceux qui désirent aller plus loin, et mettre véritablement en pratique ce Yoga, devront d'abord se persuader de sa valeur et de son efficacité, et ensuite suivre l'enseignement direct d'un Guru l'ayant pratiqué lui-même (Siddha). Seule son expérience décidera si l'aspirant est capable de réussir. On dit que parmi ceux qui le tentent, un sur mille peut atteindre le but. Si l'aspirant entre dans

---

(52) Sur l'Advaita du Shâkta Tantra, voir Avalon, *Shakti and Shâkta.*

la Voie, le Guru peut seul le préserver des risques qui l'attendent, en déterminant et dirigeant la pratique selon sa volonté et selon les capacités et les besoins particuliers de son disciple. S'il est possible en ce domaine d'exposer quelques principes généraux, leur application dépend donc des circonstances dans chaque cas particulier.

La réalité suprême, irréductible, est « Esprit » dans le sens de Conscience Pure (Chit, Samvit), dont procèdent, comme sa Puissance (Shakti) et par Elle, le Mental et la Matière. L'Esprit (53) est un. Il n'y a dans l'Esprit ni différences ni degrés. L'Esprit qui est dans l'homme est l'Esprit unique qui est dans toute chose et qui, comme objet du culte, est le Seigneur (Ishvara) ou Dieu. Le Mental et la Matière sont multiples, avec des degrés et des qualités multiples. Atmâ ou l'Esprit comme tel est le Tout (Pûrna) sans séparation (Akhanda). Le Mental et la Matière sont des parties de ce Tout. Ils sont le non-tout (Apûrna) et ils sont la séparation (Khanda). L'Esprit est infini (Aparichchinna) et informel (Arûpa). Le Mental et la Matière sont finis (Parichchhinna) et formels (Rûpa). Atmâ est immuable et sans activité. Sa Puissance (Shakti) est active et change sous la forme du Mental et de la Matière. La Conscience Pure est Chit ou Samvit. La Matière comme telle est l'inconscient. Et le Mental aussi est inconscient d'après le Vedânta. Car tout ce qui n'est pas le Soi conscient est objet inconscient. Cela ne signifie point qu'il soit inconscient en lui-même (au contraire tout est essentiellement conscience) ; mais il est inconscient parce qu'objet du Soi conscient. Car le Mental limite la Conscience pour permettre à l'homme d'avoir une expérience finie. Il n'y a pas de Mental sans un fond de conscience, bien que la Conscience suprême soit sans Mental (Amanah). Là où il n'y a pas de Mental, il n'y a pas de limite. La Conscience, qui demeure sous l'un de ses aspects inchangée, change sous son autre aspect de Puissance active qui se manifeste comme Mental et Corps.

En théologie cette Conscience Pure est Shiva, et Sa

---

(53) L'Esprit est Atmâ se manifestant comme le Soi. Ses véhicules sont le Mental ou Antahkarana opérant avec Manas et les Sens ou Indriya, et la Matière, c'est-à-dire les cinq espèces de Bhûta ou matière sensible.

Puissance (Shakti) qui, telle qu'Elle est dans Sa réalité informelle, ne fait qu'un avec Lui. Elle est la grande Devî, la Mère de l'Univers, qui, en tant que Force Vitale, réside dans le corps de l'homme en son centre le plus bas, à la base de la moelle, tout comme Shiva se réalise dans le plus haut centre cérébral, le Sahasrâra Padma. L'accomplissement du Yoga est l'Union d'Elle et de Lui dans le corps du Sâdhaka. Cette union est Laya ou dissolution, l'inverse de Srishti ou involution de l'Esprit dans le Mental et la Matière.

Certains ont un culte prédominant pour le côté droit, ou masculin, de la double figure mâle et femelle (Ardhanârishvara). D'autres, les Shakta, ont un culte prédominant pour le côté gauche, et L'appellent Mère, car Elle est la Grande Mère *(Magna Mater)*, la Mahâdevî qui conçoit, porte et nourrit l'univers sorti de Son sein (Yoni). Il en est ainsi parce qu'Elle est l'aspect actif (54) de la Conscience, imaginant (Srishtikalpanâ) (55) le monde à venir d'après les impressions (Samskâra) tirées du plaisir et de la souffrance connus dans les mondes antérieurs. On tient pour naturel de L'adorer comme Mère. Le premier Mantra auquel sont initiés tous les hommes est le mot *Mâ* (Mère). C'est leur premier, et généralement aussi leur dernier mot. Le père n'est qu'un auxiliaire (Sahakâri-mâtra) de la Mère (56). Le monde des

---

(54) L'aspect de Shiva au repos est par définition inerte. C'est pourquoi la Devî est symboliquement représentée dans les Tantra comme dominant le corps de Shiva, qui gît sous Elle comme un cadavre (Shava). Comme le déclare le *Kubjikâ Tantra*, ch. I, ce ne sont pas Brahmâ, Vishnu et Rudra qui créent, préservent et détruisent, mais leurs Shakti : Brahmâni, Vaishnavî, Rudranî. (Voir *Prânatoshinî*, 9). L'activité est la nature de Prakriti *(Sâmkhya Pravachana Sûtra*, III, 66). Pour la même raison la forme féminine est représentée dans l'union sexuelle comme dominant (Viparîta) la forme masculine. Quand la Devî se tient debout au-dessus de Shiva, ce symbolisme indique aussi (particulièrement dans le cas de Kâlî) l'aspect libérateur de la Mère. (Voir Avalon, *Principles of Tantra*, I, 323).

(55) Le monde est appelé une « imagination » (Kalpanâ), car il est idéation créatrice sur le souvenir de l'univers passé. Comme le dit le *Yoginîhridaya Tantra*, « l'image du monde est tracée par la volonté de la Devî » (Svechchhâvisvamayollekhakhachitam) ; « et Bhagavân, voyant cela, fut très satisfait ».

(56) Le Père Suprême donne Son illumination (Prakâsha).

cinq éléments tout entier sort aussi de la Conscience Active
ou Shakti, et il est Sa manifestation (Pûrna-vikâsha). C'est
pourquoi les hommes adorent la Mère (57), plus tendre que
tout (58), saluant Sa beauté souriante comme la rose
Tripurasundarî, source de l'univers, et Sa grandeur
effrayante comme Kâlî, qui le reprend en Elle. Nous nous
occupons ici du Yoga qui réalise l'union des aspects de
Mère et de Seigneur, en cet état de conscience qui est l'Absolu.

Le Veda affirme : « Tout cela (c'est-à-dire le monde de
la multiplicité) est (l'unique) Brahman. » (Sarvam khalvidam
Brahma) (59). Comment le multiple peut être l'un (60),
les différentes écoles l'expliquent de diverses manières.
L'interprétation donnée ici est celle des Shâkta Tantra ou
Agama. En premier lieu, quelle est la Réalité unique qui
apparaît comme multiple ? Quelle est la nature de Brahman
tel qu'il est en lui-même (Svarûpa) ? La réponse est « Sat-
Chit-Ananda », c'est-à-dire Etre-Conscience-Béatitude. La
conscience ou sensibilité comme telle (Chit ou Samvit) est
identique à l'Etre comme tel. Bien que dans l'expérience
ordinaire les deux soient essentiellement liés ensemble, pourtant ils diffèrent ou semblent différer l'un de l'autre. L'homme,

---

Elle, la Vimarshashakti, produit, mais pas toute seule. (Vimarshashakti prakâshâtmanâ paramashivena sâmarasya-vishvam srijati
na tu kevalâ ; (Yoginîhridaya Tantra).

(57) En Mâtri-bhâva, selon le terme sanskrit. Cela est juste
aussi philosophiquement, car tout ce que l'homme connaît (en
dehors de l'extase de Samâdhi) est la Mère sous Sa forme cosmique.
La Shakti Suprême, qui n'est point différente de Shiva (Parâ-
shaktishivâbhinnâ), est incarnée en toutes choses (Sarvakrama-
shâririnî ; Yoginîhridaya Tantra).

(58) Il est dit que « rien n'est plus tendre que Prakriti », qui
sert de toutes manières le plaisir de Purusha, donnant à la fin
Mukti, la Délivrance, en Se retirant de Lui quand Il ne Lui sert
plus de rien.

(59) C'est là, comme le dit le Mahânirvâna Tantra (VII, 98),
la fin et le but de Tântrika Kulâchâra ; la réalisation de cette
vérité constitue, selon le Prapanchasâra Tantra, le cinquième
état ou Etat Suprême. (Tântrik Texts, vol. III, ch. XIX).

(60) C'est ainsi qu'il est dit de la Devî que Sa forme est une
et multiple (Ekânekâksharâkritih). Ekam = ekam ajnânam, ou
Mâyâ. Anekâni = les divers Ajnâna, c'est-à-dire Avidya. Elle est
les deux comme Upâdhi d'Ishvara et de Jîva. (Trishatî, II, 23).

en vertu de sa constitution, croit fermement à une existence objective en dehors et indépendamment de lui-même. Et une telle objectivité existe aussi longtemps que, étant l'Esprit incarné (Jîvâtmâ), sa conscience est voilée ou contractée (61) par Mâyâ. Mais dans l'ultime objet de l'expérience, qui est l'Esprit Suprême (Paramâtmâ), la différence a disparu, car là sont unis en un tout indifférencié l'expérimentateur, l'expérience et l'objet de l'expérience. Cependant, lorsque nous parlons de Chit comme Sensibilité-Conscience, nous devons nous rappeler que ce que nous connaissons et observons comme tel n'est qu'une manifestation changeante et limitée de Chit, qui est en lui-même le principe immuable et infini, constituant le fond de toute expérience. Cet Etre-Conscience est Béatitude absolue (Ananda), qui se définit comme « repos dans le Soi » (Svarûpa-vishrânti). Il est Béatitude parce qu'étant le Tout infini (Pûrna), rien ne peut lui manquer. Cette Conscience bienheureuse est la nature dernière, irréductible, de Svarûpa ou forme propre de la Réalité unique qui est à la fois le Tout en tant que Réel irréductible, et Partie en tant que Réel réductible. Svarûpa est la nature de toute chose telle qu'elle est en elle-même, et distincte de ce qu'elle peut sembler être. La Conscience Suprême est le Couple Suprême Shiva-Shakti (Parashiva-Parashakti), qui jamais ne change, mais demeure éternellement le même à travers tous les changements qui affectent son aspect créateur de Shiva-Shakti. Toute manifestation est liée à une apparente inconscience. Le mental n'est évidemment pas conscience pure, mais conscience limitée. Ce qui la limite doit être quelque chose d'inconscient en soi, ou, sinon, capable de produire l'apparence de l'inconscience (62). Rien, dans le monde phénoménal, n'est absolument conscient ni absolument inconscient. Conscience et inconscience sont toujours entremêlées. Certaines choses, pourtant, semblent être plus conscientes, et certaines plus inconscientes que d'autres. Cela est dû au fait que Chit, qui n'est jamais absent de rien, pourtant se manifeste en diverses guises et à divers

---

(61) Samkocha. La plénitude, la totalité, est « voilée » afin que la partie, le particulier, puisse être perçu.

(62) Cette alternative correspond aux vues différentes du Mâyâvâda et du Shaktivâda.

degrés. Le degré de cette manifestation est déterminé par la nature et le développement du mental et du corps dont il s'est revêtu. L'Esprit demeure le même ; le mental et le corps varient. La manifestation de la conscience est plus ou moins limitée, à mesure qu'on s'élève du minéral à l'homme. Dans le règne minéral, Chit se manifeste comme la plus inférieure des formes de sensibilité, se traduisant par des réponses-réflexes à des excitations, et comme cette conscience physique appelée en Occident mémoire atomique. La sensibilité des plantes est plus développée, bien qu'elle demeure, comme le dit Chakrapâni dans le *Bhânumatî*, une conscience endormie. Elle se manifeste davantage en ces micro-organismes qui sont des degrés intermédiaires entre le monde végétal et le monde animal, et qui possèdent une vie psychique propre. Dans le règne animal la conscience devient plus centrale et plus complexe, atteignant son plein développement chez l'homme, qui possède toutes les fonctions psychiques : connaissance, perception, sensibilité et volonté. Derrière toutes ces formes particulières et changeantes de sensibilité ou de conscience est le Chit unique, informel, immuable en soi (Svarûpa), c'est-à-dire distinct des formes particulières de sa manifestation.

Comme à travers tous ces degrés de vie Chit demeure le même, il ne se développe pas lui-même en réalité. L'apparence de développement est due au fait qu'Il est tantôt plus et tantôt moins voilé ou contracté par le Mental et la Matière. C'est en Le voilant ainsi que la puissance de la Conscience (Shakti) crée le monde. Qu'est-ce donc qui voile la Conscience et produit ainsi l'expérience cosmique ?

C'est la Puissance ou Shakti en tant que Mâyâ. Mâyâ Shakti est cela qui, en apparence, change le Tout (Pûrna) en non-tout (Apûrna), l'infini en fini, l'informel en formes, et ainsi de suite. C'est donc une puissance qui réduit, voile et nie. Nie quoi ? La Conscience parfaite. Shakti est-elle au fond la même chose, ou autre chose, que Shiva ou Chit ? Elle doit être la même chose, sans quoi tout ne pourrait être l'unique Brahman. Mais si elle est la même chose elle doit être aussi Chit ou Conscience. Elle est donc Sachchidânandamayî (63) et Chidrûpînî (64).

_____

(63) C'est-à-dire que sa substance est Sat, Chit, Ananda.

Et pourtant il existe, au moins en apparence, une distinction. Shakti (de la racine *Shak*, « avoir la puissance », « être capable ») signifie « puissance ». Comme Elle ne fait qu'un avec Shiva en tant que Puissant (Shaktimân), Elle, en tant que Puissance, est la puissance de Shiva, ou la Conscience. Il n'y a pas de différence entre Shiva possesseur de la puissance et la Puissance telle qu'Elle est en Elle-même. La puissance de la Conscience *est* la Conscience sous son aspect *actif.* Donc, si Shiva et Shakti sont tous deux Conscience, le premier est l'aspect statique et immuable de la Conscience, et Shakti l'aspect actif et énergétique de cette même Conscience. La puissance particulière par quoi le monde de la dualité est amené à l'être est Mâyâ Shakti, Shakti qui tout à la fois voile (Avarana) et projette (Vikshepa). La Conscience se voile à elle-même, et elle projette, l'ayant tirée de l'amas de ses expériences passées (Samskârâ), l'idée d'un monde où elle éprouve souffrance et plaisir. L'univers est donc l'imagination créatrice (Srishtikalpanâ) du Suprême Penseur du monde (Ishvara). Mâyâ est cette puissance par laquelle les choses sont « mesurées », c'est-à-dire formées et manifestées. Elle est le sens de la différence (Bhedabuddhi), qui fait que l'homme voit le monde, avec toutes les choses et toutes les personnes qui s'y trouvent, comme différent de lui-même, alors qu'essentiellement l'homme, le monde et tous les êtres sont le même Soi unique. Elle établit une séparation dans ce qui serait, sinon, une expérience d'unité, et produit le dualisme inhérent à toute expérience phénoménale. Shakti en tant qu'action voile la conscience en se niant Elle-même comme Conscience, à des degrés divers.

Avant la manifestation de l'univers, l'Etre-Conscience-Béatitude infini était seul ; il était Shiva-Shakti, respectivement Chit et Chidrûpinî (65).

Les suffixes Mayî et Rûpînî indiquent une distinction subtile, à savoir, qu'Elle est en Elle-même Chit, et cependant en apparence, par l'effet de la Puissance, quelque chose qui diffère de lui.

(64) Ayant la forme ou la nature de Chit. Comme dit le *Kubjikâ Tantra*, le Paramâ Kalâ est à la fois Chit (Chidrûpâ) et Nâda (Nâdarûpâ).

(65) Aham prakritirûpâ chet chidânanda-parâyanâ *(Kulachûdâmani Nigama*, ch. I, v. 16-24 ; *Tântrik Texts*, vol. IV).

C'est là l'Expérience totale (Pûrna), dans laquelle, comme le dit l'Upanishad, « le Soi connaît le Soi et L'aime ». C'est là cet Amour qui est Béatitude ou « repos dans le Soi », car, comme il est dit ailleurs, « l'Amour suprême est Béatitude ». C'est là Parashiva, qui, dans le système des Trente-six Tattva (66), est connu sous le nom de Parasamvit. Ce monisme suppose un double aspect de la Conscience simple : l'aspect transcendant, immuable (Parasamvit), et l'aspect créateur et changeant, qui est nommé Shiva-Shakti Tattva. Dans Parasamvit le « Je » (Aham) et le « Cela » (Idam), c'est-à-dire le monde des objets, sont indissolublement mêlés dans l'expérience suprême de l'unité (67).

Dans le Shiva-Shakti Tattva, Shakti, qui est l'aspect négatif de Shiva, Sa fonction étant la négation, Se nie comme objet d'expérience, laissant la conscience de Shiva à l'état de simple « Je », « qui ne tourne son regard vers nul autre ». C'est un état de pure illumination subjective (Prakâsha-mâtra) (68), dans lequel Shakti, qu'on appelle alors Vimarsha (69), intervient de nouveau, mais maintenant avec la distinction du « Je » et du « Cela », toujours maintenus liés comme parties d'un même soi. A ce point, première étape de

---

(66) Râghava Bhatta dit : Yâ anâdirûpâ chaitanyâdhyasena mahâpralaye sûkshmâ sthithâ (Comm. du *Shâradâ Tilaka*, ch. I). — Sur l'Ecole du Cachemire et sa philosophie des Tattva, voir J.C. Chatterji, *Kashmir Shaivism*. — C'est Paramashiva, ou Shiva Nirguna (sans attribut), ou Nishkala (dépourvu de Shakti manifestée), ou Parabrahman, opposé à Shiva Saguna (avec attribut), ou Sakala (avec des parties ou avec Shakti), ou Shabda-brahman (Brahman source du « son », dont il sera parlé plus loin).

(67) Comme dit le *Yoginîhridaya Tantra* : La Parâ Devî est Prakâshavimarsha-Sâmarasyarupinî.C'est l'état de Nirvikal-pajnâna, dans lequel il n'existe aucune distinction du « Ceci » et du « Cela », du « Je » et du « Cela ». Dans le Vikalpajnâna, il existe un sujet et un objet.

(68) Paramashiva a deux aspects : Prakâsha et Vimarsha, ou Kâmeshvara et Kameshvarî le Paralinga. Prakâsha = asphutas-phutîkara, manifestation de ce qui n'est pas manifesté.

(69) Ce mot vient de la racine *Mrish* (toucher, affecter, méditer). Il désigne ce qui est frappé ou manié par la pensée, c'est-à-dire objet de pensée réfléchie. Pradhâna et Prakriti impliquent également le sens de « placer en face » ; ce qui est ainsi placé devient objet. Les trois termes désignent le principe d'objectivation.

la dualité naissante, se produit la première transformation de la conscience, connue sous le nom de Sadâshiva ou Sadâkhya Tattva, qui est suivie de la seconde ou Ishvara Tattva, puis de la troisième ou Shuddavidyâ Tattva. Dans la première l'accent est mis sur le « Cela », dans la seconde sur le « Je », et dans la troisième sur les deux également. Alors Mâyâ divise la conscience une, de sorte que l'objet est perçu comme différent du soi, puis dispersé dans les multiples objets de l'univers.

Dans la partie du Tantra Shâstra qui traite du Mantra et de son origine, ces deux Tattva émanés de Shakti sont connus, du point de vue du son, sous les noms de Nâda et Bindu. Parashiva et Parâshakti sont immobiles (Nihspanda) et silencieux (Nihshabda).

Nâda est le premier mouvement produit dans la conscience cosmique idéante conduisant au Brahman-son (Shabda-brahman), dont dérivent toutes les idées, le langage dans lequel elles s'expriment (Shabda), et les objets (Artha) qu'elles représentent.

Bindu signifie littéralement « un point », et le point diacritique (Anusvâra) (70) qui représente en sanskrit l'aspiration nasale (o). Il se place, dans l'aspiration nasale Chandrabindu, au-dessus de Nâda. Dans le sens technique que lui donne le Mantra, il représente l'état de Conscience active ou Shakti dans lequel le « Je » ou aspect illuminateur de la Conscience s'identifie avec le « Cela » total (71). Il subjective le « Cela », devenant par là même un point (Bindu) de conscience avec lui. Lorsque la Conscience appréhende un objet comme différent d'Elle-même, Elle voit cet objet comme étendu dans l'espace. Mais lorsque cet objet est complètement subjectivé, il est perçu comme un point sans étendue. C'est l'expérience d'univers qu'a le Seigneur en tant que Bindu (72).

---

(70) Littéralement « ce qui accompagne » (Anu) « un son voyelle » (Svâra ou Svara).

(71) Car, jusqu'à une étape plus avancée de l'opération de Mâyâ, le « Cela » est toujours éprouvé comme faisant partie du « Je ». Aussi n'y a-t-il pas de manifestation ni de dualité.

(72) Pour la même raison Shakti est dite alors Ghanîbhûtâ, c'est-à-dire littéralement « massive » ou « compacte ». C'est cet

Où va l'Univers au moment de sa dissolution ? Il se résorbe en cette Shakti qui le projeta. Il se réduit, pour ainsi dire, à un point mathématique sans aucune étendue (73). C'est le Shivabindu, qui se résorbe à son tour dans le Shiva-Shakti-Tattva dont il était sorti. On se représente Shakti enroulée autour du Shiva Bindu, tout comme dans le centre terrestre du corps humain nommé Mûlâdhâra Chakra un serpent est lové autour du Phallus produit de lui-même (Svayambhulinga). Cette Shakti lovée peut être conçue comme une ligne mathématique, elle aussi dénuée d'étendue, qui, se trouvant partout en contact avec le point autour duquel elle s'enroule, se réduit avec lui à un seul et même point. Il y a là une unité indivisible de l'aspect de dualité, qui est aussi représentée dans les Tantra (74) comme un pois chiche (Chanaka), contenant deux germes si étroitement joints qu'ils semblent n'en former qu'un seul entouré d'une enveloppe extérieure (75).

Pour revenir à la précédente comparaison, la Shakti enroulée autour de Shiva et ne formant avec lui qu'un seul point, est Kundalinî Shakti. Ce mot vient de Kundala qui signifie « repli », « anneau ». On dit qu'Elle est lovée, La comparant à un serpent (Bhujangî), qui, au repos et endormi, est lové ; et aussi parce que Sa puissance est de nature spiraloïde, se manifestant comme telle dans les mondes, qui sont les sphéroïdes ou « œufs de Brahma » (Brahmânda), dans leurs orbites circulaires, et ailleurs encore. Aussi les Tantra parlent du développement de la ligne droite à partir du point qui, lorsqu'il a accompli son parcours comme point, est modifié par la force de l'enveloppe spiraloïde de Mâyâ dans laquelle il opère, de manière à former une figure à deux

état de puissance concentrée qui précède immédiatement le « bourgeonnement » (Sphurana) de l'univers.

(73) L'image, comme toutes celles de son espèce, est nécessairement imparfaite ; car un tel point, bien que sans étendue, est supposé avoir une position. Ici il n'en a pas, nous sommes en dehors de l'espace.

(74) Voir *Shatchakranirûpana*, Comm.

(75) Les deux germes sont Shiva et Shakti, et l'enveloppe est Mâyâ. Lorsqu'ils se séparent il y a « création ». Ici encore l'image est inexacte en nous présentant deux germes, alors que Shiva et Shakti sont l'Un sous l'aspect de la dualité.

dimensions, qui reprend ensuite sa première forme, montant comme une ligne droite au plan de la troisième dimension et formant ainsi la figure triangulaire ou pyramidale appelée Shringâtaka (76). En d'autres termes, cette Kundalî Shakti est cela qui, se mouvant pour se manifester, apparaît comme l'univers. Dire qu'elle est « lovée », c'est dire qu'elle est « au repos », sous la forme d'une énergie potentielle et statique. Cette Shakti enroulée autour du Suprême Shiva est appelée Mahâkundalî (la grande puissance lovée), pour la distinguer de la même puissance qui existe dans les corps individuels, et qu'on appelle Kundalinî (77). C'est avec et par cette dernière puissance que se réalise le Yoga. Lorsqu'il est accompli, la Shakti individuelle (Kundalî) est unie à la grande Shakti cosmique (Mahâ-Kundalî), et Celle-ci à Shiva, avec qui Elle est essentiellement une. Kundalinî est un aspect de l'éternel Brahman (Brahmarûpâ Sanâtani), et Elle est à la fois sans attribut et avec attribut (Nirgunâ et Sagunâ). Sous Son aspect Nirgunâ Elle est Conscience pure (Chaitanyarûpinî) et la Béatitude même (Anandarûpinî et, dans la création, Brahmânandaprakâshinî). Sous l'aspect Sagunâ, c'est Elle dont la puissance déploie toutes les créatures (Sarvabhûtaprakâshinî) (78). Kundalî Shakti dans les corps individuels est *puissance au repos, centre statique* autour duquel chaque forme d'existence tourne comme puissance active. Dans l'univers, toute forme d'activité a toujours un noyau et un fond statiques. La Conscience unique se polarise en aspects statique (Shiva) et énergétique (Shakti) en vue de la « création ». Le Yoga résout de nouveau cette dualité en unité.

Selon les Ecritures hindoues, et en les traduisant par les termes qu'emploie Herbert Spencer dans ses *Premiers Principes*, l'univers est un développement (Srishti) de l'homo-

---

(76) La forme de la noix d'eau Singârâ, qui pousse en abondance dans les lacs du Cachemire. Je ferai remarquer ici que les Yantra, bien que tracés à plat, peuvent être imaginés comme des solides. Le dessin à plat ne fait que suggérer la figure à trois dimensions que constitue le Yantra.

(77) Parce qu'Elle est ainsi ployée, la Devî est appelée Kubjikâ (bossue).

(78) *Kubjikâ Tantra*, ch. I. *Prânatoshinî*, p. 8.

gène (Mûlaprakriti) à l'hétérogène (Vikriti), puis un retour à l'homogène (Pralaya ou Dissolution). Il y a ainsi des états alternés d'évolution et de dissolution, la manifestation se produisant après une période de repos. De même le Professeur Huxley, dans son ouvrage *Evolution et Ethique*, parle de la manifestation de l'énergie cosmique (Mâyâ Shakti), qui présente des phases alternatives de potentialité et de développement. « Il est possible, dit-il, comme le suggère Kant, que chaque masse cosmique prédestinée à se développer en un monde nouveau ait été la fin non moins prédestinée d'un monde antérieur évanoui ». C'est ce qu'affirme le Shâstra hindou, dont la doctrine n'admet pas de première création absolue : le présent univers n'étant qu'un monde dans une série de mondes passés et futurs.

Au moment de la Dissolution (Pralaya) il y a dans la Conscience, considérée comme Mahâkundalî, la potentialité, le germe, d'ailleurs indistinct dans l'ensemble, de l'univers futur. Mâyâ, le monde, existe potentiellement comme Mahâkundalî, qui Elle-même est une avec la Conscience ou Shiva. Cette Mâyâ contient le Samskâra ou Vâsanâ collectif (qui en fait la constitue), c'est-à-dire les impressions mentales et les tendances produites par le Karma accompli en des mondes antérieurs. Elles constituent la masse de l'ignorance potentielle (Avidyâ) dont se voile la Conscience. Produites par le désir de jouissance dans le monde, elles produisent elles-mêmes ce désir. Les mondes existent parce que, dans leur totalité, ils veulent l'existence. Chaque individu existe parce que sa volonté désire la vie dans le monde. Le germe du monde est donc la volonté collective ou cosmique de vie manifestée, vie des formes et de la jouissance. A la fin de la période de repos, ou Dissolution, ce germe mûrit en Conscience. La Conscience a donc un double aspect : son aspect informel de libération (Mukti), sous lequel elle *est*, comme simple Conscience-Béatitude ; et son aspect formel d'univers, sous lequel elle *devient* le monde de la jouissance (Bhukti). L'un des principes cardinaux du Shâkta Tantra est d'assurer, par sa Sâdhanâ, à la fois la Libération et la Jouissance (79). Cela est possible par l'identification du moi

---

(79) Bhogena moksham âpnoti bhogena kulasâdhanam

en sa jouissance avec l'âme du monde. Quand le germe du monde mûrit, on dit que Shiva déploie sa Shakti. Comme cette Shakti est Lui-même, c'est Lui sous son aspect de Shiva-Shakti qui Se manifeste (Prasarati) et Se revêt de toutes les formes de la vie cosmique. Dans la Conscience pure, parfaite, informelle, naît le désir de se manifester dans le monde des formes, le désir d'être forme et de jouir des formes. Cela se produit comme une impulsion limitée à la surface (en réalité immuable) de la Conscience pure, qui est Nishkala Shiva, mais sans l'affecter. Il y a donc changement dans l'immuable et immutabilité dans le changement. Shiva sous Son aspect transcendant ne change pas, mais Shiva (Sakala), sous Son aspect immanent de Shakti, change. Lorsque naît la volonté créatrice, Shakti vibre comme Nâda (80), et prend la forme de Bindu, qui est Ishvara Tattva, dont sortent tous les mondes. C'est pour leur création que Kundalî se déroule. Lorsque mûrit Karma, la Devî, selon les termes du Nigama (81), « devient désireuse de création, et Se couvre de sa propre Mâyâ ». Puis « la Devî, joyeuse dans la folle volupté de Son union avec le Suprême Akula (82), devient Vikârinî » (83), c'est-à-dire que les Vikâra ou Tattva du Mental et de la Matière, qui constituent l'univers, apparaissent.

Les Shâstra décrivent en détail les étapes de la création, à la fois des points de vue subjectif et objectif, comme

---

Tasmâd yatnâd bhogayukto bhaved vîravarah sudhîh.
(Kulârnava Samhitâ, v. 219.)
« Par l'expérience du monde (Bhoga Bhukti) il gagne la Délivrance, ou l'expérience du monde est le moyen d'atteindre Kula. Aussi le sage et bon Vîra doit-il chercher avec soin à s'unir à l'expérience du monde ».

(80) Littéralement « le son », l'activité initiale qui est la source première du Shabda (son) manifesté par la suite et qui est, lui, le Mot auquel correspond l'Artha ou Objet.

(81) *Kulachûdâmani,* ch. I, v. 16-24. *(Tântrik Texts,* vol. IV).

(82) Akula est un nom tantrique de Shiva, Shakti étant appelée Kula, qui est Mâtri, Mâna, Meya. Il est dit dans le *Yoginîhridaya Tantra* (ch. I) : Kulam meyamânamâtrilakshanam, kaulastatsamastih. Ces trois termes désignent la Connaissante, la Connaissance, le connu, car c'est là la Conscience en tant que Shakti.

(83) *Kulachûdâmani,* ch. I, v. 16-24.

changements dans la conscience limitée ou comme mouvement (Spanda), forme, et « son » (Shabda). Les Shaiva
tout comme les Shâkta admettent les Trente-six catégories
ou Tattva, les Kala, les Shakti Unmanî et les autres Tattva,
le Shadadhvâ, les conceptions du Mantra sur Nâda, Bindu,
Kâmakalâ, et ainsi de suite (84). Certains auteurs de l'école
shivaïte du nord, dont le *Mâlinîvijaya Tantra* est un Shâstra
essentiel, ont décrit ces Tattva avec beaucoup de profondeur.
Mais nous ne faisons ici que résumer des conclusions générales.
Ces Trente-six Tattva sont dans les Tantra divisés en trois
groupes, nommés Atma, Vidyâ et Shiva. Le premier groupe
comprend tous les Tattva depuis la Prithivi (« terre ») la
plus basse, jusqu'à Prakriti, qui sont connus sous le nom
de catégories impures (Ashuddha Tattva) ; le second comprend
Mâyâ, les Kanchuka (85) et Purusha, qui constituent les
catégories pures-impures (Shuddha-ashuddha Tattva) ; et le
troisième comprend les cinq Tattva les plus élevés, appelés
Tattva purs (Shuddha Tattva), de Shiva Tattva à Shuddhavidyâ. Comme nous l'avons dit déjà, l'état suprême et
immuable (Parâsamvit) (86) est l'expérience de l'unité, dans
laquelle le « Je » et le « Cela » sont absolument fondus l'un
en l'autre.

Sous l'aspect actif, ou aspect de Shakti, présenté par les
catégories pures, l'expérience reconnaît un « Je » et un
« Cela », mais le second est considéré, non comme une réalité
opposée et extérieure au « Je », mais comme une partie d'un
Soi unique ayant deux aspects, un « Je » (Aham) et un
« Cela » (Idam). L'accent est mis d'abord sur le « Je », puis
sur le « Cela », puis sur le « Je » et le « Cela » également,
pour préparer la séparation qui va suivre dans la conscience.

Les catégories pures-impures sont évidemment intermédiaires entre les pures et les impures. Le caractère essentiel

---

(84) Sur ces termes, voir Avalon, *Garland of Letters*.

(85) Formes de Shakti qui limitent les perfections naturelles
de la Conscience. Ainsi, de toute-connaissante elle devient
connaissante de peu ; de toute-puissante, faiseuse de peu, etc.
Voir *Garland of Letters*. Le terme Samkocha (contraction) exprime
la même idée. La Devî est Samkuchadrûpâ par l'effet de Mâtri,
Mâna et Meya, et de même par suite Shiva en tant que Jîva
(tathâ shivo'pi samkuchadrûpâh). Voir *Yoginîhridaya Tantra*.

(86) Il n'est pas compté parmi les Tattva, étant Tattvâtîtâ.

de l'expérience constituée par les catégories impures est sa dualité, accomplie par Mâyâ, et ses limites, résultat de l'opération des Kanchuka. Ici le « Cela » n'est pas perçu comme partie du Soi, mais comme s'opposant à lui et comme privé de lui, comme un objet extérieur. Toute conscience est ainsi devenue exclusive de toute autre.

Des trois états décrits, le premier est donc un état transcendant où le « Je » et le « Cela » sont mêlés, où ces éléments de l'expérience ne sont pas développés comme tels. Intermédiaire entre le premier et le troisième, le second est une forme pure d'expérience, dans laquelle le « Je » et le « Cela » sont éprouvés à la fois comme parties du Soi unique. Enfin se produit l'état de manifestation véritable, où il y a coupure totale entre le « Je » et le « Cela », où un objet extérieur est présenté à la conscience d'un connaissant autre que le sujet.

Ce troisième état est lui-même double. Au premier stade, le Purusha a l'expérience d'un univers homogène, quoique différent de lui sous son aspect de Prakriti ; au second stade, Prakriti est dispersée en ses effets (Vikriti), qui sont le Mental et la Matière, et les multiples êtres qu'ils forment dans l'univers. Shakti œuvrant comme Prakriti développe d'abord le Mental (Buddhi, Ahamkâra, Manas) et les sens (Indriya), puis la matière sensible (Bhûta) sous ses cinq formes (éther, air, feu, eau, terre) (87), dérivées des principes suprasensibles dont les Tanmâtra sont des manifestations sensibles particulières. Lorsque Shakti est entrée dans le dernier et le plus grossier des Tattva (« la terre »), c'est-à-dire la matière solide, Son œuvre est achevée. Son activité créatrice cesse, et *Elle Se repose*. Elle Se repose dans Sa dernière émanation, le principe terrestre. La voici de nouveau lovée et endormie. Elle est maintenant Kundalî Shakti, dont la demeure dans le corps humain est le centre « terrestre »

---

(87) Ces termes ne sont pas pris dans le sens occidental habituel, mais désignent les états éthéré, gazeux, igné, liquide et solide de la matière. Dans le culte (Pûjâ), ils sont symbolisés par les ingrédients (Upachâra) suivants : Pushpa (fleur) pour l'éther ; Dhûpa (encens) pour l'air ; Dîpa (lumière) pour le feu ; Naivedya (offrande de nourriture) pour l'eau ; Chandana (santal) pour la terre.

ou Mûlâdhâra Chakra. De même que dans l'état suprême Elle était enroulée, Mahâ-kundalî, autour du Suprême Shiva, ici Elle S'enroule autour du Svayambhu Linga dans le Mûlâdhâra. Ce centre et les quatre centres situés au-dessus sont les centres des cinq formes de la Matière. Le sixième est celui du Mental. La Conscience, et ses développements effectués par l'action de Shakti antérieurement à l'apparition de Mâyâ, sont réalisés dans le septième lotus (Sahasrâra-padma) et dans les centres intermédiaires entre celui-ci et le sixième ou centre du Mental (Ajnâ).

L'évolution du Mantra est exposée avec beaucoup de clarté dans le *Shârâdâ Tilaka*, où il est dit que du Sakala Shiva (Shiva Tattva), qui est Sat-Chit-Ananda, est sortie Shakti (Shakti Tattva) ; de celle-ci Nâda (Sadâkhya Tattva) ; et de Nâda sortit Bindu (Ishvara Tattva) (88), que, pour le distinguer du Bindu suivant, on appelle Suprême Bindu (Para-Bindu). Nâda et Bindu sont, comme tout le reste, des aspects de la Puissance ou Shakti, étant ces états d'Elle-même qui constituent les conditions propres à la « création » (Upayogâvasthâ), et L'y inclinant (Uchchhûnâvasthâ). Dans ces Tattva le germe de l'action (Kriyâ Shakti) se développe en vue de sa manifestation totale.

Les Tantra, dans la mesure où ils sont des Mantra Shâstra, s'occupent du Shabda ou « Son », terme qui sera expliqué plus loin. Le Mantra est le Shabda manifesté. Nâda (qui signifie aussi, littéralement, « son »), est le premier corps causal intermédiaire produit par le Shabda manifesté. Bindu, dont nous avons parlé précédemment, est décrit comme l'état de la lettre *Ma* avant la manifestation : c'est le Shiva-Shakti Tattva enveloppé par Mâyâ ou Parama Kundalinî. Il implique à la fois le vide (Shûnya), c'est-à-dire l'état de Brahman (Brahmapada), dans l'espace vide à l'intérieur du cercle du Bindu, comme aussi les Guna qu'il contient implicitement, puisqu'il est indissolublement uni à Shakti, en qui sont contenus les Guna ou facteurs constitutifs de la source matérielle de toutes choses (89). On appelle le Parabindu

---

(88) Sachchidânanda-vibhavât sakalât parameshvarât
    Asîchchhaktis tato nâdo nâdâd bindu-samudbhavah.
                                                    (Ch. I.)
(89) Voir *Shatchakranirûpana*, v. 4, 37-49 ; *Todala Tantra*,

Ghanâvasthâ, ou état massif de Shakti. Il est Chidghana ou conscience massive, c'est-à-dire Chit associé à Shakti indifférenciée (Chidrûpinî), en qui reposent potentiellement comme une masse (Ghana), bien qu'indistincts, tous les mondes et tous les êtres à créer. Il est Parama Shiva, en qui sont toutes les Devatâ. C'est ce Bindu qui est le Seigneur (Ishvara) que certains Paurânika appellent Mahâvishnu et d'autres le Brahmapurusha (90). Peu importe le nom qu'on Lui donne. Il est le Seigneur qu'adorent en secret tous les Deva (91), et qui est désigné en diverses phases du Chandrabindu, dans Nâda, Bindu, Shakti et Shântadu *Om* et d'autres Bîja Mantra. Sa demeure est Satyaloka, qui existe à l'intérieur du corps humain dans l'enveloppe du lotus aux mille pétales (Sahasrâra), dans le centre cérébral supérieur. Le *Shârada* (92) dit encore que ce Parabindu, dont la substance est la Suprême Shakti, se divise en trois, c'est-à-dire apparaît sous un triple aspect. Il y a donc trois Bindu, dont le premier est nommé Bindu (93), et les deux autres Nâda et Bîja. Bindu a la nature de Shiva et Bîja celle de Shakti (94). Nâda est Shiva-Shakti : il est leur relation ou interaction mutuelle (Mithah samavâyah) (95), ou leur union (Yoga), comme l'appelle le

---

ch. IV ; et *Kâmakalâmâlinî Tantra*, cité au v. 43 du *Shatchakranirûpana*.

(90) *Shatchakranirûpana*, v. 49.

(91) *Ibid.*, v. 41.

(92) Chap. I.

(93) Kârya Bindu, ou Bindu produit, pour le distinguer du Bindu causal (Kârana) ou Parabindu.

(94) Dans le cas des Mantra, Bîja (suivant la *Kulachûdâmani*, v. 58) est la première lettre d'un Kûta ou groupe de lettres, et ce qui suit est Shakti. Ainsi dans le Mantra « Krîm », K est Bîja, R et I sont Shakti. Par le Bîja la forme est créée (Bijena mûrtikalpanâ).

(95) Parashaktimayah sâkshât tridhâsau bhidyate punah
Bindur nâdo bîjam iti tasya bhedâh samîritâh
Binduh shivâtmako bîjam shaktir nâdas tayor mithah
Samavâyah samâkhyâtah sarvâgamavishâradaih.

(Ch. 1.)

« Ce Bindu, qui est à la fois Shiva et Shakti, se divise de nouveau en trois parties. Bindu, Nâda et Bîja sont ses trois parties. Bindu est Shivâtmaka (c'est-à-dire Shiva), Bîja est Shakti et Nâda est donné pour la relation mutuelle existant entre eux par tous ceux qui sont versés dans les Agama ».

Prayogasâra (96). Le triple Bindu (Tribindu) est suprême (Para), subtil (Sûkshma) et grossier (Sthûla) (97). Nâda est donc l'union de Shiva et de Shakti dans la création. C'est par cette séparation de Shiva et de Shakti que naît l'idéation créatrice (Srishti-kalpanâ). Le Bindu causal est, sous son aspect de Shakti, Shakti indifférentiée en possession de toutes les puissances ; sous son aspect de Prakriti, Trigunamayî Mûlaprakriti ; sous son aspect de Devatâ, le non-manifesté ; sous son aspect de Devî, Shânta. Envisagés séparément, les trois Bindu indiquent les opérations des trois puissances de Volonté (Ichchhâ), de Connaissance (Jnâna) et d'Action (Kriyâ), et les trois Guna (Rajas, Sattva, Tamas) ; et aussi la manifestation des trois Devî (Vâmâ, Jyeshthâ, Raudrî) et des trois Devatâ (Brahma, Vishnu, Rudra), qui

---

Le premier mot du troisième vers se lit de façon plus satisfaisante *Binduh shivâtmako*, au lieu de *Bindur nâdâtmako*, qu'on trouve dans certains manuscrits, comme celui dont j'ai donné une citation dans l'introduction du *Mahanirvâna*. Le Comm. du *Shatchakranirûpana*, v. 40, parle aussi du Bindu comme étant Nâdâtmaka, mais explique que cela signifie Shivâtmaka. Voir aussi pour confirmation Kriyâsâra.

(96) Voir le Comm. de Râghava Bhatta sur le *Shâradâ*, ch. I, v. 8 :

Nirgunah sagunash cheti shivo jneyah sanâtanah
Nirgunâchchaiva samjâtâ bindavas traya eva cha
Brahmabindur vishnubindû rudrabindur maheshavari.

« L'éternel Shiva doit être connu à la fois comme Nirguna (sans attributs) et comme Saguna (avec attributs). Du sans attributs (Nirguna), ô Maheshvari, sortirent les trois Bindu qui sont Brahma-bindu, Vishnu-bindu et Rudra-bindu ».

Le troisième vers, tel que le cite la *Prânatoshinî* (p. 13), porte *Nirgunashchaiva* ; mais ce doit être une erreur pour *Nirgunâchchaiva*, car les Bindu eux-mêmes ne sont pas Nirguna, ils en sortent.

(97) Asmâch cha kâranabindoh sakâshât kramena kâryabindus tato nâdas tato bîjam iti trayam utpannam tad idam parasûkshmasthûlapadaih kathyate. (*Lalitâ-Sahasranâma*, Comm.).

« De ce Bindu causal (Kârana) naquirent encore Kârya Bindu (le Bindu effet), et ensuite Nâda et ensuite Bîja, tous les trois. On les dit Para (transcendant), Sûkshma (subtil) et Sthûla (grossier).

Ils représentent les aspects Chid, Chidachit, Achit, de la nature. Chidamshah chidachinmishrah achidamshahscha teshâm rûpâni. (Bhâskararâya : Comm. du *Lalitâ*).

Kâlena bhidyamânastu sa bindur bhavati tridhâ,

en sont issus (98). Le *Prayogasâra* et le *Shâradâ* disent que Raudrî sortit de Bindu, Jyeshthâ de Nâda, et Vâmâ de Bîja. D'elles sortirent Rudrâ, Vishnu, Brahmâ, qui ont la nature de Jnâna, de Kriyâ, d'Ichchhâ, et la Lune, le Soleil et le Feu (99). Les trois Bindu sont connus sous les noms du Soleil (Ravi), de la Lune (Chandra) et du Feu (Agni).

Le Soleil contient le Feu et la Lune (100). On l'appelle Mishra Bindu, et sous cette forme il n'est pas différent de Paramashiva, et il est Kâmakalâ (101). Kâmakalâ est le Triangle du Désir Divin formé par les trois Bindu, c'est-à-dire

---

Sthûlasûkshmaparatvena tasya traividhyamishyate,
Sa bindunâdabîjatva bhedena cha nigadyate.
Ete cha kâranabindvâdayash chatvâra âdhidaivatam avyak-teshvarahiranyagarbhavirâtsvarûpâh shântâvânâjyeshthâraudrî-rûpâ ambikechchhâjnânakriyârûpâsh cha. *(Ibid.)* Adhibhûtantu kâmarûpapûrnagirijâlandharaudyânapîtharûpâh. Pîtharûpâ iti tu nityâhdridaye spashtam. *(Ibid.,* citant *Rahasyâgama).*

(98) Ichchhâ, Rajas, Vâmâ, Brahmâ, Pashyantîshabda,
Jnâna, Sattva, Jyeshthâ, Vishnu, Madhyamâshabda,
Kriyâ, Tamas, Raudrî, Rudra, Vaikharîshabda.

Voir Comm. Shloka 22, *Kâmakalâvilâsa,* Samketa I ; *Yoginîh-ridaya Tantra;* et *Saubhâgya-sudhodaya,* cité dans ce dernier Tantra, Samketa 2. Comme dit le *Rudra Yâmala* (II, 2), les trois Deva sont des aspects de l'Un.

Ekâ mûrtistrayo devâ brahmavishumaheshvarâh
Mama vigrahasamkliptâ srijaty avati hanti cha.

Mais voir la note suivante.

(99) Cité dans *Prânatoshinî,* p. 8.
Raudrî bindos tato nâdâj jyeshthâ bîjâd ajâyata
Vâmâ tâbhyah samutpannâh rudra-brahma-ramâdhipâh
Te jnânechchhâ-kriyâtmâno vahnîndvarka-svarûpinah.
Ichchhâ kriyâ tathâ jnânam gaurî, brâhmîtî vaishnavî
Tridhâ shaktih sthitâ yatra tatparam jyotir om iti.

Comme le dit l'auteur de la *Prânatoshinî* (p. 9), les noms ne doivent pas se lire dans l'ordre des mots (Pratishabdam), sinon Jnâna serait associée à Vaishnavî, mais suivant les faits (Yatha-sambhavam), comme dans le texte. D'après cet exposé, il semblerait que Jnâna Sattva et Kriyâ Tamas, dans la note 98, doivent être intervertis.

(100) Il est Agnishomamayah. Voir Tîkâ, v. 6-7, du *Kâmakalâ-vilâsa;* et Avalon, *Garland of Letters.*

(101) C'est-à-dire Kâmayuktâ Kalâ. Kalâ doué de volonté créatrice (ici sa manifestation).

Mahâbindu=Paramashiva=Mishrabindu=Ravi=Kâmakalâ.
Ravî-Paramashivâbhinnâ mishrabindurûpâ Kâmakalâ.

leur collectivité (Samashtirûpâ) (102). Kâmakalâ est la racine (Mûla) de tout Mantra. La Lune (Soma, Chandra) est Shiva Bindu, et blanche (Sita Bindu) ; le Feu (Agni) est Shakti-bindu, et rouge (Shonabindu) ; le Soleil est un mélange des deux. Le Feu, la Lune et le Soleil sont Ichchhâ Shakti, Jnâna Shakti, Kriyâ Shakti (Shakti de la Volonté, de la Connaissance et de l'Action). Sur le plan matériel, le Bindu blanc prend la forme de la semence (Shukrâ), et le Bindu rouge celle des menstrues (Rajasphala, Shonita). Mahâbindu est l'état qui précède la manifestation de Prakriti (103). Les trois Bindu (autrement dit le Kâmakalâ) sont tous trois Shakti, bien que l'un d'eux puisse présenter plus particuliè-rement l'aspect de Shiva, un autre l'aspect de Shakti. Mishra Bindu est quelquefois appelé Shakti Tattva, pour indiquer la suprématie de Shakti, et quelquefois Shiva Tattva, pour indiquer la suprématie du possesseur de la puissance (Shakti-mân). Il est de forme double (Yâmalarûpa). Il n'y a pas de Shiva sans Shakti, ni de Shakti sans Shiva (104). Il est aussi impossible de les séparer (105) que de séparer le vent mobile de l'éther fixe dans lequel il souffle. Dans l'unique Shiva-Shakti est une union (Maithuna) (106), dont l'ardeur est Nâda, et dont naît Mahâbindu, qui devient lui-même triple (Tribindu), et alors est Kâmakalâ (107). Le *Shâradâ-Tilaka* dit que, lors de l'« éclatement » ou différenciation du Suprême

---

(102) En tant que Ravi ou Sûrya (le Soleil), Bindu est sous la forme de Parashiva, et en lui sont les deux autres Bindu ; il est leur Samashtirûpa, et on le nomme par suite Kâmakalâ.

(103) Ce qui est O devient RR, c'est-à-dire Chandra, Ravi et Ra (le feu).

(104) Tayor yad yâmalam rûpam sa sanghatta iti smritah
Anandashaktih saivoktâ yato vishvam visrijyati
Na Shivah Shaktirahito na Shaktih Shivavarjitâ.
(*Tantrâloka-Ahnika*, 3.)

« La forme accouplée de ces deux (Shivâ-Shakti) est appelée jonction. On l'appelle la bienheureuse Shakti dont naît la création. Il n'y a pas de Shiva sans Shakti, ni de Shakti sans Shiva ».

(105) *Ibid.*, Ahn. 3.

(106) Sur le plan physique, ce mot désigne l'union sexuelle.

(107) Dans le Shrîchakra, il est dans la région du Baindava Chakra, le plus haut, suivi du Chakra triangulaire, qui est Kâmesh-varî, Bhagamâlinî et Vajreshvarî. Il sera de nouveau question du Kâmakalâ par la suite.

Bindu, il y eut le « son » (Shabda) non-manifesté (108). Ce Shabda non-manifesté est, sous l'effet de l'action (Kriyâ Shakti), la source du Shabda et de l'Artha manifestés, qui seront décrits plus loin (109). Le Brahman source du langage (Shabda) et des idées d'une part, d'autre part des objets (Artha) qu'ils représentent, est appelé Shabdabrahman, ou, pour user d'un terme occidental, le Logos (110). De ce Bindu différentiateur ayant la forme de Prakriti, sortent les Tattva du Mental et de la Matière sous toutes leurs formes, comme aussi les Seigneurs des Tattva (Tattvesha), c'est-à-dire leurs intelligences directrices : Shambhu (111), la Devatâ

---

(108) Bhidyamânât parâd bindor avyaktâtmaravo 'bhavat
Shabdabrahmetî tam prânuh sarvâgamavishâradâh.
(Shâradâ Tilaka, ch. I.)*
On remarquera que dans ces vers le premier Bindu est appelé Para, et pour l'expliquer l'auteur de la *Prânatoshinî* ajoute la note suivante :
Parâdbindor ityanena shaktyavasthârupo yah prathamo bindus tasmât. (Par Parabindu on entend le premier Bindu, qui est un état de Shakti). Voir *Garland of Letters*.
(109) Voir Râghava Bhâtta, Comm. du *Shâradâ*, ch. I, v. 12, et *Garland of Letters*.
Kriyâshaktipradhânâyâh shabda-shabdârthakâranam
Prakriter bindurupinyâh shabdabrahmâ, bhavat param.
Comme le dit le *Kulârnava Tantra* (Khanda 5, Ullâsa 1), l'unique Brahman a deux aspects, étant Parambrahman (transcendant) et Shabdabrahman (immanent). Shabdabrahmaparambrahmabhedena brahmanor dvaividhyam uktam. (Voir aussi *Shrîmad Bhâgavata*, Skandha 6, ch. 16.) Tena shabdârtharûpavishishtasya shabdabrahmatvan avadhâritam. *(Prânatoshinî,* 10.)
(110) Il est dit dans la *Prânatoshinî*, p. 22, que Shambhu est l'« associé du temps » (Kâlabandhu), parce que Kâla, sous la forme de Nâda, aide à Lui donner naissance ainsi qu'aux autres Devatâ.
(111) Atha bindvâtmanah Shambhoh kâlabandhoh kalâtmanah
Ajâyata jagat-sâkshî sarvavyâpî Sadâshivah
Sadâshivât bhaved Ishas tato Rudrasamudbhavah
Tato Vishnus tato Brahmâ teshâm evam samudbhavah.
(Shâradâ, ch. I, v. 15-16.)*
Ils sont ici mentionnés en liaison avec la création de la forme (Arthasrishti). La *Prânatoshinî* dit : Atra arthasrishtau punah rudrâdînâm utpattistu artharûpena. Pûrvam teshâm utpattih shabdarûpena, ato na pâunaruktyam iti kalâ mâyâ tadâtmanas tadutpannatvât.

qui préside à l'Ajnâ Chakra, centre des facultés mentales ;
Sadâshiva, Isha, Rudra, Vishnu, Brahmâ, les Devatâ des
cinq formes de la Matière ; et enfin Prithivi (la « terre »)
dans le Mûlâdhâra, où la Shakti créatrice, ayant achevé
Son œuvre, retourne à Son repos sous le nom de Kundalinî.

Tout comme l'atome est formé d'un centre statique
autour duquel gravitent des forces mobiles, de même à
l'intérieur du corps humain Kundalinî, dans le « Chakra de
la Terre », est le centre statique (Kendra) autour duquel,
sous Son aspect actif, Elle œuvre en tant que force vitale.
Le corps entier, étant Shakti, est mouvement incessant.
Kundalinî Shakti est le support immobile de toutes ses
opérations. Lorsqu'Elle est éveillée et qu'Elle-même S'élève,
Elle reprend avec Elle et en Elle ces Shakti mouvantes,
puis s'unit à Shiva dans le Lotus Sahasrâra. Cette montée
(ou évolution) est le mouvement inverse de l'involution
décrite plus haut. Les Mondes sont dissous (Laya), de temps
à autre, pour tous les êtres. Le Yogî parfait dissout l'Univers,
pour tous les temps, pour lui-même. Ainsi le Yoga est Laya.

Avant de procéder à une description des Chakra, il est
nécessaire de décrire plus complètement les éléments constitutifs du corps, c'est-à-dire la Puissance manifestée sous la
forme des Tattva que nous avons mentionnés, de Prakriti à
Prithivî. De ces Tattva les Chakra sont les centres. D'autre
part, il est nécessaire d'expliquer la doctrine du « Son »
(Shabda), qui existe dans le corps aux trois états intérieurs
(Parâ, Pashyantî, Madhyamâ), et s'exprime dans le langage
articulé (Vaikharî). Cela facilitera au lecteur la compréhension
du Mantra ou Shabda manifesté, et de la « Guirlande des
Lettres » qui est distribuée entre les six centres corporels.

III

LA CONSCIENCE INCARNÉE OU JIVATMA

La Conscience, une sous un aspect de dualité, est Transcendante et Immanente. La Conscience Transcendentale est
appelée le Paramâtmâ. La Conscience incarnée dans le
Mental et la Matière est le Jîvâtmâ. Dans le premier cas la
Conscience est informelle ; dans le second elle a une forme.
La forme est un produit de la Conscience sous son aspect de
Puissance (Shakti). La Puissance nommée Prakriti Shakti
est la source directe du Mental et de la Matière. L'aspect
statique correspondant est appelé Purusha. (Ce terme est
parfois appliqué au Suprême, comme dans le nom Brahmapurusha.) (112) Il s'agit ici d'un centre de conscience limitée,
limitée par la Prakriti qui s'y trouve associée, et par le
Mental et la Matière qu'elle produit. On entend vulgairement
par Purusha, comme par Jîva, l'être sensible pourvu d'un
corps, autrement dit la vie organique (113). L'homme est un

---

(112) C'est ainsi qu'il est dit : Purushân na param kinchit
sâ kâshthâ sâ parâ gatih.

(113) Dehendriyâdiyuktah chetano jîvah. Le *Kulârnava Tantra*,
I, 7-9, décrit les Jîva comme des parties de Shiva enveloppées de
Mâyâ (qui les constitue ainsi en entités séparées), pareilles à des
étincelles s'échappant du feu ; c'est là une vieille idée védantique.
Cependant, comme Jîva dans le Mâyâvâdâ Vedânta est en réalité
Brahman (Jîvo brahmaiva nâparah), il n'existe au fond, selon
cette doctrine, aucune réalité indépendante appelée Jîva (Nahi
jîvo nâma kashchit svatantrah padârthah). Atmâ prend le nom de
Jîva lorsqu'il est avec Upâdhi, c'est-à-dire avec attributs, tels
que le corps, etc. En langage philosophique, tout Atmâ avec
Upâdhi est Jîva.

microcosme (Kshudrahmânda) (114). Le monde est le macrocosme (Brahmânda). Il existe des mondes innombrables,
dont chacun est gouverné par des Seigneurs particuliers,
bien que tous n'aient qu'une seule grande Mère qu'adorent
ces Seigneurs eux-mêmes, en mettant sur leur tête la poussière
de Ses pieds. En tout, est tout ce qui est dans tout le reste.
Il n'est donc dans l'univers rien qui ne soit dans le corps
humain. Il est inutile de lever les yeux vers le ciel pour
trouver Dieu. Il est en nous, comme le « Maître intérieur »
(Antaryâmin) ou le « Soi intérieur » (Antarâtmâ) (115).
Tout le reste est Sa puissance, manifestée en Mental et Matière.
Tout ce qu'il existe de Mental ou de Matière dans le monde
existe sous quelque forme ou en quelque manière dans le
corps humain. Nous avons déjà cité cette formule du
Vishvasâra Tantra : « Ce qui est ici est là. Ce qui n'est pas
ici n'est nulle part » (116). Dans le corps est le Couple Suprême,
Shiva-Shakti, présent en toutes choses. Dans le corps est
Prakriti Shakti, avec tous Ses produits. En fait, le corps
est un vaste réservoir de Puissance (Shakti). L'objet des
rites tantriques est de conduire ces différentes formes de
puissance à leur pleine expression. C'est l'œuvre de la
Sâdhanâ. Les Tantra disent qu'il est au pouvoir de l'homme
d'accomplir tout ce qu'il désire s'il concentre sur ce but sa
volonté. Et selon leur doctrine il en doit être ainsi, car
l'homme est essentiellement un avec le Seigneur Suprême
(Ishvara) et la Mère Suprême (Ishvarî), et plus il manifeste
l'Esprit, plus il est doué des pouvoirs de l'Esprit. Le centre
et la racine de tous ses pouvoirs de Jîva, c'est Kundalinî
Shakti. Le centre où se réalise la conscience endormie est le

----

(114) « Petit œuf (sphéroïde) de Brahmâ ».

(115) D'après le *Jnânârnava Tantra* (XXI, 10), « antah »
implique les idées de « secret », de « subtil » ; car l'Atmâ, fin
comme un atome, est à l'intérieur de toute chose. C'est l'oiseau
Hamsah qui se joue dans le Lac de l'Ignorance. Au moment de
la dissolution, où il est Samhârarûpî, Atmâ se révèle. La Mère
est l'Antaryâmin aussi des Devatâ, telles que les cinq Shiva,
Brahmâ, etc., car Elle est Parabrahmânandarûpâ, Paraprakâ-
sharûpâ, Sâdrûpâ et Chidrûpâ, et ainsi les dirige. (*Trishatî*, II, 47).

(116) Yad ihâsti tad anyatra yan nehâsti na tat kvachit ;
version hindoue de la maxime hermétique : « Ce qui est en haut
est en bas ».

sommet du cerveau ou Sahasrâra, d'où, chez le Yogî, le Prâna s'échappe, au moment de la mort, par la fissure appelée Brahmarandhra. Le Mental et le Corps sont les effets de Prakriti. Ayant tous deux la même origine, tous deux, Mental ou Matière, sont choses « matérielles », c'est-à-dire par nature des forces (117), et des instruments limités par lesquels opère l'Esprit, ou Conscience, qui, bien qu'en lui-même sans limite, apparaît ainsi limité. La lumière d'une lanterne n'est point modifiée, mais sa manifestation à l'extérieur est affectée, par la matière à travers laquelle brille cette lumière. Prakriti, cependant, n'est pas la « Matière » des savants. Celle-ci n'est que son produit le plus grossier, et comme telle n'a pas d'existence durable. Prakriti est la cause « matérielle » du Mental comme de la Matière, et de l'ensemble de l'univers qu'ils composent. Elle est la matrice (Yoni) mystérieuse et féconde qui donne naissance à toute chose (118). Ce qu'Elle est en Elle-même, nul ne peut le concevoir. Elle n'est connue que par Ses effets (119). Bien que Mûlaprakriti soit la cause matérielle

---

(117) Herbert Spencer pense également, en conformité avec la doctrine hindoue, que l'univers, physique ou psychique, est un jeu de la force, que, dans le cas de la matière, nous, en tant que moi ou mental, percevons comme objet. Sur le Mental et la Matière, voir Avalon, *The World as Power (Mind; Matter)*.

(118) On a fait dériver Prakriti de *Kri* et du suffixe *ktin*, qui s'ajoute pour exprimer bhâva, l'idée abstraite, et quelquefois le Karma, ou objet de l'action, et qui correspond au suffixe grec *sis*. *Ktin* infléchi au nominatif devient *tih, tis*. C'est pourquoi on a vu dans Prakriti l'équivalent de la *phusis* (nature) des Grecs. (Banerjee, *Dialogues on Hindu Philosophy*, 24). On l'appelle aussi Pradhâna. Pra+dhâ+anat=Pradhatte sarvam âtmani, « cela qui contient tout en soi », la source et le réceptacle de toute matière et de toute forme. Pradhâna signifie encore littéralement « principale » (substance), car selon le Sâmkhya elle est la véritable créatrice.

(119) Voir le magnifique Hymne à Prakriti dans le *Prapanchasâra Tantra (Tântrik Texts*, vol. III). Ce que les yeux peuvent voir peut se définir, mais non pas Elle. « Les yeux ne peuvent la voir. » *Kena Up.*, I, 6 : Yat chakshushâ na pashyati. Elle est au-delà des sens. Aussi la *Trishatî* invoque-t-elle la Devî (II, 44) comme Idrigityavinirdeshyâ (qui ne peut être désignée particulièrement comme étant ceci ou cela). Voir *Shâradâ Tilaka*, *Vâmakeshvara Tantra* et *Vishvasâra Tantra*, cités dans *Prânatoshinî*, p. 24. Elle est ineffable et inconcevable : douée de forme

du monde sorti d'elle (120), en dernière analyse, telle qu'elle est en elle-même (Svarûpa), Prakriti, comme tout le reste, est Conscience, car la Conscience qui est Puissance et la Conscience demeurée statique ne font qu'une (121). La Conscience, cependant, assume le rôle de Prakriti, c'est-à-dire de la puissance créatrice, en déployant l'univers. Sa substance est faite des Guna, ou modes de ce principe naturel, appelés Sattva, Rajas, Tamas (122). L'action générale de Shakti est de voiler ou de contracter la conscience. Prakriti est en fait un principe « finitisant ». Selon toute apparence, elle « finit », elle trace une forme dans la Conscience informelle et infinie (123). Ainsi font tous les Guna, mais dans une mesure inégale. Le premier, Sattvaguna, a pour fonction, relativement aux autres Guna, de *révéler* la conscience ; plus grande est la présence ou la puissance de Sattvaguna, plus proche est la condition de Conscience Pure. La fonction de Tamas Guna est de supprimer ou de *voiler* la conscience. Celle de Rajas Guna est *d'activer*, c'est-à-dire qu'il agit sur Tamas pour supprimer Sattva, ou sur Sattva pour supprimer Tamas (124). L'objet et l'effet de l'évolution, comme de toute

---

(Vikriti), pourtant Elle-même (Mûlaprakriti) sans forme. Voir Mahânirvâna Tantra, IV, 33-35. Aussi Sâyana *(Rig-Veda*, X, 129, 2) dit que, tandis que Mâyâ est Anirvâchyâ (indéfinissable), puisqu'elle n'est ni Sat ni Asat, Chit est définissable comme Sat.

(120) Kriteh prârambho yasyâh. C'est-à-dire par qui s'effectuent la création (Srishti), la conservation (Sthiti) et la dissolution (Laya). (Prakriyate kâryâdikam anayâ).

(121) Voir le Comm. de Sadânanda sur le 4e Mantra de l'*Isha Up*. « Le Brahman immuable qui est conscience apparaît dans la création comme Mâyâ qui est conscience (Chidrûpinî) de Brahman (Brahmamayî), portant en Elle des tendances karmiques (Karma-samskâra) incréées (Anâdi) sous la forme des trois Guna. Elle est donc Gunamayî tout en étant Chinmayî. Et comme il n'y a pas de second principe ces Guna sont Chit-Shakti ».

(122) Les trois Guna *sont* Prakriti. La Devî, sous la forme de Prakriti, est appelée Trigunâtmikâ (composée des trois Guna). Toute la nature sortie d'Elle, la Grande Cause (Mahâkâranasva-rûpâ), est composée aussi des mêmes Guna en divers états de relation.

(123) Voir Avalon, *Shakti and Mâyâ*; article publié dans l'*Indian Philosophical Review* et reproduit dans la 3e édition de *Shakti and Shâkta*.

(124) Comme le dit le Professeur P. Mukhyopadhyaya, traitant

Sâdhanâ, sont de développer Sattvaguna. Les Guna co-
existent toujours en tout, mais prédominent de manière
variée. Plus la descente est profonde par les degrés de la
nature, plus domine Tamas Guna, comme dans ce qu'on
appelle la « matière brute », supposée entièrement inerte.
Plus haute est la montée, plus domine Sattva. L'homme
véritablement sattvique est un homme divin; son tempé-
rament est appelé dans les Tantra Divyabhâva (125). Par
Sattvaguna, parvient à Sat, qui est Chit ou Conscience
pure, le Siddhayogî, qui s'identifie à l'Esprit Pur.

Prakriti existe en deux états. Dans l'un (si du moins
l'on considère les effets) (126), Elle repose. Les Guna sont
alors en équilibre stable, et sans action réciproque. Il n'y a
pas de manifestation. C'est le non-manifesté (Avyakta), la
potentialité de puissance naturelle *(natura naturans)* (127).
Pourtant, lorsque par suite de la maturation du Karma, le
temps de la création arrive, les Guna se mettent en mouvement (Gunakshoba) et il se produit une vibration initiale
(Spandana), que le Mantra Shâstra nomme le Son Cosmique
(Shabdabrahman). Les Guna agissent les uns sur les autres,
et l'univers formé de ces trois Guna est créé. Les produits de
Prakriti ainsi développés sont appelés Vikâra ou Vikriti (128).

---

de cette question d'un point de vue monistique, ce sont les trois
éléments de la Tension Vitale à la surface de la Conscience pure :
la présentation (Sattva), le mouvement (Rajas), et l'obscuration
(Tamas), qui sont les trois éléments de l'évolution créatrice.
(The Patent Wonder, p. 19).

(125) Ceux chez qui prédomine Rajas, et qui font agir ce
Guna pour supprimer Tamas, sont Vîra (héros), et l'homme chez
qui prédomine Tamas est un Pashu (animal).

(126) Les trois Guna sont essentiellement changeants. Nâpari-
namya kshanamapyavatishthante gunâh : les Guna ne restent
pas un instant immobiles. (Vâchaspati Misra : *Sâmkhya-Tattva-
Kaumudî,* Kârika 16). Le mouvement est double : *(a)* Sarûpa-
parinâma ou Sadrishatarinâma dans la dissolution ; *(b)* Virûpa-
parinâma dans l'évolution.

(127) C'est là, en fait, la définition de Prakriti opposée à
Vikriti : Sattvarajastamasâm sâmyâvasthâ prakritih. *(Sâmkhya-
Kaumudi Kârikâ,* 3 ; *Sâmkhva-Pravachana,* I, 61).

(128) Vikâra ou Vikriti est quelque chose de réellement trans-
formé, comme le lait en caillé : celui-ci est une Vikriti de celui-là.
Vivarta est une transformation apparente mais non réelle,
comme l'apparence de serpent prise par ce qui était et demeure

Vikriti est Prakriti manifestée (Vyakta ; *natura naturata*). Dans la Prakriti infinie et informelle apparaît une tension, un effort, perçu comme forme. Quand cette tension se relâche dans la dissolution, la forme disparaît dans la Prakriti informelle, qui en tant que puissance manifestée rentre dans la Conscience de Brahman. Ces Vikriti sont les Tattva sortis de Prakriti (129), les Avidyâ Shakti, c'est-à-dire les différentes catégories du Mental, des Sens et de la Matière.

Les corps sont triples : causal (Kâranasharîra, ou, comme disent les Shaiva, Parasharîra), subtil (Sûkshmasharîra), et grossier (Sthûlasharîra). Ces corps, dans lesquels est incarné l'Atmâ, sortent de Prakriti Shakti, et sont constitués par ses diverses productions. Ils constituent le tabernacle de l'Esprit (Atmâ), qui, étant le Seigneur, est « dans tous les êtres, et dirige de l'intérieur tous les êtres » (130). Le corps du Seigneur (Ishvara) est pur Sattvaguna (Shuddhasatt-vagunapradhâna) (131). Il est l'ensemble de Sa Prakriti ou Mâyâ, à Lui, ou Elle, Créateur-Créatrice de toutes choses. Jîva,

---

une corde. Le *Vedântasâra* définit les deux termes sous cette forme musicale :

Satatt 'vato 'nyathâprathâ vikâra ityudîritah
Atattvato' nyathâprathâ vivarta ityudîritah.

A propos du v. 40 du *Shatchakra*, le Commentateur parle de Vikriti comme d'un reflet (Pratibimbatâ) de Prakriti. Elle est Prakriti modifiée.

(129) Comme nous l'avons déjà expliqué, il y a des Tattva qui précèdent les Tattva Purusha-Prakriti. Etymologiquement, Tattva est un dérivé abstrait du pronom Tat (« cela », ou la Quiddité), et, comme on l'a fait remarquer, peut se comparer à l'*haecceitas* de Duns Scot. Le Tattva, dans un sens général, est la Vérité ou Brahman. Mais dans le Sâmkhya il a un sens technique, et s'emploie comme un terme concret pour désigner les huit « producteurs », les seize « productions », et le vingt-cinquième Tattva ou Purusha.

(130) Yah sarveshu bhûteshu tishthan ; yah sarvâni bhûtâny antaro yamayati *(Brihadâranyaka Up.*, III, 7, 15). Le Jîva est ainsi, dans le Mâyâvâda, Chaitanyarûpa avec l'Upâdhi ajnâna et ses effets, mental et corps, et Abhimânin, s'attribuant à lui-même les états de veille, de rêve et de sommeil profond.

(131) *Bhashya* de Shankara, II, 3-45. Le Jîva est Chaitanya distingué par Upâdhi. Ce dernier terme signifie propriété distinctive, attribut, corps, etc., et ici le corps (Deha), les sens (Indriya), le mental (Manas, Buddhi), etc. *(Ibid.*,1, 2-6).

dit le *KulârnavaTantra* (132), est lié de liens (Pâsha) ; Sadâshiva
est libre de tout lien (133). Le premier est Pashu, et le second
Pashupati, ou Seigneur des Pashu. En d'autres termes, Ishvarî
(134) n'est pas affectée par Sa propre Mâyâ. Elle voit tout,
connaît tout. Elle est toute-puissante. Ainsi, Ishvara gouverne
Mâyâ ; Jîva est gouverné par elle. De ce point de vue, la
Mère et Son enfant le Jîva ne sont donc pas identiques.
Car le second est une conscience limitée, sujette à l'erreur,
et gouvernée par cette Mâyâ-shakti de la Mère qui fait que
le monde semble différent de ce qu'il est en son essence.
Le corps de Jîva est donc la Prakriti ou l'Avidya individuels,
en qui Sattva est impur, mêlé de Rajas et de Tamas. Mais
dans la Mère sont toutes les créatures. Aussi dans la *Tri-shatî* (135) la Devî est appelée « sous la forme d'une et de
mainte lettre » (Ekânekâksharâkriti). Ekâ, Elle est l'Ajnâna
qui est pur Sattva et attribut (Upâdhi) d'Ishvara ; Anekâ,
Elle est Upâdhi ou véhicule de Jîva. Alors qu'Ishvara est un,
les Jîva sont multiples (136), suivant la diversité causée dans
la nature de la Prakriti individuelle par l'apparition en elle
de Rajas et de Tamas en proportions diverses. L'Atma
apparaît comme Jîva dans les diverses formes des mondes
végétal, animal et humain.

Le premier corps, ou *Corps Causal*, de n'importe quel
Jîva particulier, est donc cette Prakriti (Avidyâ Shakti) qui
est la cause des corps subtil et grossier de ce Jîva, sortis d'elle.
Ce corps dure jusqu'à la Délivrance : alors le Jîvâtmâ cesse
d'être tel et redevient le Paramâtmâ ou Esprit non-incarné
(Videha-mukti). Le Jîva existe dans ce corps pendant le
sommeil profond (Sushupti).

Le second et le troisième corps sont des différenciations

(132) Avalon, *Tântrik Texts*, vol. V.
(133) Pâshabaddho bhavej jîvah pâshamuktah sadâshivah
(Kulârnava Tantra, IX, 48) ; l'auteur de la *Prânatoshinî*, qui
cite ce passage, dit à son sujet : « Ainsi est montrée l'identité de
Shiva et de Jîva ». (Iti shivajîvayor aikyam uktam).
(134) Féminin d'Ishvara. Certains adorent Shiva, d'autres la
Devî. Les deux ne font qu'un.
(135) Comm. de Shankara sur le v. 23.
(136) Selon une autre opinion védantique, il n'y a qu'un seul
Jîva.

par évolution du corps causal, dont procède d'abord le corps subtil, et de celui-ci sort le corps grossier.

Le *Corps Subtil*, appelé aussi Linga Sharîra ou Puryash-taka, est constitué par les premiers développements (Vikriti) du corps causal prakritique, c'est-à-dire le Mental (Antah-karana), l'organe interne, en même temps que les organes externes (Bâhyakarana), qui sont les Sens (Indriya) et leurs objets suprasensibles (Tanmâtra).

Le troisième corps ou *Corps Grossier* est le corps « maté-riel » qui est l'objet particulier des sens (137), dérivés des supra-sensibles.

Le corps subtil peut être décrit en un mot comme le Corps Mental, celui qui lui succède étant le corps matériel grossier. Nous considérons le Mental isolé, abstrait, dissocié de la Conscience (ce qui en fait n'arrive jamais), comme une force inconsciente brisant en éléments particuliers l'Expé-rience Totale qui est Chit. On l'appelle « cela qui opère à l'intérieur » ou « l'organe interne », et, bien qu'il soit unique, on lui donne des noms divers pour désigner la diversité de ses fonctions (138). Ainsi le Sâmkhya parle de Buddhi, d'Ahamkâra, de Manas, à quoi le Vedânta ajoute Chitta, ces termes désignant divers aspects ou attributs (Dharma) du Mental, manifestés dans les opérations psychiques par lesquelles le Jîva connaît, sent et veut.

On peut les considérer du point de vue de l'évolution, c'est-à-dire dans l'ordre des étapes du développement de l'expérience limitée du Jîva, ou du point de vue d'après la créa-tion, une fois obtenue l'expérience des objets concrets des sens. Sous le premier aspect, Buddhi ou Mahat Tattva est l'état de simple présentation ; une simple conscience d'être, sans la pen-sée du « je », et non affectée par des sensations d'objets parti-culiers. C'est la Conscience impersonnelle du Jîva. Ahamkâra, dont Buddhi est la base, est la conscience personnelle qui se conçoit comme un « je » particulier, le sujet de l'expérience. Le Jîva, dans l'ordre de la création, a d'abord une expérience d'un caractère vague et général, sans conscience du moi,

(137) Un Bhûta (matière sensible) est ce qui peut être perçu par l'organe externe, l'œil ou l'oreille par exemple.
(138) *Sâmkhya-Prachavana-Sûtra* (II, 16). Voir Avalon, *The World as Power ; Mind*.

comme l'expérience qui suit immédiatement le réveil. Il
rapporte ensuite cette expérience au moi limité, et il a
conscience « d'être tel ou tel ».

Manas est le désir qui suit cette expérience, et les Sens
(Indriya) et leurs objets sont les moyens d'obtenir cette
jouissance qui est le but de tout vouloir-vivre. Mais, tandis
que dans l'ordre de l'évolution Buddhi est le principe premier,
dans l'opération réelle de l'Antahkarana après que la création
a eu lieu, elle vient la dernière.

Il est donc préférable de commencer par les objets des
sens et par les sensations qu'ils éveillent. Le sujet de l'expérience est affecté par la Matière de cinq façons différentes,
qui provoquent chez lui les sensations de l'ouïe, du toucher
et du tact (139), de la couleur, de la forme (140) et de la vue,
du goût, de l'odorat (141). Mais la perception sensible n'existe
qu'à l'égard d'objets particuliers, elle n'est donc perçue que
dans ses variations. Pourtant il existe aussi des éléments
généraux des organes particuliers de la perception sensible.
Que des idées générales puissent se former à partir d'objets
sensibles particuliers, cela, dit-on (142), indique leur existence
en quelques parties de la nature du Jîva comme faits d'expérience ; sans quoi les idées générales ne pourraient se former
à partir des impressions particulières données par les sens
comme faits physiques d'expérience. Cette idée générale
s'appelle un Tanmâtra, c'est-à-dire la « pure quiddité », ou
qualité abstraite, d'un objet. Ainsi, le Tanmâtra d'un son
n'en est aucune forme sensible particulière, mais il est la

---

(139) Voir plus loin ; et aussi Avalon, *Matter*.

(140) Rûpa est d'abord la couleur. Au moyen de la couleur
est perçue la forme, car une chose parfaitement incolore n'est
point perceptible par les sens grossiers.

(141) Les autres objets des sens sont ce qui se parle, ce qui
se saisit, ce qui s'approche, ce qui s'excite (ce qui est dans les
parties génitales), et ce qui s'excrète. « Chaque sens est adapté
à une catégorie particulière d'influences : le toucher à la pression
d'un solide, l'ouïe à la pression de l'air, le goût au liquide, la vue
aux rayons lumineux ». (Bain, *Mind and Body*, p. 22 ; 1892).
Voir *Sâmkhya-Pravachana-Sûtra*, II, 26-28, 40 ; *Sâmkhya-Tattva-
Kaumudî*, Kârikâ 27.

(142) Voir, pour plus de détails sur cette question, J.C. Chatterji,
Kashmir Shaivaism, 125.

« quiddité » de ce son, autrement dit ce son tel qu'il est indépendamment de toutes ses variations particulières. Aussi a-t-on justement appelé les Tanmâtra les « principes généraux des impressions particulières des sens » (143), c'est-à-dire les éléments généraux de la perception sensible. Ils viennent nécessairement à l'existence quand sont produits les sens ; car un sens exige quelque chose qui puisse être objet de sensation. Ces Bhûta subtils (Sûkshma), comme on les appelle aussi, ne sont pas ordinairement perçus eux-mêmes, car ils sont suprasensibles (Atîndriya). Leur existence n'est qu'indirectement perçue par l'intermédiaire des objets particuliers grossiers dont ils sont les principes généraux, et qui procèdent d'eux. Ils ne peuvent être objets de perception directe que pour les Yogî (144). Ils sont, comme les objets sensibles grossiers qui en dérivent, au nombre de cinq : le son (Shabda-tanmâtra), le toucher et le sens thermique (Sparshatanmâtra), la couleur et la forme (Rûpatanmâtra), la saveur (Rasatan-mâtra), l'odeur (Gandhatanmâtra). Chacun dérive de celui qui le précède (145).

Les sensations éveillées par les objets des sens sont éprouvées au moyen des organes externes du Seigneur du corps, les sens, qui sont les portes par lesquelles le Jîva reçoit l'expérience du monde. Ils sont au nombre de dix, et appartiennent à deux catégories : les cinq organes de la sensation ou de la perception (Jnânendriya), c'est-à-dire l'oreille (l'ouïe), la peau (le toucher), l'œil (la vue), la langue (le goût), et le nez (l'odorat) ; et les cinq organes de l'action (Karmendriya), qui sont les réactions du moi à la sensation, c'est-à-dire la bouche, les mains, les jambes, l'anus et le sexe, par lesquels s'accomplissent la parole, la préhension, la marche, l'excrétion et la procréation, et par lesquels se satisfont les désirs du Jîva. Ce sont respectivement des impulsions afférentes et efférentes.

---

(143) *Ibid.* ; voir plus loin.

(144) C'est pourquoi il est dit : Tâni vastûni tanmâtrâdini pratyaksha-vishayâni (c'est-à-dire, aux Yogî).

(145) D'une manière générale, les quatre derniers correspondent aux Vaisheshika Paramânu. Il y a pourtant des différences. C'est ainsi que ces derniers sont éternels (Nitya) et ne procèdent pas les uns des autres.

L'Indriya, ou sens, n'est pas l'organe physique, mais la faculté du mental qui opère par cet organe comme par son instrument. Les organes externes des sens sont les moyens habituels par lesquels s'effectuent sur le plan physique les fonctions de l'ouïe et des autres Indriya. Mais comme ce sont là de simples instruments et qu'ils tirent leur puissance du mental, un Yogî peut accomplir par le seul mental tout ce qui peut se faire au moyen de ces organes physiques, sans les utiliser.

Par rapport à leurs manifestations physiques, mais non à leur nature intime, les classes auxquelles appartiennent les Indriya peuvent se définir comme les systèmes nerveux sensoriel et moteur. Comme les Indriya ne sont pas les organes physiques, tels que l'oreille, l'œil, etc., mais des facultés du Jiva qui désire connaître et agir par leur moyen, le Yogî prétend accomplir sans l'aide de ces derniers tout ce qui d'ordinaire s'effectue par eux. C'est ainsi qu'un sujet hypnotisé peut percevoir des objets sans faire usage des organes physiques spéciaux ordinairement nécessaires (146). La diversité des actions n'implique pas nécessairement un nombre correspondant d'Indriya. L'acte d'« avancer », accompli au moyen de la main comme dans le cas d'un infirme, doit être regardé en réalité comme une action de l'Indriya des pieds (Padendriya), bien que la main soit le siège de l'Indriya qui manie (147). Par le moyen de ces Indriya les choses sont perçues et l'action qui les concerne effectuée. Les Indriya, pourtant, ne sont pas eux-mêmes suffisants pour cela. Tout d'abord, sans la coopération de l'attention (Alochana), il n'y a pas du tout de sensation. Etre « distrait », c'est ne pas savoir ce qui arrive (148). L'attention doit donc coopérer avec les sens avant que ceux-ci puissent « donner » au sujet quoi que ce soit (149). D'autre part, au même instant le sujet peut recevoir un nombre incalculable de

---

(146) Voir *Kashmir Shaivaism*, p. 120. C'est ainsi que le Professeur Lombroso rapporte le cas d'une femme qui, étant aveugle, lisait avec le bout de l'oreille, goûtait avec les genoux, et sentait avec les orteils.

(147) *Tantrasâra Ahnika*, 8.

(148) Voir *Kashmir Shaivaism*, p. 112.

(149) C'est ainsi qu'on peut lire dans la *Brihadâranyaka Up.*,

sensations qui viennent à lui et le pressent de toutes parts.
Si l'une d'elles doit être amenée dans le champ de la conscience, il faut qu'elle soit choisie à l'exclusion des autres.
L'opération de perception est le choix d'une section particulière prise dans un tout, puis la fixation de l'attention sur
elle pour la faire sienne, soit comme un objet particulier de
la pensée, soit comme un champ particulier d'opération (150).
Enfin, comme l'affirme la psychologie occidentale, les sens
ne fournissent pas un tout complet, mais une multiplicité,
la multiplicité sensible. Ces « points de sensation » doivent
être rassemblés en un tout. Ces trois fonctions d'attention,
de choix, et de synthèse de la multiplicité sensible discontinue,
appartiennent à cet aspect du corps mental appelé
Manas (151). Tout comme Manas est nécessaire aux sens,
ces derniers sont nécessaires à Manas. Car il est le siège du
désir, et ne peut exister par lui-même. Il est le désir de percevoir ou d'agir, et n'existe donc qu'associé avec les Indriya.

Ainsi, Manas est l'Indriya directeur, dont les sens sont
les pouvoirs. Car, sans l'aide et l'attention de Manas, les
autres Indriya sont incapables d'accomplir leurs fonctions
respectives ; et comme ces Indriya sont ceux de la perception
et de l'action, Manas, qui collabore avec ces deux catégories,
est dit participer du caractère de la connaissance et de
l'action.

Manas, par son association avec l'œil ou un autre sens,
devient multiple, se particularisant ou se différenciant par
sa coopération avec cet instrument particulier, qui ne peut
accomplir ses fonctions qu'en conjonction avec Manas.

Sa fonction est Samkalpa-Vikalpa, c'est-à-dire choix et
rejet de matériaux fournis par le Jnânendriya. Lorsqu'après
avoir été mis en contact avec les objets des sens il choisit
la sensation qui sera présentée aux autres facultés du mental,

---

I, 3-27 : « Mon Manas (mental) était attiré ailleurs. Aussi n'ai-je
pas entendu ».

(150) Ainsi, dans le *Shatchakranirûpana*, on parle de Manas
comme d'un portier qui fait entrer les uns, et laisse les autres
dehors.

(151) Voir *Kashmir Shaivaism*, pp. 94-114. C'est la définition du
Sâmkhya et du Vedânta. Selon le Vaisheshika, Manas est ce qui
donne la connaissance du plaisir, de la douleur, et de Jîvâtmâ
(Je suis un tel).

il y a Samkalpa. Cependant, l'activité de Manas n'est elle-même ni résultat intelligent, ni sentiment moteur de plaisir ou de douleur. Il n'a aucun pouvoir indépendant de se révéler au sujet. Avant que les choses puissent être ainsi révélées et réalisées comme objets de perception, elles doivent être soumises à l'opération d'Ahamkâra et de Buddhi, sans la lumière intelligente desquels elles seraient des formes obscures, inaperçues et ignorées du sujet, et les efforts de Manas des tâtonnements aveugles dans l'obscurité. Et les images construites par Manas ne peuvent affecter par elles-mêmes le sujet pour l'inciter à quelque réaction que ce soit, tant que le sujet ne s'est pas identifié à elles par Ahamkâra, c'est-à-dire en les faisant siennes par la sensation et l'expérience. Manas, étant ainsi une expérience d'activité dans les ténèbres, invisible et non révélée par la lumière de Buddhi, et n'inspirant aucune impulsion au sujet avant qu'il ne s'identifie à elle dans la sensation, est une des manifestations où la qualité obscure, opaque (Tamas guna) de Shakti Prakriti est la plus évidente (152). Ce Guna prédomine aussi dans les Indriya et dans les objets subtils de leur opération (Tanmâtra).

Ahamkâra (ce qui fait le Je) est affirmation de soi (153), autrement dit réalisation de soi-même comme le Je personnel ou la conscience individuelle de l'expérience du monde, dans laquelle le Jîva se conçoit comme une personne particulière, en relation avec les objets de son expérience. C'est le pouvoir d'affirmation de soi par quoi tout ce qui constitue l'homme est fondu en un seul Moi, et par quoi perception et conception sont rapportées à ce sujet pensant particulier et deviennent partie de son expérience. Ainsi, quand une sensation est perçue par Manas et déterminée par Buddhi, Ahamkâra déclare : « C'est moi qui la perçois ».

C'est le « Je » de la conscience phénoménale, distingué du « cela », le connu. Buddhi opère avec son aide (154). Buddhi,

_____

(152) Voir *Kashmir Shaivaism*, p. 116, où l'auteur cite l'affirmation de Kant, que les perceptions *(Anschauung)* sans conceptions sont aveugles.

(153) Abhimâna. Abhimâno'hamkârah. (Voir *Sâmkhya-Tattva-Kaumudî*, Kârika 24, et *Sâmkhya-Pravachana-Sûtra*, livre II, Sûtra 16.

(154) Tam ahamkâram upajîvya hi buddhir adhyavasyati. *(Sâmkhya-Tattva-Kaumudî, ibid.).*

considérée en relation avec les autres facultés d'expérience,
est cet aspect de l'Antahkarana qui détermine (Adhyava-
sâyâtmikâ buddhih) (155). « On dit qu'un homme détermine
lorsqu'ayant perçu (Manas), et pensé : *Cette chose me concerne*
(Ahamkâra), et s'étant ainsi affirmé, il en vient à cette détermination : *Ceci doit être fait par moi.* » (Kartavyam etat
Mayâ) (156). « Doit être fait » ne se rapporte pas ici à l'action
extérieure seulement, mais aussi à l'action mentale, telle
qu'une détermination quelconque par formation de conceptions et de perceptions (« C'est ainsi »), puis de résolutions
(« Cela doit être fait »). Buddhi est présente dans tous les
effets autres qu'elle-même. Elle est le principal Tattva parce
que présente dans tous les Indriya, contenant tous les
Sâmskâra ou tendances karmiques, et siège de la mémoire
selon le Sâmkhya (157). Elle est le principe pensant qui
forme les concepts ou les idées générales agissant par l'intermédiaire d'Ahamkâra, de Manas et des Indriya. Dans les
opérations des sens Manas est le principal agent ; dans
l'opération de Manas Ahamkâra est le principal agent ; et
dans l'opération d'Ahamkâra Buddhi est le principal agent.
C'est par l'intermédiaire d'eux tous qu'opère Buddhi, des
modifications se produisant en elle par l'opération des
fonctions des sens (158). C'est Buddhi qui est la base de
toute connaissance, sensation et résolution, et qui fournit des
objets à Purusha, la Conscience. C'est pourquoi l'on dit que
Buddhi, dont la caractéristique est la détermination, est le
conducteur de char ; Manas, dont la caractéristique est
Samkalpavikalpa, correspond aux rênes ; et les sens sont les
chevaux. Jîva est Celui qui jouit (Bhoktâ), c'est-à-dire Atmâ
associé au corps, aux sens, à Manas et à Buddhi (159). En

(155) *Sâmkhya-Pravachana*, II, 13. Le Sûtra dit : Adhyavasâyo
buddhih ; mais le Commentateur fait remarquer que Buddhi ne
doit pas être identifiée avec ses fonctions. C'est pourquoi Buddhi
est appelée Nishchayakârinî.
(156) *Sâmkhya-Tattva-Kaumudî*, Kârikâ 23 : Sarvo vyavaharttâ
âlochya mattvâ aham atrâdhikrita ityabhimatya kartavyam etat
mayâ iti adhyavasyati.
(157) *Sâmkhya-Pravachana*, II, 40-44.
(158) *Sâmkhya-Pravachana*, II, 45, 39.
(159) Comm. de Shankara sur la *Katha Up.*, 3e Valli, 4e Mantra :
Atmendriyamanoyuktam bhoktetyâhur manîshinah. Voir aussi
Sâmkhya-Pravachana, II, 47.

Buddhi Sattvaguna prédomine ; en Ahamkâra, Rajas ; en Manas et dans les Indriya et leurs objets, Tamas.

Chitta (160), dans son sens spécial, est cette faculté (Vritti) par laquelle le Mental rappelle d'abord à la mémoire (Smaranam) ce dont il a été pris auparavant connaissance immédiate (Anubhava ou pratyaksha Jnâna). Ce Smaranam n'existe que dans la mesure où il y a réellement Anubhava. Car le souvenir n'est ni plus ni moins que l'équivalent de ce qui a été connu précédemment (161) ; il en est le rappel. Quant à Chintâ, c'est la faculté par laquelle le courant de la pensée s'arrête à méditer et contempler (Chintâ) (162) l'objet ainsi rappelé par Smaranam, et antérieurement connu et déterminé par Buddhi. Car une telle méditation (Dhyâna) s'effectue par le rappel des perceptions et des concepts passés, et la fixation sur eux du mental. Selon le Vedânta, Buddhi ne détermine qu'une seule fois, après quoi le rappel et la méditation de l'objet mental ainsi déterminé sont la faculté d'une catégorie mentale distincte appelée Chitta. Le Sâmkhya, quant au principe d'économie des catégories, regarde Smaranam et Chintâ comme des fonctions de Buddhi (163). Dans les textes tantriques, pourtant, Chitta est employé couramment comme un terme général pour le mental en son opération, donc comme un synonyme d'Antah-karana (164).

Résumons les fonctions du corps mental : les objets des sens (Bhûta, issus des Tanmâtra) affectent les sens et sont perçus par Manas, rapportés au moi par Ahamkâra, et déterminés par Buddhi. Cette dernière à son tour est illuminée par la Conscience (Chit), qui est le Purusha ; tous les principes (Tattva) jusqu'à Buddhi incluse, étant des modifications de

---

(160) Chetati anena iti chittam.

(161) C'est pourquoi le *Pâtanjala Sûtra* dit : Anubûtavisha-yâsampramoshah smirtih. (Il n'est rien ôté à l'objet perçu).

(162) Anusandhânâtmikâ antahkarana-vrittir iti vedântah. (C'est la faculté de l'Antahkarana qui fait des recherches dans le Vedânta).

(163) Sâmkhyashâstre cha chintâvrittikasya chittasya buddha-vevântarbhavah. (Dans le Sâmkhya Shâstra, Chitta, dont la fonction est Chintâ, est compris en Buddhi ; I, 64).

(164) Chittam antahkarana-samanyam. (Chitta est l'Antah-karana en général ; *Sâmkhya-Pravachana-Bhâshya*).

Prakriti, inconsciente en apparence. Ainsi tous les Tattva œuvrent pour le plaisir du Soi ou Purusha. Ils ne doivent pas être regardés comme des réalités ayant par elles-mêmes une existence indépendante, mais comme des attributs de l'Esprit (Atmâ). Ils n'œuvrent pas à leur gré, arbitrairement, mais représentent un effort collectif, organisé, au service du Purusha qui éprouve le Plaisir et l'Expérience.

Le corps subtil est ainsi composé de ce qu'on nomme les « Dix-sept », à savoir Buddhi (qui contient Ahamkâra), Manas, les dix sens (Indriya), et les cinq Tanmâtra. Le Sâmkhya ne fait pas mention particulière de Prânâ, le Principe Vital, et le regarde comme une modification de l'Antahkarana, ce qui fait qu'il est implicitement mentionné. Les Mâyâvâdin mettent les cinq aspects de Prâna à la place des Tanmâtra (165).

Le Jîva vit dans son corps subtil ou mental seulement, lorsqu'il est dans l'*état de rêve* (Svapna). Car le monde extérieur des objets (Mahâbhûta) n'a point d'accès alors et la conscience erre dans le monde des idées. Le corps subtil ou âme est impérissable jusqu'à la Délivrance : alors le Jîvâtmâ, ou conscience conditionnée en apparence, cesse d'être tel, et redevient la Conscience Suprême, Paramâtmâ, Nirguna Shiva. Ainsi le corps subtil survit à la dissolution du corps grossier, matériel, dont il s'échappe (Utkramana) pour se « réincarner » (166) (selon la terminologie occidentale) jusqu'à la Délivrance (Mukti). Le Lingasharîra n'est point universel (Vibhu), car dans ce cas il serait éternel (Nitya) et ne pourrait agir (Kriyâ). Mais il se meut et se déplace (Gati). N'étant point Vibhu, il doit être limité (Parich-chhinna) et de dimension atomique (Anuparimâna). Il dépend indirectement de la nourriture. Car, bien que le « corps de nourriture » soit le corps matériel, le Mental dépend de la

---

(165) *Sâmkhya-Pravachana-Sûtra*, III, 9. Voir Avalon, *Life (Prâna-Shakti)*.

(166) C'est la transmigration ou pretyabhâva, qui signifie « la renaissance encore et encore », punarutpattih pretya bhâvah, comme dit Gautama. Pretya = étant mort ; Bhâva = le redevenir (né en ce monde). « De nouveau » implique une chose habituelle : naissance, puis mort, puis naissance, et ainsi de suite, jusqu'à l'émancipation finale qui est Moksha, ou, comme l'appelle le Nyâya, Apavarga (libération).

nourriture lorsqu'il est associé au corps grossier. Le Mental dans le corps subtil porte les Samskâra qui sont le fruit des actions passées. Ce corps subtil est la cause du troisième corps ou corps grossier.

Le cours entier de l'évolution est dû à la présence du vouloir-vivre et du vouloir-jouir, résultat de Vâsanâ, ou désir du monde, transporté de vie en vie dans les Samskâra, ou impressions faites sur le corps subtil par Karma, qui est guidé par Ishvara. Dans son effort pour atteindre le monde, le Soi n'est pas seulement doué des facultés du corps subtil, mais des objets grossiers de jouissance dont ces facultés se nourrissent. C'est pourquoi vient à l'être, comme une projection de la Puissance (Shakti) de la Conscience, le *corps grossier*, matériel, appelé Sthûla Sharîra.

Le mot Sharîra vient de la racine *Shri*, dépérir ; car le corps grossier subit à chaque instant une naissance et une mort de ses éléments moléculaires jusqu'à ce que Prâna, la vitalité, abandonne l'organisme, qui, en tant que tel, se dissout. L'Ame (Jîvâtmâ), lorsqu'elle abandonne le corps, n'a plus rien de commun avec lui. Il n'existe rien qui ressemble à une résurrection de ce même corps. Il retourne à la poussière et le Jîva, lorsqu'il se réincarne, le fait dans un corps nouveau, qui est pourtant, comme le précédent, apte à accomplir son Karma.

Le Sthûla Sharîra, avec ses trois Dosha, ses six Kosha, ses sept Dhâtu, ses dix Feux, etc. (167), est le corps périssable formé de composés des cinq formes de matière grossière sensible (Mahâbhûta), corps toujours dépérissant, et finalement dissous en ses éléments constitutifs après la mort (168). C'est lui que le Vedânta appelle le corps de nourriture (Annamaya Kosha), parce qu'il se maintient au moyen de la nourriture, convertie en chyle (Rasa), en sang, en chair, en graisse, en os, en moelle et en semence du corps grossier. Le Jîva vit dans ce corps lorsqu'il est à l'*état de veille* (Jâgrat).

Le corps humain physique, grossier, est, d'après la science

---

(167) Voir Avalon : Introduction au *Prapanchasâra Tantra* (*Tântrik Texts*, vol. III).

(168) Le dépérissement et la mort sont deux des six Urmi qui, avec la faim et la soif, le chagrin et l'ignorance, sont les caractéristiques du corps (Dehadharma) : *Prapanchasâra Tantra*, II).

occidentale, formé de certains composés dont les principaux
sont l'eau, la gélatine, la graisse, le phosphate de chaux,
l'albumine et la fibrine, l'eau constituant environ les deux
tiers du poids total. Ces substances sont composées d'éléments
simples, métalliques ou non, dont les principaux sont l'oxy-
gène (dans la proportion de deux tiers à peu près), l'hydrogène,
le carbone, l'azote, le calcium et le phosphore. Pour aller
plus loin encore, bien que la prétendue indestructibilité des
éléments de leurs atomes présente, disent certains, le caractère
d'une « vérité pratique », des expériences récentes et bien
connues tendent à rétablir l'ancienne hypothèse d'une
Substance Primordiale unique à laquelle peuvent se réduire
ces différentes formes de matière, avec pour résultat la trans-
mutation possible (et jusqu'alors objet de raillerie) d'un
élément en un autre : chacun n'étant qu'une des diverses
manifestations de la même unité fondamentale.

De récentes recherches ont montré que cette substance
originelle ne peut être de la « matière » au sens scientifique,
c'est-à-dire posséder masse, poids et inertie. La matière a été
dématérialisée et réduite, suivant des hypothèses courantes,
à quelque chose de profondément différent de la « matière »
que perçoivent les sens. Cette substance dernière est donnée
comme l'Ether en état de mouvement. La nouvelle hypothèse
se présenterait ainsi : l'ultime, le plus simple facteur physique
d'où est sorti l'univers est le mouvement d'une substance,
appelée « Ether », qui n'est pas la « matière » scientifique.
Les mouvements de cette substance donnent naissance à la
notion réaliste de « matière ». La matière est ainsi une à
l'origine, malgré la diversité de ses formes. Son élément
ultime est en dernière analyse un, et les différences entre
les diverses sortes de matière dépendent des mouvements
variés de la particule ultime et de ses combinaisons successives. Etant donnée une telle unité fondamentale, il est
possible à une forme de la matière de se changer en une autre.
La théorie hindoue s'accorde avec ces spéculations occidentales : ce que ces dernières appellent matière scientifique
ou pondérable n'existe pas pour elle de façon permanente,
et elle précise qu'il y a certains mouvements ou forces (au
nombre de cinq) qui produisent la matière solide, et qui sont
réductibles en dernière analyse à l'éther (Akâsha). Cependant,
Akâsha et l'« Ether » des savants ne sont pas à tous égards

analogues. Le second est une substance primitive, qui n'est
point « matière », mais possède des mouvements vibratoires
et fournit un milieu pour la transmission de la lumière.
Akâsha est une des forces grossières en lesquelles se différencie
la Puissance Primordiale (Prakriti-Shakti). Considéré objectivement, il est une vibration (169) de la substance (et dans
la substance) de Prakriti ; il en est une transformation dans
laquelle on voit opérer les autres forces. Enfin, Akâsha n'est
pas un élément ultime, mais provient du Tanmâtra supra-
sensible, avec la qualité (Guna) par laquelle Akâsha affecte
les sens ; et ce Tanmâtra provient lui-même du principe
mental générateur du Je (Ahamkâra), conscience personnelle
née du Jîva-conscience suprapersonnel (Buddhi), émané de
l'énergie originelle, ou Prakriti-Shakti, origine et base de
toutes les formes d'énergie ou de substance « matérielle ».
Derrière la « matière » comme derrière le mental, il y a
l'énergie créatrice (Shakti) du Suprême qui est la cause de
l'univers et la Conscience même.

La matière affecte le Jîva de cinq manières différentes,
éveillant chez lui les sensations d'odorat, de goût, de vue,
de toucher et de température, enfin d'ouïe.

Comme nous l'avons expliqué déjà, les Tanmâtra sont
suprasensibles, étant des qualités abstraites, tandis que les
sens perçoivent seulement leurs variations dans les objets
particuliers. Ces objets sensibles particuliers dérivent des
principes généraux ou « Universaux ».

Du Shabda Tanmâtra et de ses combinaisons avec les
autres Tanmâtra naissent les Bhûta grossiers (Mahâbhûta),
qui, étant des objets, occupant une étendue physique, percep-
tibles par les sens, se rapprochent de la définition occidentale
de la « matière » sensible distincte. Ces cinq Mahâbhûta sont

---

(169) Il est Spandanashîla (vibratoire), d'après le Sâmkhya ;
car les productions participent du caractère de la Prakriti originelle
vibrante, et ces productions ne sont pas, comme Prakriti elle-
même, universelles (Vibhu). Le *Vaisheshika Sûtrakâra* le regarde
comme une étendue (Sarvavyâpî) immobile et incolore (Nirûpa).
Il n'est pas un effet et il est Vibhu, il ne peut donc vibrer (Gatik-
riyâ). Les commentateurs disent qu'étant une chose (Dravya),
il doit posséder la qualité générale (Dharma) de Dravya ou
Kriyâ, c'est-à-dire l'action. (Voir Avalon, *The World as Power;
Matter*).

Akâsha (l'Ether), Vâyu (l'Air), Tejas (le Feu), Apas (l'Eau) et
Prithivî (la Terre). Leur développement part du Tanmâtra,
d'une seule unité de ce qu'on appelle la masse (Tamas) dans
la matière sensible, chargée d'énergie (Rajas) par l'accroisse-
ment graduel de la masse où l'énergie est redistribuée. Le
résultat est que chaque Bhûta est plus grossier que son
prédécesseur, jusqu'à ce qu'on arrive à la « Terre ». Ces
cinq Bhûta n'ont rien de commun avec les « éléments »
occidentaux ; en vérité ce ne sont nullement des éléments,
puisqu'ils sont produits par les Tanmâtra. Considérés dynami-
quement et objectivement, ils apparaissent comme cinq
formes de mouvement (à partir d'Akâsha), dans lesquelles se
différencie Prakriti. Ce sont : un mouvement libre, en tous
sens, rayonnant des lignes de force dans toutes les directions,
et symbolisé par les « Cheveux de Shiva » (170) qui produisent
l'espace (Akâsha) dans lequel opèrent les autres forces ;
un mouvement transversal (171) et un déplacement dans
l'espace (Vâyu) ; un mouvement vers le haut produisant
l'expansion (Tejas) ; un mouvement vers le bas produisant
la contraction (Apas) ; et ce mouvement qui produit la
cohésion, et dont le caractère obstructif en fait l'opposé de
l'Ether libre dans lequel il existe et dont il sort, ainsi que les
autres Tattva. Le premier est perçu par l'ouïe en raison de
sa qualité (Guna) de son (Shabda) (172) ; le second par le
toucher éprouvant résistance et température (173) ; le troisième par la vue, comme couleur (174) ; le quatrième par le

---

(170) Voir *Kashmir Shaivaism*, p. 132, où il est dit que les
lignes du champ magnétique peuvent être en rapport avec les
lignes de Dik (direction) comme lignes de l'énergie éthérique.

(171) Vâyu, comme le dit le *Prapanchasâra Tantra*, se caractérise par le mouvement (Chalanapara). La racine sanskrite *Vâ*
signifie « se mouvoir ». Voir Sushruta, vol. II, p. 2, éd. Kaviraj
Kunja Lala Bhishagratna.

(172) D'après les conceptions occidentales, c'est l'air qui est
la cause du son. D'après la conception hindoue, l'Ether est le
support (Ashraya) du son, et l'Air (Vâyu) est un auxiliaire
(Sahakârî) de sa manifestation.

(173) Le toucher ne désigne pas ici toutes les formes de contact,
car la forme et la solidité ne sont pas encore développées : mais
le contact particulier qui renseigne sur la qualité thermique
des choses.

(174) Le « feu » est le nom de l'action qui édifie et qui détruit
les formes.

goût, possédant la saveur ; et le cinquième par l'odorat, ayant une odeur, produite par la matière dans la mesure seulement où elle participe de l'état solide (175).

La « terre » dure, stable, massive, est ce qui est senti, goûté, vu et touché, et qui existe dans l'espace connu par l'ouïe, c'est-à-dire dans les sons qu'il contient. L'« eau » fluide est ce qui est goûté, vu et touché dans l'espace. Le « feu » est ce qui est vu et touché, c'est-à-dire éprouvé comme température, dans l'espace. L'« air » est ce qui est senti de cette manière dans l'espace. Et le son entendu est ce par quoi est connue l'existence de l'« Ether ». Ces Bhûta, en se combinant, forment l'univers matériel. Tout objet en lui contenu étant ainsi composé de tous les Bhûta, nous lisons dans les Tantra que la forme, la couleur et le son se trouvent en correspondance, vérité d'une profonde signification rituelle. Ainsi, chaque son du langage ou de la musique a une forme correspondante, que le phonoscope a maintenant rendue visible au regard (176). Ainsi les sourds peuvent percevoir les sons par l'œil, tout comme, au moyen de l'optophone, les aveugles peuvent lire au moyen de l'oreille.

Dans le même Shâstra, diverses couleurs et figures (Mandala) sont assignées aux Tattva pour les représenter. Akâsha est figuré par un diagramme circulaire, blanc et transparent, dans lequel, suivant certaines représentations, il y a des points (Chhidra, trous), indiquant les interstices que produit Akâsha ; car Akâsha, qui est universel, emplit l'intervalle entre les Tattva sortis de lui.

Vâyu est figuré par un diagramme gris de fumée, à six angles (177) ; Tejas par un diagramme rouge et triangulaire ; Apas par un diagramme blanc en forme de croissant ; et Prithivî par un diagramme jaune rectangulaire, qui, étant la représentation du cube sur une surface plane, traduit bien l'idée de solidité.

---

(175) Toute matière à l'état solide (Pârthiva) qui émet une odeur est à l'état « terrestre » : par exemple les métaux, les fleurs, etc.

(176) Si l'on parle ou chante dans une petite trompette attachée à l'instrument, un disque tournant semble se diviser en un certain nombre de figures, qui changent avec les changements du son.

(177) Voir les planches en couleurs à la fin du volume.

De même, à chaque Devatâ se rapporte un Yantra, ou figure, qui suggère la forme prise par la Prakriti ou corps de cette Conscience particulière.

Le corps grossier est donc formé des composés de ces Mahâbhûta, issus de l'Akâsha Tattva ou Ether.

Les Bhûta et les Tanmâtra, faisant partie de ces composés, sont partout dans le corps, mais certains Bhûta particuliers possèdent, dit-on, des centres de force dans des régions particulières. Ainsi les centres (Chakra) de la « Terre » et de l'« Eau » sont deux centres inférieurs du tronc. Le « Feu » règne au centre de la région abdominale ; l'« Air » et l'« Ether » dans les deux centres supérieurs du cœur et de la gorge. Les cinq Tanmâtra, les cinq Bhûta, et les dix sens qui les perçoivent, sont connus sous le nom des vingt Tattva grossiers qui, dans le Yoga, sont absorbés dans les centres du tronc. Les quatre autres Tattva, ceux-là mentaux, subtils (Buddhi, Ahamkâra, Manas et Prakriti) ont leurs centres spéciaux d'activité dans la tête. D'autre part, les Bhûta peuvent être spécialement répandus dans d'autres parties de l'organisme corporel. Ainsi Prithivî se manifeste comme os et muscles ; Apas comme urine et salive ; Tejas comme faim et soif ; Vâyu dans l'acte de saisir et de marcher. Le Feu est multiple, et son grand mystère est honoré sous bien des noms. Ainsi Tejas se manifeste à la fois comme lumière et chaleur, car, comme le dit Helmholtz, le même objet peut affecter les sens de diverses manières. Le même rayon de soleil, qu'on nomme lumière lorsqu'il tombe sur les yeux, est nommé chaleur lorsqu'il tombe sur la peau. Agni se manifeste dans les feux domestique et ombilical ; sous le nom de Kâmâgni, dans le centre Mûlâdhâra ; dans Vadavâ, le feu sous-marin, et dans l'« Eclair » de la Sushumnâ dans la colonne vertébrale.

Ainsi la matière existe sous les cinq états éthérique (178), aérien (179), ardent (180), fluide (181), et solide (182).

----

(178) Universel (Sarvavyâpî), quoique relativement tel dans le Sâmkhya, et incolore (Nirûpa).

(179) Aux mouvements non rectilignes (Tiryag-gamana-shîla).

(180) Lumineux (Prakâsha) et chaud (Tâpa).

(181) Liquide (Tarala), mouvant (Chalanashîla). Il a la qualité de Sneha, par quoi les choses peuvent être roulées en une masse (Pinda), comme la farine ou la terre humide. Certaines choses solides deviennent temporairement liquides sous l'action de la

Prithivî ne représente pas seulement ce qu'on nomme vulgairement « la Terre ». Toute substance solide (Pârthiva) et odorante est à l'état de Prithivî. Toute substance à l'état liquide (Apya) est à l'état d'Apas, comme tout ce qui possède cohésion et résistance est à l'état de Prithivî. Celle-ci est donc la vibration qui agglomère et cause la solidité, et la terre commune n'en est qu'une forme composée grossière. Toute matière à l'état aérien (Vâyava) est Vâyu. Ce sont là des différenciations premières de la matière cosmique dans un univers de mouvement subtilement fin. Les Tattva, considérés objectivement, éveillent dans les Indriya l'odeur, le goût, la vue, le toucher et l'ouïe.

Le corps grossier, répétons-le, est ainsi formé des composés de ces Mahâbhûta, issus en dernière analyse de l'Ether, lui-même évolué comme nous l'avons montré.

Les corps grossier et subtil décrits plus haut sont vivifiés et maintenus comme organisme cohérent par Prâna, produit par l'énergie active (Kriyâ Shakti) du Linga Sharîra. Prâna, le principe vital, est la relation spéciale de l'Atmâ avec une certaine forme de matière que par cette relation l'Atmâ organise et édifie comme un moyen d'expérience (183). Cette relation spéciale constitue le Prâna individuel du corps individuel. Le Prâna cosmique et universel n'est point Prâna dans ce sens grossier, mais c'est un nom du Brahman en tant qu'auteur du Prâna individuel. Le Prâna individuel est limité au corps particulier qu'il vivifie, et il est une manifestation dans toutes les créatures qui respirent (Prânî) de l'activité créatrice et préservatrice du Brahman, représenté dans les corps individuels par la Devî Kundalinî.

Tous les êtres, qu'ils soient Devatâ, hommes ou animaux, n'existent qu'aussi longtemps que le Prâna est dans le corps. Il mesure à tous leur durée de vie (184). Ce qu'est la vie, on en a discuté dans l'Inde comme ailleurs (185). Les maté-

chaleur ; et d'autres deviennent des solides, dont la nature (Jâti) est toujours celle de l'eau (Jalatva).

(182) Plein, dense (Ghana), ferme (Bridha), composé (Sanghata), et dur (Kathina).
(183) Voir *Hindu Realism*, p. 84 ; et Avalon, *Life*.
(184) *Kaushîtakî Up.*, 3, 2.
(185) Voir Avalon, *Life*.

rialistes de l'école Lokâyata considéraient la vie comme le
résultat de combinaisons chimiques des éléments, tout comme
la propriété enivrante des boissons alcooliques résulte de la
fermentation de riz et de mélasse non enivrants, ou comme
se produisait, croyait-on, la génération spontanée sous
l'influence d'une chaleur douce. Le Sâmkhya repousse cette
explication. Bien que Prâna et ses cinq fonctions soient
nommés Vâyu, la Vie, pour cette école, n'est pas un Vâyu
au sens d'une simple force bio-mécanique, ni un simple
mouvement mécanique résultant de l'impulsion d'un tel
Vâyu.

Selon cette école, Prâna, la vitalité, est la fonction
commune du mental et de tous les sens, aussi bien récepteurs
(Jnânendriya) que moteurs (Karmendriya), qui ont pour
résultat le mouvement du corps. Tout comme plusieurs
oiseaux enfermés dans une même cage font bouger cette cage
en bougeant eux-mêmes, ainsi le mental et les sens font
mouvoir le corps en se livrant à leurs activités respectives.
La vie est donc une résultante des activités diverses et
concordantes d'autres principes ou forces de l'organisme.

Les Védantistes sont d'accord pour dire que Prâna n'est
ni Vâyu ni son opération, mais ils nient qu'il soit la simple
résultante des activités concomitantes de l'organisme, et ils
estiment que c'est un principe distinct et indépendant, une
forme « matérielle » assumée par la Conscience universelle.
La vie est donc un principe subtil présent dans tout l'organisme et qui n'est point Vâyu grossier, mais néanmoins une
espèce subtile de force, inconsciente en apparence, puisque
tout ce qui n'est pas l'Atmâ ou le Purusha est, selon le
Mâyâvâda Vedânta et le Sâmkhya, inconscient, ou, en langage
occidental, « matériel » (Jada) (186). Le corps extérieur
grossier est hétérogène (Parichchhinna), c'est-à-dire formé de
parties distinctes ou bien définies. Par contre, le moi Prâna-

---

(186) Voir le Comm. de la *Taittirîya Up.*, éditée par Mahâdeva
Shâstri, et l'Appendice C, par le Docteur Brojendra Nath Seal,
à l'ouvrage du Professeur B.K. Sarkar, *The Positive Background of
Hindu Sociology*, qui donne d'autres références. Par inconscient
le Vedânta veut dire qu'une chose est objet de conscience, non
qu'elle est inconsciente en elle-même, car essentiellement tout
est conscience.

maya situé à l'intérieur du moi Annamaya est un tout
homogène et un (Sâdhârana), qui imprègne tout le corps
physique (Sarvapindavyâpin). Il n'est pas divisé en régions
distinctes (Asâdhârana) comme le Pinda, ou corps physique
microcosmique. A la différence de ce dernier, il n'a pas d'organes spécialisés exerçant chacun une fonction spécifique.
C'est une unité homogène, présente en chaque partie du
corps, dont elle est l'âme et le soi intimes. Vâyu (187), qui
parcourt le corps, est la manifestation spontanée, l'énergie
subtile, invisible, universelle et divine de la vie éternelle.
On la nomme ainsi parce qu'elle circule dans tout l'univers.
Invisible elle-même, ses opérations pourtant la manifestent.
Car elle détermine la naissance, la croissance et le déclin de
tous les organismes animés, et comme telle reçoit l'hommage
de tout être créé. Etant le Vâyu vital, elle est instantanée
dans son action, rayonnant comme force nerveuse à travers
l'organisme en courants incessants. Dans sa condition normale elle maintient un état d'équilibre entre les différents
Dosha et Dhâtu, ou principes primordiaux du corps. Le
Vâyu corporel est divisé, comme le sont les principes appelés
Pitta et Kapha (188), en cinq sections principales, selon les
différences de localisation et de fonction. Vâyu, qui sous son
aspect corporel est appelé Prâna, la force universelle d'activité
vitale, en entrant dans chaque individu se divise en dix
fonctions (Vritti), dont cinq principales. La première est la
respiration, (qui porte le même nom (Prâna) que la force considérée dans sa totalité), la fonction par laquelle l'air atmo-
sphérique avec sa vitalité partout répandue, aspiré d'abord
de l'extérieur dans le système corporel, est expiré (189).

Sur le plan physique, Prâna se manifeste dans le corps
animal comme souffle par l'inspiration (Sa), ou Shakti, et

---

(187) Au sens de Prâna. La racine *Vâ*, rappelons-le, signifie
« se mouvoir ». Voir *Sushruta*, vol. II, p. 2.

(188) Voir Avalon, *Tântrik Texts*, Introduction du vol. III, où
ces termes sont expliqués. Les Devatâ de ces Dhâtu sont Dâkinî
et les autres Shakti des Chakra. Voir Avalon, *Life*.

(189) Les Vâyu ont d'autres fonctions encore. Nous ne donnons
ici qu'un exposé général. Voir *Sushruta Samhitâ*, citée plus haut.
Prâna n'est pas le souffle physique, qui appartient au monde
grossier, mais la fonction de la force vitale qui se manifeste dans
la respiration.

l'expiration (Ha), ou Shiva. La respiration est elle-même un Mantra, le Mantra non-récité (Ajapâ-mantra), car on le dit involontairement (190).

Le courant divin est le mouvement de Ha et de Sa. Ce mouvement, qui existe sur tous les plans de vie, est, pour le plan terrestre (Bhûrloka), créé et maintenu par le soleil, le souffle solaire étant la cause du souffle humain avec ses mouvements centrifuge et centripète, contrepartie chez l'homme du mouvement cosmique des Tattva Hamsah ou Shiva-Shakti, qui sont l'âme de l'Univers. Le Soleil n'est pas seulement le centre et le soutien du système solaire (191), mais la source de toute énergie disponible et de toute vie physique sur la terre. Avec la lumière il s'échappe de son orbe un vaste rayonnement invisible, condition nécessaire de toute vie végétale et animale. Ce sont ces rayons invisibles qui, selon la science, entretiennent mystérieusement toute vie organique. Le Soleil, en tant que grand luminaire, est le corps du Dieu solaire, grande manifestation du Soleil spirituel intérieur (192).

Apâna, le « souffle » dirigé vers le bas, et qui s'oppose à Prâna, gouverne les fonctions d'excrétion ; Samâna attise le feu corporel et dirige les opérations de digestion et d'assimilation ; Vyâna, ou « respiration » diffuse, est présent dans le corps entier, effectuant division et diffusion, résistant à la désintégration, et maintenant la cohésion du corps en toutes ses parties ; et Udâna, le Vâyu ascendant, est « la respiration dirigée vers le haut ». Prâna est dans le cœur ; Apâna dans l'anus ; Samâna dans le nombril ; Udâna dans la gorge ; et Vyâna est répandu dans le corps entier (193).

---

(190) Ainsi le *Niruttara Tantra* (ch. IV) dit :
Ham-kârena vahir yâti sah-kârena vishet punah
Hamseti paramam mantram jîvo japati sarvadâ.
(Par Hamkâra il sort, et par Sahkâra il rentre. Un Jîva récite toujours le Suprême Mantra Hamsah). Voir aussi *Dhyânabindu Up.*
(191) Le Soleil soutient, dit-on, le vaste ensemble de la matière totale du système solaire, alors qu'il ne supporte que deux pour cent environ de son moment.
(192) Les ouvrages sur le Yoga parlent du Chit de la Lune (Chichchandra). C'est cette lune spirituelle qui est représentée sur la couverture de ce livre, enlacée par le Serpent Kundalinî.
(193) *Amritanâda Up.*, v. 34-35 (éd. Anandâshrama, vol. XXIX,

Cela ne veut pas dire que le Vâyu est dans le nombril lui-
même, mais qu'il réside dans la région du corps désignée par
ce nom, la région abdominale avec son centre, le Manipûra
Chakra ; de même pour les autres localisations. Les cinq
Vâyu mineurs sont Nâga, Kûrma, Krikara, Devadatta et
Dhananjaya, qui se manifestent dans le hoquet, la fermeture
et l'ouverture des yeux, la digestion (194), le bâillement, et
dans ce Vâyu « qui ne quitte pas même le cadavre ». Les
fonctions de Prâna peuvent se définir scientifiquement
comme suit : Appropriation (Prâna), Expulsion (Apâna),
Assimilation (Samâna), Distribution (Vyâna) et Expression
(Udâna). Le Prâna représente l'acte réflexe involontaire de
l'organisme, et les Indriya l'un des aspects de son activité
volontaire.

Dans le cas du Prâna individualisé, principe de vie de
l'organisme animal durant son existence terrestre, il peut se
définir, si on le considère comme un principe indépendant,
comme une force plus subtile que celle qui se manifeste sous
forme de matière terrestre, par lui vivifiée. En d'autres
termes, d'après cette théorie, l'Atmâ donne vie aux organismes terrestres par le moyen du Prâna terrestre, qui est
l'une des manifestations de cette Energie émanée de l'Atmâ
universel, ou Shakti, dont elle ne diffère pas au fond.

Atmâ en lui-même ne comporte point d'états, mais dans
le langage de ce monde nous parlons d'états. C'est ainsi que la
Mândukya Upanishad (195) parle des quatre aspects (Pâda)
du Brahman.

Chaitanya, la Conscience incarnée, est immanente et
transcendante aux corps individuels et collectifs, grossier,
subtil, causal. Un seul et même Chit est présent en toutes
choses et les transcende, mais reçoit des noms différents

---

p. 43) ; *Shândilya Up.*, ch. I. Voir aussi, sur le Prâna, *Prapanchasâra Tantra*, ch. II. On dit aussi que Prâna est à l'extrémité des
narines (Nâsâgravarttî), et d'autres « souffles » encore sont parfois
localisés différemment. Ces localisations indiquent le siège de
fonctions spéciales. Voir Avalon, *Life*.

(194) Kshudhâkara ; litt. : « créateur d'appétit ».

(195) Cette Upanishad donne une analyse des états de la
Conscience sur tous les plans, et doit être étudiée avec les *Kârikâ*
de Gaudapâda sur le même sujet, et leur Comm. par Shankarâchârya.

pour marquer ses différents aspects dans le Jîva. Chit, étant immuable, est lui-même sans états ; car il ne peut exister d'états que dans les produits de la changeante Prakriti-Shakti. Mais à partir de l'état de Jîva, il existe plusieurs états, qui, bien que formés par le même Chit, peuvent recevoir le nom d'états de conscience (196).

Dans le monde manifesté, la Conscience apparaît sous trois états (Avasthâ) (197) : la veille (Jâgrat), le rêve (Svapna), et le sommeil profond (Sushupti). A l'état de veille le Jîva a conscience des objets extérieurs (Bahihprajna), et la jouissance grossière de ces objets au moyen des sens (Sthû-labhuk) (198). Le Jîva reçoit, dans cet état, le nom de Jâgarî, c'est-à-dire celui qui revêt le corps grossier appelé Vishva. La conscience du Jîva est ici dans le *corps grossier*.

Dans le rêve, le Jîva a conscience des objets intérieurs (Antahprajna), et la jouissance de ce qui est subtil (Pravivik-tabhuk), c'est-à-dire des impressions laissées sur le mental par les objets perçus à l'état de veille. Les objets du rêve n'ont de réalité extérieure que pour celui qui rêve, tandis que les objets perçus à l'état de veille ont une telle réalité pour tous ceux qui se trouvent dans cet état. Le mental cesse d'enregistrer des impressions nouvelles, et travaille sur ce qui a été enregistré à l'état de veille. L'état de veille était celui de la perception sensible ; dans celui-ci, le moi vit dans un monde mental, un monde d'idées, et la conscience du Jîva est dans le *corps subtil*. Les deux états sont des états de dualité, où l'on a l'expérience de la multiplicité (199).

───────────────

(196) Décrits en détail plus loin.
(197) Voir *Mândukya Up.* (où ces états sont analysés), ainsi que les *Kârikâ* de Gaudapâda et leur Commentaire par Shanka-râchârya.
(198) *Mândukya Up.*, Mantra 3. *Prapanchasâra Tantra* : Svairindriyair yadâtmâ bhungte bhogân sa jâgaro bhavati (ch. XIX ; *Tântrik Texts*, vol. III). Voir *Ishvarapratyabhijna* : Sarvâkshagocharatvena yâ tu vâhyatayâ sthitâ (cité par Bhâskara-râya dans son Comm. du v. 62 de la *Lalitâ*).
(199) Voir *Mândukya Up.*, Mantra 4. *Ishvarapratyabhijnâ* :
Manomâtrapathe' dhyakshavishayatvena vibhramât
Spastâvabâsabhâvânâm srishtih svapnapadam matam.
            (Cité dans *Lalitâ*, à propos du v. 113.)
Prapanchasâra Tantra : Samjnârahitair api tair asyânubhavo bhavet punah svapnah.

Le troisième état, celui de sommeil profond, se définit comme l'état qui n'est ni veille ni rêve, et dans lequel les diverses expériences des deux états précédents se fondent dans une expérience simple (Ekîbhûta), comme la diversité du jour se perd dans la nuit sans que disparaisse cette diversité. La conscience n'est ni objective ni subjective, mais simple et indifférenciée, sans autre objet qu'elle-même (Prajnânaghana). Dans la veille la conscience du Jîva est associée au mental et aux sens ; dans le rêve les sens se sont retirés ; dans le sommeil profond le mental aussi s'est retiré. Le Jîva, appelé Prâjna, est alors plongé dans son *corps causal*, c'est-à-dire dans Prakriti inséparablement associée à la Conscience, autrement dit, dans cet état de la Conscience qui est le germe à partir duquel se développent les corps subtil et grossier. C'est un état de béatitude. Le Jîva n'a conscience de rien (200), mais au réveil se rappelle seulement ceci : « Heureux je dormais ; je n'avais conscience de rien. » (201) Cet état est donc celui qui n'a pour objet que le sens du rien (202). Alors que les deux états précédents sont respectivement la jouissance des corps grossier et subtil, celui-ci a la jouissance de la seule béatitude (Anandabhuk), c'est-à-dire d'une béatitude simple et sans objet. Le Seigneur jouit toujours de la béatitude, mais dans les deux premiers états Il en jouit par l'intermédiaire d'objets. Ici, Il jouit de la béatitude elle-même, sans sujet ni objet. En ce sens l'état de Sushupti se rapproche de la Conscience du Brahman. Mais il n'est pas cette Conscience dans sa pureté, parce qu'il est, comme les deux autres états, associé à l'ignorance (Avidyâ) : les deux premiers avec Vikriti, et le dernier avec Prakriti. Au delà, donc, est le « quatrième » état (Turîya). Ici l'expérience pure appelée Shuddhavidyâ est obtenue par le Samâdhiyoga. Jîva, à l'état de Sushupti, est dans le corps causal (Kârana), et à l'état Turîya, on dit qu'il est dans le « grand corps causal » (Mahâkârana) (203).

---

(200) Cet état, exempt de tout rêve, est plus rare qu'on ne le suppose généralement.

(201) Voir *Pâtanjala Yoga-Sûtra* Sukham aham asvâpsam na kinchid avedisham iti smaranât.

(202) Abhâvapratyayâlambanâvrittir nidrâ. Voir aussi *Prapanchasâra Tantra* : Atmanirudyuktatayâ nairâkulyam bhavet sushuptir api (ch. XIX ; *Tântrik Texts*, vol. III).

(203) Bhâskararâya dit dans son Comm. de la *Lâlitâ* : Ata eva

Au delà encore, certains parlent d'un cinquième état, l'état « au delà du quatrième » (Turîyâtîta), qui s'obtient en se maintenant fermement dans le quatrième. On atteint alors l'Ishvara Tattva. C'est l'état de conscience Unmesha (204), dont le Sadâkhya Tattva est le Nimesha (205). En passant au delà, « le sans tache atteint la sérénité suprême », et se fond dans le Suprême Shiva.

Les distinctions précédentes (Vishva, Taijasa et Prâjna) sont celles du Jîva individuel. Mais il y a aussi le Jîva collectif ou cosmique, qui est l'ensemble des Jîva individuels de chaque état particulier (206). Dans le macrocosme ces Jîva collectifs (207) sont nommés Vaishvânara (correspondant au corps Vishva individuel), Hiranyagarbha et Sûtrâtmâ (208), (correspondant au corps Taijasa individuel) ; et Ishvara est le nom de la forme collective des Jîva définis comme Prâjna. Du point de vue cosmique, ceux-ci sont les Seigneurs conscients des mondes objectif, subjectif et causal, au delà desquels est la Conscience Suprême.

---

sushuptidashâpannajîvopadheh kâranasharîratvena turîyadashâpannajîvopâdhhe mahâkâranasharîratvena vyavahârah.

(De même que le Jîva dans l'état Sushupti est en possession du Kâranasharîra (corps causal), le même Jîva dans l'état Turîya est censé être en possession du Grand Corps Causal (Mahâkâranasharîratvena vyavahârah).

(204) Ouverture des yeux (de la conscience).

(205) Fermeture des yeux de la conscience. C'est le dernier stade avant l'obtention de la parfaite conscience de Shiva.

(206) Les exposés varient dans le détail, énumérant un plus ou moins grand nombre de degrés. Ainsi le *Nirvâna Tantra*, cité dans le Comm. du v. 43 du *Shatchakranirûpana*, dit que le Paramâtmâ est la Devatâ dans l'état Turîya ; et le *Prapanchasâra Tantra* (ch. XIX) dit que Jâgrat est Bîja, Svapna Bindu, Sushupti Nâda, Turîya Shakti, et le Laya qui est au delà, Shânta.

(207) Cette collectivité n'est pas une simple somme d'unités, mais une collectivité dont les unités constitutives sont en relation entre elles comme les parties d'un tout organisé. Ainsi, Hiranyagarbha est celui qui a conscience d'être tous les Jîva. Samashtyabhimânî Hiranyagarbhâtmakah (Bhâskararâya, *op. cit.*, v. 61). Il est l'ensemble de ces Jîva.

(208) On dit qu'il existe entre eux cette différence, que le Paramâtmâ manifesté comme l'Antahkarana collectif est Hiranyagarbha, et comme le Prâna collectif Sûtrâtmâ. Manifesté par ces deux véhicules sans différenciation, il est Antaryâmin. Voir Bhâskararâya, *loc. cit.*

L'expérience suprême du Yoga et la Délivrance s'obtiennent par le passage au delà des trois premiers états de l'expérience ordinaire.

L'opération du Yoga est un mouvement de retour à la Source, l'inverse du mouvement créateur parti de cette Source. Voici l'ordre de la manifestation : Buddhi, puis Ahamkâra, dont sortent Manas, Indriya et Tanmâtra, ce dernier produisant les Bhûta. Le siège de la Source étant, dans le corps humain, le cerveau, où se trouve la plus grande manifestation de la Conscience, le siège du Mental est entre les sourcils et les sièges de la Matière dans les cinq centres qui s'échelonnent de la gorge à la base de la moelle épinière. C'est là que commence le mouvement de retour et les diverses espèces de Matière se fondent l'une en l'autre, puis dans le Mental, et le Mental dans la Conscience, comme on le verra au chapitre V. A la question de savoir si l'homme peut, *hic et nunc*, atteindre au suprême état de Béatitude, le Yoga répond « oui ».

IV

LE MANTRA

Il est parlé dans cette introduction de Shabda, de Varna, de Mantra. Il est dit que les lettres (Varna) de l'alphabet sont distribuées dans tous les centres corporels sur les pétales des lotus. Dans chacun des lotus il y a aussi un Mantra-germe (Bîja) du Tattva de ce centre. Kundalinî est à la fois Lumière (Jyotirmayî) et Mantra (Mantramayî) (209), et l'on utilise le Mantra dans l'opération qui a pour but de L'éveiller.

Il n'est peut-être aucun sujet dans le Shâstra hindou qui soit moins bien compris que le Mantra. Il forme une partie si importante du Tantra-Shâstra que celui-ci porte aussi le nom de Mantra-Shâstra. Les orientalistes et autres auteurs décrivent communément le Mantra comme « une prière », comme des « formules d'adoration », des « syllabes mystiques », etc. La science du Mantra peut avoir ou non des bases solides, mais, même dans la négative, elle n'est point l'absurdité que certains imaginent. Ces derniers ont pu faire une exception en faveur des Mantra qui sont des prières, et dont ils comprennent le sens, car avec la prière ils sont familiers. Mais une telle appréciation dénote elle-même un manque de compréhension. Il n'existe rien dans un Mantra qui soit nécessairement sacré, ou qui contienne une prière. Le Mantra est une puissance (Mantrashakti) qui se prête impartialement à tout usage. Un homme peut être

_____

(209) La première est la forme subtile, la seconde la forme grossière. Voir, sur le Mantra : Avalon, *Garland of Letters*,

blessé ou tué par le Mantra (210) ; par le Mantra certains réalisent, dit-on, une sorte d'union avec la Shakti physique (211) ; par le Mantra, dans l'initiation appelée Vedha-dîgshâ, il se produit une telle transmission de pouvoir du Guru au disciple que celui-ci s'évanouit sous le choc (212) ; par le Mantra le feu du Homa peut, et, dans certaines conditions idéales, doit être allumé (213) ; par le Mantra l'homme est sauvé. Le Mantra, en un mot, est une puissance (Shakti) : la puissance sous la forme du Son. La racine « man » signifie « penser ».

Le pouvoir créateur de la pensée est maintenant de plus en plus admis en Occident. Lecture de pensée, transmission de pensée, suggestion hypnotique, projections magiques (Mokshana) et boucliers magiques (Grahana) (214), com-

---

(210) Comme dans Mâranam et autres sortes de Shatkarma. Voici un exemple que j'ai lu dans un auteur qui n'est nullement « suspect » d'occultisme ni de théosophie. Le général J.T. Harris aperçut un scorpion tout près du pied d'un Sâdhu. « Ne bougez pas, dit-il, il y a un scorpion près de votre pied ». Le Sâdhu se pencha, et lorsqu'il vit le scorpion il dirigea ses doigts vers lui ; alors l'animal, immédiatement et en présence du général, se recroquevilla et mourut. « Vous semblez posséder déjà quelques pouvoirs », dit le général ; mais le Sâdhu esquiva le sujet comme sans importance. (China Jim : Incidents in the Life of a Mutiny Veteran, par le Général J.T. Harris, p. 74 ; éd. Heinemann.)

(211) Un usage extraordinaire fait du Mantra m'est révélé par des pratiquants du Shairava Mantra. L'homme projette le Mantra sur la femme, qui éprouve alors la sensation d'une union physique. Le Vishnu Purâna parle de conception par la puissance de la volonté.

(212) Comme le dit le Kulârnava Tantra, et comme il est facile de le comprendre, un tel Guru se trouve rarement. Le disciple qui reçoit cette initiation obtient tous les pouvoirs de son initiateur. On dit qu'il existe des Guru qui peuvent immédiatement rendre leurs disciples capables d'atteindre les buts les plus élevés.

(213) On affirme que le cas s'est produit récemment dans la maison d'un ami d'un de mes collaborateurs. On prétend qu'un homme y enflamma le combustible du Kushandikâ Homa seulement par le Mantra et le Bîja du feu (« Ram »), sans employer ni flamme ni allumette.

(214) Ce terme sanskrit désigne moins une « protection » pour laquelle on met un Kavacha, que l'art d'« attraper » un Mantra qu'on projette sur vous.

mencent à être connus et pratiqués, pas toujours avec de bons résultats. La doctrine est ancienne dans l'Inde, elle est à la base des pratiques qu'on trouve dans les Tantra, et dont certaines sont généralement gardées secrètes pour en prévenir l'abus (215). Ce qui, pourtant, est mal compris en Occident, c'est la forme particulière de science de la pensée que constitue le Mantravidyâ. Ceux qui sont familiarisés avec la présentation occidentale des sujets de cette sorte comprendront plus vite (216), si je dis que, selon la doctrine hindoue ici décrite, la pensée (comme le mental, dont elle est l'opération) est une Puissance ou Shakti. Elle est donc aussi réelle que les objets matériels extérieurs. L'une et les autres sont des projections de la pensée créatrice de Celui qui pense le monde. La racine « *man* », qui veut dire « penser », est aussi la racine du mot sanskrit désignant « l'Homme », qui seul de toute la création pense à proprement parler. Le Mantra est le Shabdabrahman manifesté.

Mais qu'est-ce que Shabda ou « le Son » ? Ici le Shâkta-Tantra Shâstra suit la doctrine du Mîmâmsâ sur Shabda, avec les modifications qui sont nécessaires pour l'adapter à sa doctrine de la Shakti. Le son (Shabda), qui est une qualité (Guna) de l'éther (Akâsha), et qui est éprouvé par l'ouïe, est double ; à savoir : exprimé par des lettres (Varnâtmaka shabda), et non exprimé par des lettres, ou Dhvani (Dhvanyât-maka shabda) (217). Le second est causé par le choc de

---

(215) Dans la Samhitâ appelée *Kulârnava* (non dans le Tantra de ce nom), Shiva, après avoir fait allusion à certains rites terribles pratiqués avec la chair de chats noirs, de chauves-souris et d'autres animaux, le linge souillé d'une femme Chandâla, le linceul d'un cadavre, et ainsi de suite, s'écrie : « O Pârvati, ma tête et mes membres tremblent, ma bouche est desséchée » (Hridayam kampate mama, gâtrâni mama kampante, mukham shushyate Pârvati) ; et il ajoute : « On n'en doit point parler, on n'en doit point parler, on n'en doit point parler, je dis et redis qu'on n'en doit point parler ». (Na vaktavyam na vaktavyam na vaktavyam punah punah.)

(216) C'est parce que les orientalistes et les missionnaires ignorent tout de l'occultisme, et le regardent, comme une superstition, que leur façon de présenter la doctrine hindoue est si souvent ignorante et absurde.

(217) Ce Dhvani est le corps grossier du Mantra. Voir Avalon, *Garland of Letters*.

deux objets, et n'a point de signification. Shabda, au contraire, qui est Anâhata (terme appliqué au Lotus du Cœur), est le son de Brahman qui n'est pas causé par le choc de deux objets. Le son exprimé par des lettres est composé de phrases (Vâkya), de mots (Pada), et de lettres (Varna). Un tel son a une signification (218). Shabda se manifestant comme langage est dit éternel (219). Ceci est nié par les Naiyâyika, qui le disent transitoire. Un mot est prononcé, et il a disparu. Mais le Mîmâmsâ s'élève contre cette opinion, déclarant que la perception du son exprimé doit être distinguée du son exprimé lui-même (220). La perception est due à Dhvani, causé par le choc de l'air en contact avec les organes vocaux, c'est-à-dire la gorge, le palais et la langue. Avant qu'il n'y ait Dhvani, il doit y avoir le choc d'une chose contre une autre. Ce n'est pas ce simple choc qui est le Shabda articulé : il le manifeste seulement. Le son articulé est produit par les organes vocaux en contact avec l'air, et cette production répond au mouvement mental ou idée, qui par la volonté cherche ainsi une expression extérieure sous forme de son audible (221). C'est cette perception qui est transitoire, car le Dhvani qui manifeste les idées dans le langage est tel. Mais le son articulé, tel qu'il est en lui-même, est éternel. Il n'a pas été produit à l'instant où il a été perçu. Il a été seulement manifesté par le Dhvani. Il existait auparavant, comme il existe après une telle manifestation, tout comme une jarre dans une pièce obscure, révélée par un éclair, n'est point produite par lui, et ne cesse point d'exister en cessant d'être perçue quand disparaît l'éclair qui la manifesta. L'air

---

(218) Quand le mot « Ghata » est prononcé, alors s'éveille dans l'esprit l'idée d'une jarre. Quand le Mantra d'une Divinité est prononcé, s'éveille l'idée de la Déité dont il est le nom.

(219) Non en tant que sons audibles (Dhvani), mais comme la réalité qui trouve une expression pour l'ouïe dans les sons audibles. Les expressions sensibles sont transitoires. Derrière elles est le Verbe éternel (Shabdabrahman), dont elles sont la manifestation.

(220) Samantu tatra darshanam (Mais semblable en est la perception).

(221) Ce n'est là qu'une des formes dans lesquelles les lettres trouvent une expression sensible. Ainsi l'écriture donne une impression visuelle, et aux aveugles des points perforés donnent une impression tactile.

en contact avec les organes de la voix révèle le son sous la forme des lettres de l'alphabet, et de leurs combinaisons en mots et en phrases. Les lettres sont produites pour l'ouïe par l'effort de la personne désirant parler, et deviennent audibles à l'oreille des autres par l'opération du son sans lettres, ou Dhvani. Celui-ci ne faisant que le manifester, le Shabda avec lettres est quelque chose d'autre que ce qui le manifeste.

Avant de décrire la nature de Shabda dans ses diverses formes de développement, il est nécessaire de comprendre la psychologie hindoue de la perception. A chaque instant le Jîva est sujet à d'innombrables influences qui se déversent sur lui de toutes les régions de l'univers. Seules atteignent sa Conscience celles qui attirent son attention, et sont ainsi choisies par son Manas. Celui-ci s'occupe de l'une ou l'autre de ces impressions sensibles, et la transmet à la Buddhi. Lorsqu'un objet (Artha) est présenté au mental et perçu, le mental prend la forme de l'objet perçu. C'est ce qu'on appelle une Vritti (modification) mentale, que le but du Yoga est de supprimer. Le mental en tant que Vritti est donc une représentation de l'objet extérieur. Mais dans la mesure où il est une telle représentation, il est objet tout comme l'objet extérieur. Celui-ci, l'objet physique, est appelé l'objet grossier (Sthûla artha), et l'autre, l'impression mentale, est appelée l'objet subtil (Sûkshma artha). Mais en dehors de l'objet il y a le mental qui le perçoit. Il s'ensuit que le mental a deux aspects, sous l'un desquels il est le percevant, et sous l'autre le perçu, la formation mentale (Vritti) qui dans la création précède la projection extérieure, et après la création suit comme l'impression produite dans le mental par la perception d'un objet physique grossier. L'impression mentale et l'objet physique se correspondent exactement, car l'objet physique n'est, en fait, qu'une projection de l'imagination cosmique, bien qu'il possède la même réalité que le mental ; ni plus ni moins. Le mental est donc à la fois connaissant (Grâhaka) et connu (Grâhya), révélateur (Prakâshaka) et révélé (Prakâshya), indicateur (Vâchaka) et indiqué (Vâchya). Quand le mental perçoit un objet, il prend la forme de cet objet. Ainsi le mental qui pense à la Divinité qu'il adore (Ishtadevatâ) prend à la fin, par l'effet d'une dévotion continue, la ressemblance de cette Devatâ. C'est là un principe fondamental de la Sâdhanâ, ou pratique religieuse, du Tantrisme. L'objet perçu est nommé Artha, terme qui vient de la racine « Ri », qui signifie « obtenir », « connaître », « goûter ». Artha est cela qui est connu, et qui est par suite objet de jouissance. Le mental en tant qu'Artha, c'est-à-dire sous sa forme d'impression mentale, est un reflet de l'objet extérieur ou Artha grossier. Comme l'objet extérieur est Artha, de même la forme mentale intérieure subtile qui lui correspond. L'aspect sous lequel le mental est connaissant est appelé Shabda ou Nâma (nom), et l'aspect sous lequel il est son propre objet, autrement dit le mental connu, est appelé Artha ou Rûpa (forme). L'objet physique extérieur dont ce dernier est, chez l'individu, une impression, est aussi Artha ou Rûpa, et la parole exprimée est le Shabda extérieur. Ainsi le sujet et l'objet, du point de vue du Mantra, sont Shabda et Artha, termes qui correspondent au Nâma et au Rûpa du Védânta, c'est-à-dire aux concepts et aux concepts objectivés. Comme le dit le Vedânta, la création tout entière est Nâma et Rûpa. Le mental est la puissance (Shakti), dont la fonction est de distinguer et d'identifier (Bhedasamsargavritti Shakti).

Tout comme le corps est causal, subtil et grossier, de même Shabda, dont il existe quatre états (Bhâva), appelés Parâ, Pashyantî, Madhyamâ et Vaikharî, termes qui seront expliqués plus longuement au chapitre V de cette introduction. Le son Parâ est ce qui existe par la différenciation du Mahâbindu avant la manifestation effective. C'est le Shabda causal, immobile, en Kundalinî, dans le centre corporel Mûlâdhâra. L'aspect sous lequel il commence à se mouvoir d'un mouvement général (c'est-à-dire non particularisé) (Sâmânya-spanda), est Pashyantî, dont le domaine s'étend du Mûlâdhâra au Manipûra Chakra, le centre voisin. Il est ici associé à Manas. Ces deux états représentent l'aspect immobile et le premier aspect mobile de Shabda. Le son Madhyamâ est associé à Buddhi. Il est Hiranyagarbha Shabda (Hiranyagarbharûpa) qui s'étend de Pashyantî jusqu'au cœur. Le son Madhyamâ, qui est l'acte intérieur de « nommer » par l'aspect cognitif du mouvement mental, comme aussi son Artha ou objet subtil, appartiennent au corps mental ou subtil (Sûkshma ou Linga sharîra). La perception dépend de la distinction et de l'identification,

Dans la perception d'un objet, la partie du mental qui identifie et distingue, autrement dit la partie connaissante, est le Shabda subtil ; et la partie qui prend la forme de l'objet (une forme correspondant à la chose extérieure), est l'Artha subtil. La perception d'un objet suit donc l'opération simultanée du mental sous son double aspect de Shabda et d'Artha, qui sont entre eux dans une relation indissoluble comme connaissant et connu. Tous deux appartiennent au corps subtil. Dans la création, Madhyanâ Shabda est apparu le premier. Il n'y avait pas alors d'Artha extérieur. Puis le mental cosmique projeta ce Madhyamâ Artha intérieur dans le monde de l'expérience sensible, et le nomma en langage exprimé (Vaikharî Shabda). Ce dernier est la parole émise, développée dans la gorge et sortie de la bouche. Il est Virât Shabda. Vaikharî Shabda est donc le langage, le son grossier exprimé par des lettres. L'Artha qui lui correspond est l'objet physique ou grossier que le langage désigne. Il appartient au corps grossier (Sthûla sharîra). Madhyamâ Shabda est le mouvement mental ou l'idéation sous son aspect de connaissance, et Madhyamâ Artha est l'impression mentale de l'objet grossier. Le mouvement de pensée intérieur sous son aspect de Shabdârtha, et considéré à la fois sous son aspect de connaissant (Shabda) et comme l'objet connu subtil (Artha), appartient au corps subtil. Leur cause à tous deux est le premier mouvement général vers une idéation particulière (Pashyantî), à partir de la cause immobile, Parashabda, ou le Langage Suprême. Deux formes de langage intérieur ou caché, causal et subtil, accompagnant le mouvement mental, précèdent et préparent le langage parlé. Les formes intérieures du mouvement d'idéation constituent l'aspect subtil, et le son exprimé l'aspect grossier du Mantra, qui est le Shabdabrahman manifesté.

Le Shabda grossier, appelé Vaikharî ou langage parlé, et l'Artha grossier, ou objet physique désigné par ce langage, sont la projection du Shabda et de l'Artha subtils, par l'activité initiale du Shabdabrahman, dans le monde de la perception grossière sensible. C'est pourquoi, dans le monde physique grossier, Shabda signifie langage, c'est-à-dire les phrases, les mots et les lettres, qui sont l'expression des idées et qui sont le Mantra. Dans le monde subtil ou mental, Madhyamâ Shabda est le mental qui « nomme » sous son aspect de connaissant, et Artha est le même mental sous son aspect d'objet mental de sa connaissance. On le définit comme l'extérieur sous la forme du mental. Il est donc semblable à l'état de rêve (Svapna) : tandis que Parashabda est l'état causal sans rêve (Sushupti), et Vaikahrî l'état de veille (Jâgrat). L'Artha mental est un Samskâra, une impression laissée sur le corps subtil par une expérience antérieure, qui se ravive quand le Jîva s'éveille de nouveau à l'expérience du monde et se rappelle l'expérience provisoirement perdue dans l'état cosmique sans rêve, qui est la dissolution (Mahâpralaya). Qu'est-ce donc qui éveille ce Samskâra ? Etant effet (Kârya), il doit avoir une cause (Kârana). Ce Kârana est le Shabda ou le nom (Nâma), subtil ou grossier, correspondant à cet Artha particulier. Quand on prononce le mot « Ghata », il évoque à l'esprit l'image d'un objet (une jarre), tout comme le fait la présentation de cet objet. Dans l'état Hiranyagarbha, Shabda en tant que Samskâra œuvrait pour évoquer des images mentales. Ainsi le monde entier est Shabda et Artha, c'est-à-dire nom et forme (Nâma Rûpa). Les deux sont associés inséparablement. Il n'y a pas de Shabda sans Artha ni d'Artha sans Shabda. Le mot grec Logos désigne aussi la pensée et le mot combinés. Il existe donc une double ligne de création, Shabda et Artha, les idées et le langage en même temps que leurs objets. Le langage, cela qui est entendu, manifestation extérieure de Shabda, représente le côté Shabda de la création. Le côté Artha de la création, ce sont les objets intérieurs et extérieurs perçus par la vision mentale ou physique. Du point de vue de la création cosmique le mental apparaît le premier, et à partir de lui se développe le monde physique conformément aux Samskâra parvenus à maturité, qui ont amené à l'existence l'univers actuel particulier. Aussi l'Artha mental précède-t-il l'Artha physique, qui est un développement du premier dans la matière grossière. Cet état mental correspond à celui des rêves (Svapna), où l'homme vit seulement dans le monde mental. Après la création, qui est l'état de veille (Jâgrat), il y a pour l'individu un parallélisme déjà existant des noms et des objets.

Le langage parlé est une manifestation de la faculté intérieure de nommer, ou pensée. Ce mouvement de pensée est identique chez les hommes de toutes les races. Lorsqu'un Anglais ou un Indien pense à un objet, l'image est la même pour tous deux, qu'elle soit évoquée par l'objet lui-même ou par l'énoncé de son nom. C'est peut-être pour cette raison qu'un liseur de pensée dont le centre cérébral est en rapport avec celui d'un autre peut lire la « parole » cachée, c'est-à-dire la pensée de quelqu'un dont il ne peut comprendre la langue parlée. Ainsi, alors que le mouvement de pensée est identique chez tous les hommes, son expression comme Vaikharî Shabda diffère. Selon la tradition, il existait jadis un langage universel. D'après le récit biblique, il en était ainsi avant la confusion des langues dans la tour de Babel. Il n'y a là rien d'invraisemblable, étant donné que la différence entre les langues parlées est due à la différence des races qui s'est développée au cours des temps. Si la pensée se révélait par le langage au moyen des mêmes instruments, et dans les mêmes conditions, chez tous les hommes, alors il n'y aurait qu'un seul langage. Mais il en est autrement de nos jours. Différents sont les caractères raciaux et les conditions physiques, telles que la nature des organes vocaux, le climat, les impressions héréditaires, etc. Par suite, différents aussi les langages. Mais pour chaque homme particulier, parlant n'importe quel langage particulier, le nom prononcé de n'importe quel objet est l'expression grossière de son mouvement de pensée intérieur. Il évoque ce mouvement, et l'exprime. Il évoque l'idée, et l'idée est la Conscience en tant qu'opération mentale. Cette opération peut s'intensifier au point de devenir elle-même créatrice : c'est le Mantra-chaitanya.

Il est clair, d'après l'exposé qui précède, que si les « lettres » sont, comme il est dit, dans les six Chakra corporels, on ne doit pas supposer qu'il est ainsi affirmé, d'une manière absurde, que les lettres s'y trouvent comme des formes écrites, ou comme les sons articulés que l'oreille entend. Prises dans ce sens, les lettres, objets grossiers, ne sont manifestées que dans le langage et l'écriture. Jusqu'ici tout est clair. Mais la signification précise de cette distinction soulève de grandes difficultés. Aucun sujet, en fait, ne présente plus de difficultés que le Mantravidyâ, qu'on le considère dans son ensemble ou par rapport à cette question particulière. D'abord, il faut constamment prendre garde de ne pas tomber dans un piège possible, qui serait de prendre des méthodes prescrites en vue d'une réalisation, pour des faits au sens ordinaire de ce mot. Les premières sont conventionnelles, les seconds sont réels. Les doutes à ce sujet sont accrus par certaines variantes dans les exposés. C'est ainsi que dans certains d'entre eux, Ganesha est la Devatâ du Mûlâdhâra. Dans le *Shatchakranirûpana*, cette Devatâ est Brahmâ. De même ce texte donne Dâkinî dans le Mûlâdhâra comme la Devatâ de l'Ashti Dhâtu (la substance osseuse). Lorsqu'on est assis dans la posture (Asana) prescrite, les os sont rassemblés autour de ce Chakra, et de plus, c'est de lui comme du centre du corps que les os se dirigent vers le haut ou vers le bas. Pourtant, on me communique une autre description qui dans ce centre place Devî Shâkinî (222). Il faut aussi compter avec les fautes, qu'on ne peut établir et rectifier que par la comparaison de plusieurs manuscrits (223). Il est dit, d'autre part, que quatre lettres sont sur les pétales du Lotus Mûlâdhâra : ce sont Va, Sha, *Sha* et Sa. Pourquoi dit-on qu'elles se trouvent là ? On m'a fait part de diverses explications. Certaines lettres étant associées à chaque forme de matière sensible (Bhûta) il semble naturel de supposer que les lettres de la Terre (Pârthiva varna) se trouvent dans le centre terrestre. Mais l'examen ne confirme pas cette supposition. On dit encore que les lettres ont des couleurs, et que les lettres d'une couleur particulière sont situées dans les lotus de même couleur. Le *Shatchakranirûpana* n'apporte aucun appui à cette théorie. On a dit que certaines lettres naissent de certaines Devatâ ; mais ce sont les lettres qui produisent la Devatâ, car elles sont l'Artha du Mantra en tant que Shabda. On m'a dit aussi que les lettres sont placées d'après le siège de leur émission (Uch-

---

(222) Voici cette description :
   L'os (Asthidhâtu) : Mûlâdhâra chakra ; Devî Shâkinî.
   La graisse (Medadhâtu) : Svâshishthâna chakra ; Devî Kâkinî.
   La chair Mâmsadhâtu) : Manipûra chakra ; Devî Lâkinî.
   Le sang (Raktadhâtu) : Anâhata chakra ; Devî Râkinî.
   La peau (Tvakdhâtu) : Vishuddha chakra ; Devî Dâkinî.
   La moelle (Majjâdhâtu) : Ajnâ chakra ; Devî Hâkinî.
Dans le Sahasrâra Padma sont tous les Dhâtu, le premier étant Shukra (la semence).
(223) Ainsi dans le texte qu'on m'a donné, et que je cite, les quatre lettres du Mûlâdhâra sont données comme étant Va, Sha, *Sha* et La. La dernière, d'après d'autres exposés, devrait être Sa.

chârana). Mais on peut répondre que le Mûlâdhâra est la source commune de tous leurs sièges d'émission (Uchchâranasthâna) (224). On dit encore que les lettres inscrites sur les pétales sont les Bîjâ ou Mantra-germes de toutes les activités (Kriyâ) associées au Tattva de ce centre, chaque lettre subissant des variations selon les voyelles (225). C'est dans le Mûlâdhâra qu'on doit méditer sur tous les êtres du Prithivî Tattva (Tattva terrestre). Là se trouvent donc, comme nous pouvions nous y attendre, les organes des pieds (Pâdendriya), l'action de marcher (Gamanakriyâ), l'odorat (Gandha), la qualité de Prithivî, le sens de l'odorat (Ghrâna), Nivritti Kalâ (226), et Brahmâ (Seigneur du Tattva). Mais on nous dit aussi que les lettres Va, Sha, *Sha* et Sa sont l'Atmâ et les Bîja des quatre Veda (227), des quatre Yuga (228) des quatre océans (229), qu'on appelle par suite Chaturvarnâtmaka, c'est-à-dire *situés dans l'être des quatre lettres*. Il est exact que les quatre Veda sont en Parashabda, et en émanent, le siège de Parashabda étant le Mûlâdhâra. Car le Veda, dans son premier sens, est le monde comme idée dans l'esprit du Brahman créateur, et dont des parties ont été révélées aux Rishi (voyants) et incarnées dans les quatre Veda. Mais pourquoi Va serait-elle le germe du Rigveda, Sha le germe du Yajurveda, et ainsi de suite ? L'explication rituelle, donnée dans le *Rudrayâmala* (XIV, 73 ; XV, 2 ; XVI, 1, 2), est que le pétale Va est Brahmâ (Rajoguna), et le Bîja du Rik ; Sha est Vishnu (Sattvaguna), et Sha, étant Pundarîkâtmâ, est le Bîja du Yajus ; *Sha* est Rudra (Tamo-

---

(224) Cela est vrai, mais il peut néanmoins y avoir des sièges spéciaux d'émission pour chaque lettre ou classe de lettres. On peut remarquer que les sons voyelles sont placés dans le centre de la gorge, et Ha et Ksha au-dessus : ce qui semble appuyer cette hypothèse.

(225) On me signale que ce sujet est traité en détail dans le *Kundalinîkalpataru*, et particulièrement dans l'*Adhyâtmasâgara* ; je n'ai vu encore ni l'un ni l'autre de ces manuscrits.

(226) Voir Avalon, *Garland of Letters* (les Kalâ des Shakti). Samâna Vâyu est aussi localisé dans ce centre.

(227) Va du Rig, Sha du Yajus, *Sha* du Sâma et Sa de l'Atharva Veda.

(228) Les quatre âges : Satya, Treta, Dvâpara et Kali.

(229) De jus de canne à sucre, de vin, de ghee (Ghrita), de lait.

guna), et le Bîja du Sama ; Sa est le Bîja de l'Atharva, étant le
Bîja de Shaktî (230). Toutes quatre sont en Parashabda dans
le Mûlâdhâra. Il me semble (en l'état actuel de mes études
sur le Shâstra) que les détails des descriptions des centres
se répartissent en deux catégories. Il y a d'abord certains
faits réels, objectifs, de valeur universelle. C'est ainsi, par
exemple, qu'il y a certains centres dans la colonne vertébrale.
Le principe de solidité (Prithivî Tattva) est dans le plus bas
de ces centres, qui, en tant que centre du corps, contient
l'énergie statique ou potentielle appelée Kundalinî Shakti.
Ce centre, considéré comme un lotus, est dit à quatre pétales,
à cause de la forme et de la distribution des nerfs du Yoga
(Nâdî) (231) en ce point particulier. La solidité est figurée
avec justesse par un cube, qui est le symbole graphique
(Yantra) de ce centre. La conscience de ce centre considérée
comme Devatâ est aussi avec justesse portée par un éléphant,
dont la solidité massive symbolise le principe terrestre de
solidité (Prithivî). Les forces qui œuvrent pour la formation
de la matière solide peuvent être perçues comme jaunes par
le Yogî. Il se peut que des substances particulières (Dhâtu)
du corps, et des Vritti (qualités) particulières, soient associées
à des Chakra particuliers.

Il existe, cependant, une autre catégorie de détails qui
n'ont peut-être qu'une réalité symbolique, et qui sont
donnés au Sâdhaka dans un dessein d'instruction et de méditation seulement (232). Les lettres telles que nous les connaissons, c'est-à-dire comme langage extérieur, ne sont manifestées qu'après être passées par la gorge. Elles ne peuvent
donc exister comme telles dans les Chakra. Mais on dit
qu'elles y sont. Elles y sont, non dans leur forme grossière,
mais dans leurs formes subtile et causale. Ce sont ces formes
subtiles qu'on appelle Mâtrikâ. Mais sous ces formes les lettres

---

(230) Le *Rudrayâmala* (XVII) donne la priorité à l'Atharva,
parce qu'il traite de l'Achâra de Shakti. De l'Atharva sortit
Sâma, de Sâma Yajus, et de ce dernier Rik.

(231) J'emploie le mot « nerf » à défaut d'un autre équivalent.
Ces Nâdî, appelées Yogâ-Nâdî, ne sont pas, comme les Nâdî de
la physiologie, des objets grossiers, mais des canaux subtils par
lesquels la force vitale œuvre dans les corps.

(232) Voir le *Demchog Tantra (Tântrik Texts*, vol. VII).

sont Shabda créant ou représentant des mouvements d'idéation, ou elles en sont la cause. La conscience, qui est en elle-même (Svarûpa) muette (Nih shabda), sous sa forme suprême (Parashabda), assume un mouvement général indifférencié (Sâmânyaspanda), puis un mouvement différencié (Visheshaspanda), s'exprimant par la parole clairement articulée (Spashtatara-spanda). Le mouvement interne a une correspondance externe en celui qui s'exprime par les lèvres avec l'aide de Dhvani. Le Mantra veut simplement dire, en présentant ainsi les choses, que la Conscience assume le mouvement comme Shakti, apparaît comme sujet (Shabda) et objet (Artha), d'abord sous la forme subtile du Mental et de son contenu produit par les Samskâra, et ensuite sous la forme grossière du langage en tant qu'expression des idées et des objets physiques, que le Mental cosmique, ou créateur, projette dans le monde de l'expérience sensible pour être la source des impressions qu'y ressent le sujet individuel de l'expérience. Il est exact qu'en ce sens les lettres, en tant que parole secrète ou germe de la parole extérieure, sont dans les Chakra, mais la localisation de lettres particulières dans des Chakra particuliers est une question qui, si elle possède une signification réelle et non seulement symbolique, doit recevoir l'explication donnée dans notre ouvrage « Shakti and Shâkta ».

Dans chacun des Chakra se trouve aussi un Bîja Mantra, ou « Mantra germe », de chacun des Tattva qui y sont attachés. Ils sont le germe du Tattva, car celui-ci sort d'eux et rentre en eux. Le Nom naturel de toute chose est le son produit par l'action des forces mouvantes qui le constituent. C'est pourquoi, dit-on, celui qui prononce, mentalement et vocalement, avec une force créatrice, le nom naturel de quelque chose que ce soit, amène à l'être la chose qui porte ce nom. Ainsi « Ram » est le Bîja du feu dans le Manipûra Chakra. Il est dit que ce Mantra « Ram » est l'expression en son grossier du son subtil produit par les forces constituant le feu. La même explication est donnée en ce qui concerne « Lam » dans le Mûlâdhâra, et les autres Bîja des autres Chakra. Le seul fait de prononcer la syllabe « Ram » ou tout autre Mantra (233) n'est, cependant, rien d'autre qu'un

----

(233) Dans l'adoration avec forme (Sâkâra), le mental doit

mouvement des lèvres. Mais lorsque le Mantra est « éveillé » (Prabudha) (234), c'est-à-dire lorsqu'il y a conscience du Mantra (Mantra-chaitanya), alors le Sâdhaka peut œuvrer à l'aide du Mantra. Ainsi, dans le cas cité, le Vaikharî Shabda, par l'intermédiaire de son véhicule Dhvani, est le support d'un pouvoir de conscience qui permet au Mantrin de devenir le Maître du Feu (235). Quoi qu'il en soit, c'est, de toute manière, la pensée créatrice qui anime le son émis opérant aujourd'hui dans la petite « magie » humaine, tout comme à l'origine il opéra dans le « grand déploiement magique » du Créateur cosmique. Sa pensée fut la somme de toute pensée, douée de puissance créatrice. Tout homme est Shiva, dont il peut atteindre la puissance selon son degré de capacité à prendre conscience de lui-même comme tel.

Pour diverses raisons l'on invoque les Devatâ. Mantra et Devatâ ne font qu'un. Un Mantra-Devatâ est Shabda et Artha, le premier étant le nom, et le second la Devatâ dont il est le nom. Par la pratique (Japa) du Mantra, on invoque la présence de la Devatâ. Le Japa, ou répétition du Mantra, est comparé à l'action d'un homme secouant un dormeur pour l'éveiller. Les deux lèvres sont Shiva et Shakti. Leur mouvement est l'accouplement des deux. Shabda, qui en est le fruit, a la nature d'un Germe ou Bindu. La Devatâ ainsi produite est, pour ainsi dire, le « fils » du Sâdhaka. Ce n'est pas la Devatâ suprême qui apparaît (car elle est non-agissante), mais de toute manière une émanation pro-

---

être concentré sur la Déité objet de l'adoration (Ishtadevatâ) ; et dans le Yoga sur la forme de lumière (Jyotirmayarûpa). Il est dit, pourtant, que la simple répétition d'un Mantra alors même qu'on en ignore le sens procurera « un certain » bénéfice, celui qui provient de l'adoration. La question du Nom naturel est traitée dans Avalon, *Garland of Letters*.

(234) La pensée n'est pas seulement alors dans l'enveloppe externe, mais elle est vitalisée par son centre conscient.

(235) Il en est qui obtiennent ces pouvoirs par l'adoration (Upâsanâ) d'Agni Vetâla, un Devayoni ; d'autres par l'adoration d'Agni lui-même. La première méthode, qui exige 12.000 Japa, est donnée dans le *Shavara-tantra*. De même on dit que des objets se trouvant loin de l'opérateur peuvent être déplacés par l'adoration de Madhumatî Devî. A un degré plus élevé de développement, on peut se passer de tous les agents extérieurs.

duite par le Sâdhaka pour son seul bénéfice (236). S'il s'agit
d'adorateurs de Shiva, un Shiva Enfant (Bâla Shiva) apparaît,
qui est ensuite fortifié par la nourriture que le Sâdhaka
donne à sa création. L'occultiste comprendra ce que signifie
tout ce symbolisme : la Devatâ est une forme de la conscience
du Sâdhaka, que celui-ci éveille et fortifie, en tirant bénéfice.
C'est sa conscience qui devient l'enfant Shiva, puis, une fois
fortifiée, la puissance divine en sa plénitude. Tous les Mantra
sont dans le corps comme des formes de conscience (Vijnâna-
rûpa). Quand le Mantra est pleinement pratiqué, il vivifie le
Samskâra, et l'Artha apparaît au mental. Les Mantra sont
donc une forme du Samskâra des Jîva, dont l'Artha se manifeste à la conscience capable de le percevoir. Tout cela
signifie essentiellement : concentrer et vivifier la pensée et
le·pouvoir de la volonté. Mais pour cela une méthode est
nécessaire, à savoir le langage, et des pratiques déterminées
selon le but poursuivi. Ces pratiques, le Mantravidyâ (qui
explique ce qu'est le Mantra) les prescrit aussi.

L'état causal de Shabda est appelé Shabdabrahman,
c'est-à-dire le Brahman comme cause de Shabda et d'Artha.
La puissance non-manifestée (Avyakta) du Shabda, qui est
la cause de Shabda et d'Artha manifestés, naît de la différenciation du Bindu Suprême et de Prakriti, le premier
prenant la forme de Bindu par la prédominance de Kriyâ
Shakti (237). Avyakta Rava ou Shabda (le son non-manifesté)
est le principe du son comme tel (Nâda-mâtra), c'est-à-dire
du son indifférencié, non particularisé sous forme de lettres,
mais cause, par activité créatrice, de Shabda et d'Artha
manifestés (238). C'est le Brahman considéré comme Shabda
omniprésent, non-divisé, non-manifesté, dont la substance est

---

(236) Si l'on invoque Sûrya (le dieu du Soleil), c'est une
émanation qui vient du soleil et y retourne.

(237) Voir *Shârâdâ*, v. 12.
    Kriyâshaktipradhânâyâh shabdashabdârtha-kâranam
    Prakriter bindurûpinyâh shabdabrahmâbhavat param.
Ce qui signifie, en fait, qu'une activité croissante dans la
Conscience sur le point de créer (Bindu) produit l'état dans
lequel elle est la cause du sujet et de l'objet, en tant que mental
et matière.

(238) Tena shabdâtharûpa-vishishtasya shabda-brahmatvam
avadhâritam *(Prânatoshinî*, 13).

Nâda et Bindu, l'impulsion créatrice immédiate en Parashiva et la cause immédiate de Shabda et d'Artha manifestés (239). C'est l'eternel et indivisible Sphota (240) qui n'est point particularisé en Shabda et Artha, mais qui est la Puissance par laquelle tous deux existent et se révèlent. Shabda-brahman est ainsi l'aspect énergétique et créateur de la Conscience Suprême et indifférenciée de la philosophie, et du Saguna Brahman de la religion. Il est Chitshakti ayant pour véhicule Prakriti-shakti indifférenciée, c'est-à-dire l'aspect créateur du Brahman unique, transcendant et informel (Nirguna), en même temps qu'immanent et formel (Saguna) (241). Comme le dit le *Hathayogapradípikâ* (242) : « Tout ce qui est entendu sous forme de son est Shakti. L'état résorbé (Laya) des Tattva (développés par Prakriti) est celui dans lequel aucune forme n'existe (243). Tant qu'il y a la notion de l'Ether, le son est entendu. Ce qui est dépourvu de son est appelé Parabrahman ou Paramâtmâ » (244). Ainsi Shabda-brahman se projette, en vue de la création, en deux séries de mouvements : d'abord le Shabda (avec des vibrations men-

---

(239) Voir *Prânatoshinî*, p. 10 ; Râghava Bhatta, Comm. du *Shâradâ*, ch. I, v. 12.
Shrishtyunmukha-paramashiva-prathamollâsamâtram akhando vyakto nâdabindumaya eva vyâpako . brahmâtmakah shabdah.
(240) Sphota, dérivé de *Sphut*, « s'ouvrir » (à la manière d'un bourgeon), est ce par quoi se révèle le sens particulier des mots. Les lettres séparément, et donc aussi en combinaison, sont dépourvues de signification. Un mot n'est pas la chose, mais ce par quoi, lorsqu'il est prononcé, naît la connaissance de la chose qu'il désigne. Ce qui désigne la chose désignée est un dévoilement (Sphota) différent de ces lettres. Ce Sphota est le Shabda éternel.
(241) Il convient de remarquer que, des cinq Bhûta, Akâsha et Vâyu appartiennent à la catégorie informelle (Amûrtta), et les trois autres à la catégorie formelle (Mûrtta). Le premier est perçu par l'ouïe. Shabda est vibration pour l'oreille en tant que nom. Agni, qui vient en tête de la deuxième catégorie, est perçu comme forme (Rûpa). Artha est vibration pour l'œil (mental ou physique) comme forme.
(242) Ch. IV, v. 101-102.
(243) Yatkinchin nâdarûpena Shrûyate shaktir eva sâ
Yas tattvânto nirâkârah sa eva parameshvarah.
(244) Tâvad âkâshasamkalpo yâvachchhabdah pravartate
Nihshabdam tatparam brahma paramâtmeti gîyate.

tales de connaissance), qui, passant par les organes de la parole, devient son articulé ; ensuite, les mouvements Artha, désignés par Shabda, et qui forment toutes choses constituant le contenu du mental et du monde objectif. Ces deux séries sont des émanations de la même Activité Consciente (Shakti) qui est le Verbe (Vâk ou « Logos »), et sont par suite essentiellement identiques. Aussi sont-elles liées l'une à l'autre de façon permanente. C'est dans le sens défini ci-dessus que l'univers est dit composé de lettres : les cinquante (245) lettres de l'alphabet sanskrit qui sont symbolisées par la guirlande de têtes humaines coupées que la Mère nue (246), Kâlî, sombre comme un menaçant nuage d'orage, porte dressée parmi des ossements et des cadavres de bêtes et d'oiseaux dans le lieu d'incinération, et sur le corps blanc, pareil à un cadavre (Shavarûpa) de Shiva. Car c'est Elle qui « massacre », c'est-à-dire reprend en Elle toute parole avec ses objets à l'heure de la dissolution de toutes choses (Mahâpralaya) (247). Shabdabrahman est la Conscience (Chaitanya) dans toutes les créatures. Il prend la forme de Kundalî, et demeure dans le corps de toutes les créatures ayant souffle (Prânî), se manifestant par les lettres sous forme de prose et de vers (248). Dans le symbolisme sexuel des Shâkta Tantra, la semence (Bindu) (249) a jailli lors de l'union inversée (250) de Mahâkâla et de Mahâkâlî, et cette semence, mûrie dans la matrice de Prakriti, est sortie comme Kundalî sous la forme des lettres

---

(245) Quelquefois cinquante-et-une.

(246) On La représente ainsi parce qu'Elle est au delà de Mâyâ (Mâyâtîtâ). Elle est « Celle qui égare tous les êtres » par Sa Mâyâ, mais Elle-même n'en est pas affectée. Ce symbolisme de Kâlî est expliqué dans le Svarûpa-vyâkhyâ de l'*Hymne à Kâlî* (*Karpûrâdi Stotra*), publié dans *Tântrik Texts*, vol. IX.

(247) On trouve le même symbolisme dans la description du Heruka, dans le *Demchog Tantra* bouddhique.

(248) Chaitanyam sarvabhûtânâm shabdabrahmeti me matih
Tat prâpya kundalîrûpam prâninâm dehamadhyagam
Varnâtmanâvirbhavati gadyapadyâdi-bhedatah.
(Shâradâ Tilaka, ch. I.)

(249) Le terme Bindu peut signifier aussi une goutte, de semence par exemple.

(250) Viparîta maithuna. Shakti est au-dessus de Shiva, et c'est Elle qui agit pour et dans l'union avec Lui, parce qu'Elle est la Conscience active et Lui la Conscience inerte.

(Akshara). Kundalî, comme Mâhâmâtrikâsundarî, a cinquante-et-un replis, qui sont les Mâtrikâ ou formes subtiles
des lettres grossières ou Varna, forme Vaikharî du Shabda
dans les centres. Kundalî, avec un seul repli, est Bindu ;
avec deux, Prakriti-Purusha ; avec trois, les trois Shakti
(Ichchhâ, Jnâna, Kriyâ) et les trois Guna (Sattva, Rajas,
Tamas) ; avec trois et demi, Elle est alors réellement créatrice
avec Vikriti ; avec quatre Elle est la Devî Ekajatâ, et ainsi
de suite jusqu'à Shrîmâtrikotpattisundarî aux cinquante-et-un
replis (251). Dans le corps, le Parashabda non-manifesté est en
Kundalî Shakti. Ce qui naît de lui tout d'abord est dans le
Chakra inférieur, et s'élève comme Pashyantî, Madhyamâ et
Vaikharî Shabda. Lorsque Shakti « voit » (252) pour la
première fois, Elle est Paramâ Kalâ (253) sous la forme
maternelle (Ambikârupâ), qui est la parole suprême (Parâ
vâk) et la paix suprême (Paramâ shântâ). Elle « voit » le
Shabda manifesté de Pashyantî à Vaikharî. L'état Pashyantî (254) de Shabda est celui dans lequel Ichchhâ Shakti
(la Volonté), sous la forme d'un aiguillon (255) (Amkushâ-
kâra), est sur le point de déployer l'univers, alors sous la
forme d'un germe (Bîja). C'est le Shakti Vâmâ (256).
Madhyamâ Vâk, qui est Jnâna (la connaissance), et a la
forme d'une ligne droite (Bijurekhâ), est Jyeshthâ Shakti.
C'est ici qu'une première forme est revêtue comme Mâtrikâ,
car il y a ici un mouvement particulier. L'état Vaikharî est
celui de Kriyâ Shakti, qui est la Devî Raudrî, dont la forme
est triangulaire (257), la forme de l'univers. Sous la forme

---

(251) *Shaktisamgama Tantra*, Ullâsa Utpattikhanda 1. Avec
les dix replis, Elle est la Dashamahâvidyâ bien connue.
(252) C'est le premier mouvement de la création, appelé
Ikshana (la vue) dans le Veda. Voir, c'est concevoir.
(253) Paranâ = suprême ou premier. Kalâ est la Vimarsha-
Shakti d'Atmâ. Elle est, comme telle, la cause première de toutes
les lettres.
(254) Pashyantî = Celle qui « voit » (Ikshana).
(255) Ici la ligne courbe (Vakrarekhâ) vient la première, et
la ligne droite la seconde. Peut-être faut-il voir ici la ligne s'élevant
pour former la pyramide triangulaire.
(256) Ainsi nommé parce qu'elle « vomit » l'univers (Vama-
nât vâmâ iti).
(257) Shringâtaka, c'est-à-dire une figure pyramidale triangulaire à trois dimensions.

précédente, Shakti produisait les lettres subtiles de Mâtrikâ qui sont le Vâsanâ (258) ; sous sa dernière forme elle est la Shakti des lettres grossières des mots et de leurs objets (259). Ces lettres sont la Guirlande de la Mère, sortie d'Elle sous Sa forme de Kundalinî Shakti, et résorbée en Elle dans le Kundalinî-yoga que décrit cet ouvrage.

Note du traducteur : Le texte anglais de ce chapitre contient un lapsus que nous ne possédons aucun moyen de corriger dans la version française : du Mûlâdhâra au Manipûra Chakra, le centre voisin (page 92, ligne 32).

---

(258) Autrement dit Samskâra ou impression ràvivée, qui est le germe de la Conscience Cosmique créatrice.
(259) *Yoginîhridaya Tantra*, Samketa I.

V

LES CENTRES OU LOTUS (CHAKRA, PADMA)

Nous voici désormais en mesure de passer à l'examen des Chakra, que l'on peut définir sommairement comme des centres subtils d'opération, dans le corps, des Shakti ou Puissances des divers Tattva ou Principes qui constituent les enveloppes corporelles. C'est ainsi que les cinq Chakra inférieurs, de Mûlâhdâra à Vishuddha, sont les centres des Bhûta, les cinq formes de la matière sensible. L'Ajnâ, et les autres Chakra situés dans la région qui s'étend entre Ajnâ et le Sahasrâra, sont les centres des Tattva constituant les enveloppes mentales, tandis que le Sahasrâra ou lotus aux mille pétales, situé au sommet du cerveau, est la demeure bienheureuse de Parama Shiva-Shakti qui est l'état de pure Conscience.

Une description des Chakra implique, en premier lieu, un exposé de l'anatomie et de la physiologie occidentales des systèmes nerveux central et sympathique ; ensuite, un exposé de la conception tantrique du système nerveux et des Chakra ; et enfin les correspondances, dans la mesure où on peut les établir, entre les deux systèmes du point de vue de l'anatomie et de la physiologie, car le reste est généralement propre à l'occultisme tantrique.

La théorie tantrique sur les Chakra et le Sahasrâra s'occupe, du point de vue *physiologique* (sous son aspect Bhogâyatana), du système spinal central, comprenant le cerveau ou encéphale contenu dans le crâne, et la moelle épinière contenue dans la colonne vertébrale (Merudanda). Il faut remarquer que, de même qu'il y a cinq centres décrits ci-après, la colonne vertébrale se divise elle-même en cinq régions, qui, en partant de la plus basse, sont la région coccygienne, composée de quatre vertèbres imparfaites, souvent réunies en un seul os appelé le coccyx ; la région sacrée, formée de cinq vertèbres réunies pour former un seul os, le sacrum ; la région lombaire, ou région des reins, comprenant cinq vertèbres ; la région dorsale, comprenant douze vertèbres ; et la région cervicale, ou région du cou, comprenant sept vertèbres. Comme on peut s'en rendre compte en pratiquant des sections, la moelle présente des caractères différents dans les différentes régions. En gros, celles-ci correspondent aux régions respectivement commandées par le Mûlâdhâra, le Svâdhishthâna, le Manipûra, l'Anâhata et le Vishuddha. Le système central est en relation avec la périphérie par l'intermédiaire des trente et un nerfs spinaux et des vingt nerfs crâniens, qui sont à la fois afférents et efférents, c'est-à-dire sensoriels et moteurs, éveillant la sensation ou excitant l'action. Des nerfs crâniens, les six derniers sortent du bulbe rachidien, et les six autres, à l'exception des nerfs olfactif et optique, des régions du cerveau situées juste en avant du bulbe. Des auteurs appartenant aux écoles du Yoga et du Tantra emploient de préférence, pour désigner les nerfs, le terme Nâdî. De même, a-t-on prétendu, ils ont en vue les nerfs crâniens lorsqu'ils parlent de Shirâ, n'employant jamais ce dernier terme pour les artères, comme on le fait dans la littérature médicale (260). Il faut pourtant remarquer que les Nâdî du Yoga ne sont pas les nerfs matériels ordinaires, mais des lignes subtiles de direction que suivent les forces vitales. Les nerfs spinaux, sortis des intervalles entre les vertèbres, entrent en communication avec les cordes du système nerveux sympathique, situées de part et d'autre de la colonne vertébrale. La moelle épinière part, chez l'homme, du bord supérieur de l'atlas, sous le cervelet, pénètre dans le bulbe, entre dans le quatrième ventricule du cerveau, et

---

(260) Dr. Brojendranath Seal, Appendice à *Positive Background of Hindu Sociology*, par le Prof. Benov Kumar Sarkar, p. 337. — On emploie aussi le mot Dhamanî pour désigner les nerfs. Il faut noter pourtant que le *Shatchakranirûpana* désigne par le terme de Shirâ d'autres nerfs que les nerfs crâniens : au v. 1, il nomma Idâ et Pingalâ des Nâdî ou des Shirâ.

descend dans la deuxième vertèbre lombaire, où elle se
termine en un point appelé le *filum terminale*. On me dit
que les observations faites au microscope par le docteur
Cunningham ont révélé l'existence d'une matière grise de
haute sensibilité dans le *filum terminale*, que l'on croyait
jusqu'alors formé de simple moelle fibreuse. Cela est important, étant donnée la localisation attribuée au Mûlâdhâra et
à la Puissance du Serpent. La moelle se prolonge en ce *filum
terminale* sur une longueur variable, puis se termine brusquement. A l'intérieur du revêtement osseux est la moelle, qui
est un composé de matière cérébrale grise et blanche, la grise
étant à l'intérieur de l'autre, alors que l'encéphale présente
la disposition inverse. La moelle est divisée en deux moitiés
symétriques, réunies par une commissure au centre de laquelle
se trouve un canal très petit, le canal spinal central (là est
la Brahmanâdî), qui est, dit-on, le vestige du tube creux qui
s'est développé en moelle et en cerveau (261). Ce canal contient du liquide cérébro-spinal. La matière grise, considérée
dans le sens longitudinal, forme une colonne qui s'étend sur
toute la longueur de la moelle, mais la largeur n'est pas
uniforme. Il y a des élargissements particuliers dans les
régions lombaire et cervicale, dues principalement à une plus
grande quantité de matière grise. Mais tout le long de la
moelle la matière grise est particulièrement abondante aux
points de jonction des nerfs spinaux, si bien qu'apparaît
une disposition en forme de collier, plus visible chez les
vertébrés inférieurs, et correspondant à la chaîne ganglionnaire
ventrale des invertébrés (262). La matière blanche consiste
en étendues ou en colonnes de fibres nerveuses. A la limite
supérieure de l'atlas, première vertèbre cervicale, la moelle
épinière entre dans la *medulla oblongata* située sous le cervelet.
Le canal central ouvre dans le quatrième ventricule du
cerveau. Le cervelet est un développement de la paroi posté-
rieure de la dernière des trois dilatations primaires du tube
cérébro-spinal de l'embryon, le quatrième ventricule constituant le restant de la cavité primitive. Au-dessus est le
cerveau, qui, avec les parties situées au-dessous, est la partie

_____

(261) Voir Ferrier, *Functions of the Brain.*
(262) *Ibid.*, 7.

supérieure élargie et grandement modifiée de l'axe nerveux
cérébro-spinal. La moelle épinière n'est pas seulement un fil
conducteur entre la périphérie et les centres de sensation et
de volition ; elle est aussi un centre ou un groupe de centres
indépendant. Il existe différents centres dans la moelle
épinière, qui, bien qu'autonome dans une mesure considérable,
est unie aux centres supérieurs par ses zones connectrices et
longitudinales (263). Toutes les fonctions que l'on attribue
en premier lieu aux centres spinaux appartiennent aussi, en
dernier ressort, aux centres cérébraux. De même, toutes les
« Lettres » qui sont réparties entre les pétales des lotus
existent dans le Sahasrâra. Les centres n'influencent pas
seulement les combinaisons musculaires associées aux mouvements volitifs, mais aussi les fonctions d'innervation vascu-
laire, de sécrétion, etc., qui ont leurs centres immédiats
dans la moelle épinière. On dit, pourtant, que les centres
cérébraux ne commandent ces fonctions qu'en tant qu'elles
sont liées aux manifestations de la volonté, du sentiment et
de l'émotion ; alors que les centres spinaux, avec le système
sympathique qui leur est subordonné, constitueraient le
mécanisme de l'adaptation inconsciente, en conformité avec
les conditions variables des stimulants qui sont essentiels à
la durée de l'existence de l'organisme. La moelle, donc, est
à la fois un passage faisant communiquer les centres supérieurs avec la périphérie, et un centre indépendant réglant
des fonctions de la plus grande importance pour le système.
Il faut remarquer que les fibres nerveuses portant les impulsions motrices qui descendent du cerveau à la moelle épinière
passent assez brusquement d'un côté à l'autre de leur chemin
à travers la moelle, fait qui a été noté dans les Tantra, dans
la description de Mukta Trivenî. La moelle est réunie par de
nombreuses zones afférentes et efférentes au cervelet et aux
ganglions cérébraux. Au-dessus du cervelet est le cerveau,
dont l'activité est ordinairement associée à la volonté et à la
conception conscientes, ainsi qu'à la production des mouvements volontaires. La notion de Conscience, qui est l'objet
introspectif de la psychologie, ne doit pas, cependant, être
confondue avec celle de fonction physiologique. Il n'y a pas

---

(263) *Ibid.*, p. 80.

d'organe de conscience, tout simplement parce que la notion de
« Conscience » n'est pas organique, et n'a rien à voir avec
ʌ notion physiologique d'énergie, dont elle présente l'aspect
introspectif intérieur (264). La conscience en soi est l'Atmâ.
Le mental comme le corps, dont le cerveau fait partie, sont
des expressions voilées de la Conscience, qui dans le cas de
la matière est voilée au point de prendre l'apparence de l'inconscience. Le cerveau vivant est constitué par de la matière
sensible grossière (Mahâbhâta) animée par Prâna, le principe
vital. Sa matière a été élaborée pour constituer un support
convenable à l'expression de la Conscience sous forme de
mental (Antahkarana). De même que la Conscience n'est
pas une propriété du corps, elle n'est pas non plus une simple
fonction du cerveau. Le fait que la conscience mentale est
affectée ou supprimée par le désordre du cerveau prouve la
nécessité de ce dernier pour l'expression d'une *telle* conscience,
et non que la conscience est inhérente, ou appartient, au
cerveau seul. De chaque côté de la colonne vertébrale est
une chaîne de ganglions réunis par des fibres nerveuses, qui
porte le nom de sympathique (Idâ et Pingalâ), s'étendant de
la base du crâne au coccyx. Le sympathique est en communication avec la moelle épinière. Il est remarquable que dans
les régions thoracique et lombaire il existe un ganglion de
chaque chaîne correspondant avec une grande régularité à
chaque nerf spinal, bien que dans la région cervicale beaucoup semblent manquer ; et que d'importantes masses supplé-
mentaires de tissu nerveux se trouvent dans la région du
cœur, de l'estomac et des poumons, régions gouvernées
respectivement par l'Anâhata, la Manipûra et le Vishuddha,
les trois Chakra supérieurs parmi les cinq décrits plus loin.
Des deux chaînes sympathiques, des fibres nerveuses partent
vers les viscères de l'abdomen et du thorax. De ces derniers,
partent aussi des nerfs qui retournent aux nerfs spinaux, et
d'autres qui rejoignent certains des nerfs crâniens ; ils sont
ainsi distribués entre les vaisseaux sanguins des membres,
du tronc et des autres parties du corps où vont les nerfs
spinaux ou crâniens. Les nerfs sympathiques transportent
surtout des impulsions qui commandent au tissu musculaire

---

(264) Voir Auguste Forel, *Hygiene of Nerves and Mind*, p. 95.

des viscères et au revêtement musculaire des petites artères des divers tissus. C'est par l'intermédiaire du sympathique que le tonus des vaisseaux sanguins est maintenu sous l'action du centre vaso-moteur de la moelle épinière. Le sympathique, cependant, transmet les impulsions qu'il reçoit du système nerveux central ; elles n'ont pas leur origine dans le sympathique lui-même. Les impulsions partent de la moelle par les racines antérieures des nerfs spinaux, et aboutissent, par de courtes ramifications, aux chaînes sympathiques. Le travail des systèmes sympathiques commande et influence la circulation, la digestion et la respiration (265).

La structure anatomique du système nerveux central est excessivement compliquée, et ce qui se produit dans cet enchevêtrement de fibres, de cellules et de fibrilles est, d'autre part, à peu près inconnu encore (266). Aussi faut-il admettre que dans la description de la physiologie du système nerveux central, nous ne pouvons jusqu'à présent faire beaucoup plus que tracer les voies par lesquelles les impulsions *peuvent* passer, entre une portion du système et une autre, et des connections anatomiques déduire, avec plus ou moins de probabilité, la nature du nœud physiologique que ses parties forment entre elles et avec le reste du corps (267). D'une manière générale, cependant, il existe, dit-on, des raisons de supposer qu'il y a dans le système central des centres nerveux associés particulièrement à des mécanismes spéciaux, sensoriels, sécrétoires ou moteurs, et qu'il existe, dans une portion définie de la moelle épinière, des centres, tels que le prétendu centre génito-spinal, destinés à une action physiologique déterminée. C'est l'aspect subtil de ces centres en tant qu'expressions de la Conscience (Chaitanya) manifestée sous diverses formes de Mâyâ Shakti, que nous appelons ici Chakra. Ils sont reliés par l'intermédiaire de nerfs aux organes grossiers de la génération, de la miction, de la digestion, de la fonction cardiaque et de la respiration, reliés en dernier ressort aux Chakra Mûlâdhâra, Svâdhishthâna, Manipûra, Anâhata et Vishuddha respectivement, tout comme des régions des centres supérieurs ont été spécialement, sinon

(265) Voir Foster and Shore, *Physiology*, pp. 206-207.
(266) G.N. Stewart, *Manuel of Physiology*, p. 656, 5e éd., 1906.
(267) *Ibid.*

exclusivement associées à diverses opérations de perception, de volonté et de conception.

De ce bref préambule en termes de physiologie et d'anatomie occidentales modernes, je passe à la description des Chakra et des Nâdî (nerfs), et j'essaierai ensuite de montrer les rapports entre les deux systèmes.

Les conduits de la force prânique ou vitale sont les nerfs appelés Nâdî, que l'on estime exister par milliers dans la corps. « De même que dans la feuille de l'arbre Ashvattha *(ficus religiosa)*, il y a des fibres minuscules, de même le corps est tout traversé de Nâdî » (268). On fait dériver Nâdî (269) de la racine *Nad*, « mouvement ». Car c'est là que se meut le Prânâ, ou Principe vital. Le *Bhûtashuddi Tantra* parle de 72.000 Nâdî, le *Prapanchasâra Tantra* de 300.000, la *Shiva Samhitâ* de 350.000 ; mais, quel qu'en soit le nombre total, seulement un nombre limité d'entre elles sont importantes. Certaines sont des Nâdî grossières, telles que les nerfs physiques, les veines et les artères connus de la science médicale. Mais toutes n'ont pas ce caractère grossier, physique et visible. Elles existent, comme tout le reste, sous des formes subtiles, et sont connues alors sous le nom de Yoga Nâdî. Celles-ci peuvent être définies comme des canaux subtils (Vivara) de l'énergie prânique ou vitale. Les Nâdî sont, comme nous l'avons dit, les conduits de Prâna. A travers elles circulent ses courants solaire et lunaire. Si nous pouvions les voir, le corps présenterait l'apparence de ces cartes où sont tracés les divers courants océaniques. Elles sont les voies que suit Prânashakti. Elles appartiennent donc à la science vitale en tant qu'éléments de vie, et non au Shâstra médical (Vaidyashâstra). D'où l'importance de la Sâdhanâ, qui consiste en la purification physique du corps et de ses Nâdî. La pureté du corps est nécessaire si l'on veut obtenir la pureté du mental dans toute l'acception du sens hindou. La purification des Nâdî est peut-être le facteur principal dans les stades préliminaires du Yoga que nous étudions ; car, de même que leur impureté entrave la montée de Kundalî

---

(268) *Shândilya Up.*, ch. I, où les Nâdî sont indiquées et où il est question de leur purification. Voir aussi *Dhyânabindu Up.* Et sur la Sushumnâ voir *Mandalabrâhmana Up.*, Brâhmana 1.
(269) *Shatchakranirûpana*, v. 2.

Shakti, leur pureté la facilite. Cette pureté est l'œuvre de Prânâyâma (270).

Parmi ces Nâdî, il en est quatorze principales, et de ces quatorze les plus importantes sont Idâ, Pingalâ et Sushumnâ. De ces trois, Sushumnâ est la principale, et toutes les autres lui sont subordonnées ; car, par la puissance du Yoga (Yoga-bala), on fait passer Prâna par cette Nâdî, de Chakra en Chakra, pour lui faire quitter le corps par le Brahmarandhra. Elle est située à l'intérieur de l'axe cérébro-spinal, le Meru-danda ou colonne vertébrale, à l'emplacement attribué à son canal intérieur, et s'étend du plexus situé à la base, le centre tâttvique appelé le Mûlâdhâra, jusqu'au lotus à douze pétales situé dans le péricarpe du Sahasrâra Padma, ou lotus aux mille pétales. Dans la Sushumnâ tâmasique, d'un rouge ardent, est le brillant Vajrâ râjasique ou Vajrinî Nâdî, et à l'intérieur de celui-ci le pâle Chitrâ ou Chitrinî sâttvique, d'où tombe goutte à goutte le nectar. L'intérieur de ce dernier est appelé la Brahma Nâdî. Le premier est dit pareil au feu (Vahnisvarûpâ), le second pareil au soleil (Sûrya svarûpâ), et le troisième pareil à la lune (Chandrasvarûpâ) (271). Ils constituent le triple aspect du Shabdabrahman. L'ouverture située à l'extrémité de la Chitrinî Nâdî est appelée la porte de Brahman (Brahmadvâra), car c'est par elle qu'entre la Devî Kundalî pour monter (272). C'est le long de cette dernière Nâdî, connue sous le nom de Kula Mârga et de « Voie royale », que l'on conduit la Shakti Kundalinî dans l'opération décrite plus loin.

A l'extérieur de ce nerf sont les deux Nâdî, la pâle Idâ ou Shashî (la Lune), et le rouge Pingalâ ou Mihira (le Soleil), qui sont associées à la respiration alternée de la narine droite

---

(270) Voir plus loin.

(271) C'est pourquoi Elle est appelée dans le *Lalitâ-Sahas-ranâma* (v. 106), Mûlûdhârâmbujârûdhâ. Le Feu, le Soleil et la Lune sont des aspects du Parabindu ou Kâmakalâ différencié (voir plus haut). Voir, dans *Garland of Letters*, le chapitre sur le Soleil, la Lune et le Feu.

(272) Le soleil représente généralement le poison, et la lune le nectar *(Shândilya Up.*, ch. I). Tous deux furent produits par le barattement de l'océan, et représentent les forces constructives et destructives de la Nature.

à la narine gauche, et réciproquement (273). La première,
qui est « féminine » (Shaktirûpâ) et incarne le nectar (Amrita-
vigrahâ), est à gauche ; et la seconde, qui est « masculine »,
ayant la nature de Rudra (Raudrâmikâ), est à droite. Toutes
deux indiquent le Temps ou Kâla, et Sushumnâ dévore Kâla.
Car on entre, par cette voie, hors du temps. Les trois Nâdî
portent aussi les noms de Gangâ (Idâ), Yamunâ (Pingalâ) et
Sarasvatî (Sushumnâ), noms des trois fleuves sacrés de l'Inde.
Le Mûlâdhâra est le lieu où se réunissent les trois « fleuves »,
et pour cette raison porte le nom de Yuktatrivenî. Partant
du lotus Adhâra, ils passent alternativement de droite à
gauche et de gauche à droite, entourant ainsi les lotus. Un
autre exposé les place comme deux arcs de chaque côté de
la moelle épinière. Un médecin hindou de mes amis me dit
que les deux descriptions ne sont point contradictoires, mais
représentent des positions différentes suivant qu'Idâ et
Pingalâ existent à l'intérieur ou à l'extérieur de la moelle
épinière. Quand elles atteignent l'espace entre les sourcils,
connu sous le nom d'Ajnâ Chakra, Idâ et Pingalâ entrent
dans la Sushumnâ, formant à elles trois un nœud appelé
Muktatrivenî. Les trois « fleuves », qui se trouvent de nouveau réunis en ce point, s'en écoulent séparément, et pour
cette raison l'Ajnâ Chakra est appelé Muktatrivenî. Après
séparation, la Nâdî qui partait du testicule droit gagne la
narine gauche, et celle qui partait du testicule gauche la
narine droite. On a dit que la distinction faite entre le
« Soleil » réchauffant et la « Lune » rafraîchissante est celle
qui existe entre les phases positive et négative du même
sujet, les forces positive et négative étant présentes en toute
forme d'activité. Ainsi Pingalâ, de ce point de vue, est le
canal du courant solaire positif, et Idâ celui du courant
lunaire négatif. Il y a aussi, comme nous l'avons vu, des
Nâdî intérieures solaire et lunaire dans la brûlante Sushumnâ

---

(273) Les Hindous savent depuis longtemps que la respiration
s'effectue par une narine pendant un certain temps, et ensuite
par l'autre. Dans le Prânâyâma, on ferme une narine pour modifier
la respiration. Mais le Yogî avancé peut à volonté modifier la
respiration sans fermer une des narines avec ses doigts. A l'instant
de la mort, la respiration se fait par les deux narines à la fois.

où se réunissent les deux courants (274). Ce ne sont là
qu'exemples microcosmiques du système majeur de matière
cosmique, dont chaque portion est composée des trois Guna
(Trigunâtmaka) et des trois Bindu, qui sont le Soleil, la
Lune et le Feu.

En ce qui regarde les cordons et les fibres nerveuses, les
nerfs crâniens et spinaux, et les nerfs sympathiques qui s'y
rattachent, le Docteur Brojendranath Seal dit : « Pour ceux
qui ont écrit sur le Yoga, toutes les Shirâ, et celles des Dhamanî
qui ne sont pas des véhicules de courant vital, de liquide
métabolique, de lymphe, de chyle ou de sang, sont des nerfs
crâniens, et vont du cœur au crâne par la moelle épinière.
Ces nerfs crâniens comprennent des couples pour le larynx et
la langue, pour la compréhension et l'usage de la parole,
pour lever et baisser les paupières, pour pleurer, pour les
sensations des sens particuliers, etc., reproduction confuse
et inintelligente de la classification de Sushruta. Mais l'énumération des nerfs spinaux avec la chaîne sympathique et les
ganglions qui s'y rattachent constitue un net progrès sur les
anciens anatomistes » (275).

Il poursuit alors : « La Sushumnâ est le cordon central de
la colonne vertébrale (Brahmadanda ou Meru). Les deux
chaînes de ganglions sympathiques à gauche et à droite sont
appelées respectivement Idâ et Pingalâ. Les nerfs sympathiques
ont leur jonction principale avec Sushumnâ au plexus solaire
(Nâbhi Chakra). Des sept cents cordons nerveux du système
spinal sympathique (voir *Sangîtaratnâkara*), les quatorze
plus importants sont (276) :

« 1. Sushumnâ, dans le canal central de la moelle épinière.
2. Idâ, la chaîne sympathique gauche, qui s'étend en forme
d'arc, prend naissance sous la narine gauche et se termine

---

(274) De même, il y a trois Nâdî qui en Latâsâdhanâ sont
adorées dans le Madanâgâra : Chândrî, Saurî, Agneyî, représentant
le soleil, la lune et le feu.

(275) Appendice à *Positive Background of Hindu Sociology*,
p. 340, publié par la suite dans *Positive Sciences of the Hindus*.
L'auteur joint un plan qui tente de donner une idée sommaire
de la position relative des principaux nerfs du système spinal
sympathique.

(276) Certains sont mentionnés dans le *Shatchakranirûpana*,
v. I.

au-dessous du rein gauche. 3. Pingalâ, la chaîne correspondante à droite. 4. Kuhû, le nerf pudique du plexus sacré, à gauche de la moelle épinière. 5. Gândhârî, en arrière de la chaîne sympathique gauche, supposé naître sous le coin de l'œil gauche pour aboutir à la jambe gauche. On supposait évidemment que certains nerfs du plexus cervical descendaient par la moelle épinière et rejoignaient le grand nerf sciatique du plexus sacré. 6. Hastijihvâ, en avant de la chaîne sympathique gauche, naissant au-dessous du coin de l'œil gauche et aboutissant au gros orteil du pied gauche, en vertu de la même supposition. On croyait que les faits pathologiques se référaient à une jonction nerveuse spéciale entre les yeux et les orteils. 7. Sarasvatî, à droite de Sushumnâ, s'élevant jusqu'à la langue (les nerfs hypoglossaux du plexus cervical). 8. Pûshâ, en arrière de la chaîne sympathique droite, naissant au-dessous du coin de l'œil droit et allant à l'abdomen (chaîne mixte de nerfs cervicaux et lombaires). 9. Payasvinî, entre Pûshâ et Sarasvatî, branche auriculaire du plexus cervical à droite. 10. Sankhinî, entre Gândhârî et Sarasvatî, branche auriculaire du plexus cervical à gauche. 11. Yashasvinî, en avant de la chaîne sympathique droite, allant du pouce droit à la jambe gauche (le nerf radial du plexus brachial prolongé vers certaines branches du grand sciatique). 12. Vârunâ, les nerfs du plexus sacré, entre Kuhû et Yashasvinî, se ramifiant sur le bas du tronc et les membres. 13. Vishvodarâ, les nerfs du plexus lombaire, entre Kuhû et Hastijihvâ, se ramifiant sur le bas du tronc et les membres. 14. Alambushâ, les nerfs du coccyx, allant des vertèbres du sacrum aux organes génito-urinaires » (277).

Les Tattva dans le corps pénétré de Prâna y possèdent certains centres spéciaux de prédominance et d'influence, qui sont les Chakra (centres, cercles ou régions), ou Padma (lotus), dont le *Shatchakranirûpana* est la description.

A l'intérieur du Meru, ou colonne vertébrale, sont les six centres principaux d'activité tattvique, appelés Chakra ou Padma, qui sont les sièges de Shakti, alors que le Sahasrâra,

---

(277) L'auteur cite le *Sangîtaratnâkara*, shloka 144-156 ; et aussi le *Yogârnava Tantra*. Un médecin hindou de mes amis critique certaines parties de cet exposé, qu'il déclare trop influencées par la physiologie occidentale.

centre supérieur, est la demeure de Shiva (278). Ces centres sont le Mûlâdhâra, le Svâdhishthâna, le Manipûra, l'Anâhata, le Vishuddha et l'Ajnâ, qui *dans le corps physique* ont leurs correspondances dans les plexus nerveux et les organes principaux, à partir de ce qui peut-être est le plexus sacro-coccygien jusqu'à « l'espace entre les sourcils », que certains identifient avec la glande pinéale, centre du troisième œil ou œil spirituel, et d'autres avec le cervelet. Les Chakra (279) eux-mêmes, cependant, comme on l'expliquera plus loin, sont des centres de Conscience (Chaitanya) en tant que force extrêmement subtile (Shakti) ; mais les régions grossières créées par leurs vibrations, soumises à leur influence, et parfois vaguement et inexactement identifiées avec eux, ont été assimilées à divers plexus du tronc et aux centres cérébraux inférieurs indiqués plus haut. Dans la portion du corps qui s'étend au-dessous du Mûlâdhâra sont les sept mondes inférieurs, Pâtâla et les autres, avec les Shakti qui soutiennent toutes choses dans l'univers.

Le premier centre, ou Mûlâdhâra Chakra, ainsi nommé parce qu'il est la racine de Sushumnâ où repose Kunda-linî (280), est au lieu de réunion du Kanda (racine de toutes les Nâdî) et de la Nâdî Sushumnâ, et se trouve dans la région intermédiaire entre les parties génitales et l'anus. Il est ainsi pour les hommes le centre du corps (281). Cette localisation, non plus que des localisations analogues concernant les autres lotus, ne signifie pas que le Chakra proprement dit se trouve dans la région mentionnée du corps grossier, mais qu'il est *le centre subtil* de cette région grossière, ce centre existant dans la colonne vertébrale qui forme son axe. Le lecteur devra garder cette remarque présente à l'esprit dans la description des Chakra, pour ne pas se faire de ceux-ci une idée fausse. Ce lotus Mûlâdhâra, de couleur cramoisie (282), est décrit

---

(278) *Varâha Up.*, ch. V.

(279) *Varâha Up.*, ch. V ; *Dhyânabindu Up.* ; *Yogakundalî Up.*, ch. III.

(280) Dérivé de Mûla (racine) et Adhâra (support).

(281) *Shândilya Up.*, ch. I, où sont indiqués aussi les centres pour les oiseaux et pour d'autres animaux. Dans certains diagrammes (les « Nâdîchakra » du Cachemire), Kundalî est représentée au-dessus de l'emplacement donné dans le texte.

(282) Ce lotus, ainsi que les autres, pend la tête en bas, sauf lorsque Kundalî les traverse, alors ils se redressent.

comme un lotus à quatre pétales, dont les Vritti sont les quatre formes de béatitude connues sous le nom de Para-mânanda, Sahajânanda, Yogânanda et Vîrânanda (283). Sur ces quatre pétales sont les lettres d'or Vam, Sham, Sham et Sam (284). Chaque lettre sous sa forme Vaikharî est une manifestation grossière du Shabda intérieur ou subtil. Sur les pétales sont figurées les lettres, dont chacune est un Mantra, et comme tel une Devatâ. Les pétales sont des figures formées par la position des Nâdî à n'importe quel centre particulier, et sont en eux-mêmes Prânashakti manifestée par Prânavâyu dans le corps vivant. Quand ce Vâyu s'en va, ils cessent d'être manifestés. Chaque lettre est donc un Shabda ou une Shakti particulière et une Devatâ entourant (Avarana) la Devatâ principale et sa Shakti du Chakra particulier. En tant que Shakti, elles sont des manifestations de Kundalî, et dans leur totalité constituent son corps de Mantra, car Kundalî est à la fois lumière (Jyotirmayî) et Mantra (Mantramayî). Ce dernier est l'aspect grossier (Sthûla) dont est fait Japa. La première est l'aspect subtil (Sûkshma) auquel conduit le Yoga. Leur énumération et leur localisation spécifique indiquent la différenciation dans le corps du Shabda total. Ce Lotus est le centre de la Prithivî jaune, ou Tattva de la « Terre », avec son Mandala quadrangulaire, Tattva dont le Bîja ou Mantra est Lam (285).

A ce centre est le Prithivî Tattva, dont le Bîja est La, avec Bindu, ou la conscience de Brahma, présidant à ce centre ou Lam, dont il est dit qu'il est l'expression en son grossier (Vaikharî) du son subtil produit par la vibration des forces de ce centre. Donc, le Tejas Tattva subtil et son Bîja Ram sont dans le Manipûra Chakra, et le feu grossier connu sous le nom de Vaishvânara est dans le ventre physique, que gouverne le centre subtil. Ce Bîja représente, en termes de Mantra, le Tattva qui règne à ce centre, et son activité

(283) Ces Vritti ou qualités (voir plus loin) désignant quatre formes de béatitude sont indiquées dans le Commentaire du *Mahânirvâna Tantra* par Tarkâlankâra.
(284) Dans ce cas, comme dans d'autres, la méditation s'effectue en partant de la droite (Dakshinâvartena).
(285) La *Dhyânabindu Up.* associe les Bîja aux cinq Prâna. C'est ainsi que Lam est associé à Vyâna.

essentielle. Avec le symbolisme employé tout au long de l'ouvrage, le *Shatchakranirûpana* dit que Bîja est assis sur l'éléphant Airâvata, qui est localisé en ce point. Les divers animaux ainsi figurés dans les Chakra ont pour but d'exprimer les qualités des Tattva qui y règnent. Ainsi l'éléphant est l'emblème de la force, de la fermeté et de la solidité de ce Tattva de la « Terre ». Ils sont, de plus, les véhicules (Vâhana) des Devatâ qui y résident. C'est ainsi que dans le Mûlâdhâra Chakra est le Mantra-germe (Bîja) d'Indra, dont le véhicule est l'éléphant Airâvata. La Devatâ de ce centre est, selon le même ouvrage, le Brahma créateur, dont la Shakti est Sâvitrî (286). Là aussi est la Shakti connue sous le nom de Dâkinî (287), qui, comme aussi les autres Shakti, Lâkinî et les suivantes, sont les Shakti des Dhâtu, ou substances corporelles (288), assignées à ce centre et aux autres. Là est le triangle « féminin » ou Yoni, connu sous le nom de Traipura, et qui est le Shaktipîtha, dans lequel est fiché le Shivalinga « mâle » connu sous le nom de Svayambhu, de la forme et de la couleur d'une feuille nouvelle, représentant, comme toutes les Devî et tous les Deva, la Mâyâ-Shakti et Chit-Shakti, aspects du Brahman en tant que manifesté dans les centres particuliers (289). Les Linga sont au nombre de quatre : Svayambhu, Bâna, Itara, Para. D'après le *Yoginîhridaya Tantra* (ch. I), ils sont ainsi appelés parce qu'ils conduisent à Chit. Ils sont les Pîtha, Kâmarûpa, etc., parce qu'ils reflètent Chit (Chitsphurattâdhâratvât). Ils sont Vritti de Manas, Ahamkâra, Buddhi, Chitta. Aux trois premiers sont assignées certaines formes et couleurs : jaune, rouge, blanche, triangulaire, circulaire ; et aussi certaines lettres : les seize voyelles, les consonnes de Ka à Ta (douce), et de Tha à Sa. Para est sans forme, sans couleur et sans lettre, étant la collectivité (Samashti) de toutes les lettres sous forme de béatitude. Le Traipura est la contre-partie dans le Jîva du Kâmakâlâdu Sahasrâra. La Devi Kundalinî, lumi-

---

(286) Le Créateur est appelé Savitâ parce qu'Il crée.
(287) Qui, suivant le *Sammohana Tantra*, ch. II, est gardienne de la porte.
(288) C'est-à-dire le chyle, le sang, la chair, la graisse, l'os, la moelle et la semence.
(289) Voir *Shatchakranirûpana*, v. 4-14.

neuse comme l'éclair, brillant au creux de ce lotus comme
une chaîne de lumières resplendissantes, Etonnement du
monde et préservatrice de toute créature qui respire (290),
repose endormie, enroulée trois fois et demie (291) autour
du Linga, couvrant de Sa tête le Brahmadvâra (292).

Le Svâdhishthâna Chakra est le deuxième lotus en montant, et, d'après le commentaire du *Shatchakranirûpana*, il
tient son nom de Sva, le Param Lingam (293). C'est un lotus
vermillon, à six pétales, placé au centre spinal de la région
située à la racine des parties génitales. Sur ces pétales sont
les lettres pareilles à la foudre : Bam, Bham, Ham, Yam,
Ram, Lam. L'« Eau » (Ap) est le Tattva de ce Chakra, qui
est connu comme la blanche région de Varuna. Le Mandala
tâttvique a la forme d'un croissant de lune (Ardhendurû-
palasitam) (294). Le Bîja de l'eau (Varuna) est « Vam ».
Celui-ci, le Varuna Bîja, siège sur un Makara (295) blanc
avec un lacet à la main. Hari (Vishnu) et Râkinî Shakti à
l'aspect furieux, montrant les dents d'un air féroce, sont
ici (296).

Au-dessus, au centre de la région du nombril, est le lotus
Manipûra (Nâbhipadma), ainsi nommé, suivant le *Gautamîya
Tantra*, parce que, grâce à la présence du brûlant Tejas, il est
éclatant comme une gemme (Mani) (297). C'est un lotus à
dix pétales sur lesquels sont les lettres Dam, Dham, Nam,

---

(290) *Ibid.*, v. 49.

(291) En correspondance avec les trois Bindu et demi dont
parle le *Kubjikâ Tantra*. Voir plus haut.

(292) Entrée de la Sushumnâ.

(293) Pour une autre définition, voir *Dhyânabindu Up.*, où
sont nommés tous les Chakra. Une autre étymologie est « propre
demeure » (de Shakti).

(294) Les figures, ou Mandala, qui symbolisent les éléments,
sont aussi données dans le premier chapitre du *Shârada Tilaka*
et dans le *Vishvasâra Tantra*, cité à la page 25 de la *Prânatoshinî*,
avec cette différence que, suivant le *Vishvasâra Tantra*, le Mandala
de l'eau n'est pas un croissant, mais un octogone (Ashtâsra).
Les différents Tantra donnent des descriptions différentes. Voir
Shârada, ch. I.

(295) Animal qui ressemble à un alligator. Voir planche III.

(296) *Shatchakranirûpana*, v. 14-18.

(297) Voir pour une autre étymologie, dérivée du culte Samaya,
le Commentaire des *Lalitâ-Sahasranâman*, v. 88-89.

Tam, Tham, Dam, Dham, Nam, Pam, Pham. C'est la région triangulaire du Tejas Tattva. Ce triangle a trois Svastika. Le rouge Bîja du feu, « Ram », siège sur un bélier, le porteur d'Agni, Seigneur du Feu. Là sont le vieux Rudra rouge souillé de cendres blanches, et la Shakti Lâkinî qui, étant la Devatâ de ce centre digestif, est dite « friande de nourriture animale », et dont les seins sont rougis par le sang et la graisse qui tombent de sa bouche ». Lâkinî et les autres Shakti particulières aux centres ici nommés sont les Shakti du Yogî lui-même, autrement dit, les Shakti des Dhâtu assignés à chacun de ses centres corporels, et la concentration sur ce centre peut impliquer la satisfaction des appétits de cette Devatâ. Les Shakti des centres supérieurs ne sont pas mangeuses de viande. A partir de ces trois premiers centres se développe le Virât grossier, le corps éveillé (298).

Immédiatement au-dessus du lotus du nombril (Nâbhi-padma) est l'Anâhata, dans la région du cœur, qui est rouge comme une fleur de Bandhûka, et qui porte ce nom parce que c'est à cet endroit que les Muni, ou sages, entendent ce « son » (Anâhata shabda) qui est produit sans le choc de deux objets », ou le « son » du Shabdabrahman, qui est ici la Pulsation de la Vie. Car c'est ici que demeure le Purusha (Jîvâtmâ). Ce lotus doit être distingué du Lotus du Cœur à huit pétales, qui est représenté au-dessous de lui, où dans l'adoration mentale la divinité tutélaire (Ishtadevatâ) est le sujet de la méditation (Voir planche V). Là se trouve l'Arbre qui exauce tous les désirs (Kalpataru), et sous cet Arbre l'Autel orné de joyaux (Manipîtha). Comme dit le *Vishvasâra Tantra* cité dans la *Prânatoshinî* : « On dit que Shabda-brahman est Deva Sadâshiva. On dit que ce Shabda est dans l'Anâhatachakra. Anâhata est le grand Chakra dans le cœur de tous les êtres. On dit que s'y trouve Omkâra associé aux trois Guna » (299). Le *Mahâsvachchhandra Tantra* dit (300) :

---

(298) *Shatchakranirûpana*, v. 19-21.
(299) Shabdabrahmeti tam prâha sâkshâd devah sadâshivah
Anâhateshu chakreshu sa shabdah parikîrttnate
Anâhatam mahâchakram hridaye sarvajantushu
Tatra omkâra ityukto gunatraya-samanvitah.
(300) Cité par le Commentaire de Bhâskararâya sur la *Lalitâ*, v. 121, sur le titre de Nâdarûpâ donné à la Devî : et v. 218, où

« Les grands déclarent que Ta forme bienheureuse, ô Reine,
se manifeste dans Anâhata, et qu'elle se révèle au mental des
Bénis, tourné vers l'intérieur, dont les cheveux se dressent et
dont les yeux pleurent de joie ». C'est un lotus à douze pétales
portant en vermillon les lettres Kam, Kham, Gam, Gham,
Ngam, Cham, Chham, Jam, Jham, Nyam, Tam, Tham.
C'est le centre du Vâyu Tattva. D'après·le verset 22 du *Shatchakranirûpana*, la région de Vâyu est hexagonale (c'est-à-
dire formée de deux triangles, dont l'un est renversé), et
sa couleur est celle de la fumée parce qu'elle est environnée
de masses de vapeur (301). Son Bîja « Yam » siège sur une
antilope noire, animal renommé pour son agilité, et il est le
Vâhana de l'« Air » (Vâyu), avec sa propriété de mouvement.
Là sont Isha, le Maître qui gouverne les trois premiers
Chakra ; la Shakti Kâkinî parée de guirlandes d'os humains,
et dont « le cœur est adouci par le nectar qu'Elle boit » ; et
la Shakti en forme de triangle renversé (Trikona), où est le
Bâna Linga doré, «joyeux d'une poussée de désir» (Kâmod-
gamollasita), et le Hamsa comme Jîvâtmâ, pareil à « la
flamme constante d'une lampe à l'abri du vent » (302).
L'Atmâ est ainsi décrit parce que, tout comme la flamme
est inaffectée par le vent, l'Atmâ est en lui-même inaffecté
par les mouvements du monde (303).

Le dix-septième vers de l'*Ananda-Laharî* signale que la
Devatâ Vashinî, ainsi que sept autres, doivent être adorées
dans les deux derniers Chakra décrits (304).

Ces huit Devatâ sont : (1) Vashinî ; (2) Kâmeshvarî ;
(3) Modinî ; (4) Vimalâ ; (5) Arunâ ; (6) Jayinî ; (7) Sar-
veshvarî ; (8) Kâlî ou Kaulinî. Ce sont respectivement les

---

elle est décrite comme Nâdarûpinî, avec une allusion aussi au
Yoginîhridaya Tantra.

(301) Suivant le *Shâradâ*, ch. I (et aussi le *Prapanchasâra
Tantra*), les couleurs des Bhûta sont les suivantes : Akâsha
(l'éther) est transparent (Svachchha) ; Vâyu (l'air) est noir
(Krishna) ; Agni (le feu) est rouge (Rakta) ; Ap (l'eau) est blanche
(Sveta) ; et Prithivî (la terre) est jaune (Pîta).

(302) *Shatchakranirûpana*, v. 22-27.

(303) Cet état stable, immobile, est celui de l'Atmâ comme
tel. Voir *Mandalabrâhmana Up.*, Brâhmana II et III.

(304) *Ananda-Laharî* du Pandit Ananta Shâstri, pp. 47-48 ;
traduction par A. Avalon, *Wave of Bliss*.

Déités présidant aux huit groupes de lettres suivants :
(1) a à ha, 16 lettres ; (2) ka à na, 5 lettres ; (3) ca à ña,
5 lettres ; (4) ta à na, 5 lettres ; (5) ta à na, 5 lettres ;
(6) pa à ma, 5 lettres ; (7) ya à va, 4 lettres ; (8) ça à krsa
ou da, 5 lettres.

Les autres êtres cités au vers 17 de l'*Ananda-Laharî*
sont les douze Yoginî, à savoir : (1) Vîdyâyoginî ; (2) Rechikâ ;
(3) Mochika ; (4) Amritâ ; (5) Dîpikâ ; (6) Jnânâ ; (7) Apyâ-
yanî ; (8) Vyapinî ; (9) Medhâ ; (10) Vyomarûpâ ; (11) Sid-
dhirûpâ ; (12) Lakshmîyoginî.

Ces vingt Déités (huit Vashinî et douze Yoginî) doivent
être adorées dans les centres Manipûra et Anâhata. A ce
sujet, le Commentateur cite un vers du *Tâittirîyâranyaka*, et
donne une description de ces Déités, indiquant leur couleur
et leur place respectives, avec d'autres détails.

Au centre spinal de la région située à la base de la gorge
(Kantha-mûla) est le Vishuddha Chakra ou Bhâratîsthâna (305) à seize pétales d'une couleur violette tirant sur
le noir, sur lesquels sont les seize voyelles portant Bindu,
c'est-à-dire Am, Am, Im, Im, Um, Um, Rim, Rîm, Lrim,
Lrîm, Em, Aim, Om, Aum, et les deux aspirations Am et Ah.
Suivant le *Devîbhâgavata* (VII, 35), ce Chakra est ainsi nommé
parce que le Jîva est purifié (Vishuddha) par la vue du
Hamsa. C'est le centre de l'Akâsha Tattva, ou Tattva de
l'Ether, blanc et circulaire, dont le Bîja est « Ham ». Akâsha
est vêtu de blanc et monté sur un éléphant blanc. Son
Mandala a la forme d'un cercle (306). Là est Sadâshiva dans
sa Mûrti androgyne ou Arddhanârîshvara, dans laquelle la
moitié du corps est blanche et l'autre moitié dorée. Là aussi
est la blanche Shakti Shâkinî, dont la forme est lumière
(Jyotihsvarûpa). Là encore est la région lunaire, « la porte
de la grande Délivrance ». C'est là que le Jnâni « voit les
trois formes du temps » (Trikâladarshî). Comme toutes choses
sont dans l'Atmâ, le Jnânî qui a réalisé l'Atmâ les a vues (307).

---

(305) C'est-à-dire : séjour de la Devî du langage.

(306) On le représente parfois par un cercle avec un certain
nombre de points à l'intérieur, car, comme le dit le *Prapanchasâra
Tantra*, Akâsha a d'innombrables Sushira, ou Chhidra, ou
intervalles dans sa substance. C'est en raison de son .caractère
interstitiel que les choses existent dans l'espace.

(307) *Shatchakranirûpana*, v. 28-31.

Au-dessus du Vishuddha, à la racine du palais, est un Chakra mineur appelé Lalanâ, ou, dans certains Tantra, Kalâ Chakra (308). C'est un lotus rouge à douze pétales portant les Vritti ou qualités suivantes : Shraddhâ (la foi), Santosha (le contentement), Aparâdha (le sens de l'erreur), Dama (la maîtrise de soi), Mâna (la colère) (309), Sneha (l'affection) (310), Shuddhatâ (la pureté), Arati (le détachement), Sambhrama (l'agitation) (311), Urmi (l'appétit) (312).

Avant de résumer la description précédente, il convient de remarquer ici que le Commentateur du *Shatchakranirûpana*, Kâlîcharana, donne pour principe du Laya Yoga que le plus grossier se fond dans le plus subtil (Sthulânâm sûkshme layah). Les éléments les plus grossiers sont situés plus bas dans le corps que les éléments les plus subtils. Les éléments grossiers qui sont dans le Mûlâdhâra et au-dessous, ou associés à ce centre, sont : (1) le Prithivî Tanmatra ; (2) le Prithivî Mahâbhûta ; (3) les narines avec le sens de l'odorat, qui est le plus grossier des sens de connaissance (Jnânendriya), et qui est la qualité (Guna) du Prithivî Tanmâtra ; (4) les pieds, qui sont les plus grossiers des sens actifs (Karmendriya), et « qui ont Prithivî (la terre) pour support ». Les narines sont classées comme les plus grossiers des Jnânendriya, parce qu'en elles est le sens qui perçoit la qualité (Guna) d'odeur du Tanmâtra le plus grossier (Gandha), dont dérive le Prithivî Sthûla Bhûta. Les Jnânendriya sont donc en relation avec les Tanmâtra par l'intermédiaire de leurs Guna (qualités), pour la perception desquelles ces sens existent. Cependant, dans le cas des sens actifs (Karmendriya), aucune relation de cette sorte ne paraît exister entre eux et les Tanmâtra. Dans l'ordre des dissolutions (Laya) successives, les pieds viennent au même rang que la terre, les mains au

---

(308) Non mentionné dans le *Shatchakranirûpana*.

(309) Ce terme s'applique en général aux cas surgissant entre deux personnes qui sont attachées l'une à l'autre, comme mari et femme.

(310) Habituellement entendue comme une affection envers ceux qui sont plus jeunes, ou inférieurs.

(311) Par vénération ou respect.

(312) Il peut s'agir aussi des six choses portant le nom technique d'Urmmi, c'est-à-dire la faim, la soif, le chagrin, l'ignorance (Moha), la décrépitude et la mort.

même rang que l'eau, l'anus au même rang que le feu, le pénis au même rang que l'air, et la bouche au même rang que l'éther ; non point, apparemment, qu'il y ait aucune relation directe entre la terre et les pieds, l'eau et les mains, le feu et l'anus, et ainsi de suite, mais parce que ces organes sont dans le même ordre de subtilité relative que la terre, l'eau, le feu, etc. Les mains sont considérées comme des agents plus subtils que les pieds ; l'anus (313) comme un agent plus subtil que les mains ; le pénis comme un agent plus subtil que l'anus ; et la bouche comme un agent plus subtil que le pénis. C'est aussi l'ordre dans lequel ces agents sont situés dans le corps, les mains venant en second lieu parce qu'elles trouvent place entre les pieds et l'anus quand on donne aux bras leur position verticale naturelle. On doit se rappeler à ce propos que les Tantra suivent ici le Sâmkhya, et donnent le plan de la création tel qu'il apparaît aussi dans les Purâna, suivant lesquels les Jnânendriya, les Karmendriya et les Tanmâtra naissent des différents aspects du triple Ahamkâra. Il existe une relation entre les sens et les Tanmâtra dans le Jîva créé, selon le Vedânta, car les sens sont reliés aux Tanmâtra, mais l'ordre dans lequel, là, les sens apparaissent est différent de celui que nous donnons d'après le *Shatchakranirûpana*. Car, suivant l'exposé védantique, la terre est en relation avec le sens de l'odorat et le pénis ; l'eau avec le sens du goût et l'anus ; le feu avec le sens de la vue et les pieds ; l'air avec le sens du toucher et les mains ; et l'éther avec le sens de l'ouïe et la bouche. On a donné cette autre explication, qui paraît cependant artificielle : les pieds sont associés à la « Terre » parce que cette dernière a seule le pouvoir de supporter, et les pieds y reposent ; l'« Eau » est associée aux mains parce qu'en buvant de l'eau on se sert de la main ; (le mot Pâni, qui désigne les mains, dérive de la racine Pâ, boire : Pîyate anena iti pâni) ; le « Feu » est associé à l'anus parce que ce qu'on mange est consumé par le feu dans l'estomac, après quoi le résidu est expulsé par l'anus, ce qui purifie le corps ; l'« Air » est associé au pénis

---

(313) A première vue il pourrait sembler qu'il n'en est pas ainsi, mais l'importance de l'anus est bien connue des experts en médecine, sa sensibilité ayant même donné naissance à ce qu'on a appelé une « psychologie de l'anus ».

parce que dans la procréation le Jîvâtmâ comme Prâna Vâyu se projette au dehors par le pénis ; et ainsi la Shruti dit : L'Atma lui-même renaît dans le « fils » ; (Atmâvai jâyate putrah) ; l'« Ether » est associé à la bouche parce que par la bouche est émis le son, qui est la Guna (qualité) de l'éther (Akâsha).

Jusqu'à présent nous nous sommes occupés des Tattva relativement grossiers. Suivant le *Shatchakranirûpana*, les vingt Tattva les plus grossiers sont associés (4 × 5) comme dans le tableau suivant :

Centre de dissolution	Tattva grossiers
1. Mûlâdhâra ...	Gandha (l'odorat) Tanmâtra ; Prithivî Tattva (la terre) ; le Jnânendriya de l'odorat (314) ; le Karmendriya des pieds.
2. Svâdhishthâna	Rasa (le goût) Tanmâtra ; Ap Tattva l'eau ; le Jnânendriya du goût ; le Karmendriya des mains.
3. Manipûra	Rûpa (la vue) Tanmâtra ; Tejas Tattva (le feu) ; le Jnânendriya de la vue ; le Karmendriya de l'anus.
4. Anâhata	Sparsha (le toucher) Tanmâtra ; Vâyu Tattva (l'air) ; le Jnânendriya du toucher ; le Karmendriya du pénis.
5. Vishuddha ...	Shabda (le son) Tanmâtra ; Akâsha Tattva (l'éther) ; le Jnânendriya de l'ouïe ; le Karmendriya de la bouche.

On remarquera qu'à chacun des éléments sont associés un organe de sensation (Jnânendriya) et un organe d'action (Karmendriya). Il est dit au chapitre II du *Prapanchasâra Tantra* : « L'éther est dans les oreilles, l'air dans la peau, le feu dans l'œil, l'eau dans la langue, et la terre dans les narines». Il est possible que les Karmendriya soient ainsi ordonnés parce que les Tattva des centres respectifs dans lesquels ils sont placés sont, comme nous l'avons dit plus haut, à des degrés semblables de subtilité et de grossièreté. Comme il

---

(314) Le nez est un centre auquel l'excitation sexuelle peut être éveillée ou apaisée. Bien que l'organe reproducteur soit plus haut que le Mûlâdhâra, la force sexuelle procède, en fin de compte, de ce dernier.

sera expliqué plus loin, chaque catégorie de Tattva se dissout dans la catégorie placée immédiatement au-dessus, en commençant par le centre le plus bas et le plus grossier, le Mûlâdhâra.

Jusqu'à présent, donc, nous avons eu affaire aux Tattva du côté « matériel » de la création.

On passe ensuite au dernier centre ou Ajnâ Chakra, dans lequel sont les Tattva subtils du Mental et de Prakriti. Ce Chakra est ainsi nommé parce que là est reçu d'en haut le commandement (Ajnâ) du Guru. C'est un lotus à deux pétales blancs, situé entre les sourcils, et sur lequel sont les lettres blanches Ham et Ksham : ce qui épuise les cinquante lettres. On aura remarqué qu'il y a cinquante pétales et cinquante lettres dans les six Chakra. Dans le péricarpe est le grand Mantra « Om ». Chaque lotus a deux ou quatre pétales de plus que celui qui est immédiatement au-dessous de lui, et le nombre des pétales du Vishuddha Chakra est la somme des différences qui précèdent. Là sont Paramashiva sous la forme de Hamsa (Hamsa-rûpa), Siddhakâlî, la blanche Hâkinî Shaktî « enivrée de l'ambroisie qu'elle a bue », le triangle inversé ou Yoni (Trikona), et en lui l'Itara Linga, brillant comme la foudre. Les trois Linga sont donc respectivement dans le Mûlâdhâra, l'Anâhata et l'Ajnâ ; car à ces trois « Nœuds » ou Brahmagranthi la force de Mâyâ Shakti est grande. Et c'est le point où convergent les trois groupes de Tattva associés au Feu, au Soleil et à la Lune (315). L'expression « ouverture des portes » se rapporte au passage de ces Granthi. Dans l'Ajnâ est le siège des Tattva subtils, Mahat et Prakriti. Le premier est l'Antahkarana avec les Guna, c'est-à-dire Buddhi, Chitta, Ahamkâra et son produit Manas (Sasamkalpavikalpaka). On dit communément et sommairement que Manas est le Tattva de l'Ajnâ Chakra. Cependant, étant le centre mental, il comprend tous les aspects du mental indiqués plus haut, et la Prakriti dont ils dérivent, comme aussi l'Atmâ sous la forme du Pranava (Om), son Bîja. Là l'Atmâ (Antarâtmâ) brille avec l'éclat d'une flamme. La lumière de cette région rend visible tout ce qui est entre le Mûla et le Brahmarandhra. Le Yôgî, par

(315) Voir plus loin.

la contemplation de ce lotus, acquiert de nouveaux pouvoirs (Siddhi), et devient Advaitâchâravâdî (moniste). A propos de ce Padma, le *Shatchakranirûpana* explique (v. 36) comment le détachement s'obtient par le Yoni Mudrâ. C'est là que le Yogî, à l'heure de la mort, place son Prâna, et alors entre le suprême Deva primordial, le Purâna (ancien) Purusha, « qui était avant les trois mondes, et qui est connu par le Vedânta ». Le même verset décrit la méthode (Prânâropana-prakâra). Du dernier centre et de la Prakriti causale sort le corps subtil qui est connu, individuellement, sous le nom de Taijasa, et collectivement (c'est-à-dire sous l'aspect Ishvara) sous le nom de Hiranyagarbha. Ce dernier terme s'applique à la manifestation du Paramâtmâ dans l'Antahkarana ; déployé en Prâna, il est Sûtrâtmâ ; et lorsqu'il est manifesté par ces deux véhicules sans différenciation, il est connu sous le nom d'Antaryâmin. Les Chakra sont les centres corporels du monde de la manifestation différenciée, avec ses corps grossier et subtil naissant de leur corps causal, et ses trois plans de conscience dans la veille, le rêve, et le sommeil profond.

Au-dessus de l'Ajnâ Chakra sont les Chakra mineurs appelés Manas et Soma, non mentionnés (316) dans le *Shatchakranirûpana*. Le Manas Chakra est un lotus à six pétales, sur lesquels se trouvent (c'est-à-dire où siègent) les sensations de l'ouïe, du toucher, de la vue, de l'odorat, du goût, et les sensations du rêve et de l'hallucination ayant leur origine dans un centre. Au-dessus encore est le Soma Chakra, lotus à seize pétales, avec certaines Vritti dont le détail sera donné plus loin. Dans cette région sont « la maison sans support » (Nirâlambapurî), « où les Yogî voient le radieux Ishvara », les sept corps causals (317), qui sont des aspects intermédiaires d'Adyâ Shakti, le lotus blanc à douze pétales à côté du péricarpe du Sahasrâra (318), lotus à douze pétales dans lequel est le triangle A-ka-tha, qui entoure l'autel orné de joyaux (Manipîtha) dans l'île des gemmes (Manidvîpa) placée dans l'Océan de Nectar (319), avec

---

(316) *Shatchakranirûpana*, v. 32-39.
(317) *Ibid.*, v. 39.
(318) *Ibid.*, v. 32-39.
(319) Dans l'adoration mentale, l'autel orné de joyaux de

Bindu au-dessus et Nâda au-dessous, et le triangle de Kâmakalâ et le Guru universel, Paramashiva. Au-dessus encore,
dans le péricarpe, sont les Sûrya et Chandra Mandala, le
Parabindu entouré des seizième et dix-septième divisions du
cercle de la lune. Dans le Chandra Mandala se trouve un
triangle. Au-dessus de la Lune est Mahâvâyu, et ensuite le
Brahmarandhra avec Mahâshamkhinî.

Le lotus à douze pétales, avec celui qui lui est associé,
constitue le sujet spécial du court ouvrage intitulé *Pâdukâpanchaka Stotra*, qui est un hymne de Shiva à la louange du
« Quintuple Piédestal », avec un commentaire par Shrî
Kâlîcharana. Les piédestaux sont classés de façons diverses.
D'après la première classification, ce sont : (1) le lotus blanc
à douze pétales situé dans le péricarpe du lotus Sahasrâra.
Là se trouve (2) le Triangle inversé, demeure de Shakti,
appelé « A-ka-tha ». (3) La région de l'autel (Manipîtha),
de chaque côté de laquelle sont Nâda et Bindu. Le Guru
éternel, « blanc comme une montagne d'argent », doit être
placé, dans la méditation, sur l'Autel orné de joyaux (Manipîtha). (4) Le quatrième Pâdukâ est le Hamsa situé au-
dessous de l'Antarâtmâ ; (5) le Triangle sur le Pîtha. Suivant
la seconde classification ils sont ainsi comptés : (1) le lotus
à douze pétales ; (2) le triangle appelé A-ka-tha ; (3) Nâda-
Bindu ; (4) le Manipîtha-Mandala ; et (5) le Hamsa, qui forme
le Kâmakalâ triangulaire. Ce Triangle, le Tattva Suprême,
est formé par les trois Bindu que le texte appelle Chandra
Bindu (Bindu de la Lune), Sûrya Bindu (Bindu du Soleil), et
Vahni Bindu (Bindu du Feu), connus aussi sous les noms de
Prakâsha, Vimarsha (320) et Mishra Bindu. C'est le Hamsa
qu'on appelle le Kâmakalâ triangulaire, forme revêtue par
Purusha-Prakriti. Le premier est le Bindu Hamkâra au
sommet du triangle, et les deux autres Bindu, appelés Visarga
ou Sa, sont Prakriti. Ce Kâmakalâ est le Mûla (racine) du
Mantrâ.

---

l'Ishtadevatâ est dans le lotus à huit pétales au-dessous d'Anâhata
(voir planche V). L'Ile des Gemmes est un état suprême de
Conscience, et l'Océan de Nectar est la Conscience infinie Elle-
même. Sur les corps causals, voir Avalon, *Garland of Letters*.

(320) Sur ce terme, voir *Mahâmâyâ* et *Kâmakalâvilâsa* dans
Avalon, *Tântrik Texts*.

Le Shabdabrahman avec son triple aspect et ses énergies est représenté dans les Tantra par ce Kâmakalâ, qui est la demeure de Shakti (Abalâlayam). C'est le Triangle suprême, qui, comme tous les Yonipîtha, est inversé. On peut noter ici que Shakti est représentée par un triangle à cause de sa triple manifestation comme Volonté, Action et Connaissance (Ichchhâ, Kriyâ, Jnâna). Ainsi, sur le plan matériel, s'il y a trois forces, il n'y a d'autre moyen de les faire agir les unes sur les autres que sous la forme d'un triangle où, chacune étant séparée et distincte des autres, elles sont pourtant reliées l'une à l'autre et font partie d'un tout. Aux angles du Triangle il y a deux Bindu, et au sommet un seul Bindu. Ce sont les Bindu du Feu (Vahnibindu), de la Lune (Chandrabindu) et du Soleil (Sûryabindu) (321). Trois Shakti émanent de ces Bindu, représentées par les lignes joignant les Bindu et formant ainsi un triangle. Ces lignes sont celle de la Shakti Vâmâ, celle de la Shakti Jyeshthâ et celle de la Shakti Raudrî. Ces Shakti sont la Volonté (Ichchhâ), l'Action (Kriyâ) et la Connaissance (Jnâna). Avec elles sont Brahmâ, Vishnu et Rudra, associés aux Guna, Rajas, Sattva et Tamas.

Les lignes du triangle émanant des trois Bindu ou Hamsah sont formées par quarante-huit lettres de l'alphabet. Les seize voyelles, en commençant par A, forment une ligne ; les seize consonnes, en commençant par Ka, forment la deuxième ligne ; et les seize lettres suivantes, en commençant par Tha, forment la troisième ligne. C'est pourquoi l'on appelle ce triangle le triangle A-ka-tha. Aux trois angles internes de ce triangle sont les lettres restantes, Ha, Lla, Ksha. Le *Yâmala* parle ainsi de cette demeure : « Je parle maintenant de Kâmakalâ » ; et poursuit : « Elle est l'Un éternel qui est les trois Bindu, les trois Shakti et les trois Formes (Trimûrti ». Le *Brihat-Shrî-krama*, traitant de Kâmakalâ, dit : « A partir du Bindu (c'est-à-dire du Parabindu), Elle a assumé la forme des lettres (Varnâ vayâvarûpinî ». Le *Kâlî*

---

(321) Le *Kâmakalâvilâsa* dit : « Sindu-trayamayas tejastritayah » (trois Bindu et trois feux). « Tripurasundarî siège dans le Chakra qui est composé de Bindu (Bindumaye chakre). Sa demeure étant sur les genoux de Kâmeshvara, dont le front est orné du croissant lunaire. Elle a trois yeux, qui sont le Soleil, la Lune et le Feu ».

Urdhvâmnâya dit : « Le triple Bindu (Tribindu) est le Tattva
suprême, et contient en lui Brahmâ, Vishnu et Shiva » (322).
Le triangle qui est composé des lettres est émané du Bindu.
Ces lettres sont connues sous le nom de Mâtrikâ Varna.
Elles forment le corps de Kulakundalinî (323), le Shabdabrahman, étant dans leur état Vaikharî des manifestations
diverses du « son » primordial non manifesté (Avyaktanâda).

Elles apparaissent comme le Shabda manifesté quand le
Parabindu se divise ; car cette division marque l'apparition
de la Prakriti différenciée.

Le commentaire du *Pâdukâpanchaka* (v. 3) dit que le
Bindu est Parashakti elle-même, et que ses variations sont
appelées Bindu, Nâda et Bîja, ou Soleil, Lune et Feu ;
Bindu, le soleil, étant rouge, et Nâda, la lune, étant blanc (324).
Ils forment le Chinmaya ou Anandamayakosha, « enveloppe
de conscience et de béatitude ». Les deux Bindu formant la
base du triangle sont les Visarga (*ibid.*, v. 4). Il est dit dans
l'*Agamakalpadruma* : « Hamkâra est Bindu ou Purusha, et
Visarga est Sah ou Prakriti. Hamsah est l'union du principe
mâle et du principe féminin, et l'univers est Hamsah ».
Le Kâmakalâ triangulaire est donc formé par Hamsah (*ibid.*).
Le Hamsa-pîtha est composé de Mantra (*ibid.*, v. 6).

Comme ce sujet est d'une grande importance, donnons
encore d'autres autorités. Dans son commentaire au v. 124
de la *Lalitâ*, dans lequel on s'adresse à la Devî comme étant
sous la forme de Kâmakalâ (Kâmakalârûpâ), Bhâskararârya
dit : « Il y a trois Bindu et le Hârdhakalâ (325). De ces
Bindu le premier est appelé Kâma, et le Hakârârdha· est
appelé Kalâ » (326). Il ajoute que la nature de Kâmakalâ

----

(322) La *Mâheshvarî Samhitâ* dit : « Sûrya, Chandra et Vahni
sont les trois Bindu ; et Brahmâ, Vishnu et Shambhu sont les
trois lignes ».

(323) Le *Kâmakalâvilâsa* dit : « Ekapanchâshadaksharâtmâ »
(Elle a pris la forme des 51 lettres). Voir ce texte et sa traduction
dans Avalon, *Tântrik Texts*, vol. IX.

(324) Cela semble en contradiction avec l'exposé précédent
de Râghava Bhatta, suivant lequel Bindu est la Lune et Nâda
le Soleil.

(325) Appelé aussi Hakârâdha, c'est-à-dire *la moitié de la
lettre Ha.*

(326) Bindu-trayam hârdhakalâ cha ityatra prathamo binduh

est indiquée dans le *Kâmakalâvilâsa*, dans les vers commençant par : « La Shakti suprême (Parâ Shakti) est l'union manifestée de Shiva et de Shakti sous la forme de la semence et du germe », et finissant par : « Kâma signifie le désir, et de même Kalâ. Il est dit que les deux Bindu sont le Feu et la Lune » (327). Kâma, la Volonté créatrice, est à la fois Shiva et Devî, et Kalâ est leur manifestation. C'est pourquoi on le nomme Kâmakalâ. Cela est expliqué dans le *Tripurâsiddhânta* : « O Pârvati, Kalâ est la manifestation de Kâmeshvara et de Kameshvarî. C'est pourquoi Elle est connue sous le nom de Kâmakalâ » (328). Ou encore Elle est la manifestation (Kalâ) du désir (Kâma) (329), c'est-à-dire d'Ichchhâ. Le *Kâlikâ Purâna* dit : « Devî est appelée Kâma parce qu'Elle est venue à l'endroit secret sur le pic bleu de la grande montagne (Kailâsa) avec Moi à cause du désir (Kâma) : aussi Devî est appelée Kâma. Comme Elle est aussi Celle qui donne et satisfait le désir, désirante, désirable et belle, recréant le corps de Kâma (Manmatha) et détruisant le corps de Kâma, Elle est appelée Kâma » (330). Après que Shiva (avec qui Elle ne fait qu'un) eut détruit Kâma, lorsqu'il chercha, en versant la passion, à détruire Son Yoga : Elle (avec qui Il ne fait qu'un) donna par la suite un nouveau corps à « Celui qui est sans corps » (Ananga). Ils détruisent les mondes et les rappellent à eux par la voie du Yoga cosmique, et de nouveau par leur désir et leur volonté (Ichchhâ)

---

kâmâkhyash Charamâ kalâ cha iti pratyâhâranyâyena kâmakaletyuchyate.

(327) Tasyâh svarûpam sputhashivashaktî-samâgamabîjamkurarûpinîparâ shaktirityârabhya kâmah kamanîyatayâ kalâ cha dahanenduvigrahau bindû ityantena nirnîtam kâmakalâvilâse tadrûpetyarthaha. *(Ibid.)*

(328) Kâmayoh kaleti vâ, taduktam, tripurâsiddhânte :
Tasya kâmeshvarâkhyasya kâmeshvaryâsh cha parvvati,
Kalâkhyâ salîlâ sâ cha khyâtâ kâmakaleti sâ.

(329) Kâmash châsau kalârûpâ cheti vâ.

(330) Kâmapadamâtra-vâchyatâyâh Kâlîpurâne pratipâdanât.
Kâmârtham âgatâ vasmân mayâ sârdham mahâmirau
Kâmâkhvâ prochyate devî nîlakûtarahogatâ
Kâmadâ kâminî kâmyâ kânta kâmângadâyinî
Kâmânganâshinî yasmât kâmâkhyâ tena kathyate
Iti shadâksharamidam nâma. *(Ibid.)*

les recréent. Il est question de ces Bindu et de ces Kalâ dans l'hymne célèbre *Océan de Béatitude (Anandalaharî)* (331).

Cette Devî est la grande Tripurasundarî. Le Guru de Bhâskararâya, Nrisimhânandanâtha, a écrit les vers suivants, que commente son disciple : « Je célèbre Tripurâ, le trésor de Kula (332), qui est rouge de beauté ; Ses membres pareils à ceux de Kâmarâja, qui est adoré par les trois Devatâ (333) des trois Guna ; qui est le désir (ou la volonté) de Shiva (334) ; qui demeure dans le Bindu et qui manifeste l'univers ». On lui donne, dit le Commentateur (335), le nom de Tripurâ, parce qu'Elle a trois (Tri) Pura (littéralement, cités, mais signifiant ici Bindu, angles, lignes, syllabes, etc). Le *Kâlikâ Purâna* dit : « Elle a trois angles (dans le Yoni triangulaire), aussi bien que trois cercles (les trois Bindu), et son Bhûpura (336) a trois lignes. Il est dit que son Mantra est de trois syllabes (337), et Elle a trois aspects. L'énergie de

---

(331) Mukham bindum kritvâ kuchayugam adhas tasya tadadho Hakârârdham dhyâyet haramahîshi te manmathakalâm.
(v. 19.)
(Qu'il contemple le premier Bindu comme le visage de la Devî, et les deux autres Bindu comme Ses deux seins, et audessous le demi Ha.) Le demi Ha est le Yoni, la matrice, et l'origine de tout. Voir *Lalitâ*, v. 206.

(332) Kulanidhi. Dans son sens littéral ordinaire, Kula signifie *race* ou *famille*, mais il a beaucoup d'autres sens : Shakti (Akula est Shiva), la hiérarchie spirituelle des Guru, le Mûlâdhâra, la doctrine des Tantristes Kaula, etc.

(333) Vishnu, Brahmâ et Rudra, ayant respectivement les qualités de Sattva, de Rajas et de Tamas.

(334) C'est le sens que donne le commentateur à *Ekâm tâm*. *Ekâ — a + i = e*. Suivant le *Vishva Dictionary*, « *A* » possède, entre autres sens, celui d'Isha ou Shiva, et, suivant l'*Anekârthadhvanimanjarî Lexicon*, *I* = Manmatha, c'est-à-dire Kâmâ, le désir. Ekâ est donc l'épouse de Shiva, ou Shivakâmâ, le désir ou la volonté de Shiva.

(335) Introduction à la *Lalitâ*.

(336) La partie du Yantra qui est de forme commune et qui contient en son centre le dessin particulier. Cependant, il peut également y avoir ici une allusion aux trois lignes extérieures du Shrîchakra.

(337) Voir plus loin. Le Kâma Bîja est Klîm. Klîmkâra est Shivakâma. *Im* désigne ici le Kâmakalâ dans l'état Turîya où s'obtient Moksha : c'est en ce sens qu'il est dit *(ibid.,* v. 176)

Kundalinî est également triple, afin de pouvoir créer les trois Dieux (Brahmâ, Vishnu, Rudra). Aussi, Elle, l'énergie suprême, étant triple à tous égards, on La nomme Tripurasundarî » (338). Le Commentateur (339) dit que ces trois syllabes sont les trois Bîja des trois subdivisions (du Panchadashî) : Vâgbhava, Kâmarâja et Shakti, qui, selon le *Vâmakeshvara Tantra*, sont Jnânashakti qui donne le salut, Kriyâ Shakti et Ichchhâ Shakti.

On parle aussi de trois « Pâda » sous le nom de Tripurâ : blanc, rouge, et mélangé (340). Ailleurs, comme dans le *Varâhna Purâna*, il est dit que la Devî a revêtu trois formes, une blanche, une rouge et une noire : ce qui désigne l'Energie Suprême douée des qualités sâttvique, râjasique et tâmasique (341). La Shakti unique devient triple pour produire des effets.

Dans la méditation (Dhyâna) sur Kâmakalâ, on pense aux trois Bindu et à Hârdhakalâ comme au corps de la Devî Tripurasundarî. Le Commentateur du vers cité de l'*Anandalaharî* dit (342) : « Dans le cinquième sacrifice (Yajna), que

---

que celui qui entend le Bîja sans Ka et La n'atteint pas le lieu des bonnes actions ; autrement dit, il ne va pas dans la région qu'on atteint par les bonnes actions, mais dans celle qu'on ne peut atteindre que par la seule connaissance. (Voir *ibid.*, v. 189, qui cite le *Vâmakeshvara Tantra.*)

(338) On peut donner d'autres exemples, comme le *Tripurârnava*, qui déclare que la Devî est appelée Tripurâ parce qu'Elle demeure dans les trois Nâdî (Sushumnâ, Pingalâ, Idâ ; voir plus loin), et dans Buddhi Manas Chitta (voir plus loin).

(339) V. 177.

(340) D'après une note de R. Anantakrishnâ Shâstri, traducteur de la *Lalîtâ*, p. 213, les trois « pieds » sont ainsi expliqués dans un autre ouvrage de Bhâskararâya : le Blanc est le pur Samvit (Conscience), exempt de toute Upâdhi ; le rouge, le Parâhanta (Personnalité Suprême), la première Vritti (modification) du Samvit ; et la couleur mélangée, la modification (Vritti) du « Moi », mentionnée plus haut comme inséparable de ce dernier. Ce sont là les « trois pieds » (Charana-tritaya) : Indu (blanc). Agni (rouge), Ravi (mélangé).

(341) C'est ainsi que le *Devî Bhâgavata Pr*. dit aussi : « La Shâmbhavî est blanche ; Shrîvidyâ, rouge ; et Shyâmâ, noir. » Le Yantra de Shrîvidyâ est le Shrîchakra mentionné.

(342) *Shankarâchâryagranthâvalî*, vol. II, éd. Shrî Prasanna Kumâra Shâstrî. Les notes de l'éditeur sont basées sur le Commentaire d'Achyutânanda Swâmi.

le Sâdhaka se représente son Atmâ comme ne différant en aucune manière du seul et unique Shiva, mais comme étant lui seul ; et qu'il se représente la Kundalinî, subtile comme un fil, qui est toutes les Shakti, allant du lotus Adhâra jusqu'à Paramashiva. Qu'il se représente les trois Bindu comme étant dans Son corps (Tripurasundarî), Bindu qui figurent Ichchhâ, Kriyâ, Jnâna ; la Lune, le Feu et le Soleil ; Rajas, Tamas, Sattva ; Brahmâ, Rudra, Vishnu ; et qu'il médite ensuite sur le Chitkalâ qui est Shakti au-dessous » (343).

Le Bindu qui est le « visage » désigne Virinchi (344) (Brahmâ) associé au Rajas Guna. Les deux Bindu qui sont les « seins », et sur lesquels la méditation doit s'effectuer dans le cœur, désignent Hari (345) (Vishnu) et Hara (346) (Rudra) associés au Sattva Guna et au Tamas Guna. Au-dessous d'eux, méditez dans le Yoni sur le Chitkalâ subtil, qui désigne les trois Guna, et qui est ces trois Devatâ (347). La méditation indiquée dans le *Yoginî Tantra* est la suivante : « Représentez-vous trois Bindu au-dessus de Kalâ, puis, sortant d'eux, une jeune fille de seize ans, brillante de la lumière de millions de soleils levants, illuminant chaque région du firmament. Représentez-vous Son corps, du sommet de la tête à la gorge, sortant du Bindu supérieur, et Son corps, de la gorge à son milieu, avec ses deux seins et ses trois lignes de beauté (Trivalî) sur le ventre, naissant des deux Bindu inférieurs. Ensuite imaginez que le reste de Son corps,

_____

(343) Atha panchamayâge abhedabuddhyâ âtmânam shivarûpam ekâtmânam vibhâvya âdhârât paramashivântam sûtrarûpâm sûkshmâm kundalinîm sarvashaktirûpâm vibhâvya sattvarajastamogunasûchakam brahmavishnushivashaktyâtmakam sûryâgnichandrarûpam bindutrayam tasyâ ange vibhâyya adhash chitkalâm dhyâyet. (Comm. du v. 19.)

(344) C'est-à-dire Celui qui crée ; de *Vi+rich*.

(345) Celui qui ôte ou détruit (harati) toute peine et tout péché.

(346) Le même.

(347) Mukham bindum kritvâ rajogunasûchakam virinchyâtmakam bindum mukham kritvâ, tasyâdho hridayasthâne sattvatamogunasûchakam hariharâtmakam bindudvayam kuchayugam kritvâ, tasyâdhah yonigunatrayasûchikâm hariharavirinchyâtmikâm sûkshmâm chitkalâm hakârârdham kritvâ vonyantargatatrikonâkritim kritvâ dhyâyet. (Comm. du v. 19.)

du sexe aux pieds, naît de Kâma. Ainsi formée, Elle est
parée de toutes sortes d'ornements et de vêtements, et adorée
par Brahmâ, Isha et Vishnu. Alors, que le Sâdhaka se représente son propre corps comme étant ce Kâmakalâ » (348).
Le *Shrîtattvârnava* dit : « Les hommes glorieux qui adorent
dans ce corps en Sâmarasya (349) sont délivrés des vagues de
poison de la mer infranchissable du monde (Samsâra) » (350).

On trouve les mêmes indications dans deux ouvrages
tantriques, le *Shrîkrama* (351) et la *Bhâvachûdâmani* (352),
cités dans le Commentaire de l'*Anandalaharî*. Le premier dit :
« Des trois Bindu, ô Maîtresse des Deva, qu'il contemple le
premier comme la bouche et dans le cœur les deux Bindu
comme les deux seins. Qu'il médite ensuite sur le subtil
Kalâ Hakârârdha dans le Yoni ». Et le deuxième dit : « Le
visage sous la forme de Bindu, et au-dessous les seins jumeaux,
et au-dessous d'eux la forme splendide du Hakârârdha ».
Il est dit que les trois Devata Brahmâ, Vishnu et Rudra,
avec leurs Shakti, naissent des lettres A, U, M de l'Omkâra
ou Pranava (353). *Ma*, comme le dit le *Prapanchasâra*

---

(348) Voir *Nityapûjapaddhati*, par Jaganmohana Tarkâlamkâra,
p. 199 et suiv.
(349) Union ; union de Shiva et de Shakti.
(350) Voir note 348.
(351) Tathâ cha Shrîkrame :
Bindutrayasya deveshi prathamam devi vaktrakam
Bindudvayam stanadvandvam hridi sthâne niyojavet.
Hakârârdham kalâm sûkshmâm yonimadhye vichintayet.
(352) Taduktam Bhâvachûdâmanau :
Mukham binduvadâkâram
Tadadhah kuchayugmakam
Tadadhashcha hakârârdham
Suparishkritamandalam.
On trouve aussi le troisième vers imprimé *Tadadhah saparâr-
dham cha*. Mais cela signifie la même chose. Sapara est Hakâra,
Ha suivant Sa. Pour les autres Dhyâna et modes de méditation,
voir la *Nityapûjâpaddhati* de Jaganmohana Tarkâlamkâra, p. 199.
(353) *Phetkârinî Tantra*, ch. I :
Tebhya eva samutpannâ varnâ ye vishnu-shûlinoh
Mûrtayah shaktisamyuktâ uchyante tâh kramena tu.
Et de même le *Vishvasâra Tantra* (voir *Prânatoshinî*, 10) :
Shivo brahmâ tathâ vishnuronkkâre cha pratishthitâh
Akârash cha bhaved brahmâ ukârah sachchidâtmakah
Makâro rudra ityukta iti tasyârthakalpanâ.

Tantra (354), est le Soleil ou l'Atmâ parmi les lettres, car elle est Bindu. De chacune de ces trois lettres naissent dix Kalâ.

Le *Shatchakranirûpana* (355) dit que dans le centre Mûlâchâra se trouve le Triangle (Trikona) connu sous le nom de Traipura, qui est un adjectif correspondant à Tripura. Il doit ce nom à la présence de la Devî Tripurâ à l'intérieur du *Ka* dans le triangle. Ce *Ka* est la lettre principale du Kâma Bîja, et *Kam* (356) est le Bîja de Kâminî, l'aspect de Tripurasundarî dans le Mûlâdhâra. Là aussi, dit le même passage, se trouvent les trois lignes Vâmâ, Jyeshthâ et Raudrî, et, ajoute le *Shatchakra-vivriti*, Ichchhâ, Jnâna et Kriyâ (357). Le Traipura Trikona est donc l'aspect grossier (Sthûla) de cette Shakti subtils (Sûkshma) qui est sous le Sahasrâra, et porte le nom de Kâmakalâ. C'est à cette Kâminî que dans l'adoration l'on offre l'essence du Japa (Tejorûpajapa), le Japa extérieur étant offert à la Devata adorée afin que le Sâdhaka puisse obtenir le fruit de son adoration (358). Il y a aussi deux autres Linga et deux autres Trikona aux centres Anâhata et Ajnâ, qui sont deux des Nœuds ou Granthi, ainsi nommés parce que Mâyâ est puissante à ces points d'obstruction, où converge chacun des trois groupes. Le Traipura Trikona est pourtant, dans le Mâlâdhâra, ce qui constitue la correspondance grossière du Kâmakalâ, racine (Mûla) de tous les Mantra au-dessous du Sahasrâra, et, de plus, correspondance, dans le Jîva, du Tribindu d'Ishvara.

Cependant, avant de traiter en détail du Sahasrâra, nous invitons le lecteur à se reporter au tableau des pages 142 et 143, qui résume quelques-uns des détails donnés ci-dessus, jusqu'au Sahasrâra inclusivement.

Dans la description des Chakra telle que la donne le *Shatchakranirûpana*, il n'est pas fait mention des qualités et choses (Vritti) morales et autres, qui sont associées aux

---

(354) Ch. III.
(355) V. 8.
(356) *Nityapûjâpaddhati*, p. 80.
(357) Voir *Tântrik Texts*, vol. II, p. 117, où est imprimé ce Commentaire.
(358) *Nityapûjâpaddhati*, p. 80.

Lotus dans d'autres ouvrages, tels que l'*Adhyâtmaviveka* (359),
en commençant par le lotus-racine pour finir par le Soma
Chakra. C'est ainsi que les Vritti Prashraya, Avishvâsa,
Avajnâ, Mûrchhâ, Sarvanâsha, Krûratâ (360) sont assignées
au Svâdhisthâna ; Lajjâ, Pishunatâ, Irshâ, Trishnâ, Sushupti,
Vishâda, Kashâya, Moha, Ghrinâ, Bhaya (361), au Manipûra ;
Ashâ, Chintâ, Cheshtâ, Mamatâ, Dambha, Vikalatâ, Ahamkâra, Viveka, Lolatâ, Kapatatâ, Vitarka, Anutâpa (362) à l'Anâhata ; Kripâ, Mriduta, Dhairya, Vairâgya, Dhriti, Sampat,
Hâsya, Româncha, Vinaya, Dhyâna, Susthiratâ, Gâmbhîrya,
Udyama, Akshobha, Audârya, Ekâgratâ (363), au Somachakra secret ; et ainsi de suite. Dans le Mûlâdhâra, qui a été décrit comme la « source d'une abondante sensation de plaisir »,
sont les quatre formes de béatitude déjà mentionnées ; dans
le Vishuddha les sept « tons » subtils : Nishâda, Rishaba,
Gândhâra, Shadja, Madhyama, Dhaivata, Panchama ; certains Bîja : Hum, Phat, Vaushat, Vashat, Svadhâ, Svâhâ,
Namah ; dans le huitième pétale le « venin », et dans le
seizième le « nectar » (364) ; dans les pétales et le péricarpe
de l'Ajnâ les trois Guna, et dans le second les Bîja Ham et

---

(359) Cité dans le Dîpikâ du v. 7 de la *Hamsopanishad*.

(360) La crédulité, le soupçon, le dédain, l'illusion (ou la répu-
gnance), la fausse connaissance (littéralement : la destruction de
toute chose, à quoi mène la fausse connaissance), l'absence de
pitié.

(361) La honte, la trahison, la jalousie, le désir, l'indolence,
la tristesse, la mondanité, l'ignorance, l'aversion (ou le dégoût),
la crainte.

(362) L'espérance, le souci ou l'anxiété, l'effort, le sens du
« mien » (ayant pour résultat l'attachement), l'arrogance ou
l'hypocrisie, le sentiment de langueur, l'égoïsme ou la vanité, le
discernement, la cupidité, la duplicité, l'indécision, le regret.

(363) La pitié, la douceur, la patience ou la sérénité, l'im-
partialité, la constance, la prospérité, la joie (spirituelle), le
ravissement ou l'émotion, l'humilité ou le sens de la convenance,
l'humeur méditative, la quiétude ou le calme, la gravité (du
maintien), l'entreprise ou l'effort, l'absence d'émotion (le fait
de n'être pas troublé par l'émotion), la magnanimité, la concentration.

(364) Tous deux furent extraits lors du barattement de l'océan,
et, ainsi évoqués, représentent les forces destructive et construc-
tive de l'univers.

Ksham; dans le Manas Chakra à six pétales au-dessus de l'Ajnâ sont Shabdajnâna, Sparshajnâna, Rûpajnâna, Aghrâ-nopalabdhi, Rasopabhoga et Svapna, avec leurs contraires, désignant les perceptions des sens, ouïe, toucher, vue, odorat, goût, et les sensations, d'origine centrale, du rêve et de l'hallucination. On explique que des Vritti particulières sont attribuées à un lotus particulier en raison d'une relation entre telle Vritti et l'opération des Shakti du Tattva régissant le centre auquel elle est attribuée. Qu'elles existent à tel Chakra particulier est prouvé, dit-on, par leur disparition lors de la montée de Kundalî à travers ce Chakra. Ainsi les mauvaises Vritti des Chakra inférieurs disparaissent chez le Yogî qui fait monter Kundalî au-dessus d'eux.

Des qualités (Vritti) morales apparaissent dans certains des Chakra inférieurs : dans le lotus secret à douze pétales qui porte le nom de Lalanâ (et de Kalâ dans quelques Tantra), et qui est situé au-dessus du Vishuddha, à la racine du palais (Tâlumûla), comme aussi dans le lotus à seize pétales situé au-dessus du Manas Chakra, et connu sous le nom de Soma Chakra. Il faut remarquer que les Vritti des deux Chakra inférieurs (Svâdhishthâna et Manipûra) sont toutes mauvaises ; celles du centre Anâhata sont mélangées (365), celles du Lalanâ Chakra sont bonnes en majorité, et celles du Soma Chakra en totalité ; ce qui indique un progrès à mesure que nous avançons des centres inférieurs aux centres supérieurs, et il en doit être ainsi, le Jîva s'approchant de ses principes supérieurs, ou vivant en eux. Dans le lotus blanc à douze pétales situé dans le péricarpe du Sahasrâra est la demeure de Shakti, appelée le Kâmakalâ, déjà décrit.

Entre Ajnâ et Sahasrâra, au siège du Kârana Sharîra de Jîva, sont les Varnâvalirupâ Viloma Shakti, descendant d'Unmanî à Bindu. De même que dans la création d'Ishvara ou création cosmique, il y a sept Shakti créatrices, de Sakala Parameshvara à Bindu ; et dans la création microcosmique ou création du Jîva sept Shakti créatrices, de Kundalinî, qui est dans le Mûlâdhâra, à Bindu, les deux appartenant à

---

(365) C'est ainsi qu'avec Dambha (l'arrogance), Lolatâ (la cupidité), Kapatatâ (la duplicité), nous trouvons Ashâ (l'espérance), Cheshtâ (l'effort), Viveka (la discrimination).

ce qu'on appelle l'ordre Anuloma (366) : de même dans la région comprise entre l'Ajnâ Chakra et le Sahasrâra, qui est le siège du corps causal (Kârana Sharîra) du Jîva, il y a sept Shakti (367), qui, en commençant par la plus basse, sont Bindu (qui est en Ishvara Tattva), Bodhinî, Nâda, Mahânâda ou Nâdânta (en Sadâkhya Tattva), Vyâpikâ, Samanî (en Shakti Tattva), et Unmanî (en Shiva Tattva). Bien que ces dernières Shakti aient un aspect créateur cosmique, elles ne correspondent pas ici aux premières et présentent un aspect différent. Elles ne leur correspondent pas, parce que les Shakti que nous avons citées en dernier lieu sont des Shakti du Jîva. Hamsa, Jîva ou Kundalî n'est qu'une partie infinitésimale du Parabindu. Celui-ci est dans le Sahasrâra, le lotus aux mille pétales, demeure d'Ishvara, qui est Shiva-Shakti, et siège de Kundalî dans son ensemble, ou Jîva. C'est pourquoi il est dit que toutes les lettres sont ici vingt fois ($50 \times 20 = 1.000$). Dans le Sahasrâra sont Parabindu, la suprême Nirvâna Shakti, Nirvâna Kalâ, Amâkalâ (368) et le feu de Nibodhikâ. Dans le Parabindu est le vide (Shûnya) qui est le suprême Nirguna Shiva.

Une autre différence se trouve dans l'aspect des Shakti. Alors que les Shakti créatrices cosmiques regardent au dehors et en avant (Unmukhî), les Shakti siégeant au-dessus de l'Ajnâ regardent, dans le Yoga, en arrière, vers la dissolution. L'Ishvara du Sahasrâra n'est donc pas l'aspect créateur d'Ishvara. Il s'y trouve dans l'état de Nirvâna, et les Shakti qui élèvent à Nirvâna Shakti sont « montantes », c'est-à-dire Shakti libératrices du Jîva.

Ces sept états ou aspects de Bindumayaparashakti (369) conduisant à Unmanî, décrits dans le *Shatchakranirûpana* et dans d'autres ouvrages tantriques, sont appelés formes

---

(366) C'est-à-dire l'ordre habituel, opposé à l'ordre inverse (Viloma). Ainsi, lire l'alphabet de A à Z est Anumola ; le lire à rebours, de Z à A, est Viloma. Dans le cas en question, Anuloma est donc l'évolution (Shrishti) ou mouvement en avant, et Viloma (Nivritti) la voie du retour.

(367) Voir *Garland of Letters*, ch. « *Causal Shaktis of the Pranava* ».

(368) *Ibid.*, ch. « *Kalâs of the Shaktis* ».

(369) *Shatchakranirûpana*, v. 40.

Chakra	Position	Nombre de pétales	Lettres sur ces pétales	Tattva maître et ses qualités	Couleur du Tattva
Mûlâd-hâra	Centre spinal de la région au-dessous des parties génitales	4	va, sha, *sha*, sa	Prithivî, co-hésion, exci-tant le sens de l'odorat	Jaune
Svâd-hishth-thâna	Centre spinal de la région au-dessus des parties génitales	6	ba, bha, ma, ya, ra, la	Ap ; contrac-tion, exci-tant le sens du goût	Blanc
Mani-pûra	Centre spinal de la région du nombril	10	*da*, *dha*, *na*, ta, tha, da, dha, na, pâ, pha	Tejas ; expan-sion, produi-sant la cha-leur et exci-tant le sens de la vue, des couleurs et des formes	Rouge
Anâ-hata	Centre spinal de la région du cœur	12	ka, kha, ga, gha, nga, cha, chha, ja, jha, nya, *ta*, *tha*	Vâyu ; mou-vement gé-néral, exci-tant le sens du toucher	Gris de fumée
Vishud-dha	Centre spinal de la région de la gorge	16	Les voyelles a, â, i, î, u, û, ri, rî, lri, lrî, e, ai, o, au, am, ah	Akâsha ; ou-verture de l'espace, exci-tant le sens de l'ouïe	Blanc
Ajnâ	Centre de la région entre les sourcils	2	ha et k*sha*	Manas (fa-cultés men-tales)	...

Forme du Mandala	Bija et son Vâhana (véhicule)	Devatâ et son Vâhana	Shakti du Dhâtu	Linga et Yoni	Autres Tattva qui s'y dissolvent
Carré	Lang sur l'élé-phant	Brahmâ sur Hamsa	Dâkinî	Svayam-bhu et Traipura Trikona	Gandha Tattva ; l'odorat (organe de sensation) ; les pieds (organe d'action).
Croissant	Vang sur Makara	Vishnu sur Garuda	Râkinî	...	Rasa Tattva ; le goût (organe de sensation) ; la main (organe d'action).
Triangle	Rang sur un bélier	Rudra sur un taureau	Lâkinî	...	Rûpa Tattva ; la vue (organe de sensation) ; l'anus (organe d'action)
Hexa-gone à six pointes	Yang sur une antilope	Ishâ	Kâkinî	Bâna et Trikona	Sparsha Tattva ; le toucher (or-gane de sensa-tion) ; le pénis (organe d'action).
Cercle	Hang sur un éléphant blanc	Sadâ-shiva	Shâkinî	...	Shabda Tattva ; l'ouïe (organe de sensation ; la bouche (organe d'action).
...	Om	Sham-bhu	Hâkinî	Itara et Trikona	Mahat, la Sûksh-ma Prakriti appelée Hira-nyagarbha (voir *Shatchak-ranirûpana*, v. 52).

causales (Kâranarûpa). Le Commentaire de la *Lalitâ* (370) en énumère apparemment huit, mais cela semble dû à une erreur, Shakti et Vyâpikâ étant regardées comme des Shakti distinctes au lieu de noms différents pour la troisième de cette série de Shakti.

Au-dessous de Visarga (qui est la partie supérieure du Brahmarandhra, à l'emplacement de la fontanelle) et de la terminaison de Samkhinî Nâdî, est le Suprême Lotus Blanc (ou, selon certains, diapré) à mille pétales (371) connu sous le nom de Sahasrâra, et sur lequel sont toutes les lettres de l'alphabet sanskrit, à l'exclusion, selon certains, de Lakâra cérébrale, et selon d'autres de Ksha. Ces lettres sont répétées vingt fois pour faire mille, et se lisent du commencement à la fin (Anuloma), en faisant le tour du Lotus de droite à gauche. Là sont Mahâvâyu et le Chandramandala, dans lequel est le Bindu Suprême (O), « qui est servi en secret par tous les Deva ». Bindu implique Guna, mais il signifie aussi le vide de l'espace, et appliqué à la Lumière Suprême, qui est sans forme, symbolise son immutabilité. Le Shûnya (Vide) subtil est l'Atmâ de tout être (Sarvâtmâ) (372). Là, dans la région du Lotus Suprême, est le Guru, le Suprême Shiva Lui-même. C'est pourquoi les Shaiva le nomment Shivasthâna, le séjour de béatitude où se réalise l'Atmâ. Là, aussi, est la Suprême Nirvâna Shakti, Shakti du Parabindu, et Mère des trois mondes. Celui qui a vraiment et pleinement connu le Sahasrâ ne renaît point dans le Samsâra, car il a, par cette connaissance, rompu tous les liens qui l'y attachaient. Son séjour terrestre se limite à la consommation du Karma déjà commencé et non épuisé. Il est le possesseur de toute Siddhi, il est délivré vivant (Jîvanmukta), et il atteint la délivrance sans corps (Moksha), ou Videha Kaivalya, à la dissolution de son corps physique.

Dans le quatorzième vers de l'*Anandalaharî* et dans son commentaire, est décrite la Déité présente dans le Sahasrâra (373).

(370) *Lalitâ-Sahasranâma*, v. 121.
(371) *Shatchakranirûpana*, v. 40-49.
(372) *Shatchakranirûpana*, v. 42-49.
(373) Voir l'*Anandalaharî* du Pandit R. Ananta Shâstrî, pp. 42 et suiv. Le passage cité est tiré de cet ouvrage. Voir aussi Avalon, *Wave of Bliss*.

« Elle est au-dessus de tous les Tattva. Chacun des six centres représente un Tattva. Chaque Tattva a un nombre déterminé de rayons. Les six centres, ou Chakra, se divisent en trois groupes. Chacun de ces groupes a un nœud ou une pointe où convergent les Chakra qui constituent ce groupe. Les noms de ces groupes sont tirés de ceux des Déités qui les gouvernent. Le tableau suivant l'indique clairement :

	Nom du Chakra	Nom du Tattva	Nombre de rayons du Tattva	Nom du groupe	Nom du point de convergence	Remarques
1	Mûlâd-hâra	Bhû	56	Agni	Rudra-granthi	Dans le Sahas-râra les rayons sont innom-brables, éter-nels et illi-mités dans l'espace.
2	Svâdh-ishthâna	Agni	62	Khanda		
3	Mani-pûra	Apas	52	Sûrya	Vishnu-granthi	Il y a ici un autre Chan-dra dont les rayons sont innombrables et resplen-dissants.
4	Anâhata	Vâyu	54			
5	Vishud-dha	Akâsha	72	Chandra	Brahma-granthi	
6	Ajnâ	Manas	64			
			360			

« Lakshmidhara cite la *Taittirîyâranyaka* à l'appui de son commentaire, dont nous avons tiré les notes ci-dessus. Les extraits qu'il donne de « Bhairava Yâmala » sont d'un grand intérêt. Parlant de Chandra, Shiva s'adresse à Pârvati, son épouse, en ces termes *(Chandrajnânavidyâprâkarana,* v. 1-17) :

« Bienvenue, ô Beauté des trois mondes, bienvenue est « Ta question. Cette connaissance (que je vais révéler) est « le secret des secrets, et je ne l'ai communiquée à qui que « ce fût jusqu'à présent. (Mais je vais maintenant te dire le « grand secret. Ecoute-moi donc avec attention :)

« Shrîchakra (dans le Sahasrâra) est la forme de Para-
« shakti. Au milieu de ce Chakra est un endroit nommé
« Baindava où Elle, qui est au-dessus de tous les Tattva,
« repose unie a Son Seigneur Sadâshiva. O Suprême, l'Univers
« entier est un Shrîchakra formé des vingt-cinq Tattva :
« 5 éléments + 5 Tanmâtra + 10 Indriya + le Mental +
« Mâyâ, Shuddhavidyâ Mahesha et Sadâshiva (374). Tout
« comme il est en Sahasrâra, cosmiquement aussi Baindava est
« au-dessus de tous les Tattva. Devî, cause de la création,
« de la conservation et de la destruction de l'univers, y repose
« toujours unie à Sadâshiva, qui tout aussi bien est au-dessus
« de tous les Tattva et toujours resplendissant. Innombrables
« sont les rayons qui s'échappent du corps de la Déesse ; ô
« Bienveillante, ils émanent par milliers, par pakhs, que dis-je !
« par crores (375). Sans cette lumière il n'y aurait aucune
« lumière dans l'univers... 360 de ces rayons illuminent le
« monde sous la forme du Feu, du Soleil et de la Lune. Ces
« 360 rayons se répartissent comme il suit : Agni (le Feu),
« 118 ; le Soleil, 106 ; la Lune, 136. O Shankari, ces trois
« luminaires éclairent le macrocosme aussi bien que le micro-
« cosme, et sont la source du calcul du temps : le Soleil pour
« le jour, la Lune pour la nuit, Agni (le Feu) occupant une
« place intermédiaire entre les deux » (376).

« Ainsi constituent-ils (ou sont-ils appelés) Kâla (le temps),
et les 360 jours (ou rayons) forment-ils une année. Le Veda
dit : « L'année elle-même est une forme du Seigneur. Le
Seigneur du temps, le Créateur du monde, fit d'abord Marîchi
(les rayons), etc., les Muni, les protecteurs du monde. Tout
est venu à l'existence par le commandement de Parameshvarî.

« Dindima comprend ce passage d'une manière toute
différente. Son interprétation est qu'ayant déjà décrit l'Anta-
ryâga (dévotion intérieure), l'auteur recommande ici le culte
des Avarana Devata, c'est-à-dire des Divinités résidant en
chacun des Chakra ou centres, sans la faveur desquelles il
est impossible au Yogî de faire passer la Kundalinî par ces

---

(374) Les Tattva, de Mâyâ à Sadâshiva, sont les Shiva Tattva
décrits dans *Garland of Letters.*
(375) I lakh = 100.000 ; I crore = 10.000.000. (Note du Traducteur).

Chakra. Il énumère les 360 Divinités et décrit la manière d'adorer chacune d'elles.

« Il est d'autres commentateurs qui interprètent ésotériquement les 360 rayons, et les associent aux 360 jours de l'année, et aussi avec le corps humain. Chaque commentateur cite la *Taittirîyâranyaka*, premier chapitre, pour appuyer ses vues. Il semble donc que cette *Taittirîyâranyaka* offre une abondante matière ésotérique à la méditation du mystique. Le premier chapitre de l'Aranyaka en question se récite en adorant le Soleil. Il porte le nom d'Arunam parce qu'il traite d'Arunâ (Devî de couleur rouge) » (377).

Un docteur et sanskritisant hindou a exprimé l'opinion qu'on trouve dans les Tantra une meilleure anatomie que dans les ouvrages purement médicaux de l'Inde (378). Mais il est plus facile d'exposer les physiologies moderne et ancienne que d'en établir les correspondances. C'est là, en vérité, chose malaisée pour l'instant. En premier lieu, la documentation relative à la seconde ne nous est pas suffisamment accessible et connue, et ceux des savants et Sâdhaka indigènes (probablement peu nombreux de nos jours) qui connaissent la question ne sont pas familiers avec la physiologie occidentale, avec laquelle il faudrait la comparer. De plus, il est possible d'avoir une connaissance pratique du Yoga tantrique sans être au courant de ses correspondances physiologiques. Œuvrant dans un domaine inexploré, je ne peux ici qu'avancer d'après le *Shatchakranirûpana* et les renseignements que j'ai recueillis, des explications et des suggestions qui dans certains cas ne doivent présenter que le caractère d'une hypothèse, avec l'espoir que d'autres la poursuivront et la vérifieront.

Il est clair que le Merudanda est la colonne vertébrale, qui, étant l'axe du corps, est supposée avoir avec lui le même rapport que le Mont Meru avec la terre. Il va de Mûla (la racine) ou Mûlûdhâra jusqu'au cou. Lui et les régions supérieures qui lui sont associées, bulbe rachidien, cervelet, etc.,

_____

(376) Voir *Wave of Bliss*, éd. A. Avalon.
(377) *Anandalaharî* du Pandit Ananta Shâstri, pp. 42-45.
(378) Dr. B.D. Basu, de l'Indian Medical Service, dans son *Prize Essay on the Hindu System of Medicine*, publié dans la *Guy's Hospital Gazette* (1889), et cité dans le vol. XVI des *Sacred Books of the Hindus*, par le Prof. Benoy Kumar Sarkar.

contiennent ce qui a été décrit comme le système central des
nerfs spinaux (Nâdî) et des nerfs crâniens (Shiro-nâdî).
La Sushumnâ, qui est indubitablement une Nâdî située à
l'intérieur de la colonne vertébrale, et comme telle est bien
décrite dans les livres comme la principale de toutes les Nâdî,
suit sur toute sa longueur le Merudanda, comme la moelle
épinière de la physiologie occidentale, si nous y comprenons
le *filum terminale*. Si nous y comprenons le *filum*, et plaçons
le Kanda entre l'anus et le pénis, elle part pratiquement de
la même région (sacro-coccygienne), le Mûlâdhâra, et il est
dit qu'elle va jusqu'à la région du Brahmarandhra (379),
ou jusqu'à un point situé au-dessous du lotus à douze
pétales (380), c'est-à-dire au-dessous du Sahasrâra, mais
dans son voisinage, autrement dit au cervelet, où se termine
également le nerf Chitrinî. La position du Kanda est celle
qu'indique le *Shatchakranirûpana* (381). Il faut pourtant
remarquer que, d'après le *Hathayogapradîpikâ*, le Kanda se
place plus haut, entre le pénis et le nombril (382). Le lieu
de réunion de Sushumnâ et de Kanda est connu sous le nom
de « Nœud » (Granthisthâna), et les pétales du lotus Mûla
l'entourent de quatre côtés (383). C'est dans la Sushumnâ
(de quelque manière que nous l'identifions pour le moment)
que se trouvent les centres de Prâna Shakti, la puissance
vitale, centres appelés Chakra ou Lotus. La moelle épinière
se termine brusquement dans le *filum terminale*, et semble
s'y fermer. Or il est dit que la Sushumnâ est fermée à
sa base, appelée la « porte de Brahman » (Brahmadvâra),
jusqu'à ce que, par le Yoga, Kundalî s'y fraie passage. Le
plus haut des six centres ou Chakra de la Sushumnâ est
l'Ajnâ, position qui correspond, vers l'avant, à l'espace entre
les sourcils (Bhrûmadhya), et vers l'arrière à la glande pinéale,
ou corps pituitaire, et au sommet du cervelet. Tout près se
trouve le Chakra nommé Lalanâ, et dans quelques Tantra

---

(379) *Sammohana Tantra*, II, 7 ; ou, selon le *Tripurâsârasa-muchchaya*, cité au v. I du *Shatchakranirûpana*, de la tête à l'Adhâra.
(380) *Shatchakranirûpana*, v. 1.
(381) *Ibid.*
(382) Voir plus loin.
(383) *Shatchakranirûpana*, v. 4.

Kalâ Chakra, qui est situé à la racine du palais (Tâlumûla),
c'est-à-dire immédiatement au-dessus. Sa position, comme
aussi la nature de l'Ajnâ, indiqueraient qu'il est légèrement
au-dessous de ce dernier (384). La Sushumnâ pénètre dans
les ventricules du cerveau, comme le fait la moelle épinière,
qui pénètre dans le quatrième ventricule.

Au-dessus du Lalanâ sont l'Ajnâ Chakra, à deux lobes,
et le Manas Chakra, à six lobes, dont on a suggéré qu'ils sont
représentés dans le corps physique par le cervelet et le
sensorium. Au-dessus, le Soma Chakra, à seize « pétales »,
comprend, a-t-on dit, les centres du milieu du cerveau, au-
dessus du sensorium. Enfin Sahasrâra, le lotus aux mille
pétales, correspond au sommet du cerveau du corps physique,
avec ses circonvolutions corticales, comme l'indiquera au
lecteur un examen de la planche VIII qui figure ce centre.
De même que tous les pouvoirs existent au siège de l'action
volontaire, de même il est dit que les cinquante « lettres »
qui sont réparties dans tous les centres spinaux de la Sushumnâ existent là multipliées, soit au nombre de 50×20.
La lune aux rayons de nectar (385) est peut-être la partie
inférieure du cerveau, dont les circonvolutions ou lobes, en
forme de demi-lunes, portent le nom de Chandrakalâ, et le
mont mystique Kailâsa est sans aucun doute le sommet du
cerveau. Le ventricule relié à la moelle épinière a aussi la
forme d'une demi-lune.

Comme je l'ai dit plus haut, il ne fait aucun doute que la
Sushumnâ soit située dans la colonne vertébrale, mais il a été
dit qu'elle représente le canal central. Il est probable que
sa position est dans l'ensemble celle du canal central. Mais
on peut se demander si cela signifie que le canal seul est la
Sushumnâ. Car cette Nâdî, d'après le *Shatchakranirûpana*,
en contient deux autres, Vajrinî et Chitrinî. Il existe donc trois
éléments. On a supposé que la Sushumnâ, considérée non
comme formant avec ses Nâdî intérieures une unité collective,

---

(384) Et non, comme je l'ai écrit dans l'Introduction de la
première édition du *Mahânirvâna Tantra*, p. LXII, au-dessus.
Tout bien considéré, je crois que la position indiquée dans le
Shatchakranirûpana est correcte, bien qu'en tout cas les deux
soient très proches.

(385) Voir *Shiva-Samhitâ*, II, 6.

mais comme distincte d'elles, est la matière nerveuse blanche
de la moelle épinière, Vajrinî étant la matière grise et Chitrinî
le canal central, dont la Nâdî intérieure porte le nom de
Brahmanâdî, et, dans la *Shivasamhitâ*, de Brahmarandhra (386). Mais il faut remarquer que, contrairement à
cette hypothèse, le v. 2 du *Shatchakranirûpana* décrit Chitrinî
comme étant aussi fine qu'un fil d'araignée (Lûtâ-tantûpa-
meyâ), et la matière grise ne peut être ainsi décrite, étant
chose grossière. Nous devons donc rejeter cette hypothèse,
et estimer soit que le canal central est la Sushumnâ, soit
que cette dernière est dans le canal, et qu'à l'intérieur, ou
en faisant partie, sont deux canaux d'énergie encore plus
subtils et imperceptibles, nommés Vajrinî et Chitrinî. Je
penche pour la seconde interprétation. Le v. 3 du *Shatchakranirûpana* dit que la véritable nature de la Chitrinî Nâdî
est pure intelligence Shuddhabodha-svabhâvâ, force de la
Conscience. Comme le dit le v. 1, les trois ne font qu'une,
mais peuvent être considérées séparément comme distinctes.
Elles sont trois en ce sens que Sushumnâ, « qui est tremblante comme une femme émue », est un ensemble composé
de « Soleil », de « Lune » et de « Feu », et des trois Guna. Il
est remarquable à cet égard que la *Kshurikâ Upanishad* (387),
qui parle de la Sushumnâ, prescrit au Sâdhaka « d'entrer
dans la Nâdî blanche et très subtile, et d'y conduire Prâna-
vâyu ». Ces trois Nâdî, Sushumnâ, Vajrinî et Chitrinî, et le
canal central, ou Brahmanâdî, par lesquels, dans le Yoga
ici décrit, passe Kundalinî, font tous partie, en tout cas,
de la moelle épinière. Et, comme le disent la *Shivasamhitâ*
et tous les autres ouvrages sur le Yoga, le reste du corps
dépend de la Sushumnâ, celle-ci étant le principal représentant
spinal du système nerveux central. Il semble aussi exister
quelque raison de penser que les Nâdî Idâ et Pingalâ, la
« lune » et le « soleil », sont les cordons sympathiques gauche
et droit situés de part et d'autre de la « brûlante » Sushumnâ.
Il faut noter que, conformément à une idée commune que

---

(386) Ch. II, v. 18.
(387) Ed. Anandâshrama Series, XXIX, p. 145. Prâna ne
désigne pas ici le souffle grossier, mais ce qui dans les centres
respiratoires apparaît comme tel, et apparaît sous d'autres formes
dans d'autres fonctions et parties du corps.

reprend le *Shatchakranirûpana*, ces Nâdî, qui sont décrites
comme étant respectivement pâle et vermeille (v. 1), ne
suivent pas simplement le parcours de la moelle, mais le
traversent alternativement d'un côté à l'autre (v. 1), formant
ainsi avec la Sushumnâ et les deux pétales de l'Ajnâ Chakra
la figure du Caducée de Mercure, qui selon certains en est
une représentation. Ailleurs (v. 1), cependant, il est dit
qu'elles sont en forme d'arcs. Autrement dit, l'une est réunie à
la Sushumnâ et reliée au côté gauche du scrotum. Elle monte
vers un point situé près de l'épaule gauche, en se recourbant à
la hauteur du cœur, traverse vers l'épaule droite, et gagne
ensuite la narine droite. De la même manière, l'autre Nâdî
reliée au côté droit du scrotum gagne la narine gauche. On a
exprimé devant moi l'hypothèse qu'Idâ et Pingalâ seraient des
vaisseaux sanguins représentant la veine cave inférieure et
l'aorte. Mais les textes et le processus même du Yoga n'indiquent pas des artères, mais des nerfs. Idâ et Pingalâ, en
atteignant l'espace entre les sourcils, forment, entrecroisées
avec la Sushumnâ, un triple nœud appelé Trivenî, et conti-
nuent leur parcours vers les narines. On a dit que c'est là
le point de la moelle où les cordons sympathiques se réunissent,
ou leur point de départ.

Il reste à considérer la position des Chakra. Bien que le
Shatchakranirûpana parle de six, il en existe d'autres selon
certains auteurs. C'est ce que déclare Vishvanâtha dans sa
Shatchakra-Vivriti. Nous avons ainsi mentionné les Chakra
Lalanâ, Manas et Soma. Les six donnés par le *Shatchakrani-*
rûpana sont les principaux. En vérité, il existe une très
longue liste de Chakra ou d'Adhâra, comme les appellent
certains. Dans un ouvrage sanskrit moderne intitulé *Advaita-*
mârtanda, l'auteur (388) en donne vingt, qu'il énumère
comme suit : 1. *Adhâra*; 2. Kuladîpa; 3. Vajra ou Yajna;
4. *Svâdhishthâna*; 5. Raudra; 6. Karâla; 7. Gahvara;
8. Vidyâprada; 9. Trimukha; 10. Tripada; 11. Kâladan-
daka; 12. Ukâra; 13. Kâladvâra; 14. Karamgaka;
15. Dîpaka; 16. Anandalalitâ; 17. *Manipûraka*; 18. Nâkula;
19. Kâlabhedana; 20. Mahotsâha. Ensuite, sans raison

---

(388) Brahmânanda Swâmi, né à Palghat, dans la Présidence de
Madras, défunt Guru de S.A. le défunt Maharaja de Cachemire.
L'ouvrage est imprimé à Jummoo.

apparente, beaucoup d'autres sont donnés sans numéro,
circonstance qui, jointe à l'impression défectueuse, rend
difficile de dire dans certains cas si le sanskrit doit se lire
en un seul mot ou en deux (389). Ce sont, semble-t-il, Parama,
Pâdukam, Padam (ou Pâdakampadam), Kalpajâla, Poshaka,
Lolama, Nâdâvarta, Triputa, Kamkâlaka, Putabhedana,
Mahâgranthivirâkâ, Bandhajvalana (imprimé Bandhejva-
lana), *Anâhata*, Yantraputa (imprimé Yatra), Vyomachakra,
Bodhana, Dhruva, Kalâkandalaka, Kraunchâbherundavi-
bhava, Dâmara, Kulakolâthala, Hâlavarta, Mahadbhaya,
Ghorâbhairava, *Vishuddhi*, Kantham, Uttamam (peut-être
Vishuddhikantham ou Kanthamuttamam), Pûrnakam, *Ajnâ*,
Kâkaputtam, Shringâtam, Kâmarûpa, Pûrnagiri, Mahâ-
vyoma, Shaktirûpa. Mais, comme le dit l'auteur, dans les
Veda (c'est-à-dire dans la *Yogachûdamanî*, la *Yogashikha* et
autres *Upanishad*) il est question de six Chakra seulement,
ceux imprimés en italiques dans la liste ci-dessus, et décrits
dans le *Shatchakranirûpana* et le *Pânukâ-Panchakâ*; c'est
pourquoi il est dit : « Comment peut-il exister de Siddhi
pour un homme qui ne connaît point les six Adhvâ, les seize
Adhâra, les trois Linga et les cinq (éléments) dont le premier
est l'Ether ?) (390).

J'ai déjà indiqué que les positions des Chakra correspondent en général à des centres spinaux des divisions anatomiques des vertèbres constituant cinq régions, et j'ai dit que les

---

(389) Je ne suis pas sûr que l'auteur lui-même l'ait su dans
tous les cas. Il se peut qu'il ait lui-même reproduit des listes
sans autre connaissance de la question. La liste, selon moi, révèle
à certains égards un manque de sens critique ; par exemple, en
dehors des remarques entre parenthèses dans le texte, Kâmarûpa
et Pûrnagiri sont des Pîtha, les autres, Jâlandhara et Auddîyâna,
n'étant pas mentionnés. La dernière citation qu'il fait établit
une distinction entre les Chakra et les Adhâra.

(390) Les six Adhvâ sont Varna, Pada, Kalâ, Tattva, Bhuvana
et Mantra. Les seize Adhâra sont, d'après le commentaire du v. 33
du *Shatchakranirûpana* : Mûlâdhâra, Svâdhishthâna, Manipûra,
Anâhata, Vishuddha, Ajnâ-chakra, Bindu, Kalâpada, Nibho-
dhika, Arddhendu, Nâda, Nâdânta, Unmanî, Vishnu-vaktra,
Dhruvamandala et Shiva. Les éléments sont aussi décrits dans
ce texte. Les trois Linga sont Svayambhu, Vânâ et Itara, dont
traite également le même texte.

Padma ou Chakra correspondaient à divers plexus qui existent dans le corps autour de ces régions. Diverses hypothèses ont été émises à ce sujet. L'auteur de l'ouvrage cité (391) identifie les Chakra (en commençant par le Mûlâdhâra) avec les plexus sacré, prostatique, épigastrique, cardiaque, laryngé (ou pharyngé) et caverneux, et le Sahasrâra avec la moelle. On peut noter au passage que la dernière hypothèse en tout cas ne peut être correcte. Elle est apparemment basée sur le v. 120 du chapitre V de la *Shiva Samhitâ* (392). Mais cet ouvrage à mon avis ne la justifie pas. Ailleurs, l'auteur cité identifie avec raison le mont Kailâsa avec le Sahasrâra, qui est sans aucun doute le sommet du cerveau. La position anatomique de la moelle est plus basse que celle assignée à l'Ajnâ Chakra. L'ouvrage du Professeur Sarkar contient d'intéressants appendices dus au Docteur Brojendranath Seal, en particulier sur les idées hindoues relatives à la vie végétale et animale, à la physiologie et à la biologie, avec des descriptions du système nerveux selon Charaka et les Tantra (393). Après avoir indiqué que l'axe cérébro-spinal, avec le système sympathique qui lui est associé, contient un certain nombre de centres et de plexus ganglionnaires (Chakra, Padma), à partir desquels des nerfs (Nâdî, Shirâ et Dhamanî) s'irradient à travers la tête, le tronc et les membres, le Docteur écrit, au sujet des centres et plexus ganglionnaires existant dans le système spinal sympathique :

---

(391) *The Positive Background of Hindu Sociology*, par le Professeur Benoy Kumar Sarkar.

(392) P. 54 de la traduction de Srîsha Chandra Vasu, à laquelle je me réfère à la suite de l'auteur. Cette version, pourtant, ne rend pas fidèlement le texte, et prend des libertés avec lui. C'est ainsi qu'une partie importante en a été omise sans un mot d'avertissement, et qu'à la p. 14 il est dit que Kundalinî est « sous forme d'électricité ». Rien dans le texte n'autorise cette expression, et Kundalinî n'est pas, d'après le Shâstra, que de l'électricité.

(393) L'ouvrage du Professeur Sarkar et les appendices du Docteur Seal ont beaucoup de valeur et d'intérêt, et rassemblent un nombre considérable de faits importants concernant la géographie, l'ethnologie, la minéralogie, la zoologie, la botanique de l'Inde, ainsi que la physiologie, la mécanique et l'acoustique hindoues. Ces appendices ont été par la suite réédités à part sous le titre : *Positive Sciences of the Hindus*.

« En commençant par l'extrémité inférieure, les centres et plexus des systèmes associés, spinal et sympathique, peuvent être décrits comme suit :

« 1. L'Adhâra Chakra, le plexus sacro-coccygien à quatre branches, neuf anguli (environ seize centimètres) au-dessous du plexus solaire (Kanda, Brahmagranthi) ; source abondante de sensations agréables ; fortes sensations organiques de repos. Trois centimètres et demi au-dessus, et à une distance égale au-dessous du membre viril (Mehana), est un centre mineur appelé l'Agni-sikhâ.

2. Le Svâdhishthâna Chakra, le plexus sacré, à six branches (Dalâni, ou pétales), ayant part à l'excitation des sentiments sexuels, avec accompagnement de lassitude, de stupeur, de cruauté, de soupçon, de mépris (394).

3. Le Nâbhikanda (correspondant au plexus solaire, Bhânubhavanam), qui forme la grande jonction des chaînes sympathiques droite et gauche (Pingalâ et Idâ) avec l'axe cérébro-spinal. Relié à lui est le Manipûraka, le plexus lombaire, avec les nerfs sympathiques connexes, dont les dix branches (395) sont associées à la production du sommeil et de la soif, et à l'expression de passions telles que la jalousie, la honte, la peur, la stupéfaction.

4. L'Anâhata Chakra, peut-être le plexus cardiaque de la chaîne sympathique, à douze branches, relié au cœur, siège des sentiments égoïstes, espérance, anxiété, doute, remords, vanité, égoïsme, etc.

5. Le Bhâratîsthâna (396), jonction de la moelle épinière avec la *medulla oblongata*, qui, au moyen de nerfs comme le pneumogastrique, etc., commande au larynx et aux autres organes de l'articulation.

6. Le Lalanâ Chakra, en face de la luette, ayant douze pétales (ou lobes), région que l'on suppose associée à la production des sentiments et des affections égo-altruistes, comme l'amour-propre, l'orgueil, l'affection, le chagrin, le regret, le respect, la vénération, le contentement, etc.

---

(394) Ces Vritti (tel est leur nom) sont énumérées avec d'autres dans l'introduction de la première édition du *Mahânirvâna Tantra* en traduction.

(395) C'est-à-dire pétales.

(396) C'est un nom du Vishuddha Chakra en tant que demeure de la Déesse du Langage (Bhâratî).

7. La région sensorio-motrice, comprenant deux Chakra :
a) l'Ajnâ Chakra (litt., le cercle de commande des mouvements) avec ses deux lobes (le cervelet) ; *b)* le Manas Chakra,
le sensorium, avec ses six lobes (cinq sensoria spéciaux pour
les sensations d'origine périphérique, et un sensorium commun
pour les sensations d'origine centrale, comme dans les rêves
et les hallucinations). Les Ajnâvahâ Nâdî, nerfs efférents ou
moteurs, communiquent les impulsions motrices à la périphérie à partir de l'Ajnâ Chakra, centre de commande des
mouvements ; et les nerfs afférents ou sensoriels des sens
particuliers, par paires, la Gandhavahâ Nâdî (sensorium
olfactif), la Rûpavahâ Nâdî (optique), la Shabdavahâ Nâdî
(auditive), la Rasavahâ Nâdî (gustative), et la Sparshavahâ
Nâdî (tactile), arrivent de la périphérie (des organes péri-
phériques des sens particuliers) au Manaschakra, région
sensorielle située à la base du cerveau. Le Manaschakra reçoit
aussi la Manovahâ Nâdî, nom générique des canaux le long
desquels des sensations d'origine centrale (comme dans le
rêve ou l'hallucination) arrivent au sixième lobe du Manas
Chakra.

8. Le Soma Chakra, ganglion à seize lobes, comprenant
les centres du milieu du cerveau, au-dessus du sensorium ;
siège des sentiments altruistes et du contrôle de la volonté :
la compassion, la douceur, la patience, le renoncement, le
caractère méditatif, la gravité, le sérieux, la résolution, la
détermination, la magnanimité, etc.

9. Le Sahasrâra Chakra, aux mille lobes, le sommet du
cerveau avec ses lobes et ses circonvolutions, siège supérieur
et spécial du Jîva, l'âme » (397).

Puis, traitant de l'axe cérébro-spinal et du cœur, et de
leurs relations respectives avec la vie consciente, l'auteur
écrit :

« Vijnânabhikshu, dans le passage qui vient d'être cité,
identifie la Manovahâ Nâdî (véhicule de la conscience) avec
l'axe cérébro-spinal et ses ramifications, et compare la figure
qu'ils forment à une courge renversée avec une tige pendante
à mille rameaux. La Sushumnâ, passage central de la moelle

---

(397) L'auteur cité se réfère au *Jnâna Samkalinî Tantra*, au
Samhitâratnâkara, et pour les fonctions de l'Ajnâvahâ Nâdî et
de la Manovahâ Nâdî à l'*Upaskâra* de Shankara Mishra.

épinière, est la tige de cette courge (ou l'un des rameaux).
Les auteurs qui traitent du Yoga (y compris ceux des divers
systèmes tantriques) font de ce terme un emploi quelque
peu différent. Pour eux, la Manovahâ Nâdî est le canal de
communication du Jîva (l'âme) avec le Manas Chakra (le
sensorium) à la base du cerveau. Les courants sensoriels
sont amenés aux ganglions sensoriels par les nerfs afférents
des sens particuliers. Mais cela ne suffit pas à les amener
au niveau de la conscience discriminative. Il faut maintenant
qu'une communication s'établisse entre le Jîva (dans le
Sahasrâra Chakra, sommet du cerveau) et les courants sensoriels reçus au sensorium, et cela s'effectue au moyen de la
Manovahâ Nâdî. Quand les sensations sont d'origine centrale,
comme dans les rêves et les hallucinations, une Nâdî spéciale
(Svapnavahâ Nâdî), qui semble n'être qu'un rameau de la
Manovahâ Nâdî, sert de conduit de communication du Jîva
(l'âme) au sensorium. De la même manière, l'Ajnâvahâ Nâdî
porte les messages de l'âme du Sahasrâra (sommet du cerveau)
à l'Ajnâ Chakra (région motrice à la base du cerveau),
messages qui de là sont transmis plus bas, le long des nerfs
efférents, aux diverses portions de la périphérie. Je peux
ajouter que les nerfs sensoriels spéciaux, avec la Manovahâ
Nâdî, portent parfois le nom général de Jnânavahâ Nâdî
(litt., canal de la connaissance perceptive). Il n'y a jusqu'ici
aucune difficulté. La Manovahâ et l'Ajnâvahâ Nâdî mettent
en communication la région sensorio-motrice de la base du
cerveau (Manas Chakra et Ajnâ Chakra) avec le siège supérieur (et spécial) de l'âme (Jîva) au sommet du cerveau
(Sahasrâra), l'une servant de canal pour porter vers le haut
les messages sensoriels et l'autre pour porter vers le bas
les messages moteurs. Mais les efforts de la volonté (Ajnâ,
Prayatna) sont des perceptions conscientes, et la Manovahâ
Nâdî doit donc collaborer avec l'Ajnâvahâ pour produire la
conscience de l'effort. En vérité, l'attention, fonction caractéristique de Manas, par laquelle il élève les perceptions des
sens au niveau de la conscience discriminative, implique effort
(Prayatna) de la part de l'âme (Atmâ, Jîva), effort dont nous
sommes conscients par l'intermédiaire de la Manovahâ Nâdî.
Mais comment expliquer la perception d'effort dans les nerfs
moteurs ? Shankara Mishra, auteur de l'*Upaskâra* sur les
Sûtra de Kanâda, soutient que les Nâdî (même les **nerfs**

volitifs ou moteurs) sont elles-mêmes sensibles, et que leurs sensations sont conduites au sensorium par le moyen des nerfs du sens (interne) du toucher (qui leur sont entremêlées en très menues fibrilles). Ainsi la conscience de l'effort, dans n'importe quel nerf moteur, que ce soit Ajnâvahâ (moteur volitif) ou Prânavahâ (moteur automatique), dépend des nerfs tactiles (ou nerfs de sensation organique) qui sont mêlés à lui. Par exemple, l'assimilation de la nourriture et de la boisson par l'activité automatique des Prâna implique un effort (Prayatna) (automatique) accompagné d'une vague conscience organique, qui est due au fait que de menues fibres du sens interne du toucher sont entremêlées à la machinerie des nerfs automatiques (les Prânavahâ Nâdi). »

Ces localisations sont dans une certaine mesure hypothétiques. Par exemple, que le centre de la gorge corresponde à la carotide, au larynx ou au pharynx, ou à tous trois ; que le centre du nombril corresponde au plexus épigastrique, solaire ou lombaire, l'Ajnâ au plexus caverneux, à la glande pinéale, à la pituite, au cervelet, et ainsi de suite, c'est là forcément une question d'opinion personnelle. Rien ne s'oppose, dans l'état de nos connaissances, à ce que chaque centre puisse avoir plus d'une correspondance de cette espèce. Tout ce qu'on peut dire avec quelque certitude, c'est que les quatre centres situés au-dessus du Mûlâdhâra, qui est le siège de l'énergie directrice, sont en relation avec les fonctions génito-excrétrices, digestives, cardiaques et respiratoires, tandis que les deux centres supérieurs (Ajnâ et Sahasrâra) dénotent diverses formes d'activité cérébrale, qui trouvent leur achèvement dans le Repos de la Conscience pure. L'incertitude qui règne au sujet de certaines de ces questions est indiquée dans le texte même d'un ouvrage comme le *Shatchakranirûpana*, qui montre que sur plusieurs des sujets ici discutés on a exprimé des opinions différentes, interprétations individuelles des exposés qu'on peut lire dans les Tantra et dans les autres Shâstra.

Il y a cependant, si je les lis correctement, des affirmations dans les exposés ci-dessus qui, pour assez communément acceptées qu'elles soient, n'ont point mon accord. Il est dit, par exemple, que l'Adhâra Chakra *est* le plexus sacro-coccygien, que le Svâdhishthâna *est* le plexus sacré, et ainsi de suite. Or, le *Shatchakranirûpana*, pour ne citer que cet

ouvrage, indique clairement que les Chakra sont dans la
Sushumnâ. Le v. 1 parle des « Lotus qui sont à l'intérieur du
Meru (la colonne vertébrale) ; et comme la Sushumnâ les porte
(les lotus), il faut nécessairement qu'Elle soit à l'intérieur du
Meru ». Cela est dit en réponse à ceux qui, se basant sur un
passage du *Tantrachûdâmani*, supposent à tort que Sushumnâ est à l'intérieur du Meru. Le Commentateur réfute
de même l'erreur de ceux qui, se basant sur le *Nigamatattva-
sâra*, supposent que non seulement Sushumnâ, mais Idâ et
Pingalâ, sont à l'intérieur du Meru. Le v. 2 dit qu'à l'intérieur
de Vajrâ (qui est elle-même à l'intérieur de Sushumnâ) est
Chitrinî, sur laquelles les lotus sont enfilés comme des
gemmes, et qui, pareille à un fil d'araignée, perce tous les
lotus qui sont à l'intérieur de la colonne vertébrale. Dans le
même passage, l'auteur combat l'opinion, basée sur le *Kalpa
Sûtra*, que les lotus sont à l'intérieur de Chitrinî. Ces lotus
sont dans la Sushumnâ ; et Chitrinî se trouvant à l'intérieur
de celle-ci, elle les perce mais ne les contient pas. L'affirmation
du v. 51, que les lotus sont dans ou sur la Brahmanâdî, crée
quelque incertitude. Mais il veut dire par là qu'ils se rattachent à cette Nâdî, car ils sont dans Sushumnâ, dont la
Brahmanâdî est le canal central. Le commentateur Vishvanâtha, citant le *Mâyâ Tantra*, dit que les six lotus sont
attachés à la Chitrinî-Nâdî (Chitrinî-grathitam). Une conclusion se dégage clairement de tout cela, à savoir que les
Lotus sont dans la colonne vertébrale et dans Sushumnâ, et
non dans les plexus nerveux qui l'entourent. C'est là, dans
la colonne vertébrale, qu'ils existent comme des centres
vitaux, extrêmement subtils, de Prânashakti et comme des
centres de conscience. Je peux citer à cet égard l'extrait
d'un article sur les *Erreurs physiques de l'Hindouisme* (398),
que j'emprunte à l'ouvrage du Professeur Sarkar : « Cela,
en vérité, exciterait la surprise de nos lecteurs d'apprendre
que les Hindous, qui ne voudraient pas même toucher un
cadavre, à plus forte raison le disséquer, possèdent des
connaissances anatomiques... Ce sont les Tantra qui nous
fournissent quelques renseignements extraordinaires concernant le corps humain... Mais de tous les Shâstra hindous
existants, les Tantra sont les plus obscurs... La théorie tan-

(398) Publié dans la *Calcutta Review*, vol. XI, pp. 436-440.

trique, sur laquelle est fondé le Yoga bien connu qui porte le nom de « Shatchakrabheda », suppose l'existence de six organes internes principaux, appelés Chakra ou Padma, ayant tous une ressemblance particulière avec cette fleur célèbre, le lotus. Ils sont placés les uns au-dessus des autres, et reliés par trois chaînes imaginaires, emblèmes du Gange, de la Yamunâ et de la Saraswatî... Telle est l'obstination des Hindous à s'attacher à ces idées erronées, que même quand nous leur montrons par la dissection matérielle l'inexistence des imaginaires Chakra dans le corps humain, ils préféreront recourir à des prétextes qui révoltent le sens commun, plutôt que d'admettre le témoignage de leurs propres sens. Ils disent, avec une impudence sans égale, que ces Padma existent tant qu'un homme est vivant, mais qu'ils disparaissent à l'instant de sa mort ». Cela, pourtant, n'est pas tout à fait exact, car il ne peut exister dans un corps de centres conscients et vitaux, quand meurt l'organisme dont ils assuraient la cohésion. Une conclusion contraire pourrait, en vérité, être qualifiée d'« impudente » stupidité (399).

L'auteur de l'ouvrage dont cette citation est tirée dit que, bien que ces Chakra ne puissent être identifiés de manière satisfaisante, les tantristes doivent cependant avoir acquis la connaissance qu'ils en ont par la dissection. Il doit faire allusion aux régions physiologiques qui sur le plan grossier correspondent aux Chakra proprement dits, et sont gouvernées par eux ; ces Chakra, centres subtils, vitaux et conscients de la moelle épinière, sont invisibles à tous sauf au Yogî (400), existant lorsque le corps est en vie et disparaissant lorsque la vitalité (Prâna) abandonne le corps comme une portion du Lingasharîra.

C'est donc une erreur, à mon avis, d'identifier les Chakra avec les plexus physiologiques qui ont été mentionnés. Ces

---

(399) Cela rappelle l'histoire du docteur matérialiste qui disait avoir examiné des centaines de cadavres, mais n'avoir jamais encore trouvé trace d'une âme.

(400) Il est dit : Tâni vastûni tanmâtrâdîni pratyakshavishayâni (Des choses telles que les Tanmâtra ne sont objet de perception immédiate que pour les Yogî). Un Yogî « voit » les Chakra avec son œil mental (Ajnâ). Pour les autres, ils ne peuvent être qu'inférés (Anumâna).

derniers appartiennent au corps grossier, tandis que les Chakra sont des centres vitaux extrêmement subtils, ayant diverses fonctions tâttviques. En un sens, nous pouvons associer à ces centres subtils les parties organiques grossières, visibles à nos yeux, telles que les plexus et les ganglions. Mais associer et identifier sont choses différentes. La pensée indienne et la langue sanskrite, qui en est l'expression, ont un caractère particulier de pénétration et de compréhension qui permet d'expliquer bien des idées pour lesquelles, sauf par paraphrase, il n'existe pas d'équivalent en langage occidental. C'est par la Puissance, ou Shakti, de l'Atmâ, ou Conscience, que le corps existe. C'est le Prâna collectif qui en assure la cohésion en tant qu'unité humaine individuelle, tout comme il soutient les différents Principes et Eléments (Tattva) dont il est composé. Ces Tattva, quoique présents dans le corps entier, ont pourtant divers centres fonctionnels spéciaux. Ces centres, comme on pouvait le supposer, sont disposés le long de l'axe vertébral, et sont les Sûkshma Rûpa, formes subtiles de ce qui existe sous forme grossière (Sthûla Rûpa) dans le corps physique qui s'est organisé autour. Ils sont des manifestations de Prânashakti, la Force Vitale. En d'autres termes, d'un point de vue objectif, les centres subtils, ou Chakra, animent et gouvernent les régions physiologiques grossières déterminées par les différentes régions de la colonne vertébrale, et par les ganglions, plexus, nerfs, artères et organes respectivement situés dans ces régions. C'est donc seulement, à la rigueur, en ce sens qu'ils sont les correspondances extérieures grossières des centres spinaux, que nous pouvons associer les plexus et autres éléments physiologiques aux Chakra dont il est question dans les livres sur le Yoga. C'est en ce sens seulement que toute la région qui s'étend du centre subtil à la périphérie, avec ses éléments corporels correspondants, peut être regardée comme le Chakra. Le grossier et le subtil étant ainsi associés, toute opération mentale exercée sur l'un affectera l'autre. Certaines forces sont concentrées dans ces Chakra ; c'est pour cette raison, et en raison de leur fonction, qu'ils sont considérés comme des centres séparés et indépendants. Il existe ainsi six centres subtils dans la moelle, ayant des manifestations grossières à l'intérieur même de la moelle, et des enveloppes plus grossières encore dans la région parcourue par les sympathiques Idâ et

Pingalâ, et les autres Nâdî. C'est à partir de cet ensemble
et des éléments composés grossiers du corps physique que
s'organisent les organes de la vie, dont le cœur vital est le
Chakra subtil qui les vivifie et les gouverne. Les aspects
subtils des six centres selon la doctrine tantrique ne doivent
pas être négligés au profit de l'aspect grossier ou physiologique du corps. Comme on l'a expliqué plus haut, d'après le
Commentaire du trente-cinquième vers de l'*Anandalaharî*,
il y a six Deva : Shambhu, Sadâshiva, Ishvara, Vishnu,
Rudra, Brahmâ, dont les demeures sont les six Loka ou
régions : Maharloka, Tapoloka, Janaloka, Svarloka, Bhuvar-
loka et Bhûrloka (la Terre). Ce sont ces Divinités qui sont
les formes de Conscience gouvernant les Shatchakra. Autrement dit, la Conscience (Chit), principe ultime d'expérience,
est à la base et dans l'ensemble de tout être. Chaque cellule
du corps a une conscience propre. Les diverses parties organiques du corps édifié par les cellules n'ont pas seulement
une conscience cellulaire particulière, mais la conscience de
la partie organique particulière qui est autre que la simple
collectivité de la conscience de ses unités constitutives. C'est
ainsi qu'il peut exister une conscience abdominale. Et la
conscience d'une région corporelle de cette espèce est sa
Devatâ, c'est-à-dire l'aspect de Chit qui est associé à cette
région et qui l'organise. Enfin, l'organisme comme tout a
sa conscience, qui est le Jîva individuel. Ensuite, il y a la
forme subtile, ou corps subtil, de ces Devatâ, sous forme de
Mental, ou « matière » supra-sensible (Tanmâtra), et la
« matière » sensible : éther, air, feu, eau, terre, ayant leurs
centres dans l'Ajnâ, le Vishuddha, l'Anâhata, le Manipûra,
le Svâdhishthâna et le Mûlâdhâra. De ces six Tattva est
composé, non seulement le corps humain grossier, mais le
vaste macrocosme. Les six Chakra sont donc les centres
subtils et divins des enveloppes physiques et psychiques
correspondantes. Le septième ou suprême centre de Conscience
est Paramashiva, dont la demeure est Satyaloka, aspect
cosmique du Sahasrâra de notre corps humain. Le Suprême
descend donc dans ses manifestations du subtil au grossier
sous la forme des six Deva et des six Shakti dans leurs six
demeures le long de l'axe du monde, et sous la forme des
six centres de l'axe du corps ou colonne vertébrale. La fonction spéciale de chacun des Tattva est située dans son centre

individuel du microcosme. Mais, malgré toutes ces transformations subtiles et grossières effectuées dans Kula-Kundu-
linî, et par Elle, Elle demeure constamment, dans Son aspect
de Brahman ou de Svarûpa, l'Unique, Sat, Chit et Ananda,
et Elle est réalisée par le Yogî lorsqu'attirant la Devî hors
de Sa demeure cosmique dans le centre terrestre (Mûlâdhâra),
il l'unit à Paramashiva dans le Sahasrâra, en cette union
bienheureuse qui est l'Amour Suprême (Ananda).

Il resterait à considérer encore d'autres affirmations
relatives à ces Chakra ; celles, par exemple, concernant
l'existence des « pétales », dont on a dit que le nombre était
déterminé dans chaque cas par les caractéristiques de la
région grossière que gouverne le Chakra particulièrement
envisagé. Il est dit que les centres sont composés de pétales
désignés par certaines lettres. Le Professeur Sarkar (401)
exprime l'opinion que ces pétales représentent soit les nerfs
qui vont former un ganglion ou un plexus, soit les nerfs
distribués à partir de ce ganglion ou de ce plexus. On m'a
dit que la disposition des Nâdî au Chakra particulier en
question détermine le nombre de ses pétales (402). Dans les
cinq Chakra inférieurs leurs caractéristiques sont exposées
par le nombre et la position des Nâdî ou par les lobes et les
zones sensorielles et motrices des parties supérieures du
système cérébro-spinal. Comme je l'ai déjà expliqué, le
Chakra ne doit pas être identifié avec les ganglions et les
plexus physiques, bien qu'il leur soit associé et soit représenté
par eux sur le plan grossier. Les lotus avec leurs pétales sont
à l'intérieur de la Sushumnâ, où on se les représente fleurissant
au passage de Kundalî. Les lettres sont sur les pétales.

Les lettres des six Chakra sont au nombre de cinquante :
les lettres de l'alphabet sanskrit moins Ksha, suivant le
Kamkâlamâlinî Tantra (403), ou le deuxième L ou La cérébral (404). Toutes ces lettres, multipliées par 20, existent en

---

(401) *The Positive Background of Hindu Sociology*, p. 292.
(402) Voir Avalon, *Mahânirvâna Tantra* (1re éd.), p. LVII.
En y parlant du lotus comme d'un plexus de Nâdî, j'ai en vue
l'enveloppe grossière du centre subtil, enveloppe grossière dont
il est dit qu'elle contient la cause déterminante (bien qu'étant
l'effet dans un autre sens) des caractères du centre subtil.
(403) Cité au v. 40 du *Shatchakranirûpana*.
(404) *Ibid.*

puissance dans le Sahasrâra, où elles sont donc au nombre
de 1.000, d'où le nom de ce Lotus. Il y a, d'autre part,
72.000 Nâdî qui partent du Kanda. De plus, le fait que
ces lettres des Chakra ne sont pas choses grossières est bien
montré par les v. 28 et 29 du *Shatchakranirûpana*, qui disent
que les voyelles du Vishuddha sont visibles à l'esprit éclairé
(Dîptabuddhi) seulement, c'est-à-dire à la Buddhi débarrassée
de l'impureté qui résulte des occupations terrestres, par
l'effet d'une pratique constante du Yoga. Le v. 19, et d'autres
encore, parle des lettres en question comme colorées. Chaque
objet de perception, qu'il soit grossier ou subtil, a un aspect
correspondant à chacun des sens. C'est pour cette raison que
le Tantra établit une relation entre le son, la forme et la
couleur. Le son produit la forme, et la forme est associée
à la couleur. Kundalî est une forme de la Shakti Suprême
qui conserve toutes les créatures douées de souffle. Elle est
la source à partir de laquelle se manifeste tout son ou énergie,
que ce soit sous forme d'idées ou de langage. Ce son ou
Mâtrikâ, lorsqu'il est émis en langage humain, prend la
forme de lettres, et de prose ou de vers formés par leurs
combinaisons. Et le son (Shabda) a son sens, à savoir les
objets désignés par les idées qui sont exprimées par des sons
ou des mots. Sous l'impulsion d'Ichchhâ Shakti agissant par
l'intermédiaire du Prânavâyu (force vitale) de l'Atmâ, est
produite dans le Mûlâdhâra la puissance sonore appelée
Parâ, qui dans son mouvement ascendant par les autres
Chakra prend d'autres caractères et d'autres noms (Pashyantî
et Madhyamâ), et lorsqu'elle est émise par la bouche apparaît,
sous le nom de Vaikharî, sous la forme des lettres parlées
qui sont l'aspect grossier du son existant dans les Chakra
eux-mêmes (405). Les lettres, une fois prononcées, sont alors
l'aspect manifesté en langage grossier de l'énergie subtile du
Shabdabrahman en tant que Kundalî. La même énergie qui
produit ces lettres manifestées comme Mantra produit l'univers grossier. Dans les Chakra est le Shabda subtil dans ses
états de Parâ, Pashyantî ou Madhyamâ Shakti, qui, porté à
l'organe vocal, prend la forme de son audible (Dhvani), qui
peut être n'importe quelle lettre particulière. Il est dit que

---

(405) *Ibid.*, v. 10 et 11.

des formes particulières de l'énergie de Kundalî résident dans
des Chakra particuliers, toutes ces énergies existant sous
une forme magnifiée dans le Sahasrâra. Chaque lettre manifestée est un Mantra, et un Mantra est le corps d'une Devatâ.
Il y a donc autant de Devatâ dans un Chakra qu'il y a de
pétales, qui sont les Devatâ ou Shakti entourant (Avarana)
la Devatâ du Chakra, et l'élément subtil dont Elle est la
Conscience directrice. Ainsi Brahmâ est la Conscience directrice du lotus Mûlâdhâra, désignée par le Bindu du Bîja La
(Lam), qui est le corps de la Devatâ de la terre ; et autour
d'eux, associés à eux, sont les formes subtiles des Mantra,
qui constituent les pétales et les corps d'énergies associées.
Le corps humain tout entier est en fait un Mantra, et se
compose de Mantra. Ces puissances sonores animent, règlent
et dirigent les manifestations grossières correspondantes
dans les régions qui les entourent.

Mais pourquoi des lettres particulières sont assignées à
des Chakra particuliers, c'est la question qui se pose maintenant. Pourquoi, par exemple, Ha est-elle dans l'Ajnâ et
La dans le Mûlâdhâra ? C'est un fait que dans certains passages des Tantra certaines lettres sont assignées à des
éléments particuliers. Ainsi, il y a certaines lettres qui sont
appelées Vâyava Varna, ou lettres appartenant au Vâyu
Tattva ; mais un examen fondé sur ce fait ne peut rendre
compte de la position des lettres, des lettres qui sont assignées
à un certain élément pouvant se trouver dans un Chakra
dont le Tattva prédominant est un autre élément. On a dit
que dans la prononciation de lettres particulières, les centres
où elles sont situées entrent en jeu, et que c'est là l'explication
de la position de ces lettres particulières en leur centre
particulier. Une explication probable est celle que j'ai donnée
dans Shakti and Shâkta (406). En dehors de celle-ci, on peut
seulement dire que tel est Svabhâva, la nature de la chose,
qui dans ce cas est aussi peu susceptible de recevoir une
explication définitive que dans le corps la disposition des
organes grossiers eux-mêmes ; ou qu'il peut s'agir d'un
arrangement artificiel dans un but de méditation, auquel cas
il n'est pas besoin d'autre explication.

_____

(406) 3e éd. Voir le chapitre sur Kundalîyoga.

Les quatre Bhâva, ou états du son, dans le corps humain, sont ainsi nommés parce qu'ils sont des états dans lesquels le son, ou le mouvement, est produit ou devient, se développant à partir de Parâ Shakti dans le corps d'Ishvara, jusqu'à la Vaikharî Shakti grossière dans le corps de Jîva. Comme il a été dit déjà, sous l'aspect corporel (Adhyâtmâ) le Kârana Bindu réside dans le centre Mûlâdhâra, où il est connu sous le nom de Shakti Pinda (407) ou de Kundalinî (408). Kundalî est le nom de Shabdabrahman dans les corps humains. L'*Achârya* dit, parlant de Kundalinî : « Il est une Shakti nommée Kundalinî qui est toujours occupée à l'œuvre de création de l'univers. Celui qui L'a connue ne rentre plus jamais, enfant, dans le sein maternel, ni ne subit la vieillesse ». Autrement dit, il n'entre plus dans la Samsâra du monde de la transmigration (409). Ce Kârana Bindu existe dans un état non différencié (410).

Le corps de Kundalî est composé de cinquante lettres ou puissances sonores. De même qu'il y a une apparente évolu-

---

(407) On l'appelle ainsi parce que toutes les Shakti sont rassemblées ou « roulées en une seule masse ». C'est là le Kendra (centre) de toutes les Shakti. Le *Svachchhanda* dit, comme aussi le *Shârada* :

Pindam Kundalinî-shaktih
Padam hamsah prakîrtitah
Râpam bindur iti khyatam
Rûpâtîtas tu chinmayah.

(Kundalinî Shakti est Pinda ; Hamsah est Pada ; Bindu est Rûpa, mais Chinmaya (Chit) est sans forme.) La première, en tant que potentialité de toute puissance manifestée, est dans le Mûlâdhâra Chakra ; le second, en tant que Jîvâtmâ, est dans Anâhata, où bat le cœur, la pulsation vitale. Bindu, le corps formel causal, en tant que Shakti Suprême, est dans Ajnâ, et la Conscience informelle passant par Bindu Tattva manifesté comme Hamsa, puis reposant de nouveau comme Kundalinî, est dans le Brahmarandhra (voir Tîkâ du premier Samketa du *Yoginîhridaya Tantra*).

(408) Adhyâtmantu kâranabinduh shaktipindakundalyâdishabdavâchyo mûlâdhârasthan (Bhâskararâya, Comm. de la *Lalitâ*, v. 132).

(409) « Shaktih kundalinîti vishvajananavyâpârabaddhodyamâm
Jnâtvâ ittham na punar vishanti jananîgarbhe ' rbhakatvam narâh » ityadirîtyâchâryair vyavahritah. *(Ibid.)*

(410) So'yam avibhâgâvasthah kâranabinduh. *(Ibid.)*

tion (411) dans le corps cosmique d'Ishvara, représentée par
les sept états qui vont de Sakala Parameshvara à Bindu, il
y a dans le corps humain un développement similaire en
Kundalî, qui s'y trouve présente comme l'Ishvarî. Les états
suivants y sont développés, en correspondance avec le développement cosmique : Shakti, Dhvani, Nâda, Nirodhikâ,
Ardhendu, Bindu. Ce sont tous des états de Kundalî Elle-
même dans le Mûlâdhâra, et ils sont connus sous le nom de
son Parâ. Chacune des lettres composant le corps de Kundalî
existe sous les quatre états de Parâ Shakti, et, dans les états
ultérieurs du son, de Pashyantî, Madhyamâ et Vaikharî,
dont il sera question plus loin. Le premier est un état de son
indifférencié, qui existe dans le corps d'Ishvara ; le deuxième
et le troisième, existant dans le corps de Jîva, sont des
étapes vers cette manifestation complète du son différencié
dans le langage humain qui porte le nom de Vaikharî Bhâva.
Sous l'aspect cosmique ces quatre états sont Avyakta,
Ishvara, Hiranyagarbha et Virât. L'Artharishti (création
objective) de Kundalinî constitue les Kalâ, qui sortent des lettres, tels que la Rudra Mûrti, la Vishnu Mûrti et leurs Shakti,
Kâma, Ganesha et leurs Shakti, et ainsi de suite. Dans le
Sakala Parameshvara, ou Shabdabrahman dans les corps,
c'est-à-dire Kundalinî Shakti, celle-ci est appelée Chit Shakti
ou simplement Shakti, « lorsqu'entre Sattva », état connu
sous le nom de Paramâkâshâvasthâ. Lorsque Celle en qui
Sattva est entré est ensuite « percée » par Rajas, Elle prend
le nom de Dhvani, qui est l'Aksharâvasthâ. Lorsqu'Elle est
de nouveau « percée » par Tamas, elle prend le nom de Nâda.
C'est l'Avyaktâvasthâ, l'Avyakta Nâda qui est le Parabindu.
Puis, Celle en qui abonde Tamas prend, comme le dit Râghava
Bhatta, le nom de Nirodhikâ ; Celle en qui abonde Sattva
prend le nom d'Ardhendu ; et la combinaison des deux (Ichchhâ et Jnâna), dans laquelle Rajas opère comme Kriyâ Shakti,

---

(411) Vikâra ou Vikriti est quelque chose qui est réellement
changé, comme le lait se change en caillé. Le second est une
Vikriti du premier. Vivarta est un changement apparent mais
non réel, comme l'apparence de serpent prise par ce qui était et
demeure une corde. Le *Vedântasâra* définit les deux termes sous
cette forme musicale :
Satattvato' nyathâprathâ vikâra ityudîritah
Atattvato' nyathâ prathâ vivarta ityudâhritah.

prend le nom de Bindu. Aussi a-t-on dit : « Attiré par la
force d'Ichchhâ Shakti (la volonté), illuminé par Jnâna
Shakti (la connaissance), Shakti le Seigneur apparaissant
comme mâle crée (Kriyâ Shakti, l'action) ».

Quand le Kârana Bindu « germe » afin de créer les trois
(Bindu, Nâda et Bîja), alors naît ce Verbe ou Son non manifesté de Brahman appelé le Shabdabrahman (Brahman
Son) (412). Il est dit : « De la différenciation du Kârana
Bindu naît le « Son » non manifesté, appelé Shabdabrahman
par ceux qui sont versés dans la Shruti » (413). C'est ce
Shabdabrahman qui est la cause immédiate de l'univers,
qui est son et mouvement manifestés en idée et langage.
Ce son, qui ne fait qu'un avec le Kârana Bindu, et qui est
donc omniprésent, apparaît pourtant d'abord dans le corps
humain dans le Mûlâdhâra. « Il est dit que dans le Mûlâdhâra
du corps l'« air » (Prânavâyu) apparaît d'abord. Cet « air »,
sur lequel s'exerce l'effort d'une personne désirant parler,
manifeste le Shabdabrahman omniprésent » (414). Le Shabdabrahman qui est sous la forme du Kârana Bindu lorsqu'il
demeure immobile (Nishpanda) à sa place (c'est-à-dire en
Kundalî, qui est Elle-même dans le Mûlâdhâra) est appelé
Parâ Shakti, le langage. Le même Shabdabrahman manifesté
par le même « air » allant jusqu'au nombril, uni au Manas,

---

(412) Ayam eva cha yadâ kâryabindvâditrayajananonmukho
bhidyate taddashâvâm avyaktah shabdabrahmâbhidheyo ravas
tatrotpadyate. *(Ibid.)*
Quand celui-ci (le Kârana-bindu) se dispose à produire les
trois Bindu dont le premier est Kâryabindu et qu'il éclate ou
se divise (Bhidyate), alors à ce stade naît le son (Rava) indistinct
(Avyakta) qu'on appelle Shabdabrahman.
(413) Tadapyuktam :
    Bindos tasmâd bhidyamânâd avyaktâtmâ ravo'bhavat.
    Sa ravah shrutisampannaih shabdabrahmeti gîyate. *(Ib.)*
Aussi a-t-il été dit : Du Bindu qui éclate naît le son indistinct
qui est appelé Shabdabrahman par ceux qui sont versés dans
la Shruti.
(414) So'yam ravah kâranabindutâdâtmyâpannatvât sarvagato'
pi vyanjakayatnasamskritapavanavashât prâninâm mûlâdhâra
eva abhivyajyate. Taduktam :
    Dehe'pi mûlâdhâre'smin samudeti samîranah.
    Vivakshorichchhayotthena prayatnena susamskritah.
    Sa vyanjayati tatraiva shabdabrahmâpi sarvagam. *(Ibid.)*

possédant la nature du Kârya Bindu manifesté avec un mouvement général (Sâmânyaspanda), porte le nom de langage Pashyantî (415). Pashyantî, qui est défini comme Jnânâtmaka et Bindvâtmaka (ayant la nature de Chit et de Bindu), s'étend du Mûlâdhâra au nombril, ou, d'après certains exposés, au Svâdhishthâna.

Ensuite, le Shabdabrahman manifesté par le même « air » allant jusqu'au cœur, uni à la Buddhi, possédant la nature du Nâda manifesté et doué de mouvement particulier (Visheshaspanda), porte le nom de langage Madhyamâ (416). C'est le son Hiranyagarbha, qui s'étend depuis la région de Pashyantî jusqu'au cœur. Ensuite (417) le même Shabdabrahman manifesté par le même air allant jusqu'à la bouche, développé dans la gorge et les régions voisines, articulé et pouvant être entendu par les oreilles d'autrui, possédant la nature du Bîja manifesté avec un mouvement articulé tout à fait distinct (Spashtatara), porte le nom de langage Vaikharî(418). C'est l'état Virât du son, ainsi nommé parce qu'il « sort ».

L'*Achârya* donne sur ce sujet les explications suivantes : « Le son qui naît d'abord dans le Mûlâdhâra est appelé Parâ ; puis Pashyantî ; puis, lorsqu'il va jusqu'au cœur et qu'il est

---

(415) Tad idam kâranabindvâtmakam abhivyaktam shabda-brahmasvapratishthatayâ nishpandam tadeva cha parâ vâg ituychyate. Atha tadeva nâbhiparyantamâgachchhatâ tena pavanenâbhivyaktam vimarsharûpena manasâ yuktam sâmânyaspandaprakâsharûpakâryabindumayam sat pashyantí vâg uchyate. *(Ibid.)*

(416) Atha tad eva shabdabrahma tenaiva vâyunâ hridayaparyantamabhivyajyamânam nishchayâtmikayâ buddhyâ yuktam visheshaspandaprakâsharûpanâdamayam sat madhyamâvâgityuchyate. *(Ibid.)*

(417) Atha tad eva vadanaparyantham tenaiva vâyunâ kanthâdisthâneshvabhivyajyamânam akârâdivarnarûpam parashrotrâgrahanayogyam spashtataraprakâsharû pabîjâtmakam sat vaikharî vâg uchyate. *(Ibid.)*

(418) C'est-à-dire Shabda sous sa forme physique. Bhâskararâya, dans le commentaire du même vers (132) de la *Lalitâ*, donne les étymologies suivantes : Vi = beaucoup ; khara = dur. D'après le *Saubhâgya Sudhodaya*, Vai = certainement ; kha = cavité (de l'oreille) ; ra = aller ou entrer. Mais d'après les Yoga Shâstra, la Devî sous la forme de Vaikharî (Vaikharîrûpâ) est ainsi nommée parce qu'elle a été produite par le Prâna nommé Vikhara.

uni à la Buddhi, il est appelé Madhyamâ ». Ce nom est dû
au fait qu'Elle demeure « au milieu ». Elle ne ressemble pas à
Pashyantî, Elle ne sort pas comme Vaikharî, avec une articulation pleinement développée. Mais Elle est au milieu des
deux.

La pleine manifestation est la Vaikharî de l'homme qui
veut crier. Dans ce cas le son articulé est produit par l'air (419).
Le *Nityâ Tantra* dit aussi : « La forme Parâ naît dans le Mûlâdhâra produite par l'« air » ; le même « air » s'élevant, manifesté dans le Svâdhishthâna, atteint l'état Pashyantî (420).
Le même s'élevant lentement et manifesté dans l'Anâhata,
uni à l'intellect (Buddhi), est Madhyamâ. S'élevant encore,
et apparaissant dans le Vishuddha, il sort de la gorge comme
Vaikharî » (421). Comme le dit la *Yogakundalî Upanishad* (422) : « Cette Vâk (puissance de langage) qui germe en
Parâ donne des feuilles en Pashyantî, des bourgeons en

---

(419) Taduktamâchâryaih :
Mûlâdhârât prathamam udito yash cha bhâvah parâkhyah,
Pashchât pashyanty atha hridayago buddhiyug madhyamâkhya
Vaktre vaikhary atha rurudishor asya jantoh sushumnâ,
Baddhas tasmât bhavati pavanapreritâ varnasamjnâ.
(Bhâskararâya, op. cit,)
C'est pourquoi le grand maître a dit (Shankara, *Prapanchasâra*,
II, 44) : « Lorsque l'enfant veut crier, le premier état du son
attaché à la Sushumnâ lorsqu'il naît dans le Mûlâdhâra est appelé
Parâ ; élevé par l'air il devient ensuite Pashyantî, et dans le cœur
uni à Buddhi il prend le nom de Madhyamâ, et dans la bouche
il devient Vaikharî et de celle-ci naissent les lettres de l'alphabet ».
(420) Bhâskararâya donne Son autre nom, Uttîrnâ (élevée), et
cite le *Saubhâgya Sudhodaya*, qui dit : « Comme Elle voit tout en
Elle-même, et comme Elle s'élève (Uttîrnâ) au-dessus de la voie
de l'action, cette Mère est appelée Pashyantî et Uttîrnâ ».
(421) Nityâtantre'pi :
Mûlâdhâre samutpannah parâkhyo nâdasambhavah.
Sa evordhyam tayâ nîtah svâdhishthâne vijrimbhitah,
Pashyantyâkhyâm avâpnoti tathaivordhvam shanaih shanaih,
Anâhate buddhi-tattyasameto madhyamâbhidhah,
Tathâ tayordhvam nunnah san vishuddhau kanthadeshatah
Vaikharyâkhya ityâdi.
(Bhâskararâya, op. cit.)
Voir aussi *Prapanchasâra Tantra*, ch. II (Avalon, *Tântrik
Texts*, vol. III).
(422) Ch. III.

Madhyamâ, et fleurit en Vaikharî. En renversant cet ordre le son est absorbé. Quiconque réalise le grand Seigneur du Langage (Vâk), le Soi radieux et indifférencié, n'est affecté par aucune parole, quelle qu'elle soit ».

Ainsi, bien qu'il existe quatre sortes de langage, les hommes à l'esprit grossier (Manushyâh sthûladrishah) (423) qui ne comprennent pas les trois premières (Parâ, etc.), croient que le langage est seulement Vaikharî (424), tout comme ils prennent le corps grossier pour le Soi, dans l'ignorance de ses principes subtils. La Shruti dit : « Aussi les hommes croient que cela seul est le langage qui est imparfait », imparfait dans la mesure où il ne possède pas les trois premières formes (425). La Shruti dit encore (426) : « Il est quatre degrés du langage ; les Bramanes qui sont sages les connaissent : trois sont cachés et immobiles ; les hommes parlent le quatrième ». La *Sûta Samhitâ* dit de son côté : « Apada (le Brahman immobile) devient Pada (les quatre formes du langage), et Pada peut devenir Apada. Celui qui connaît la distinction entre Pada (427) et Apada, celui-là voit réellement (autrement dit devient lui-même) Brahman » (428).

Ainsi, les conclusions de la Shruti et de la Smriti sont que le « Cela » (Tat) dans le corps humain a quatre subdivisions (Parâ, etc.). Mais même sous la forme Parâ le mot

---

(423) C'est-à-dire les hommes qui ne voient et n'admettent que l'aspect grossier des choses.

(424) Ittham chaturvidhâsu mâtrikâsu parâditrayam ajânanto manushyâh sthûladrisho vaikharîm eva vâcham manvate.
(Bhâskararáya, *Ibid.*)

(425) Tathâ cha shrutih : Tasmâd yadvâcho'nâptam tanmanushyâ upajîvanti iti, anâptam apûrnam tisribhir virahitam ityartha iti vedabhâshye.

(426) Shrutyantare'pi :
Chatvâri vâkparimitâ padâni tâni vidur brâhmanâ ye
manîshinah.
Guhâ trîni nihitâ nemgayanti, turîyam vâcho manushyâ
vadanti. *(Ibid.)*

(427) Le Pada, ou mot, est ce qui a une terminaison. Pânini dit *(Sûtra* I, IV, 14) : « Ce qui se termine en Sup (terminaisons nominales) et en Tin (terminaisons verbales) est appelé Pada ». D'autre part, le Sup (terminaison) a quatre subdivisions.

(428) Bhâskararâya *(Ibid.)*

Tat ne désigne que l'Avyakta avec trois Guna, cause de
Parâ, et non le Brahman inconditionné qui est au-dessus
d'Avyakta. Le mot « Tat » en son sens transcendant signifie
le Shabdabrahman, ou Ishvara à l'œuvre de création, de
conservation et de « destruction » de l'Univers. Le même
mot désigne encore indirectement (Lakshanayâ) le Brahman
inconditionné ou suprême qui est sans attributs. La relation
qui existe entre les deux Brahman est celle d'identité (Tâdât-
mya). La Devî ou Shakti est donc l'unique conscience-
béatitude (Chidekarasarûpinî), c'est-à-dire qu'elle est toujours inséparable de Chit. La relation des deux Brahman
est possible, parce que les deux sont le même et ne font
qu'un. Bien qu'ils apparaissent différents (par les attributs),
cependant ils ne font qu'un.

Le commentateur demande ensuite : comment le mot
Tat sous la forme Vaikharî désigne-t-il le Braham ? Et sa
réponse est qu'il ne le désigne qu'indirectement. Car le son
sous la forme physique du langage (Vaikharî) ne donne
expression ou ne s'identifie qu'à la forme physique de
Brahman (le Virât), et non au pur et Suprême Brahman.

Ce qui suit est un résumé des correspondances signalées
dans ce chapitre et dans le précédent. Il y a tout d'abord le
Nirguna Brahman, qui sous son aspect créateur est Saguna
Shabdabraham, et prend la forme de Parabindu, puis du
triple Bindu (Tribindu) ; ce sont les quatre qui sont représentés,
dans le sens indiqué plus haut, par les quatre formes de
langage, de son et d'état (Bhâva).

Le Bindu causal (Kârana) ou Suprême (Parabindu) est
non-manifesté (Avyakta), Shiva-Shakti indifférencié, dont les
puissances ne se déploient pas encore, mais sont sur le point
de se déployer à partir de l'état, alors indifférencié, de
Mûlaprakriti. C'est l'état de Langage Suprême (Parâ Vâk),
le Verbe Suprême ou Logos, dont le siège dans le corps
individuel est le Mûlâdhâra Chakra. Tout est clair jusqu'ici.
Il y a, cependant, quelque difficulté à coordonner les définitions des trois puissances qui se manifestent lors de la
différenciation du Grand Bindu (Mahâbindu). Cela est dû
en partie au fait que les vers où apparaissent ces définitions
ne doivent pas se lire toujours dans l'ordre des mots (Shabda-
krama), mais suivant l'ordre réel des faits, quels qu'ils puissent

être (Yathâsambhavam) (429). D'autre part, il existe apparemment des divergences entre les commentaires. En dehors des noms et des détails techniques, le fond du sujet est simple et s'accorde avec les autres systèmes. Il y a d'abord le Point (Bindu) non-manifesté, symbole à propos duquel Saint Clément d'Alexandrie dit (430) que si l'on abstrait d'un corps ses propriétés, profondeur, largeur et longueur, ce qui reste est un point ayant une position, et que si l'on ôte la position (431), on obtient l'état d'unité primordiale. Il y a un Esprit unique, qui apparaît triple, Trinité de Puissance Manifestée (Shakti). En se manifestant ainsi, l'unique (Shiva-Shakti) devient double, Shiva et Shakti, et la relation (Nâda) entre les deux (Tayor mithah samavâyah) forme cette Trinité commune à tant de religions. L'Unique agit d'abord comme Grande Volonté (Ichchhâ), puis comme Connaissance ou Sagesse (Jnâna) selon laquelle œuvre la Volonté, puis comme Action (Kriyâ). Tel est l'ordre des Shakti en Ishvara. Donc, suivant le récit des Purâna, au commencement de la création Brahmâ s'éveille. Alors les Samskâra naissent dans son esprit. Apparaissent le Désir de créer (Ichchhâ Shakti); puis la Connaissance (Jnâna Shakti) de ce qu'Il va créer; et enfin l'Acte (Kriyâ) de création. Dans le cas de Jîva l'ordre est le suivant : Jnâna, Ichchhâ, Kriya. Car tout d'abord Il considère ou connaît quelque chose. Informé par cette connaissance, Il veut, puis agit. Les trois puissances, bien qu'on les compte et qu'on en parle comme apparaissant séparément, sont des aspects inséparables et indivisibles de l'Unique. Où est l'une l'autre est aussi, bien que la pensée des hommes envisage chacune à part et comme venant à l'être, c'est-à-dire se manifestant dans la durée, séparément.

---

(429) Comme l'indique l'auteur de la *Prânatoshinî*, p. 2, en citant les vers de la *Goraksha Samhitâ* :
    Ichchhâ kriyâ tathâ jnânam gaurî brâhmî tu vaishnavî
    Tridhâ shaktih sthitâ yatra tatparam jyotir Om iti.
D'après cette description des Deva de différents Adhâra de Prânashakti upâsanâ, l'ordre (en suivant celui des mots) est celui-ci : Ichchhâ = Gaurî ; Kriyâ = Brâhmî ; Jnâna=Vaishnavi.
(430) *Stromates*, livre V, ch. II. On lit aussi dans *Les Mystères de la Croix*, ouvrage mystique du XVIIIᵉ siècle : *Ante omnia punstum exstitit; non mathematicum sed diffusivum.*
(431) Voir *Garland of Letters*.

D'après une nomenclature le Bindu Suprême devient triple comme Bindu (Kârya), Bîja, Nâda. Bien que Shiva ne soit jamais séparé de Shakti, ni Shakti de Shiva, une manifestation peut signifier l'un ou l'autre d'une manière prédominante. Ainsi, il est dit que Bindu a la nature de Shiva (Shivâtmaka) et Bîja celle de Shakti (Shaktyâtmaka), et que Nâda est une combinaison des deux (Tayor mithah samavâyah). On les appelle aussi Mahâbindu (Parabindu), Sitabindu (Bindu Blanc), Shonabindu (Bindu Rouge), et Mishrabindu (Bindu Mélangé). Ils sont respectivement suprême (Para), subtil (Sûkshma), grossier (Sthûla). Il existe une autre nomenclature : le Soleil, le Feu et la Lune. Il ne fait aucun doute que Bîja est la Lune, que de Bîja sort la Shakti Vâmâ, de qui vient Brahmâ, ayant la nature de la Lune et de la Puissance de Volonté (Ichchhâ Shakti) (432). Ichchhâ Shakti, du point de vue des Guna de Prakriti, est Rajas Guna, qui pousse Sattva à se déployer. C'est Pashyantî Shabda, dont le siège est dans le Svâdhishthâna Chakra. De Nâda sortent de la même manière Jyeshthâ Shakti et Vishnu, et de Bindu Raudrî et Rudra, qui sont Madhyamâ et Vaikharî Shabda, dont les sièges sont respectivement les Chakra Anâhata et Vishuddha. D'après une description (433), Bindu est le « Feu » et Kriyâ Shakti (l'action), et Nâda est le « Soleil » et Jnâna Shakti, qui du point de vue des Guna sont respectivement Tamas et Sattva (434). Pourtant Râghavabhatta, dans son Commentaire du *Shârada*, dit que le

---

(432) Raudrî bindos tato nâdâj jyeshthâ bîjâd sjâyata
      Vâmâ tâbhyah samutpannâ rudrabrahmaramâdhipâh
      Samjnânechchhâkriyâtmâno vahnîndvarka-svarûpinah.
                    (Shârada Tilaka, ch. I.)

(433) *Yoginîhridaya Tantra*; Commentaire, déjà cité, relatif au *Saubhâgyasudhodaya* et au *Tattvasandoha*. Voir aussi *Tantrâloka*, ch. VI.

(434) Voici un tableau des correspondances d'après les textes cités :

Bîja	＼ Shakti, Lune, Vâmâ, Brahmâ, Bhâratî, Ichchhâ,
Shonabindu	／ Pashyantî, Svâdhishthâna. Rajas.
Nâda	｜ Shiva-Shakti, Soleil, Jyeshthâ. Vishnu, Vishvambhara,
Mishrabindu	｜ Jnâna, Sattva, Mâdhyamâ, Anâhata.
Bindu	＜ Shiva, Feu, Raudrî, Rudra, Rudranî, Kriyâ, Tamas,
Sitabindu	／ Vaikharî, Vishuddha.

Soleil est Kriyâ parce que, comme ce luminaire, il rend toutes choses visibles, et que Jnâna est le Feu parce que la connaissance consume toute la création. Quand, par Jnâna, Jîva sait qu'il est Brahman, il cesse d'agir pour accumuler du Karma, et atteint la Délivrance (Moksha). Il se peut qu'il s'agisse du Jîva, alors qu'il s'agit au début de la création d'Ishvara.

Dans le *Yoginîhridaya Tantra*, on lit que Vâmâ et Ichchhâ Shakti sont dans le corps de Pashyantî ; Jnâna et Jyeshthâ sont appelés Madhyamâ ; Kriyâ Shati est Raudrî ; et Vaikharî est sous la forme de l'univers (435). L'évolution des Bhâva est décrite comme il suit dans le *Shâradâ Tilaka* (436) : le Shabdabrahman omniprésent, ou Kundalî, émane Shakti, puis suivent Dhvani, Nâda, Nirodhikâ, Ardhendu, Bindu. Shakti est Chit avec Sattva (Paramâkâshâvasthâ) ; Dhvani est Chit avec Sattva et Rajas (Aksharâvasthâ) ; Nâda est Chit avec Sattva, Rajas, Tamas (Avyaktâvasthâ) ; Nirodhika de même avec abondance de Tamas (Tamahprâchuryât) ; Ardhendu de même avec abondance de Sattva ; et Bindu la combinaison des deux. Ce Bindu reçoit différents noms (Parâ, etc.), suivant sa position dans les différents centres, Mûlâdhâra et autres. C'est ainsi que Kundalî, qui est Ichchhâ, Jnâna, Kriyâ, qui est à la fois sous forme de conscience (Tejorûpâ) et composée des Guna (Gunâtmikâ), crée la Guirlande des Lettres (Varnamâlâ).

On a parlé des quatre Bhâva comme venant après Nâda, lui-même une des neuf manifestations suivantes de la Devî.

Le Pandit Ananta Shâstrî, à propos du Commentaire de Lakshmîdhara sur le v. 34 de l'*Anandalaharî*, écrit (437) :

« Bhagavatî est le mot employé dans le texte pour désigner Devî. Celui qui possède Bhaga est appelé une Bhagavatî (au féminin). Bhaga signifie la connaissance : 1) de la création ; 2) de la destruction de l'univers ; 3) de l'origine des êtres ; 4) de la fin des êtres ; 5) de la connaissance réelle ou de la

---

(435) Ichchhâshaktis tathâ Vâmâ pashyantîvapushâ sthitâ
      Jnânashaktis tathâ Jyeshthâ madhyamâ yâg udîritâ
      Kriyâshaktis tu Raudrîyam vaikharî vishvavigraha.
         (Cité sous le v. 22, Comm. du *Kâmakalâvilâṣâ*.)
(436) Ch. I.
(437) Ananta Shâstrî, *op. cit.*, p. 72.

vérité divine ; 6) d'Avidyâ, l'ignorance. Celui qui connaît ces six choses est qualifié pour le titre de Bhagavân. D'autre part, Bha = 9. « Bhagavatî » se rapporte au Yantra (diagramme) à neuf angles qui est employé dans le Chandrakalâvidyâ ».

« D'après les Agama, Devî a neuf manifestations qui sont :

« 1. Groupe Kâla, durant d'un clin d'œil au temps du Pralaya. Le soleil et la lune sont compris dans ce groupe. LE TEMPS.

« 2. Groupe Kula, comprenant les choses qui ont forme et couleur. LA FORME.

« 3. Groupe Nâma, comprenant les choses qui ont un nom. LE NOM.

« 4. Groupe Jnâna, l'Intelligence. Il se subdivise en deux branches : Savikalpa (mélangé et sujet au changement), et Nirvikalpa (pur et immuable). CHIT.

« 5. Groupe Chitta, comprenant : 1) Ahamkâra (l'égoïsme) ; 2) Chitta ; 3) Buddhi ; 4) Manas ; 5) Unmanas. LE MENTAL.

« 6. Groupe Nâda, comprenant : 1) Râga (le désir) ; (438) ; 2) Ichchhâ (le désir (439) renforcé, développé ; 3) Kriti (l'action, la forme active du désir) ; 4) Prayatna (effort pour accomplir l'objet du désir). Ils correspondent, dans l'ordre, à : 1) Parâ (premier stade du son, émané de Mûlâdhâra) ; 2) Pashyantî (second stade) ; 3) Madhyamâ (troisième stade) ; 4) Vaikharî (quatrième stade du son, lorsqu'il est émis par la bouche). LE SON.

« 7. Groupe Bindu, comprenant les six Chakra du Mûlâdhâra à l'Ajnâ. L'ESSENCE PSYCHIQUE, LE GERME SPIRITUEL (439).

« 8. Groupe Kalâ, comprenant les cinquante lettres du Mûlâdhâra à l'Ajnâ. LES TONS (440).

« 9. Groupe Jîva, comprenant les âmes soumises à la matière.

---

(438) Râga doit se traduire par « intérêt », comme dans Râgakanchuka. Ichchhâ est la volonté de l'action (Kriyâ), en conformité avec lui. Le désir est chose grossière, qui fait son apparition avec le monde matériel.

(439) Je cite le passage tel qu'il est écrit, mais ces termes ne me paraissent pas clairs.

(440) Je ne sais ce que le Pandit entend par ce terme.

« Les Déités ou Tattva qui gouvernent les quatre parties constituant Nâda sont Mâhâ, Shuddhavidyâ, Mahesha et Sadâshiva. Le Commentateur traite à fond ce sujet, citant des extraits d'ouvrages occultes. Voici une traduction de quelques lignes du *Nâmakalâvidyâ* (441), ouvrage sur la phonétique, qui intéressera le lecteur :

« Parâ est Ekâ (sans dualité) ; son contraire est le suivant « (Pashyantî) ; Madhyamâ se subdivise en deux, forme « grossière et forme subtile ; la forme grossière comprend les « neuf groupes de lettres ; et la forme subtile est le son qui « différencie les neuf lettres... L'une est la cause, et l'autre « l'effet ; et il n'existe ainsi aucune différence matérielle « entre le son et ses formes grossières. »

« Commentaire. *Eka :* lorsque les trois Guna, Sattva, Rajas et Tamas, sont en état d'équilibre (Sâmya), cet état est appelé Parâ. Pashyantî est l'état où les trois Guna deviennent inégaux (et par voie de conséquence produisent le son). Le stade suivant porte le nom de Madhyamâ ; sa forme subtile est appelée Sûkshmamadhyamâ, et sa forme grossière Sthûlamadhyamâ, qui produit neuf formes distinctes de son représentées par neuf groupes de lettres : a (et toutes les autres voyelles) ; ka (Kavarga, au nombre de cinq) ; ca (Chavarga, 5) ; *ta* (Tavarga) ; ta (Tavarga, 5) ; pa (Pavarga, 5) ; ya (Ya, Ra, La et Va) ; ça (Sha, *Sha,* Sa et Ha) ; ksa (Ksha). Ces lettres n'existent pas en réalité, mais représentent seulement les idées des hommes. Toutes les formes et toutes les lettres tirent donc leur origine de Parâ, et Parâ n'est rien d'autre que Chaitanya (la Conscience).

« Les neuf groupes de Vyûha (manifestations de Devî) énumérés plus haut sont, d'autre part, classés dans les trois catégories suivantes : 1) Bhoktâ (celui qui jouit) comprend le groupe 9, Jîvavyûha ; 2) Bhogya (les objets de jouissance),

---

(441) « Cet ouvrage est difficilement accessible aux Pandit ou aux étudiants ; nous ne trouvons ce nom dans aucun des catalogues rédigés par des érudits européens ou indiens. La politique du secret nous a privés de tous les livres de cette espèce. Même de nos jours, si nous trouvons dans la maison d'un vieux Pandit un manuscrit traitant de questions occultes, nous ne serons pas même autorisés à voir le livre ; et c'est un fait que ces ouvrages sont devenus depuis longtemps la nourriture des vers et des fourmis blanches. » (Ananta Shâstrî.)

comprend les groupes 1, 2, 3, 5, 6, 7 et 8 ; 3) Bhoga (la jouissance) comprend le groupe 4, Jnânavyûha.

« C'est là la substance de la philosophie des Kaula telle que l'expose Shri Shankarâchârya dans ce shloka (n° 34) de l'*Anandalahari*. En le commentant, Lakshmîdhara cite plusieurs vers des Kaula Agama, dont le suivant :

« Le bienheureux Seigneur a neuf formes. Ce Dieu est « appelé Bhairava. C'est lui qui accorde la jouissance (la « béatitude) et qui délivre les âmes (de la servitude). Son « épouse est Anandabhairavî, la conscience (Chaitanya) « éternellement bienheureuse. Lorsque tous deux sont unis « harmonieusement, l'univers prend naissance. »

« Le Commentateur remarque ici que la puissance de Devî prédomine dans la création, et celle de Shiva dans la dissolution ».

VI

LA PRATIQUE (YOGA ; LAYA-KRAMA)

On entend parfois le mot « Yoga » comme désignant le résultat et non les exercices qui y conduisent. En ce sens, et du point de vue du dualisme naturel, on a défini le Yoga comme l'union de l'esprit individuel avec Dieu.

Mais si, en réalité, Jîva et Paramâtmâ ne font qu'un, il ne peut y avoir union, ce terme ne pouvant strictement s'appliquer qu'au rapprochement de deux êtres distincts. Samâdhi (l'extase) consiste à *réaliser* que le Jîvâtmâ *est* Paramâtmâ ; et le Yoga désigne, non cette réalisation, mais les *moyens* qui permettent de l'atteindre. Le terme « Yoga » désigne donc ces exercices physiques et psychiques utilisés pour découvrir l'essence intime de l'homme, qui est le Suprême.

Le Yoga n'est donc pas un résultat, mais la *technique*, la méthode, la pratique, qui permet d'atteindre ce résultat. Celui-ci est possible, selon l'Advaita Vedânta, parce que le pur Chit, être essentiel de chaque Jîva, n'est pas lui-même captif, mais apparaît comme tel. Si Atmâ en tant que tel n'était pas réellement libre, la Délivrance (Moksha) ne serait pas possible. La Délivrance est donc virtuellement en la possession de chaque Jîva. Son identité avec Paramâtmâ existe dès à présent, mais elle n'est pas *réalisée* à cause du voile de Mâyâ, qui fait apparaître Jîvâtmâ et Paramâtmâ comme séparés. L'ignorance de l'identité du Jîvatmâ et du Paramâtmâ étant causée par Avidyâ, la réalisation de cette identité est obtenue par Vidyâ ou Jnâna.

Celui-ci peut seul produire immédiatement la Délivrance

(Sadyomukti). Jnâna s'emploie dans un double sens : Svarûpa Jnâna et Kriyâ Jnâna. Le premier est Pure Conscience, but et fin du Yoga ; le second comprend ces exercices intellectuels qui sont les moyens d'acquérir la première. Jnâna considéré comme moyen ou action mentale (Mânasî Kriyâ) est un exercice intellectuel consistant à distinguer ce qui est de ce qui n'est pas Brahman ; la saine compréhension de ce que signifie « Brahman », et la fixation du mental sur ce que l'on entend par ce terme, jusqu'à ce que le Brahman occupe pleinement et de façon permanente le mental, à l'exclusion de toute autre chose. Le mental est alors résorbé en Brahman, pure Conscience, qui seul demeure ; c'est la réalisation ou l'obtention de l'état de pure conscience, qui est Jnâna dans son sens Svarûpa. Le Yoga libérateur, sans Jnâna parfait, effectue ce que l'on nomme Kramamukti : c'est-à-dire que le Yogî atteint Sâyujya, union avec Brahman en Satya-loka, qui trouve ensuite son achèvement, la Mukti complète, par l'intermédiaire de la Devatâ à laquelle il s'est ainsi uni. Ce que le Jnânayogî ou Jîvanmukta complet (Siddha) accomplit lui-même en cette vie, s'obtient en conséquence de Brahmasâyujya. Mais l'homme n'est pas qu'intellect. Il est doué de sentiment et de dévotion. Il n'est pas que cela, mais il possède un corps. D'autres méthodes (Yoga) sont donc associées à Jnâna et lui servent d'auxiliaires ; telles les méthodes rattachées à l'adoration (Upâsanâ), et les techniques grossières (Sthûla Kriyâ) et subtiles (Sûkshma Kriya) du Hathyoga.

Le mental et le corps sont les instruments par quoi s'obtient l'expérience cosmique ordinaire et séparative. Toutefois, aussi longtemps qu'ils sont utilisés de cette manière, ils sont des obstacles à l'obtention de l'état de pure Conscience (Chit). Cette obtention exige que tous les voiles (Avarana) de Chit soient enlevés. Le Yoga est donc la méthode par laquelle l'intellection mentale et le sentiment (Chittavritti), ainsi que Prâna, sont d'abord maîtrisés, puis fixés (442). Lorsque sont apaisés Chitta, Vritti et Prâna, alors Chit ou Paramâtmâ se révèle. Il survient sans qu'il soit besoin d'autre effort dès

---

(442) Le Tattva (Réalité) se révèle quand toute pensée a disparu (Kulârnava Tantra, IX, 10).

l'absorption de la matière et du mental dans la Puissance primordiale (Shakti) dont ils sont issus, dont ils sont des formes manifestées, et qui Elle-même, en tant que Shivâ, ne fait qu'un avec Celui qui est Shiva ou Conscience. Ainsi le Yoga se propose un état positif de pure conscience, qu'il atteindra en supprimant l'action du principe d'inconscience qui fait obstacle à son apparition. Cette suppression est bien évoquée par les noms d'une Shakti que le *Shatchakranirûpana* décrit soit comme Nibodhikâ, soit comme Nirodhikâ. Le premier de ces noms signifie la Donneuse de Connaissance, et le second Cela qui empêche le mental d'être affecté par le monde des objets par l'intermédiaire des sens. C'est en empêchant de telles impressions qu'on fait naître l'état de pure conscience. La naissance de cet état est le Samâdhi, état extatique dans lequel est réalisée l'« égalité », ou identité, de Jîvâtmâ et de Paramâtmâ. Cette expérience est obtenue après l'absorption (Laya) de Prâna et de Manas et la cessation de toute idéation (Samkalpa). Un état non-modifié (Samarasatvam) est ainsi produit, qui est l'état naturel (Sahajâvasthâ) de l'Atmâ. Tant qu'il n'est pas produit, existe cette fluctuation, cette modification (Vritti) qui est la marque de la conscience conditionnée, avec son déchirement du soi en « Je » et « Toi ». L'état de Samâdhi est « pareil à celui d'un grain de sel, qui mélangé à l'eau ne fait plus qu'un avec elle » (443). Il est, dit le *Kulârnava Tantra*, « cette forme de contemplation (Dhyâna) dans laquelle il n'est point d'« ici » ni de « pas ici », dans laquelle il y a comme la lumière et la paix d'un vaste océan, et qui est le Vide Lui-même » (444).

Le Maître vénérable et omniscient a dit : « Celui qui est parvenu à la connaissance complète de l'Atmâ est en repos comme les eaux calmes de l'océan » (v. 31). Le *Mâyâ Tantra* définit le Yoga comme l'unité de Jîva et de Paramâtmâ (v. 51) ; ce par quoi l'on arrive à ne faire qu'un avec le Suprême (Paramâtmâ) ; et Samâdhi, l'extase, est cette unité de Jîva et d'Atmâ *(ibid.)* (445). D'autres le définissent comme la

---

(443) *Hathayogapradîpikâ*, IV, 5-7. On trouve la même image dans le *Demchog Tantra* bouddhique. Voir *Tântrik Texts*, vol. VII.

(444) IX, 9.

(445) Comme l'eau versée dans l'eau, les deux ne se distinguent plus. *(Kulârnava Tantra*, IX, 15.)

connaissance de l'identité de Shiva et d'Atmâ. Les Agama-vâdî proclament que la connaissance de Shakti (Shaktyât-makam jnânam) est le Yoga. D'autres sages disent que la connaissance du « Purusha éternel » (Purâna Purusha) est le Yoga, et d'autres encore, les Prâkritivâdî, déclarent que la connaissance de l'union de Shiva et de Shakti est le Yoga *(ibid.)*. Toutes ces définitions se rapportent à une seule et même chose : la réalisation par l'esprit humain du fait qu'il est essentiellement l'Esprit Suprême, le Brahman, qui, en tant que Maître des mondes, est appelé Dieu. Comme le dit le *Hathayogapradîpikâ* (446) : « Râjayoga, Samâdhi, Unmanî, Manonmanî (447), Amaratvam (l'Immortalité), Shûnyâshû-nya (le vide et pourtant le non-vide) (448), Paramapada (l'Etat Suprême) (449), Amanaska (état sans Manas ; suspension du fonctionnement du mental) (450), Advaita (non-dualité), Nirâlamba (état sans support) ; le Manas détaché du monde extérieur) (451), Niranjana (état sans tache) (452), Jîvanmukti (libération dans le corps), Sahajâvasthâ (état naturel de l'Atmâ), et Turîya (Quatrième Etat), signifient tous une seule et même chose, qui est la cessation de l'activité mentale (Chitta) aussi bien que de l'action (Karma), que suivent la libération des alternatives de joie et de douleur, et un état sans changement (Nirvikâra). A la dissolution du corps, cet état est suivi de la Délivrance sans corps (Videha-kaivalya) ou suprême (Paramamukti), qui est l'état permanent (Svarûpâvasthânam).

Si la fin et le but du Yoga sont les mêmes, les méthodes pour les atteindre varient.

---

(446) Ch. IV, v. 3-4.

(447) Absence de mental. Voir *Nâdabindu Up.*

(448) Voir *Hathayogapradîpikâ*, IV, v. 37. Le Yogî, comme la Conscience avec laquelle il ne fait qu'un, est au delà des deux.

(449) La racine Pad signifie *aller vers ;* Padam est donc « ce à quoi l'on a accès ». (Comm. du v. I, ch. IV, du *Hathayoga-pradîpikâ.)*

(450) Voir *Mandalabrâhmana Up.*, II, III.

(451) C'est la Nirâlambapurî à laquelle fait allusion le *Shat-chakranirûpana.*

(452) Anjana=Mâyopâdhi (l'Upâdhi, ou limitation apparente, produite par Mâyâ, l'apparence) ; Niranjana signifie donc « exempt de cela » (Tadrahitam, ou Shuddham : pur), c'est-à-dire le Brahman. (Comm. du *Hathayogapradîpikâ*, IV, v. 1.)

On dit communément qu'il y a quatre formes de Yoga, nommées Mantrayoga, Hathayoga, Layayoga et Râjayoga (453). Ils sont tous quatre des modes divers de Sâdhanâ (pratique), par lesquels les sentiments et les activités intellectuelles du mental (Chittavritti) sont maîtrisés, et le Brahman réalisé de diverses manières (Brahmasâkshâtakâra). Chacune de ces formes a les mêmes huit auxiliaires, qui sont appelés les « huit membres » (Ashtâmga). Chacune d'elles a le même but : l'expérience qui est la réalisation de Brahman ; elles diffèrent cependant quant aux moyens employés, et, dit-on, par le degré des résultats. On a défini le Samâdhi de la première comme Mahâbhâva, celui de la seconde comme Mahâbodha, celui de la troisième comme Mahâlaya, et par le Râjayoga et le Jnânayoga s'obtient, dit-on, la délivrance appelée Kaivalyamukti.

Il faut noter, cependant, que dans l'opinion de ceux qui pratiquent le Kundalî Yoga, celui-ci est le plus haut des Yoga, dans lequel un Samâdhi parfait s'obtient par l'union avec Shiva du mental et du corps à la fois, comme il est exposé plus loin. Dans le Râja Yoga et le Jnâna Yoga les démarches de l'intellect prédominent, quand elles ne sont pas l'unique moyen employé. Dans le Mantra Yoga, prédominent l'adoration et la dévotion. Dans le Hathayoga plus d'importance est attachée aux méthodes physiques, telles que la respiration. Pourtant, chacun de ces Yoga emploie quelques-unes des méthodes des autres. Ainsi, dans le Hatha-Layayoga se trouve Kriyâjnâna. Mais tandis que le Jnâna Yogî atteint Svarûpa Jnâna par l'effort de son mental sans éveiller Kundalinî, le Hathayogî obtient ce Jnâna par Kundalinî Elle-même. Car Son union avec Shiva dans le Sahasrâra apporte, et elle est en fait, Svarûpa Jnâna.

Il conviendra donc de traiter des auxiliaires généraux (Ashtâmga) qui sont communs à toutes les formes de Yoga, et de poursuivre par un exposé du Mantra Yoga et des

---

(453) *Varâha Up.*, ch. V, II ; *Yogatattva Up.* On trouvera une utile analyse du Yoga dans *Shangkara and Râmânuja*, par Rajendra Ghose. Il est aussi fait mention d'une triple division correspondant aux trois Kânda védiques, : Karma Yoga (Karma Kânda), Bhakti Yoga (Upâsanâ Kânda), Jnâna ou Râja Yoga (Jnâna Kânda). Le Karma Yoga est la bonne action sans désir de son fruit. Le Bhakti Yoga est la dévotion à Dieu.

Hathayoga inférieurs, comme une introduction à cette forme
de Layayoga qui est l'objet de notre étude, et qui contient
des éléments présents à la fois dans le Mantra Yoga et dans
ces formes de Hathayoga.

Les conditions préalables de tout Yoga sont les huit
membres ou parties : Yama, Niyama, etc. La moralité, les
dispositions et les pratiques religieuses, et la discipline
(Sâdhanâ), sont des conditions essentielles de tout Yoga
ayant pour fin l'acquisition de l'Expérience Suprême (454).
La moralité (Dharma) est l'expression de la véritable nature
de l'être. Le mot Dharma, qui comprend à la fois la morale
et la religion, mais possède aussi des significations plus
étendues, vient de la racine *Dhri*, « soutenir », et c'est donc
à la fois le soutien et l'action de soutenir. L'Univers est
soutenu (Dhâryate) par Dharma, et le Seigneur qui est son
Soutien Suprême est incarné dans la loi éternelle et il est la
Béatitude qu'assure l'accomplissement de celle-ci. Dharma
est donc la loi qui gouverne l'évolution universelle, ou voie
de la sortie (Pravritti), et l'involution, ou voie du retour
(Nivritti) (455). Et seuls peuvent atteindre la délivrance à
laquelle conduit la seconde voie, ceux qui par leur fidélité à
Dharma collaborent à l'accomplissement du dessein universel.
C'est la raison de cette belle parole : « Faire le bien aux
autres est le Devoir suprême » (Paropakâro hi paramo
dharmah).

Selon ce plan, le Jîva passe de Shabdavidyâ, avec son
Tapas impliquant l'égoïsme et le fruit atteint par la « Voie

------

(454) Il y a des formes de Yoga, comme celle dont certains
éléments donnent des « pouvoirs » (Siddhi), qui doivent être
envisagées différemment. Elles se rattachent à la magie, et non
à la religion. Ainsi l'union de Prâna avec le Tejas Tattva dans
le nombril assure, dit-on, l'immunité contre le feu.

(455) Cette grandiose conception du Dharma englobe donc
sous ce nom *toutes* ces lois (dont la « religion » ne représente
qu'une) qui maintiennent la cohésion de l'univers. C'est la loi
inhérente à tout être manifesté. Ainsi c'est la Loi de la Forme,
dont l'essence est au-delà de Dharma et d'Adharma. Comme la
douleur suit l'acte mauvais, le Vaisheshika Darshana décrit
Dharma comme «ce par quoi l'on obtient le bonheur en ce monde
et dans l'autre, et met un terme aux naissances et aux souffrances
(Mokshadharma) ».

des Dieux », son Karma (rites), qui est Sakâma (avec désir du fruit) ou Nishkâma (désintéressé), à Brahmavidyâ (connaissance du Brahman), la Théosophie telle que l'enseignent les Upanishad. Ce passage s'effectue par Nishkâma Karma. Par Sakâma Karma on atteint la « Voie des Pères » (Pitri), Dharma, Artha (la richesse), Kâma (le désir et sa satisfaction). Mais Nishkâma Karma produit cette pureté du mental (Chitta-shuddhi) qui rend l'homme capable de Brahmavidyâ, la Théosophie, laquelle procure la Délivrance (Moksha), qu'elle est d'ailleurs, en son sens le plus complet.

Il est évident qu'avant de pouvoir atteindre l'état de pure béatitude de l'Atmâ, le Jîva doit vivre d'abord cette vie ordonnée qui est son expression correcte sur ce plan.

En langage théologique, seuls ceux qui suivent Dharma peuvent aller à son Seigneur. Le désordre d'une vie immorale n'est pas une fondation sur laquelle on puisse baser un tel Yoga. Je n'emploie pas le terme d'« immoralité » dans le sens limité à l'absurde que lui donne le langage occidental ordinaire, mais comme la violation de toutes les formes de loi morale. Toute violation de cette sorte est fondée sur l'égoïsme. Comme le but du Yoga est de surmonter le moi limité, même dans sa manifestation la plus ordonnée, ses doctrines présupposent clairement l'absence d'un état gouverné par l'égoïsme, qui est le plus gros obstacle à sa réussite. Le but du Yoga est d'atteindre au complet détachement du monde fini, et de réaliser son essence. Dans une vie gouvernée par Dharma, demeurent cet attachement naturel aux objets du monde et ce sens de la séparation même dans les actes méritoires, qui existent nécessairement jusqu'à ce que l'absorption de Manas permette d'atteindre l'état non mental (Unmanî). Pourtant, là où se trouve l'injustice (Adharma), l'attachement (Râga) existe sous sa forme la plus pernicieuse et la plus néfaste, et le sens de la séparation (Dvaitabhâva) que le Yoga cherche à surmonter atteint dans le péché son plus haut point. Le corps est intoxiqué par les poisons que secrètent les passions, et la vitalité ou Prâna s'en trouve amoindrie et lésée. Sous l'influence de la colère (456), de la convoitise, de la malice et des autres passions, le mental est

_____

(456) Dans la pensée hindoue, la colère est le pire péché.

d'abord troublé, puis, en vertu du principe qu'un homme
« devient » ce qu'il pense, se concentre et se façonne de
manière permanente sur Adharma (l'injustice), dont il devient
l'expression même. Dans ce cas le Jîva n'est pas seulement
enchaîné au monde par la Mâyâ qui s'exerce à la fois sur lui
et sur le vertueux Sakâma Sâdhaka, mais il endure l'Enfer
(Naraka), et « descend » sur l'échelle de l'Etre.

Dharma sous son aspect religieux est nécessaire aussi.
Le désir d'atteindre le but le plus élevé du Yoga ne peut
naître que d'une inclination religieuse, et une telle inclination,
jointe à la pratique (Sâdhanâ), favorise l'acquisition des
qualités que réclame le Yoga. En vérité, par une constante
dévotion à la Mère, on peut réaliser Samâdhi.

C'est pourquoi le Commentateur dit, au v. 50 du *Shatchakranirûpana* :

« Celui-là seul dont la nature a été purifiée par la pratique
de Yama et Niyama et les pratiques du même ordre (il s'agit
de la Sâdhanâ décrite plus loin), apprendra de la bouche de
son Guru les moyens par lesquels on découvre la voie de la
grande Délivrance ».

Il ajoute, cependant, que les pratiques en question ne
sont nécessaires que pour ceux dont le mental est troublé
par la colère, la convoitise, et autres tendances mauvaises.
Mais si, en vertu de mérites acquis dans de précédentes
existences, un homme est favorisé d'une nature libre de ces
vices et des autres, alors il est qualifié pour le Yoga sans qu'il
soit nul besoin de cette préparation préalable.

Toutes les formes de Yoga, Mantra, Hatha, ou Râja-
Yoga, ont les mêmes huit « membres » (Ashtâmga) ou aides
préparatoires : Yama, Niyama, Asana, Prânâyâma, Pratyâhâra, Dhâranâ, Dhyâna et Samâdhi (457). Yama comprend
dix espèces : abstention de faire du mal à toute créature
vivante (Ahimsâ) ; sincérité (Satyam) ; abstention de prendre
ou de convoiter ce qui appartient à autrui (Asteyam) ;
continence sexuelle en esprit, en paroles, comme au physique
(Brahmacharya) (458) ; l'indulgence, la patience à supporter

_____

(457) *Varâha Up.*, ch. V. Les préliminaires ne sont nécessaires
qu'à ceux qui n'ont pas réalisé. Pour les autres, Niyama, Asana,
et autres préliminaires, sont inutiles. *(Kulârnava Tantra*, XI,
28-29.)

(458) Comme le dit le *Hathayogapradîpikâ* : « Celui qui connaît

toutes choses agréables ou désagréables (Kshamâ) ; la fermeté d'âme dans le bonheur ou le malheur (Dhriti) ; la pitié, la bonté (Dayâ) ; la simplicité (Arjavam) ; la modération (459) et la réglementation (460) de la nourriture (Mîtâhâra) convenable au développement du Sattvaguna ; et la pureté du corps et du mental (Shaucham). La première forme de pureté est le nettoyage externe du corps, dont s'occupe particulièrement le Hathayoga ; et la seconde est obtenue par la connaissance du Soi (Adhyâtmavidyâ) (461).

Il existe aussi dix espèces de Niyama : austérités, jeûnes par exemple, en tant qu'actions purificatrices (Tapah) ; satisfaction de ce qu'on a sans l'avoir demandé (Santosha) ; croyance au Veda (Astikyam) ; charité (Dânam), c'est-à-dire dons à la mesure de ce qui a été légitimement acquis ; adoration du Seigneur ou de la Mère (Ishvarapûjanam) selon Ses diverses formes ; étude des fins du Shâstra, par exemple par l'étude du Vedânta (Siddhântavâkyashravanam) ; modestie

---

le Yoga doit garder sa semence. Car la dépense de celle-ci tend à la mort, mais la vie est à celui qui la garde ».

   Evam samrakshayet bindum mrityum jayati yogavit
   Maranam bindupâtena jîvanam bindudhâranât.

Voir aussi la *Yogatattva Up.*, qui dit que le Hathayoga assure au Yogî une si grande beauté que toutes les femmes le désirent, mais qu'il faut leur résister. Voir aussi le v. 90, qui montre la relation existant entre semence, mental et vie. Aux premiers stades de la Hathayoga Sâdhanâ la chaleur s'élève, le pénis se rétrécit, et la puissance sexuelle est en grande partie perdue. A ce stade, le coït avec émission de semence a toutes chances d'être fatal. Mais un Siddha retrouve sa puissance sexuelle et peut l'exercer. Car si, comme on le dit, il est à l'épreuve du feu et des autres éléments, que peut une femme contre lui ? Il est pourtant à présumer que la citation rapportée plus haut demeure valable, car dans tous les cas la continence doit favoriser la force et la longévité. Mais il se peut que la perfection physique obtenue annihile les effets funestes qu'on observe chez les hommes ordinaires.

(459) Le *Yogiyâjnavalkya* (ch. I) dit : « 32 bouchées pour un maître de maison, 16 pour un reclus dans la forêt, et 8 pour un Muni ».

(460) Sur les nourritures défavorables au Yoga, voir *Yogatattva Upanishad* et *Yogakundalî Upanishad*.

(461) *Shândilya Upanishad*, ch. I ; voir aussi *Mandalabrâhmana Upanishad*.

et sentiment de honte à faire de mauvaises actions (Hrî) ;
mental correctement dirigé vers la connaissance révélée et
la pratique ordonnée par le Shâstra (Mati) ; récitation du
Mantra (Japa) (462) ; et sacrifice du Homa (Hutam) (463),
c'est-à-dire observances religieuses en général (Vrata). Le
Pâtanjala Sûtra ne mentionne que cinq Yama : les quatre
premiers des précédents, et la libération de la convoitise
(Parigraha). Ahimsâ est la racine des suivants. Shaucham,
la propreté, est compris parmi les Niyama. Cinq de ces derniers
sont cités : la propreté (Shaucham), le contentement (Santosha), l'action purificatrice (Tapah), l'étude des Ecritures
menant à la délivrance (Svâdhyâya), et la dévotion au
Seigneur (Ishvarapranidhâna) (464).

Des vérités aussi évidentes auraient à peine besoin d'être
mentionnées, si certains ne voyaient encore en tout Yoga que
« Chamanisme », exploits respiratoires, « postures acroba-
tiques », et autres choses de ce genre. Au contraire, aucun
pays plus que l'Inde, depuis le Moyen Age et jusqu'à notre
époque, n'a insisté sur la nécessité d'associer moralité et
religion à toutes les formes d'activité humaine (465).

La pratique de Yama et de Niyama conduit à la renonciation et au détachement des choses de ce monde et de
l'autre (466), par la connaissance du permanent et de l'imper-

---

(462) Il peut être parlé (soit fort, soit bas), ou mental *(Shândilya
Upanishad)*.

(463) Voir *Hathayogapradîpikâ* (ch. I, v. 16-17) et Avalon,
Tantrik Texts, vol. II, p. 133, La *Shândilya Up.* donne Vrata
comme le dernier, et le décrit comme l'observance des actions
ordonnées et l'abstention des actions défendues. Voir aussi
Varâha Up., ch. V.

(464) Patanjali, *Yoga Sûtra*, ch. II, 30, 32.

(465) Ainsi, comme c'était le cas dans nos corporations médié-
vales, la religion inspire l'art hindou ; et la pensée hindoue est
associée à la religion comme l'était la philosophie scolastique en
Occident. Dans les temps modernes, en Occident, le rapport de
la religion avec ces choses n'a pas en général été considéré comme
digne d'attention, l'habileté dans le premier cas et l'intelligence
dans le second étant d'ordinaire jugées suffisantes.

(466) Par exemple le Sudhâ (nectar) qui s'obtient dans les
cieux. *(Hathayogapradîpikâ*, Commentaire du v. 9, ch. I). On
peut sans aucun doute pratiquer le renoncement en sacrifiant ce
que l'on désire, mais renoncement ou abandon (Tyâga) veut dire

manent, et à cause d'un intense désir et d'une recherche incessante de la délivrance, caractéristiques du Mumukshu, de celui qui aspire à la Délivrance.

Yama et Niyama sont les deux premiers des huit instruments du Yoga (Ashtâmgayoga). Ces instruments, ou membres, peuvent se classer en cinq méthodes extérieures (Bahiranga) (467), qui s'occupent principalement de la maîtrise du corps, et trois méthodes intérieures (Antaranga) (468), ou états affectant le développement du mental.

Il est porté attention au corps physique, qui est le véhicule de l'existence et de l'activité du Jîva. La pureté du mental n'est pas possible sans la pureté du corps dans lequel il fonctionne et par lequel il est affecté. La pureté du mental est prise ici au sens hindou. En langage occidental, une telle pureté implique seulement l'absence d'imaginations sexuelles illégitimes. Une telle conception, quoique louable, particulièrement dans une civilisation qui semble presque calculée pour attiser tous les désirs, n'en est pas moins d'une insuffisance évidente pour le but à atteindre. La correction de la pensée et de la conduite sous toutes ses formes n'est que l'alphabet d'une école qui ne voit en elle que le premier pas vers la conquête de difficultés plus grandes qui doivent suivre. La pureté désigne ici cet état du mental, ou une approche de cet état, qui est le résultat d'un fonctionnement harmonieux, d'une pensée claire, du détachement et de la concentration. Par ces moyens le Manas est libéré de toutes les modifications mentales (Vritti) qui enveloppent l'Atmâ détaché de Lui-même. Il est dirigé vers l'intérieur, sur la Buddhi qui se dissout (Laya) en Prakriti, et sur l'Atmatattva ou Brahman.

C'est pourquoi l'on s'est préoccupé aussi bien d'Asana (la posture) que de Prânâyâma ou développement du souffle ; tous deux feront plus loin l'objet d'un bref examen à propos

---

ici *absence du désir de la jouissance* (Tyâgah = chogechehhâbhâvah *(Ibid.).* Ceux qui recherchent les joies d'un ciel quel qu'il soit ne peuvent jamais atteindre le but du Yoga monistique.

(467) Yama, Niyama, Asana, Prânâyâma, Pratyâhâra.

(468) Dhyâna, Dhâranâ, Samâdhi qui est incomplet (Savikalpa ou Samprajnâta) ou complet (Nirnikalpa ou Asamprajnâta).

du Hathayoga, dont ils constituent des méthodes particulières. Pratyâhâra est la maîtrise des sens par le mental et leur soumission au mental, qui trouve ainsi là paix (469). Le mental se retire des objets des sens. Le mental est agité par nature, car il se trouve à chaque instant affecté par la vue, les sons et autres sensations d'objets externes que perçoit le Manas par l'intermédiaire des sens (Indriya). Il doit donc être détaché des objets des sens, détourné de toute direction qu'il peut lui arriver de prendre, libéré de toute distraction, et maintenu sous le contrôle du moi supérieur. La stabilité (Dhairya) est donc le but et le résultat de Pratyâhâra (470). Les trois méthodes connues sous le nom de « membres internes » (Antaranga), c'est-à-dire Dhâranâ, Dhyâna et Savikalpa Samâdhi, complètent la discipline psychique et mentale. Ce sont la concentration du mental sur un objet ; l'unité du mental et de son objet réalisée par la contemplation ; enfin, comme résultat, la conscience de l'objet seulement. Dhâranâ consiste à se fixer, c'est-à-dire à fixer le Chitta, ou principe de la pensée, sur un objet particulier de méditation ou de concentration. Le mental, ayant été retiré des objets des sens par Pratyâhâra, est fixé sur un objet unique, tel que les Devatâ des Bhûta. La contemplation uniforme du sujet que le Chitta tient ferme en Dhâranâ est Dhyâna (méditation). Dhyâna a été défini comme l'état du mental (Antahkarana) de ceux dont le Chaitanya est fixé sur la pensée d'un objet unique et occupé par elle seule, ayant d'abord rejeté la pensée de tous les autres objets (471).

---

(469) Voir *Gheranda Samhitâ*, *Upadesha* IV ; *Shândilya Up.*, ch. I ; *Amritanâda Up.* ; *Mandalabrâhmana Up.*, *Brâhmana*. Le *Shâradâ Tilaka* définit Pratyâhâra comme « l'imposition d'un obstacle aux sens qui vagabondent sur leurs objets » (Indriyâvâm vicharatâm vishayshu balâd âharanam tebhyah pratyâhârah vidhigate). La *Shândilya Up.* parle des cinq espèces de Pratyâhâra, dont la dernière est Dhâranâ sur dix-huit points importants du corps.

(470) *Shândilya Up.*, ch. I ; *Amritanâda Up.*, *Mandalabrâhmana Up.*, *Brâhmana* I.

(471)   Vijâtîyapratyayatiraskârapûrvaka-sajâtîyavrittikâbhih nirantara (vyâpti) -vishayîkritachaitanyam yasya, tat tâdrishaɯ chittam antahkaranam yeshâm (Comm. du v. 35 de la *Trishatî*, sur le titre d'Ekagrachittanirdhyâtâ donné à la Devî).

On acquiert par Dhyâna la qualité de la réalisation mentale (Pratyaksha). Il en existe deux espèces : Saguna, ou méditation d'une forme (Mûrti) ; et Nirguna, dans laquelle le soi est son propre objet (472).

Samâdhi, ou l'extase, a été défini comme l'identification de Manas et d'Atmâ comme du sel dans l'eau (473), l'état dans lequel tout est connu comme ne faisant qu'un (égal) (474), et comme « le nectar de l'égalité » (de l'unité) (475). Le Samâdhi complet est ainsi l'état de Parâsamvit ou Pure Conscience. Il y a deux degrés de Samâdhi : dans le premier (Savikalpa), à un degré moindre, et dans le second (Nirvikalpa) à un degré parfait, le mental, d'une manière continue et à l'exclusion de tout autre objet, assume la nature du sujet de sa contemplation et devient un avec lui.

On distingue dans l'Advaita Vedânta trois états (Bhûmikâ) de Samprajnâta (Savikalpa) Samâdhi : Ritambharâ, Prajnâlokâ, Prashântavâhitâ (476). Dans le premier le contenu de la Vritti mentale est Sachchidânanda. Il y a encore un connaissant séparé. Dans le second toute espèce d'Avarana (écran) est rejetée, et il y a Sâkshâtkâra Brahmajnâna passant au troisième état de la Paix, dans lequel le mental est vide de toute Vritti et le soi existe comme le Brahman seulement (477), « lequel étant connu tout est connu ». On entre alors en Nirvikalpa Samâdhi par le Râjayoga.

Dhâranâ, Dhyâna, Savikalpa, Samâdhi, dont l'ensemble est appelé Samyama, ne sont que des étapes dans l'effort mental de concentration, bien que, comme nous le verrons plus loin, du point de vue du Hathayoga, elles constituent

---

« Ceux dont le Chitta ou Antahkarana (sens interne) a été débarrassé de toutes les impressions dont la nature est d'être mutuellement en conflit, et réalise ou éprouve constamment Chaitanya ».

(472) *Shândilya Up.*, ch. I ; *Mandalabrâhmana Up.*, I° Brâhmana.
(473) *Varâha Up.*, ch. II.
(474) *Amritanâda Up.*
(475) *Yogakundali Up.*, ch. III.
(476) Comm. du v. 35 de la *Trishatî*.
(477) *Ibid.* Manasso vrittishûnyasya brahmâkâratayâ sthitih. « Le mental a toujours des Vritti » (modifications), c'est-à-dire des Guna. Si le mental du Jîva en est libéré, il est Brahman.

des progressions dans le Prânâyâma, chaque stade étant une plus longue période de rétention de Prâna (478). Ainsi par Yama, Niyama, Asana, le corps est maîtrisé ; par eux et Prânâyâma le Prâna est maîtrisé ; par eux et Pratyâhâra les sens (Indriya) sont soumis. Alors, par l'opération de Dhâranâ, Dhyâna et le Samâdhi du premier degré (Savikalpa ou Samprajnâta), les modifications (Vritti) du Manas cessent et Buddhi seule fonctionne. En poussant plus loin, longuement, la pratique de la sérénité et de l'indifférence à la joie comme à la douleur (Vairâgya), Buddhi elle-même devient Laya, et le Yogî atteint le véritable état sans modifications de l'Atma, dans lequel le Jîva qui est alors pure Buddhi est fondu en Prakriti et le Brahman, comme le sel dans les eaux de l'océan et comme le camphre dans la flamme.

Passons maintenant aux méthodes (479) particulières aux différents Yoga. Le Mantrayoga comprend toutes les formes de Sâdhanâ dans lesquelles le mental est maîtrisé au moyen de son propre objet, c'est-à-dire au moyen des multiples objets du monde du nom et de la forme (Nâmarûpa). L'univers entier est composé de noms et de formes (Nâmarûpatmaka) qui sont les objets (Vishaya) du mental. Le mental lui-même se modifie pour prendre la forme de ce qu'il perçoit. On appelle ces modifications ses Vritti, et le mental n'est pas un seul instant vide d'idées et de sentiments. C'est le sentiment ou l'intention (Bhâva) avec lequel on accomplit un acte, qui détermine sa valeur morale. C'est de ce Bhâva que dépendent le caractère comme aussi la conception entière qu'on se fait de la vie. C'est pourquoi l'on s'efforce de purifier le Bhâva. De même qu'un homme tombé sur le sol se relève au moyen de ce même sol, de même pour briser les liens du monde la première méthode, et la plus facile, est d'utiliser ces liens comme le moyen de leur propre destruction (480). Le mental est troublé par Nâmarûpa, mais ce Nâmarûpa

<hr>

(478) Voir *Yogatattva Up.*

(479) Voir deux publications par Shrî Bhâratadharmamahâmandala : *Mantrayoga* et *Hathayoga*, dans les Dharma Prachâra Series (Bénarès). La seconde, en peu de pages, explique tout l'essentiel de chacun des quatre systèmes.

(480) C'est là un principe essentiellement tantrique. Voir *Kulârnava*, ch. II.

peut être utilisé comme le premier moyen de lui échapper. Ainsi, dans le Mantrayoga, une forme particulière de Nâma-rûpa, productrice de Bhâva pur, est donné comme objet de contemplation. Elle porte le nom de Sthûla ou Saguna Dhyâna des cinq Devatâ, et elle est adaptée aux différentes natures. En dehors des « huit membres » (Ashtâmga) habi-tuels, communs à toutes les formes de Yoga, certains modes de pratique et de culte sont prescrits. En ce qui concerne l'adoration, on utilise des moyens matériels comme premiers degrés pour atteindre l'Un sans forme par Jnânayoga : par exemple des images (Mûrti) (481), des emblèmes (Linga, Shâlagrama), des dessins (Chitra), des marques murales (Bhittirekhâ), des Mandala et des Yantra (symboles gra-phiques (482), des Mudrâ (483), des Nyâsa (484). En outre le Mantra prescrit est dit (Japa), soit à haute voix, soit tout bas seulement. La source de tout Bîja-Mantra (Mantra-germe), le Pranava (Om), ou Brahman, est l'équivalent articulé de ce « Son » primordial qui résulta de la première vibration des Guna de Mûlaprakriti, et les autres Bîja-Mantra sont de même les équivalents des diverses formes de Saguna, Deva et Devî, qui apparurent ensuite lorsque Prakriti entra dans l'état Vaishamyâvasthâ. Dans le Mantrayoga l'état de Samâdhi porte le nom de Mahâbhâva. C'est la forme la plus simple de pratique du Yoga, qui convient à ceux que leurs pouvoirs et leurs capacités ne qualifient pas pour l'une des autres méthodes.

Le Hathayoga comprend les Sâdhanâ (méthodes prescrites d'exercice et de pratique), qui se rapportent principalement au corps grossier, ou corps physique (Sthûla Sharîra). Comme celui-ci est relié au corps supra-physique ou corps subtil

---

(481) « Le Deva de celui qui n'est pas éveillé (Aprabuddha) est dans les Images ; celui du Vipra dans le Feu ; celui du sage dans le Cœur. Le Deva de ceux qui connaissent l'Atmâ est par-tout. » (Kulârnava Tantra, IX, 44.) « O Toi dont les yeux sont si beaux ! Ma demeure n'est point dans le Kailâsa, le Meru ni le Mandara. Je suis là où sont ceux qui connaissent la doctrine Kula. » (Ibid., v. 94).

(482) Voir Mahânirvâna Tantra, Introduction.

(483) Ibid. Ces Mudrâ rituels ne doivent pas être confondus avec les Yoga Mudrâ décrits plus loin.

(484) Ibid.

(Sûkshma Sharîra), dont il est l'enveloppe extérieure, la maîtrise du corps grossier s'étend au corps subtil avec son intellect, ses sentiments et ses passions. En fait, c'est la destination précise du Sthûla Sharîra, de permettre au Sûkshma Sharîra d'accomplir le Karma qu'il s'est attiré. Le premier étant construit en conformité avec la nature du second, et les deux étant unis et interdépendants, il s'ensuit que toute opération accomplie dans et sur le corps grossier affecte le corps subtil ; les méthodes physiques de ce Yoga ont été prescrites pour des tempéraments particuliers, afin que, le corps physique étant d'abord maîtrisé, le corps subtil avec ses fonctions mentales puisse être maîtrisé aussi (485). Ces pratiques purement physiques ne sont que les auxiliaires d'autres pratiques. Comme dit le *Kulârnava Tantra* (486) : « Ni le siège de lotus ni la fixation du regard sur le bout du nez ne constituent le Yoga. C'est l'identité de Jîvâtmâ et de Paramâtma, qui constitue le Yoga ». Les caractères spéciaux du Hathayoga peuvent d'abord être mis en contraste avec le Mantra Yoga. Ce dernier s'occupe de choses étrangères au corps physique, et accorde une attention spéciale à des observances et des rites extérieurs. Il enjoint d'accorder le respect qui leur est dû aux lois réglant les castes et les périodes de la vie (Varnâshrama Dharma), et aux devoirs respectifs des hommes et des femmes (Kula Dharma). Ainsi le Mantra qui est donné à l'initié mâle ne peut être donné à une femme. De même le Mantra donné à un Brahmane ne conviendrait pas à un Shûdra. Les objets de contemplation sont les Deva et les Devî dans leurs diverses manifestations et sous leurs symboles concrets, et le Samâdhi appelé Mahâbhâva s'obtient par la contemplation et par le moyen de Nâmarûpa. Dans le Hathayoga, d'autre part, la question de savoir si un novice est qualifié ou non est tranchée par des considérations physiologiques, et des règles sont prescrites dans le but de procurer et d'affermir la santé et de libérer le corps de la maladie. Dans le Hathayoga, la contemplation porte sur « la Lumière », et le Samâdhi appelé Mahâbodha s'obtient

---

(485) Voir le bref résumé de la *Hathayoga Samhitâ* donné dans les Dharma Prachâra Series. (Shrî Bhâratadharmamahâmandala, Bénarès.)

(486) IX, 30.

par la maîtrise de la respiration et des autres Vâyu vitaux
(Prânâyâma), par laquelle on acquiert aussi la maîtrise du
mental. Comme nous l'avons déjà observé, Asana et Prânâyâma, qui font partie du Hathayoga, font également partie
du Mantrayoga. Ceux qui pratiquent le second tireront profit
de certains autres exercices du Hathayoga, tout comme les
adeptes du Hathayoga trouveront une aide dans les exercices
du Mantrayoga.

Le mot Hatha est composé des syllabes Ha et Tha, qui
signifient « le Soleil » et « la Lune », autrement dit les Vâyu
Prâna et Apâna. Au v. 8 du *Shatchakranirûpana*, il est dit
que le Prâna (qui demeure dans le cœur) attire Apâna (qui
demeure dans le Mûlâdhâra), et qu'Apâna attire le Prâna,
comme un faucon attaché par un lien est ramené en arrière
lorsqu'il tente de s'envoler. Tous deux, par leur désaccord,
s'empêchent mutuellement de quitter le corps, mais lorsqu'ils
sont accordés ils le quittent. Leur union ou Yoga dans la
Sushumnâ, comme aussi la méthode qui mène à ce but,
porte le nom de Prânâyâma. Le Hathayoga, ou Hathavidyâ,
est donc la science du Principe de vie (487), le mot étant
pris au sens des diverses formes de Vâyu vital dans lesquelles
se divise Prâna. Prâna dans le corps de l'individu est une
partie du Souffle Universel, du « Grand Souffle ». C'est pourquoi l'on s'efforce d'abord d'harmoniser le souffle individuel,
connu sous le nom de Pinda ou Vyashti Prâna, avec le
souffle cosmique ou collectif, Brahmânda ou Samashti Prâna.
On obtient ainsi la force et la santé. En réglant le souffle
harmonisé, on règle et on calme le mental plus facilement,
et l'on parvient plus facilement à la concentration.

En correspondance avec la triple division Adhyâtma,
Adhibhuta, Adhidaiva, le Mental (Manas), Prâna (la vitalité)
et Vîrya (la semence) sont un. Aussi la soumission de Manas
entraîne la soumission de Prâna ou Vâyu et de Vîrya. De
même, en maîtrisant Prâna, on obtient automatiquement la
maîtrise de Manas et de Vîrya. De même encore, si le Vîrya
est maîtrisé, et si la substance qui sous l'influence du désir
sexuel se développe en semence grossière (488) est forcée de

---

(487) Voir Avalon, *Power as Life (Prâna-Shakti)*.
(488) Suivant les conceptions hindoues la semence (Shukra)
existe sous une forme subtile dans le corps entier. Sous l'influence

s'écouler vers le haut (Urdhvaretas), on obtient la maîtrise à la fois de Manas et de Prâna. Avec Prânâyâma la semence (Shukra) se tarit. La puissance séminale s'élève et revient sous la forme du nectar (Amrita) de Shiva-Shakti.

Prânâyâma est reconnu comme un des « membres » de toutes les formes de Yoga. Mais alors qu'il est utilisé comme un auxiliaire dans le Mantra Yoga, le Laya Yoga et le Râja Yoga, le Hathayogî comme tel considère cette maîtrise et ce Yoga du souffle comme le principal moyen de produire ce résultat (Moksha), qui est le but commun de toutes les écoles de Yoga. Le Hathayoga, se basant sur le fait que la Vritti ou modification du mental suit nécessairement Prâna (489), et jugeant cette base suffisante, a affirmé que par l'union de Ha et de Tha dans la Sushumnâ, et en conduisant par cette voie les Prâna réunis jusqu'au Brahmanrandra, on atteignait Samâdhi. Bien que chacun connaisse l'action réciproque de la matière et du mental, et bien que les états physiologiques influencent les états psychiques ou mentaux comme ces derniers influencent les premiers, la méthode du Hathayoga est avant tout une méthode physique, les actes physiques grossiers des étapes préparatoires de ce Yoga étant néanmoins suivis de Kriyâjnâna et de techniques vitales subtiles ayant Prâna pour thème.

Sous la rubrique des exercices physiques grossiers, viennent des stipulations relatives au lieu de résidence, au mode de vie en ce qui concerne la nourriture, la boisson, les fonctions sexuelles, l'exercice, etc.

Les pratiques et exercices liés au Hathayoga se divisent en sept parties ou périodes : la purification (Shodhana) par les six procédés (Shatkarma) ; l'obtention de la force ou

---

de la volonté sexuelle elle se retire et s'élabore sous forme grossière dans les organes sexuels. Etre Urdhvaretas n'est pas seulement empêcher l'émission de semence grossière déjà formée, mais empêcher sa formation sous forme de semence grossière, et son absorption dans l'ensemble de l'organisme. Le corps d'un homme qui est véritablement Urdhvaretas a le parfum du lotus. Un homme chaste dans lequel s'est formée de la semence grossière peut, en revanche, sentir le bouc.

(489) Chitta a deux causes : Vâsanâ et Prâna. Si l'une est maîtrisée, alors toutes les deux sont maîtrisées. (*Yoga Kundalî Up.*, ch. I.)

fermeté (Dridhatâ) par des postures du corps (Asana) ; de la force d'âme (Sthiratâ) par des positions du corps (**Mudra**) ; de la paix du mental (Dhairya) par la contrainte des sens (Pratyâhâra) ; de la légèreté (Lâghavâ) par Prânâyâma ; **de** la réalisation (Pratyaksha) par la méditation (Dhyâna) ; et du détachement (Nirliptatva) en Samâdhi.

Ceux qui souffrent de l'inégalité des trois « humeurs » (490) doivent pratiquer les « six actes » (Shatkarma) qui purifient le corps et facilitent Prânâyâma. Pour d'autres qui sont exempts de ces défauts ils ne sont pas nécessaires, et selon certains maîtres la seule pratiqué de Prânâyâma peut suffire. Ce sont là les premiers pas dans le Hathayoga. Par cette purification (Shodhana) du corps et des Nâdî, on acquiert la santé, on rend le feu intérieur plus actif, et la rétention du souffle (Kumbhaka) devient plus facile. On a aussi recours, s'il est nécessaire, à Oshadhiyoga, dans lequel sont administrées des préparations d'herbes pour raffermir une santé déficiente.

La purification (Shodhana) s'effectue par les six procédés connus sous le nom de Shatkarma. Le premier est Dhauti (lavage), qui est quadruple : lavage interne (Antardhauti) ; lavage des dents, etc. (Dantadhauti) ; du « cœur », c'est-à-dire de la gorge et de la poitrine (Hriddhauti) ; et de l'anus (Mûladhauti). Antardhauti est lui-même quadruple : Vâtasâra, par lequel on attire l'air dans le ventre et ensuite le rejette ; Vârisâra, par lequel on remplit d'eau le corps, puis évacue cette eau par l'anus (491) ; Vahnisâra, par lequel on fait

---

(490) Vâta, Kapha et Pitta. On en trouvera la description dans A. Avalon : Introduction au *Prapanchasâra Tantra* (vol. III de *Tantrik Texts*), et *Power as Life*.

(491) Les intestins sont vidés d'air, et ainsi par l'action des muscles anaux l'eau est pompée. Elle pénètre naturellement pour emplir le vide créé par l'évacuation de l'air dans les intestins. Un autre acte auquel j'ai assisté consiste à attirer de l'air et du liquide dans l'urètre, puis à les en chasser. A part sa valeur médicale supposée, en tant que lavement de la vessie, c'est là un Mudrâ utilisé sexuellement et par lequel le Hathayogî aspire en lui-même les forces de la femme sans émettre rien de sa force ni de sa substance propres, pratique qui (en dehors de tout autre motif) est condamnable comme nocive pour la femme qui « se flétrit » à la suite de ce traitement.

toucher au Nâbhigranthi la colonne vertébrale (Meru) ; et
Vahishkrita, dans lequel le ventre est par Kâkinîmudrâ (492)
rempli d'air, qui est retenu durant la moitié d'un Yâma (493),
puis envoyé vers le bas. Dantadhauti est quadruple ; il
consiste dans le nettoyage de la racine des dents et de la
langue, des oreilles, et du « creux du crâne » (Kapâlarandhra).
Par Hriddhauti l'on fait disparaître le phlegme et la bile.
On emploie une baguette (Dandadhauti) ou un morceau
d'étoffe (Vâsodhauti) que l'on pousse dans la gorge, ou encore
on vomit (Vamanadhauti). Mûladhauti a pour but de nettoyer
l'issue de l'Apânavâyu, soit avec le majeur et de l'eau, soit
avec une tige de curcuma.

Vasti, le second des Shatkarma, est double : de l'espèce
sèche (Shushka) ou de l'espèce humide (Jala). Dans la seconde
forme, le Yogî est assis dans la posture Utkatâsana (494)
dans l'eau jusqu'au nombril, et l'anus est contracté et élargi
par Ashvinî Mudrâ ; on peut aussi recourir à la Pashchi-
mottânâsana (495), et l'on fait remuer doucement l'abdomen
au-dessous du nombril. Dans la Neti, on nettoie les narines
avec un morceau de ficelle. Laulikî consiste à faire tourner
le ventre d'un côté à l'autre. Dans le Trâtaka le Yogî,
sans ciller, fixe quelque menu objet jusqu'à ce que les
larmes jaillissent de ses yeux. On obtient ainsi la « vision
céleste » (Divya Drishti) dont il est si souvent parlé dans les
Upâsanâ tantriques. Kapâlabhâti est une méthode pour
éliminer le phlegme, et comprend trois formes : Vâtakrama,
par inhalation et exhalation ; Vyûtkrama, en aspirant de
l'eau par les narines et en la rejetant par la bouche ; et
Shîtkrama, le procédé inverse.

Telles sont les diverses méthodes pour nettoyer le corps
et le purifier en vue de la pratique du Yoga.

---

(492) *Gheranda Samhitâ*, 3º *Up.* (v. 86) ; voir aussi *Hathayogapradîpikâ*, II, 21-38.
(493) Un Yâma a une durée de trois heures.
(494) *Gheranda Samhitâ*, 2º *Upadesha*, v. 23. Cette posture
consiste à s'accroupir en reposant sur les orteils, les talons ne
touchant pas le sol, et les fesses reposant sur les talons. Un
Hathayogî peut, dit-on, se donner un lavement naturel en
s'asseyant dans l'eau et l'aspirant par l'anus. Les muscles du
sphincter s'ouvrent et se ferment, et la succion s'établit.
(495) *Ibid.*, v. 20,

Asana, la posture, vient ensuite, et lorsqu'on se dispense des Shatkarma, c'est le premier stade du Hathayoga.

Dridhatâ, la force ou la fermeté, dont l'acquisition est la seconde des pratiques mentionnées ci-dessus, s'obtient par Asana.

Les Asana sont des postures du corps. On entend généralement par ce terme des manières d'asseoir le corps. Mais la posture n'est pas nécessairement assise ; quelques Asana en effet s'effectuent sur le ventre, sur le dos, sur les mains, etc. Il est dit (496) que les Asana sont aussi nombreux que les êtres vivants, et qu'il en existe 8.400.000 ; 1.600 sont déclarés excellents, et parmi ces derniers trente-deux sont bénéfiques pour les hommes, et décrits en détail. Deux des plus communs sont Muktapadmâsana (497), la position ordinaire de l'adoration, et Baddhapadmâsana (498). Le Kundalîyoga s'effectue habituellement dans un Asana et un Mudrâ dans lesquels les pieds sont pressés sur la région du centre génital et ferment l'ouverture anale, les mains fermant les autres ouvertures : les narines, les yeux, les oreilles, la bouche (Yonimudrâ). Le talon droit est pressé contre l'anus et le gauche contre la région du centre génital, et afin de fermer l'ouverture du pénis, il est contracté et ramené sous la voûte du pubis, si bien qu'on ne le voit plus (499). La langue est retournée

---

(496) *Gheranda Samhitâ*, 2º *Upadesha*. La *Shiva Samhitâ* (ch. III, v. 84-91) mentionne quatre-vingt-quatre postures, dont quatre sont recommandées : Siddhâsana, Ugrâsana, Svastikâsana et Padmâsana. Un autre exposé que l'on me donna en ajoutait quatre : Baddhapadmâsana, Trikonâsana, Mayûrâsana, Bhujangâsana.

(497) Le pied droit est placé sur la cuisse gauche, le pied gauche sur la cuisse droite, et les mains sont croisées et placées de la même manière sur les cuisses ; le menton est placé sur la poitrine, et le regard fixé sur le bout du nez. (Voir aussi *Shiva Samhitâ*, ch. I, v. 52.)

(498) La même posture, avec cette différence que les mains sont passées derrière le dos, que la main droite tient l'orteil droit et la main gauche l'orteil gauche. Une pression accrue s'exerce ainsi sur le Mûlâdhâra, et les nerfs sont tendus par cette tenue serrée du corps.

(499) Certains Yogî peuvent faire disparaître à la fois le pénis et les testicules sous la voûte du pubis, si bien que le corps a l'apparence d'un corps de femme.

en arrière en Khecharî Mudrâ pour fermer aussi la gorge, lorsque ces deux Mudrâ sont combinés.

Il existe un certain nombre d'autres Asana qui sont parti-culiers aux Tantra, comme Mundâsana, Chitâsana et Shavâ-sana, dans lesquels des crânes, le bûcher funéraire, un cadavre (500), forment respectivement le siège du Sâdhaka. Bien qu'ils aient d'autres objets rituels et magiques, ils font aussi partie de la discipline pour surmonter la peur et atteindre à l'indifférence, qualité du Yogî. Ainsi les Tantra prescrivent pour décor à de tels rites le sommet solitaire d'une montagne, la maison vide et solitaire, le bord de la rivière, et le lieu d'incinération. Le lieu d'incinération intérieur se trouve là où le corps kâmique, le corps de désir, se consume avec ses passions dans le feu de la connaissance (501).

Patanjali, au sujet de l'Asana, se contente d'indiquer quelles sont les bonnes conditions, laissant à chacun le soin de régler les détails par lui-même selon ses propres besoins.

Asana aide à clarifier et corriger la pensée. La convenance d'un Asana s'éprouve par son degré de stabilité et d'agré-ment, chose que chacun réglera par soi-même. La posture devient parfaite lorsque cesse l'effort pour y parvenir, si bien qu'il n'y a plus de mouvement du corps (502). Le Rajas

---

(500) Quand le Shavâsana est couronné de succès la Devî, dit-on, apparaît au Sâdhaka. Dans la Shavasâdhanâ le Sâdhaka s'assied (en faisant face au nord), à califourchon sur le dos d'un cadavre sur lequel il trace un Yantra, puis fait le Japa du Mantra avec Shodhânyâsa et Pûja sur sa tête. Un cadavre est choisi comme étant une pure forme de matière organisée, puisque la Devatâ qu'on invoque pour qu'elle entre en lui est le Mahâ-vidyâ qui a pour Svarûpa Nirgunabrahman, et par cette invo-cation devient Saguna. Le cadavre est exempt de péché ou de désir. Le seul Vâyu qui soit en lui est le Dhananjaya, « qui ne quitte pas même un cadavre ». La Devatâ se matérialise au moyen du cadavre. Il y a possession de ce dernier (Avesha), c'est-à-dire entrée de la Devatâ dans le corps mort. A la fin d'un rite efficace, on dit que la tête du cadavre se retourne et, faisant face au Sâdhaka, lui parle et lui fait préciser sa requête, qui peut concerner un progrès spirituel ou matériel selon son désir. Cela fait partie de la Nîla Sâdhanâ effectuée par le « Héros » (Vîra), car elle est, comme le Shavâsana, accompagnée de mainte terreur.

(501) Comme dit la *Yogakundalî Upanishad* (ch. III), brûler extérieurement n'est pas brûler du tout.

(502) *Yogasûtra* de Patanjali, 46-47 *(Sthirasukham âsanam).*

Guna, dont l'action produit l'inconstance du mental, est
maîtrisé. Un Asana convenable et stable produit l'équilibre
mental. Le Hathayoga, cependant, prescrit un très grand
nombre d'Asana, à chacun desquels est attribué un effet
particulier. Ils sont plus une gymnastique qu'un Asana dans
son sens de posture assise. Certaines formes de cette gymnastique se pratiquent assis, mais ce n'est pas le cas pour d'autres,
qui se pratiquent debout, courbé, étendu, ou en se tenant
sur la tête. Ce dernier est Vrikshâsana. C'est ainsi encore
qu'en Chakrâsana le Yogî se tient debout, se penche et se
touche les pieds avec la main, exercice familier, comme aussi
Vâmadakshinapadâsana, sorte de pas de l'oie, dans lequel,
cependant, les jambes sont relevées à angle droit avec le
corps. Ces exercices assurent un bon état physique et libèrent
de la maladie (503). Ils amènent aussi différentes parties du
corps dans une position permettant d'établir entre elles un
contact direct de Prâna-vâyu. Il est dit aussi qu'ils facilitent
Prânâyâma et aident à atteindre son but, y compris l'éveil de
Kundalinî. L'auteur de l'ouvrage cité en dernier lieu dit (504)
que, si parmi les Niyama le plus important est Ahimsâ, et
parmi les Yama Mitâhâra, ou régime modéré (le choix est
significatif), de même Siddhâsana (dans lequel le Mûlâdhâra
est pressé fermement par le talon et le Svâdhishthâna par
l'autre pied) est le plus important parmi les Asana. Sa
maîtrise aide à atteindre l'Unmanî Avasthâ, et les trois
Bandha, dont il sera parlé plus loin, s'accomplissent sans
difficulté.

Sthiratâ, le courage, s'acquiert par la pratique des
Mudrâ (505). Les Mudrâ dont s'occupent les ouvrages de
Hathayoga sont des positions du corps (506). Ils sont une
gymnastique, qui donne la santé, et qui détruit la maladie
et la mort, comme le Jâlandhara (507) et autres Mudrâ.

---

(503) Voir le ch. II de la *Gheranda Samhitâ*, et *Hathayogapradîpikâ*, I, v. 19-35 ; voir la *Shândilya Up.*, ch. I.

(504) Ch. I, v. 39.

(505) Suivant le Commentaire sur le *Hathayogapradîpikâ*,
(ch. IV, v. 37), Mudrâ est ainsi nommé parce qu'il supprime
peine et chagrin *(Mudrayati klesham iti mudrâ)*. Cf. ch. III de la
Gheranda Samhitâ.

(506) *Gheranda Samhitâ*, 3° *Upadesha*.

(507) *Ibid.*, v. 12.

Ils préservent aussi de tout danger apporté par le feu, l'eau ou l'air. L'action corporelle et la santé qui en résulte réagissent sur le mental, et par l'union d'un mental et d'un corps parfaits, s'obtient Siddhi. Le Mudrâ est aussi décrit comme la clef qui ouvre la porte de Kundalinî Shakti. Cela ne veut pas dire, à mon avis, qu'il faut nécessairement employer toutes les clefs dans chaque cas, mais seulement celles qui sont nécessaires pour parvenir au but dans tel cas particulier ; ce qui est nécessaire dans un cas peut ne pas l'être dans un autre. La *Gheranda Samhitâ* décrit un certain nombre de Mudrâ, dont (avec les huit Asana mentionnés ci-dessus) dix sont déclarés importants dans le Kundalî Yoga, Khecharî étant le premier comme Siddhâsana est le premier des Asana. Dans le Yonimudrâ, le Yogî en Siddhâsana se ferme avec les doigts les, oreilles, les yeux, les narines et la bouche, afin d'interdire l'entrée à toutes les impressions extérieures. Comme il a déjà été dit, il presse de son talon le Sîvanî ou centre du périnée, fermant ainsi l'ouverture anale et ramenant le pénis dans l'arche du pubis. Il aspire Prânâvâyu par Kâkinîmudrâ (508), et l'unit à Apânavâyu. Méditant dans leur ordre sur les six Chakra, il éveille la Kulakundalinî endormie par le Mantra « Hum Hamsah » (509). Par « Ham », le Soleil, une chaleur est produite, et l'on fait jouer cette chaleur sur Kundalî Shakti. Par « Sah », le Kâma ou vouloir (Ichchhâ) est rendu actif. L'air vital (Vâyu) dans le Mûlâdhâra est sous la forme à la fois de la Lune et du Soleil

---

(508) Les lèvres prennent la forme d'un bec de corbeau, et l'on aspire l'air doucement (*Gheranda Samhitâ*, III, 86-87).

(509) Hûm est appelé Kûrcha Bîja. Hum est Kavacha Bîja : « Que je sois protégé ! » Hûm représente Kâma (le désir) et Krodha (la colère). Kâma désigne ici la volonté créatrice (Srishti), et Krodha son contraire, la dissolution (Laya). Les Devatâ soit-disant « irrités » ne sont pas irrités au sens ordinaire, mais se trouvent alors sous leur aspect de Seigneurs de la Dissolution, aspect qui semble irrité ou terrible du point de vue du monde. Il est dit du Târâmantra que le Hûm est en lui le bruit du vent soufflant avec force sur le lac Chola, à l'ouest du Meru, au moment où Elle Se manifesta. Hamsah contient Prakriti (Sah) et Purusha (Ham), le Jîvâtmâ. On utilise ce Mantra pour élever Kundalinî, et So'ham (Je suis Lui) pour La faire redescendre. Ham signifie aussi le Soleil (Sûrya), et Sah la Lune (Indu), c'est-à-dire Kâma, ou Ichchhâ.

(Somasûryarûpî). Par « Hamsah » Elle est éveillée, Ham L'animant de sa chaleur, et Sah La soulevant. Il L'élève jusqu'au Sahasrâra ; alors, se représentant plein de Shakti, et en union bienheureuse (Sangama) avec Shiva, le Yogî médite sur lui-même comme étant, par suite de cette union, la Béatitude Elle-même et le Brahman (510). Ashvinîmudrâ consiste en la contraction et l'expansion répétée de l'anus en vue de Shodhana, ou en sa contraction pour retenir l'Apâna-vâyu en Shatchakrabheda. Shaktichâlana emploie ce dernier Mudrâ, que l'on répète jusqu'à ce que Vâyu se manifeste dans la Sushumnâ. Shaktichâlana est un mouvement du muscle abdominal de gauche à droite et de droite à gauche ; le but étant d'éveiller Kundalinî par ce mouvement en spirale. Cette pratique s'accompagne d'aspiration et de l'union de Prâna et d'Apâna en état de Siddhâsana (511).

Le Yoni Mudrâ s'accompagne de Shaktichâlana Mudrâ (512), qui doit être bien pratiqué d'abord avant d'effectuer le Yoni Mudrâ. Le muscle rectal est contracté par Ashvinî Mudrâ jusqu'à ce que le Vâyu entre dans la Sus-humnâ, fait qu'indique un bruit particulier que l'on entend là (513). Et avec le Kumbhaka le Serpent s'élève jusqu'au Sahasrâra, éveillé par le Mantra « Hûm Hamsah ». Le Yogî doit alors se représenter plein de Shakti et dans un état d'union bienheureuse avec Shiva. Alors il contemple : « Je suis la Béatitude Elle-même », « Je suis le Brahman » (514). Mahâmudrâ (515) et Mahâvedha s'effectuent conjointement à Mahâbandha, déjà décrit. D'abord le Yogî presse le Yoni (Mûlâdhâra) de son talon gauche, et, étendant la jambe droite, saisit ses deux pieds dans ses deux mains. Il effectue alors Jâlandhara Bandha. Lorsque Kundalinî est éveillée, le Prâna entre dans la Sushumnâ, et Idâ et Pingalâ, maintenant que Prâna les a quittés, deviennent sans vie. L'expiration

---

(510) *Gheranda Samhitâ*, 3° *Upadesha*.
(511) *Ibid.*, v. 37, 49, 82.
(512) *Ibid.*, III, v. 49-61.
(513) *Hathayogapradîpikâ*, Commentaire du ch. II, v. 72.
(514) Le Mantra Hamsah est le souffle retenu en Kumbhaka.
(515) *Gheranda Samhitâ*, III, v. 37-42. Le Yoni Mudrâ, « qui détache le Manas du monde objectif », est décrit dans le Commentaire du v. 36 du *Shatchakranirûpana*.

doit se faire avec lenteur, et le Mudrâ se pratiquer un nombre égal de fois du côté gauche et du côté droit du corps. Ce Mudrâ, comme d'autres Hathayoga Mudrâ, écarte dit-on, la mort et la maladie. En Mahâvedha (516), le Yogî prend la posture du Mahâbandha, et, concentrant son mental, arrête par des méthodes déjà décrites le mouvement ascendant et descendant de Prâna. Puis, plaçant les paumes de ses mains sur le sol, il frappe le sol de ses fesses (Sphich), et la « Lune », le « Soleil » et le « Feu », autrement dit Idâ, Pingalâ et Sushumnâ, sont unis à l'entrée du Prâna dans cette dernière Nâdî. Le corps prend alors un aspect cadavérique, qui disparaît avec la lente expiration qui suit. Selon une autre manière d'éveiller Kundalinî, le Yogî assis en Vajrâsana tient fermement ses pieds un peu au-dessus des chevilles, et en frappe lentement le Kanda (voir ci-dessous). On effectue Bhastra Kumbhaka et l'on contracte l'abdomen (517).

Le Khecharî Mudrâ (518) consiste à allonger la langue jusqu'à ce qu'elle atteigne l'espace entre les sourcils. On la retourne alors dans la gorge, pour empêcher la sortie du souffle préalablement aspiré. Le mental est fixé dans l'Ajnâ (519) jusqu'à ce que, par Siddhi, cette « voie de la Kundalî montante » (Urdhvakundalinî) conquière tout l'univers, qui est réalisé dans le corps du Yogî comme ne différant point d'Atmâ (520). On dit que parfois le frein est coupé, mais que d'autres peuvent effectuer ce Mudrâ sans dommage physique empêchant de sortir et rentrer la langue sans l'aide

---

(516) *Ibid.*, v. 25 et suivants.

(517) *Ibîd.*, ch. III, v. 114 et suivants.

(518) Ainsi nommé, suivant la *Dhyânabindu Up.*, parce que Chitta se meut en Kha (Akâsha), et que la langue par ce Mudrâ entre en Kha.

(519) *Gheranda Samhitâ*, ch. III, v. 25-27. Il en résulte la suspension du souffle et l'insensibilité, si bien que le Yogî peut être enterré sans air, nourriture ni boisson, comme dans le cas du Yogî dont il est parlé dans les rapports du Dr. Mac Gregor et du lieutenant A.H. Boileau, cités dans le « Treatise on the Yoga Philosophy » de N.C. Paul, p. 46. Dans le ch. IV, v. 80, du *Hathayogapradîpikâ*, il est dit que la concentration entre les sourcils est le moyen le plus facile et le plus rapide d'atteindre l'Unmanî Avasthâ. Cf. *Shândilya Up.*, ch. I ; *Dhyânabindu Up.*

(520) *Yogakundalî Up.*, ch. II.

de la main. Dans le Shâmbhavî Mudrâ, on garde le mental libre de Vritti, ou opérant en Siddhâsana.

Le terme Mudrâ comprend aussi ce qu'on appelle les Bandha (ligatures), méthodes physiques de maîtrise de Prâna. Trois des plus importantes sont Uddîyâna, Mûla et Jâlandhara (521). Dans la première, on vide les poumons par une forte expiration, on les tire contre la partie supérieure du thorax, entraînant le diaphragme avec eux, et l'on fait s'élever le Prâna, qui pénètre dans la Sushumnâ. Par le Mûlabandha, le Prâna et l'Apâna s'unissent (522) et entrent dans la Sushumnâ. Alors on entend les « sons » intérieurs, autrement dit on sent une vibration, et Prâna et Apâna, s'unissant avec Nâda de l'Anâhata Chakra, le Chakra du cœur, vont au cœur et sont ensuite unis à Bindu dans l'Ajnâ. Dans le Mûlabandha, la région du périnée (Yonî) est pressée avec le pied, le muscle rectal est contracté (par Ashvinî Mudrâ), et l'Apâna attiré vers le haut (523). Le cours naturel de l'Apâna est dirigé vers le bas, mais par contraction au Mûlâdhâra, on le fait monter par la Sushumnâ, et il rencontre Prâna. Quand ce dernier Vâyu atteint la région du feu au-dessous du nombril (524), le feu devient fort et brillant, étant attisé par Apâna. La chaleur devient alors très puissante dans le corps, et Kundalinî, en la sentant, S'éveille de Son sommeil « tout comme un serpent frappé avec un bâton siffle et se raidit ». Puis l'Apâna entre dans la Sushumnâ.

Jâlandhara Bandha s'effectue par une profonde inhalation,

---

(521) *Ibid.*, ch. III, v. 55-76. Il y a aussi le Mahâbandha. Il est dit au ch. II, v. 45, que Jâlandhara doit s'effectuer à la fin de Pûraka ; et Uddîyana Bandha à la fin de Kumbhaka et au début de Rechaka. Voir aussi *Yogakundalî Up.*, ch. I et ch. III, v. 57 : *Yogatattva Up., Dhyânabindu Up.* La *Varâha Up.*, ch. V, dit que, Prâna volant toujours vers le haut (Uddîyâna), ce Bandha, par lequel on arrête son vol, est appelé Uddîyânabandha. La *Yogakundalî Up.*, ch. I, dit qu'il est appelé Uddîyâna parce que dans ce Bandha Prânah uddîyate (monte dans la Sushumnâ).

(522) La *Shândilya Up.*, ch. I, définit Prânâyâma comme l'union de Prâna et d'Apâna. Nâda et Bindu sont ainsi unis.

(523) Voir *Agamakalpadruma* et *Dhyânabindu Up.* La *Yogakundalî Up.*, ch. I, dit qu'on renverse vers le haut la tendance descendante d'Apâna en se baissant.

(524) Vahner mandalam trikonam nâbher adhobhâge *(Hathayogapradîpika.)*

et ensuite une contraction de la région thoracique (où est situé le Vishuddha Chakra), le menton étant maintenu fermement pressé contre la naissance du cou à une distance d'environ quatre doigts (Anguli) du cœur. Il est dit qu'on lie de cette manière les seize Adhâra (525) ou centres vitaux, et le nectar (Bîyûsha) qui s'écoule de la cavité au-dessus du palais (526) ; le même Bandha a aussi pour but de faire que le souffle devienne Laya dans la Sushumnâ. Si l'on contracte simultanément les régions du thorax et du périnée, et qu'on force Prâna à descendre et Apâna à s'élever, le Vâyu entre dans la Sushumnâ (527). Cette union des trois Nâdî, Idâ, Pingalâ et Sushumnâ, peut encore être effectuée par le Mahâbandha (528), qui aide aussi à la fixation du mental dans l'Ajnâ. On exerce une pression avec le talon gauche sur la région du périnée, entre l'anus et le pénis, le pied droit étant placé sur la cuisse gauche. On inhale le souffle et l'on place fermement le menton à la naissance du cou, au sommet du sternum, comme dans le Jâlandhara, ou, alternativement, on presse fermement la langue contre la base des dents de devant ; et tandis que le mental est centré sur la Sushumnâ, le Vâyu est contracté. Après avoir retenu le souffle aussi longtemps que possible, on doit l'exhaler lentement. L'exercice de respiration doit s'effectuer d'abord du côté gauche, ensuite du côté droit. L'effet de ce Bandha est d'arrêter la montée du souffle par toutes les Nâdî excepté la Sushumnâ.

Comme le dit la *Dhyânabindu Upanishad*, le Jiva oscille entre le haut et le bas sous l'influence de Prâna et d'Apâna,

---

(525) Voir Comm. du v. 33 du *Shatchakranirûpana*.

(526) La « Lune » est située dans la région palatale près de l'Ajnâ. Là, sous l'Ajnâ, se trouve le Somachakra, et du Somachakra vient un fleuve de nectar qui, selon certains, a son origine plus haut. Il descend vers le « Soleil » près du nombril, qui l'engloutit. Au moyen de Viparîtakarana on intervertit les positions, et le feu intérieur (Jatharâgni) augmente. Dans la position Viparîta, le Yogî se tient sur la tête.

(527) *Hathayogapradîpikâ*, II, v. 46-47 ; *Yogatattva Up.*, *Dhyânabindu Up.* La *Yogakundalî Up.*, ch. I, dit que la contraction de la partie inférieure du corps fait obstacle à la montée du Vâyu.

(528) *Dhyânabindu Up.*, III, v. 19 ; effectué conjointement avec Mahâmudrâ et Mahâvedha, décrits plus loin ; *ibid.*, v. 25, et *Yogatattva Up.*

et n'est jamais en repos, tout comme une balle envoyée à terre avec la paume de la main s'élève de nouveau, ou comme un oiseau, lié à son perchoir par une attache, s'il s'envole est rappelé en arrière. Ces mouvements, comme toutes les autres dualités, sont calmés par le Yoga, qui unit les Prâna.

Une fois le corps physique purifié et maîtrisé, vient Prathyâhâra pour assurer le calme (Dhairya), comme nous l'avons déjà montré. A ce moment le Yogî sort du plan physique, et cherche à atteindre l'équilibre et la maîtrise du corps subtil. C'est un stade avancé, dans lequel on acquiert la maîtrise à la fois du mental et du corps.

Du cinquième ou Prânâyâma naît la légèreté (Lâghava), c'est-à-dire la lévitation ou allègement du corps.

L'air respiré par la bouche et les narines est l'air matériel (Sthûla Vâyu). La respiration est une manifestation d'une force vitale appelée Prâna Vâyu. La maîtrise de Sthûla Vâyu donne la maîtrise de Prâna Vâyu (Sûkshma Vâyu, l'air subtil) ; la technique s'y rapportant est appelée Prânâyâma.

On traduit fréquemment Prânâyâma par « maîtrise du souffle ». Considérant les méthodes employées, le terme n'est pas entièrement impropre s'il est entendu que « souffle » signifie non seulement le Sthûla Vâyu, mais le Sûkshma Vâyu. Mais le mot ne vient pas de Prâna (le souffle) et de Yama (la maîtrise) : il vient de Prâna et d'Ayâma, ce dernier terme, selon l'*Amarakosha*, signifiant longueur, montée, extension, expansion (529) ; en d'autres termes, c'est le moyen de prolonger, de fortifier, de développer la manifestation ordinaire et comparativement faible de Prâna. L'opération a lieu d'abord dans le Prâna alors qu'il circule par Idâ et Pingalâ, et se poursuit par son transfert dans la Sushumnâ : on dit qu'alors il s'épanouit (Sphurati) (530) ou se déploie dans sa plénitude. Une fois le corps purifié par une constante pratique, Prâna se fraie passage aisément par la Sushumnâ centrale (531). Cessant d'être le petit sentier

---

(529) Dairghyam âyâma ârohah parinâho vishâlatâ (Dictionnaire d'Amarakosha).

(530) Commentaire du *Hathayogapradîpikâ*, III, v. 27.

(531) *Shândilya Up.*, ch. I.

de l'expérience quotidienne, il devient la « Voie Royale » (532)
qu'est la Sushumnâ. Ainsi pratique-t-on Sûryabheda Kumbhaka jusqu'à ce qu'on sente Prâna imprégner tout le corps
de la tête aux orteils ; Ujjâyî jusqu'à ce que le souffle rem-
plisse le corps de la gorge au cœur ; et en Bhastrâ le souffle
est inhalé et exhalé rapidement, à maintes reprises, comme
le forgeron actionne son soufflet. Il y a maîtrise du souffle
en ce sens seulement, qu'il est l'objet de certaines pratiques
initiales. Ces pratiques, cependant, ne maîtrisent pas par
restriction, mais par expansion. Le terme le plus approprié
pour rendre Prânâyâma est donc « maîtrise et développement
du souffle », conduisant à l'union de Prâna et d'Apâna.
Prânâyâma est pratiqué d'abord en vue de maîtriser et de
développer le Prâna. Ce dernier est ensuite transporté dans
Sushumnâ par l'éveil de Kundalinî, qui en fermait l'entrée
(Brahmadvâra). Abandonnés par Prâna, Idâ et Pingalâ
« meurent » (533), et le Prâna dans la Sushumnâ, au moyen
de la Shakti Kundalinî, perce les six Chakra qui obstruent
le passage dans la Brahmanâdî, et finalement devient Laya
dans le Grand Souffle qui est le but dernier de cette pratique.

Prânâyâma (534) doit être pratiqué selon les instructions
édictées par le Guru, le Sâdhaka suivant un régime nourris-
sant, mais modéré, et gardant la maîtrise de ses sens. Comme
nous l'avons dit déjà, le mental et le souffle réagissent l'un
sur l'autre, et quand le second est réglé le mental l'est aussi ;
c'est pourquoi l'on cherche une respiration rythmée. Il est
dit que Prânânyâma ne réussit qu'une fois les Nâdî purifiées,
sinon le Prâna n'entre pas dans la Sushumnâ (535). Le
Yogî prenant la posture Padmâsana, inhale (Pûraka) et
exhale (Rechaka) alternativement par la narine gauche

(532) Prânasya shûnyapadavîtathâ râjapathâyate *(ibid.*, v. 2-3).
(533) C'est-à-dire qu'ils se relâchent et perdent leur vitalité,
comme le fait toute partie du corps dont se retire la Prâna Shakti.
(534) La *Shândilya Up.*, ch. I, dit : « De même que les lions,
les éléphants et les tigres s'apprivoisent graduellement, de même
le souffle sous une direction convenable se maîtrise ; sinon il tue
l'expérimentateur ». Il ne faut donc pas pratiquer sans direction.
Beaucoup se sont fait du mal, et certains sont morts, à la suite
d'erreurs dans leurs exercices, qui doivent être adaptés aux
besoins de chacun. D'où la nécessité d'un Guru expérimenté.
(535) *Hathayogapradîpikâ*, ch. II, v. 1-6.

(Idâ) et par la narine droite (Pingalâ), retenant le souffle dans l'intervalle (Kumbhaka) pendant des périodes graduellement croissantes. Les Devatâ de ces éléments du Prânâyâma sont Brahmâ, Rudra et Vishnu (536). Le Prâna entre dans Sushumnâ, et s'il est retenu assez longtemps, il va, après avoir percé les Chakra, au Brahmarandhra. Les manuels de Yoga parlent de diverses formes de Prânâyâma selon que l'on commence par Rechaka ou Pûraka, ou que le souffle est brusquement arrêté sans Pûraka ni Rechaka. Il existe aussi diverses formes de Kumbhaka : par exemple Sahita Kumbhaka, qui ressemble aux deux premiers mentionnés plus haut, et qui doit être pratiqué jusqu'à ce que le Prâna entre dans la Sushumnâ ; et Kevala, dans lequel le souffle est retenu sans Pûraka ni Rechaka (537). Il en est d'autres encore qui amendent l'excès de Vâta, Pitta et Kapha (538) et les maladies qui en dérivent ; Bhastrâ est un Kumbhaka important, car il opère dans le cas des trois Dosha (539), et il aide le Prâna à forcer les trois Granthi, qui sont fermement établis dans la Sushumnâ (540).

On observera que toutes les méthodes décrites ou à décrire se rapportent pratiquement à un même objet, l'entrée du Prâna dans la Sushumnâ, pour qu'il devienne ensuite Laya dans le Sahasrâra après que la Prâna Devatâ Kundalinî a percé les Chakra placés sur sa voie ; car lorsque Prâna s'écoule par la Sushumnâ le mental est calmé. Lorsque Chit est absorbé dans la Sushumnâ, Prâna est immobile (541). Cet objet concerne aussi les méthodes Pratyâhâra, Dhâranâ,

---

(536) *Dhyânabindu Up.*, et aussi *Amritanâda Up.*, *Varâha Up.*, ch. V, *Mandalabrâhmana Up.*

(537) La *Shândilya Up.*, ch. I, dit que par Kevala naît la connaissance de Kundalî, et que l'homme devient Urdhvaretas, c'est-à-dire que sa force séminale monte vers le haut au lieu de se développer en semence grossière précipitée vers le bas par Apâna. Bindu (la force séminale) doit être conquis, sinon le Yoga ne peut réussir. Sur les Cheda associés à Sahita, voir *Yogakundalî Up.*, ch. I.

(538) Voir Avalon : Introduction au *Prapachasâra Tantra* (*Tantrik Texts*, vol. III, p. 11 et suiv.).

(539) *Ibid.*

(540) *Hathayogapradîpikâ*, II, 44-75.

(541) *Yoyakundalî Up.*, ch. I.

Dhyâna et Samâdhi ; car si, du point de vue du Râjayoga,
elles constituent divers procédés et états mentaux, du point
de vue du Hathayoga, qui s'occupe de la « respiration »,
elles sont des étapes du Prânâyâma. C'est pourquoi certains
ouvrages les décrivent de manière différente pour les mettre
en harmonie avec la théorie et la pratique du Hatha Yoga,
et les expliquent comme des degrés de Kumbhaka variant
par leur durée (542). Ainsi, si le Prâna est retenu pendant
un temps donné, ce Kumbhaka reçoit le nom de Pratyâhâra ; si le souffle est retenu plus longtemps, Dhâranâ ; et
ainsi de suite jusqu'à l'arrivée en Samâdhi, qui équivaut à
la plus longue période de rétention du souffle (543).

Tous les êtres disent l'Ajapâ Gâyatrî (544), qui est
l'expulsion du souffle par Ham-kâra, et son inspiration par
Sah-kâra, 21.600 fois par jour. Ordinairement le souffle
s'étend jusqu'à une distance égale à la largeur de douze doigts,
mais dans le chant, l'alimentation, la marche, le sommeil,
le coït, les distances sont respectivement de seize, vingt,
vingt-quatre, trente et trente-six largeurs. Au cours d'un
exercice violent ces distances sont dépassées, la plus grande
distance étant de quatre-vingt-seize largeurs. En maintenant
le souffle à sa distance normale on prolonge la vie. En le
portant au delà, on la raccourcit. Pûraka est inspiration, et
Rechaka expiration. Kumbhaka est la rétention du souffle
entre ces deux mouvements. Il existe, suivant la *Gheranda
Samhitâ*, huit sortes de Kumbhaka : Sahita, Sûryabheda,
Ujjâyi, Shîtalî, Bhastrikâ, Bhmâmarî, Mûrchchhâ et Kevalî.
Prânâyâma varie de la même manière. Prânâyâma éveille
Shakti, délivre de la maladie, produit le détachement du
monde et la béatitude. Il a des valeurs diverses : supérieure
(Uttama), moyenne (Madhyama) et inférieure (Adhama).
Cette valeur se mesure à la longueur du Pûraka, du Kum-
bhaka et du Rechaka. En Adhama Prânâyâma elle est
respectivement de 4, 16 et 8, ce qui donne un total de 28.
En Madhyama elle est le double, soit 8, 32, 16, total 56.

---

(542) Voir *Yoga Sûtra*, éd. Manilal Nabhubhai Dvivedi, Ap. VI.
(543) Voir Commentaire du *Hathayogapradîpikâ*, ch. II, v. 12.
(544) C'est le Mantra Hamsah manifesté par Prâna. Voir
Dhyânabindu Up. Hamsah est Jîvâtmâ, et Paramahamsa est
Paramâtmâ. Voir *Hamsa Up.*

En Uttama elle est encore le double, soit 16, 64, 32, total 112. Le nombre donné est celui des récitations du Pranava Mantra. Le Sâdhaka passe dans sa Sâdhanâ par trois stades différents qui portent les mêmes noms. Adhama produit la transpiration, Madhyama le tremblement, et Uttama effectué cent fois a, dit-on, pour résultat la lévitation.

Il est nécessaire que les Nâdî soient purifiées, car l'air n'entre pas dans celles qui sont impures. Des mois ou des années peuvent être consacrés à la purification préliminaire des Nâdî. La purification des Nâdî (Nâdishuddhi) peut être Samanu ou Nirmanu, c'est-à-dire avec ou sans l'usage du Bîja Mantra. Dans la première forme, le Yogî en Padmâsana accomplit Gurunyâsa suivant les directives du Guru. Méditant en « Yam », il inhale par Idâ avec Japa du Bîja seize fois, effectue Kumbhaka avec Japa du Bîja soixante-quatre fois, et ensuite expire par la Nâdî solaire avec Japa du Bîja trente-deux fois. Il fait s'élever le feu de Manipûra et l'unit à Prithivî. Puis vient l'aspiration par la Nâdî solaire avec le Vahni Bîja seize fois, Kumbhaka avec soixante-quatre Japa du Bîja, suivis de l'expiration par la Nâdî lunaire et Japa du Bîja trente-deux fois. Il médite alors sur l'éclat lunaire, fixant l'extrémité de son nez, et aspire par Idâ avec Japa du Bîja « Tham » seize fois. Il effectue Kumbhaka avec le Bîja Vam soixante-quatre fois. Il se représente alors comme inondé de nectar, et considère que les Nâdî ont été lavées. Il expire par Pingalâ avec trente-deux Japa du Bîja Lam, et se considère par là comme fortifié. Il s'assied alors sur une natte d'herbe Kusha, une peau de daim, etc., et, tourné vers l'est ou le nord, effectue Prânâyâma. Pour le pratiquer il faut, outre Nâdîshuddhi, le choix d'un lieu, d'un moment et d'une nourriture favorables. Ainsi, le lieu ne doit pas être assez éloigné pour causer de l'inquiétude, ni dangereux, comme dans une forêt, ni dans une cité ou dans une localité populeuse, ce qui cause de la distraction. La nourriture doit être pure et de caractère végétarien. Elle ne doit être ni trop chaude ni trop froide, ni âcre, ni aigre, ni salée, ni amère. Le jeûne, la consommation d'un seul repas par jour, sont défendus. Au contraire, le Yogî ne doit pas rester sans nourriture pendant plus d'un Yâma (trois heures). La nourriture prise doit être légère et fortifiante. Les longues marches et autres exercices violents sont à éviter, comme aussi

(certainement dans le cas des débutants) les rapports sexuels.
L'estomac ne doit être qu'à demi rempli. Le Yoga doit être
commencé, dit-on, au printemps ou en automne. Comme
nous l'avons vu, les formes de Prânâyâma sont variables.
C'est ainsi que Sahita, qui peut être avec Bîja (Sagarbha) ou
sans Bîja (Nirgarbha), se présente, sous la première forme,
ainsi qu'il suit : le Sâdhaka médite sur Vidhi (Brahmâ), qui
est plein de Rajoguna, de couleur rouge, et l'image d'A-kâra ;
il inhale par Idâ, en six mesures (Mâtrâ) ; avant Kumbhaka
il effectue l'Uddîyânabandha Mudrâ ; méditant sur Harî
(Vishnu) comme Sattvamaya et le Bîja noir U-kâra, il effectue
Kumbhaka avec soixante-quatre Japa du Bîja ; ensuite,
méditant sur Shiva comme Tamomaya et sur son Bîja blanc
Ma-kâra, il expire par Pingalâ avec trente-deux Japa du
Bîja ; puis, inhalant par Pingalâ, il effectue Kumbhaka, et
expire par Idâ avec le même Bîja ; on répète ces exercices
dans l'ordre normal et dans l'ordre inverse.

Il existe, selon la *Gheranda Samhitâ*, trois sortes de
Dhyâna (méditation) : Sthûla, ou grossière ; Jyotih ; Sûkshma,
ou subtile (545). Dans la première la Devatâ est amenée
devant le mental. Voici, à titre d'exemple, une forme de
Dhyâna : Que le Sâdhaka pense au grand océan de nectar
dans son cœur. Au milieu de cet océan est l'Ile des Gemmes,
dont les rivages sont faits d'une poudre de pierres précieuses.
L'île est couverte d'une forêt de Kadamba aux fleurs jaunes.
Cette forêt est entourée de Mâlati, de Champaka, de Pârijâta
et d'autres arbres odorants. Au milieu de la forêt de Kadamba
s'élève le bel arbre Kalpa chargé de fraîches fleurs et de
fruits. Parmi ses feuilles bourdonnent les abeilles noires et
les oiseaux Koel se poursuivent. Ses quatre branches sont
les quatre Veda. Sous l'arbre est un grand Mandapa de pierres
précieuses, et à l'intérieur une couche magnifique, sur laquelle

(545) *Gheranda Samhitâ*, 6° Upadesha. Bhâskararâya, dans la
Lalitâ (v. 53), dit qu'il existe trois formes de la Devî qui participent également des deux aspects Prakâsha et Vimarsha : la
forme physique (Sthûla), la forme subtile (Sûkshma) et la forme
suprême (Para). La forme physique a des mains, des pieds, etc.,
la forme subtile consiste en Mantra, et la forme suprême est le
Vâsanâ, ou, au sens technique du Mantra Shastra, forme propre.
Le *Kulârnava Tantra* divise Dhyâna en Sthûla et Sûkshma
(IX, 3), au delà desquelles, dit-il, est Samâdhi.

il se représentera son Ishtadevatâ. Le Guru lui donnera des directives au sujet de la forme, du vêtement, du Vâhana et du titre de la Devatâ.

Jyotirdhyâna infuse le feu et la vie (Tejas) dans la forme ainsi imaginée. Dans le Mûlâdhâra repose Kundalinî en forme de serpent. Là demeure le Jîvâtmâ, pareil à la flamme effilée d'une bougie. Le Sâdhaka médite alors sur le Tejomaya Brahman (Brahman Lumière), ou, alternativement, entre les sourcils sur la flamme Pranavâtmaka (la lumière qui est Om) émettant son éclat.

Sûkshmadhyâna est la méditation sur Kundalinî avec Shâmbhavî Mudrâ après qu'Elle a été éveillée. Par ce Yoga l'Atmâ est révélé (Atmâsâkshâtkâra).

Enfin, par Samâdhi l'on atteint la qualité de Nirliptatva, ou détachement, et ensuite Mukti (la Délivrance).

Il existe, d'après la *Gheranda Samhitâ*, six espèces de ce Samâdhi Yoga (546) :

1. Dhyânayogasamâdhi, obtenu par Shâmbhavî Mudrâ (547), dans lequel, après méditation sur le Bindu-Brahman et réalisation de l'Atmâ (Atmapratyaksha), celui-ci est résorbé dans le Mahâkâsha ou Grand Ether.

2. Nâdayoga, obtenu par Khecharî Mudrâ (548), dans lequel on étire la langue jusqu'à ce qu'elle atteigne l'espace entre les sourcils, pour l'introduire ensuite dans la bouche dans une position renversée. Cela peut s'effectuer en coupant ou sans couper le frein.

3. Rasânandayoga, obtenu par Kumbhaka (549), dans lequel le Sâdhaka, dans un endroit silencieux, ferme ses deux oreilles et effectue Pûraka et Kumbhaka jusqu'à ce qu'il entende Nâda en bruits variant depuis le chant du grillon jusqu'au bruit d'une grosse timbale. Une pratique quotidienne fait entendre le son Anâhata, et voir la Lumière (Jyotih) contenant le Manas, qui se dissout à la fin dans le suprême Vishnu.

4. Layasiddhiyoga, accompli par le célèbre Yonimudrâ

---

(546) 7° Upadesha.
(547) *Ibid.*, 3° Upadesha, v. 65 et suiv.
(548) *Ibid.*, v. 25 et suiv.
(549) *Ibid.*, 5° Upadesha, v. 77 et suiv.

déjà décrit (550) Le Sâdhaka, se représentant comme Shakti et le Paramâtmâ comme Purusha, se sent en union avec Shiva, jouit avec lui de la béatitude qui est Shringâra-rasa (551), et devient la Béatitude elle-même, ou le Brahman.

5. Bhakti Yoga, dans lequel on médite sur l'Ishtadevatâ avec dévotion (Bhakti), jusqu'à ce que, les larmes ruisselant par excès de béatitude, on atteigne à l'état extatique.

6. Râjayoga, accompli à l'aide de Manomûrchchhâ Kumbhaka (552). Ici le Manas, détaché de tous les objets terrestres, est fixé entre les sourcils dans l'Ajnâchakra, et l'on effectue Kumbhaka. Par l'union du Manas avec l'Atmâ, dans lequel le Jnâni voit toutes choses, on atteint Râjayoga-samâdhi.

Le *Hathayogapradîpikâ* dit que, la perfection une fois atteinte dans le Hatha, le corps devient maigre et sain, les yeux brillants, la semence concentrée, les Nâdî purifiées, le feu intérieur accru, et les sons Nâda mentionnés plus haut deviennent audibles (553). Ces sons émanent de l'Anâhata Chakra dans la région du cœur, car c'est là que le Shabda-brahman manifesté par Vâyu et associé à Buddhi, et de la nature de Nâda manifesté et doué d'un mouvement spécial (Vishesha Spanda), existe en tant que langage Madhyamâ. Bien que le son (Shabda) ne soit pas distinct et audible pour les sens grossiers avant de sortir sous forme de langage Vaikharî, on dit que le Yogî entend ce Nâda subtil quand, par les divers Bandha et Mudrâ que nous avons décrits, Prâna et Apâna se sont unis dans la Sushumnâ. Ce Prâna et ce Nâda combinés s'élèvent et s'unissent à Bindu.

---

(550) Dans la *Lalitâ* (v. 193), la Devî est invoquée sous le nom de Layakarî, « celle qui cause Laya, l'absorption ».

(551) Shringâra est le sentiment amoureux ou la passion sexuelle, et l'union sexuelle. Ici, Shrigârarasa est la racine cosmique de ces réalités. C'est le premier des huit ou neuf Rasa (senti-ments) : Shringâra, Vîra (l'héroïsme), Karuna (la compassion), Adbhuta (l'étonnement), Hâsya (la bonne humeur), Bhayânaka (la crainte), Bîbhatsa (le dégoût), Raudra (le courroux), auxquels Mammathabhatta, l'auteur du *Kâvyaprakâsha*, ajoute Shânti (la paix). Ce dont jouit le Yogî, c'est la béatitude suprasensible qui se manifeste sur le plan terrestre comme Shringâra matériel.

(552) *Gheranda Samhitâ*, 5⁰ Upadesha, v. 82.

(553) Ch. II, v. 78.

Il existe une méthode particulière qui permet, dit-on, de parvenir à Laya en entendant les différents sons corporels (554). Le Yogî en Muktâsana et avec Shambhavî Mudrâ se concentre sur les sons entendus dans l'oreille droite ; puis, après avoir fermé les ouvertures des sens par Shanmukhî Mudrâ et effectué Prânâyâma, il entend un son dans la Sushumnâ. Il y a quatre étapes dans ce Yoga. Quand le Brahmagranthi a été percé, on entend dans le vide éthéré (Shûnya) du cœur un doux cliquetis d'ornements ; au second stade le Prâna uni à Nâda perce le Vishnugranthi. Dans ce dernier, le vide ultérieur (Atishûnya) de la région thoracique, on entend des sons pareils à ceux d'une timbale. Au troisième stade on entend un bruit de tambour (Mardala) dans l'Ajnâ ou Mahâshûnya, le siège de tous les pouvoirs (Siddhi). Puis le Prâna, ayant forcé le Rudragranthi ou Ajnâ, gagne la demeure d'Ishvara. Lorsqu'on parvient au quatrième stade, et que Prâna gagne Brahmarandhra, le quatrième état, Nishpatti, survient. Aux premiers stades les sons ont de la force, et graduellement ils se font très subtils. Le mental est tenu à l'écart de tous les objets extérieurs, et centré d'abord sur les sons sonores, puis sur les sons subtils. Le mental s'unit ainsi à Nâda, sur lequel il est fixé. Nâda ressemble donc à un piège pour attraper un daim ; il ressemble à un chasseur qui tue le mental. Il l'attrape d'abord pour le tuer ensuite. Le mental absorbé en Nâda est libéré des Vritti (555). L'Antahkarana, comme un daim, est attiré par le son des clochettes, et, demeurant immuable, le Yogî, comme un habile archer, le tue en dirigeant son souffle par la Sushumnâ vers le Brahmarandhra, son souffle qui ne fait plus qu'un avec ce qu'il vise. Chit existe à l'intérieur de ces sons, qui sont ses Shakti, et l'on dit que par l'union avec Nâda le Chaitanya (conscience) qui resplendit par lui-même est atteint. Tant qu'un son est entendu, l'Atmâ est avec Shakti L'état Laya est sans aucun son (556).

---

(554) Comme le dit la *Nâdabindu Up.*, le son maîtrise le mental qui vagabonde dans le jardin d'agrément des sens.

(555) Comme le dit l'*Amritanâda Up.* (v. 24), l'Akshara (l'impérissable) est ce qui est Aghosha (sans son), ce qui n'est ni voyelle ni consonne et n'est pas prononcé.

(556) *Hathayogapradîpikâ*, ch. IV, v. 65-102.

Il existe encore d'autres méthodes (557) pour parvenir a Laya, comme le Mantrayoga, ou récitation de Mantra suivant une méthode particulière.

Le Layayoga est la troisième et la plus haute forme de Hathayoga. Sachchidânanda, ou Shiva, et Sachchidânanda, ou Shakti, sont tous deux présents dans le corps, et le Layayoga consiste à maîtriser Chittavritti en fondant la Prakriti Shakti dans la Purusha Shakti, suivant les lois qui gouvernent les corps Pinda (individuel; Vyashti) et Brahmânda (cosmique; Samashti), et en atteignant ainsi la Délivrance (Moksha).

Comme les systèmes précédents, le Layayoga possède des caractères qui lui sont propres (558). D'une manière générale, le Hathayoga ordinaire s'occupe spécialement, quoique non exclusivement, du corps physique, de sa puissance et de ses fonctions; et il touche le corps subtil par l'intermédiaire du corps grossier. Le Mantrayoga s'occupe spécialement, quoique non exclusivement, des forces et des pouvoirs s'exerçant hors du corps, tout en l'affectant. Le Layayoga s'occupe des Pîtha (sièges ou centres) suprasensibles, et des forces et fonctions suprasensibles du monde intérieur du corps. Ces Pîtha, sièges des Devatâ, sont les Chakra déjà décrits, depuis le Sahasrâra, demeure du Sachchidânandamaya Paramâtmâ sans attache (Nirlipta), jusqu'au Mûlâdhâra, siège de Prakriti-Shakti, appelée Kulakundalinî dans les Yoga Shâstra. L'objet de ce Yoga est donc de prendre cette Shakti pour la fondre en Purusha, une fois atteint Samâdhi. Dans le Hathayoga la contemplation de la « Lumière » est particulièrement prescrite, bien que, comme nous l'avons noté déjà, son Dhyâna soit triple. Dans le Mantrayoga, on contemple les formes matérielles dont l'Esprit Se revêt. Après que Prakriti-Shakti sous la forme de Kulakundalinî a été, suivant la méthode du Layayoga, éveillée par une pratique constante, son reflet se manifeste comme une Lumière entre les sourcils, et cette Lumière, quand elle est fixée par la pratique et la contemplation, devient l'objet de

---

(557) L'*Amritanâda Up.*, ch. IV, v. 66, dit que Shiva a donné un quart de crore (2.500.000) de moyens de parvenir à Laya, mais que Nâda est le meilleur de tous.

(558) Voir *Dharma Prachâra Series*, 9.

Bindudhyâna. Kundalî est éveillée par divers procédés Hatha et autres, décrits plus loin. Certaines des méthodes suivies sont communes à tous les systèmes : ainsi Yama, Niyama, Asana, bien qu'on en utilise un nombre limité, ainsi que des Mudrâ du Hathayoga. Ces procédés font partie des procédés physiques (Sthûla Kriyâ), et sont suivis de Prânâyâma (559), Pratyâhâra, Dhâranâ, Dhyâna (sur le Bindu), qui sont des exercices supraphysiques (Sûkshmâ Kriyâ). Il s'y ajoute certains traits particuliers au Yoga tantrique. Il y a, en plus de ceux déjà notés, Svarodaya, la science des Nâdî ; Pancha-tattva Chakra, Sûkshmaprâna, et autres forces internes de la nature ; et le Layakriyâ, conduisant par Nâda et Bindu au Samâdhi, qui est appelé Mahâlaya.

L'audition des sons Nâda est incluse dans Pratyâhâra, et dans Dhâranâ l'éveil de Kundalî. Comme le Japa, ou récitation du Mantra, est l'élément principal du Mantrayoga, et Prânâyâma celui du Hathayoga ordinaire, Dhâranâ, avec ce dernier pour préliminaire, est la partie la plus importante du Layayoga. Il faut remarquer, toutefois, que Prânâyâma n'est qu'une méthode préliminaire pour s'assurer la maîtrise du souffle. C'est la porte basse par laquelle celui qui est déjà un maître n'a pas besoin d'entrer. Certains des procédés décrits ne concernent que la pratique (Sâdhanâ). Un maître (Siddha) peut, dit-on, faire monter et descendre Kundalî Shakti en une heure.

Il est dit que, de même qu'Ananta, le Seigneur des Serpents, soutient l'univers entier, Kundalinî, « par qui le corps est soutenu » (560), soutient toute pratique de Yoga (561), et que, comme on ouvre une porte avec une clef, le Yogî doit ouvrir la porte de la délivrance (Moksha), à l'aide de Kundalinî (la lovée) (562), qui est connue sous des noms

(559) Des diverses formes de Prânâyâma données dans le Hathayoga, deux seulement, dit-on, sont employées dans le Layayoga.
(560) *Varâha Up.*, ch. V.
(561) *Hathayogapradîpikâ*, ch. III, v. I : *Sarveshâm yogatan-trânâm tathâdhârâ hi Kundalî.*
(562) *Ibid.*, ch. III, v. 105 :
      Udghâtayet kapâtan tu yathâ kunchikayâ hathât.
      Kundalinyâ tathâ yogî mokshadvâram vibhedayet.
On trouve le même vers dans la *Gheranda Samhitâ*, ch. III, v. 5.

divers : la Shakti, Ishvarî (la Souveraine Dame), Kutilângî (la tortueuse), Bhujangî (le serpent), Arundhatî (aide irrépressible de bonne action) (563). Cette Shakti est la Shakti Suprême (Parashakti) dans le corps humain, contenant toutes les puissances et assumant toutes les formes. Ainsi la force sexuelle est une de ces puissances et elle est utilisée. Cependant, au lieu de descendre à l'état de liquide séminal grossier, elle est conservée sous forme d'énergie subtile, et s'élève à Shiva en même temps que Prâna. Elle devient ainsi source de vie spirituelle au lieu d'être une des causes de mort physique. Avec l'extinction du désir sexuel, le mental est délivré de sa plus puissante entrave (564).

Elle, « la Puissance du Serpent », dort enroulée dans le Mûlâdhâra, fermant de Sa bouche l'entrée de la Sushumnà appelée « porte de Brahman » (Brahmadvâra). Elle dort au-dessus de ce qu'on appelle le Kanda ou Kandayoni, dont la longueur et la largeur sont de quatre doigts, et qui est recouvert d'un « doux tissu blanc », c'est-à-dire d'une membrane pareille à un œuf d'oiseau. On le situe généralement à deux doigts (Anguli) au-dessus de l'anus (Guda) et à deux doigts au-dessous du pénis (Medhra) (565). De ce Kanda partent les 72.000 Nâdî qui s'y unissent et s'y séparent à la fois. Kulakundalinî est le Shabdabrahman, et tous les Mantra sont Sa manifestation (Svarûpavibhûti). C'est pourquoi l'un des noms de cette Mantradevatâ, qui a les « lettres » pour substance, est Mâtrikâ, c'est-à-dire la Génitrice de tous les univers. Elle est Mâtrikâ, parce qu'Elle est la Mère de tout et l'enfant de personne. Elle est la Conscience cosmique (Jagachchaitanya), la conscience Virât de l'ensemble du monde (566). De même que dans l'espace le son

---

(563) La *Yogakundalî Up.*, ch. I, appelle Sarasvatî Arundhatî, disant que c'est en L'éveillant qu'on éveille Kundalinî. Lorsque Kundalî veut monter, rien ne peut L'arrêter. C'est pourquoi on L'appelle Arundhatî, qui est aussi le nom d'une Nâdî.

(564) *Yogakundalî Up.*, ch. I.

(565) C'est ce qu'indique Yâjnavalkya, cité dans le commentaire du v. 113, ch. III, du *Hathayogapradîpikâ*, qui fait aussi allusion au *Gorakshashataka*. Le vers lui-même semble fixer sa position entre le pénis et le nombril (Nâbhi), à douze doigts (Vitasti) au-dessus du Mûlasthâna. Kanda désigne aussi le siège de Prâna, le cœur. (Voir *Shatchakranirûpana*, v. 8.)

(566) Voir *Principles of Tantra*, vol. II, ch. 11, 12 et suiv.

est produit par des mouvements de l'air, de même dans l'éther à l'intérieur du corps du Jîva des courants circulent, dus aux mouvements de l'air vital (Prânavâyu), à son entrée et à sa sortie de l'inhalation et de l'exhalation. Le v. 12 du *Shatchakranirûpana* décrit Kundalinî comme la suprême et vénérée Parameshvarî (Souveraine Dame), le Kalâ (567) tout-puissant sous la forme de Nâdashakti. Elle, la subtile des subtils, contient en Elle le mystère de la création (568), et le flot d'Ambroisie qui ruisselle du Brahman sans attribut. Son éclat illumine l'univers, et éveille la conscience éternelle (569), c'est-à-dire que tout ensemble Elle lie, étant Créatrice (Avidyâ Shakti), et comme Vidyâ Shakti est le moyen d'atteindre la Délivrance. C'est pourquoi il est dit dans le *Hathayogapradîpikâ* qu'Elle donne aux Yogî la délivrance et l'esclavage aux ignorants. Car celui qui La connaît connaît le Yoga, et ceux qui ignorent le Yoga demeurent esclaves de cette vie terrestre. Comme le disent les v. 10 et 11 du *Shatchakranirûpana* : « Elle, la Charmeuse du monde, est brillante comme l'éclair ; Son doux murmure est pareil au bourdonnement confus d'essaims d'abeilles amoureuses (570). Elle est la source de tout Langage. C'est Elle qui maintient en vie tous les êtres du monde par l'inspiration et l'expiration (571), et brille au creux du lotus Mûla comme une chaîne de resplendissantes lumières ». Les Mantra sont dans tous les cas des manifestations (Vibhûti) de Kulakundalinî Elle-même, car Elle est toutes les lettres et Dhvani (572)

C'est parce qu'Elle est Mantradevatâ qu'Elle est éveillée par le Mantra.

(567) Sur les Kalâ, voir Avalon, *The Garland of Letters*.

(568) Elle est la création même (Srishtirûpâ), en Elle sont la création, la préservation et la dissolution (Srishtisthitilayâtmikâ).

(569) Car Elle est aussi au delà de l'univers (Vishvâtîtâ), et Elle est la Conscience elle-même (Jnânarûpâ). Comme telle, on se La représente S'élevant, tandis que descendante Elle crée et enchaîne.

(570) Vishvanâtha, le commentateur, dit qu'Elle produit ce son lorsqu'Elle est éveillée. Selon le commentateur Shankara, cela indique l'état Vaikharî de Kundalinî.

(571) Ainsi, on déclare que Prâna et Apâna maintiennent l'être animé. *(Shatchakranirûpana*, v. 8.)

(572) Voir *Principles of Tantra*, vol. II, ch. XI et XII.

et le Paramâtmâ Lui-même. C'est pourquoi l'on utilise les Mantra pour éveiller Kundalinî. La substance des Mantra est le Shabda ou Conscience éternelle, bien que leur apparence et leur expression soient des mots. Les mots en eux-mêmes semblent sans vie (Jada), mais la puissance du Mantra qu'ils enveloppent est Siddha, la vérité, et peut enseigner cette dernière, étant une manifestation de Chaitanya, qui est Satya Lui-même. Ainsi le Veda, qui est le Brahman sans forme (Amûrti) sous la forme du Veda (Vedamûrti), est le Principe d'expérience (Chit) (573) lui-même, par soi-même illuminé, et se révèle en mots (Siddhashabda) qui n'ont pas d'auteur humain (Apaurusheya) (574), révélant incessamment la connaissance (575) de la nature de Brahman, de l'Etre pur, et de Dharma (576), principes et lois, physiques, psychiques et spirituelles, qui soutiennent l'univers (Dhâryate). Et ainsi la Mère Divine est dite connaissance de Brahman (Brahmavidyâ) sous la forme de cette expérience immédiate (577) qui est le résultat de la réalisation des grandes paroles védantiques (Mahâvâkya) (578). Comme, malgré l'existence d'une conscience sensible en toutes choses, elle ne se manifeste pas sans des procédés particuliers, ainsi,

---

(573) Le Veda ne fait qu'un avec Chaitanya. Comme le dit Shankara (comm. de la *Trishatî*, v. 19), traitant du Panchadashî Mantra : Sarve vedâ yatra ekam bhavanti, etc. Shrutyâ vedasya âtmâbhedena svaprakâshatayâ.

(574) Et parce qu'il n'a pas d'auteur humain et qu'il est « entendu » seulement, le Veda est appelé Shruti (« ce qui est entendu ») : Shruyate eva na tu kena chit kriyate (Vâchaspati Misra dans la *Sânkhya Tattva Kaumudî*) ; cf. le Yamala cité dans la *Prânatoshinî*, 19 : « Le Veda est Brahman ; il est sorti de Lui comme Son souffle ».

(575) Le terme *Veda* dérive de la racine *Vid*, connaître.

(576) Selon le Vedanta, le Veda est cette parole sans auteur humain qui parle de Brahman et de Dharma : Dharmabrahmapratipâdakam apaurisheyam vâkyam.

(577) Sâkshâtkâra, l'expérience du Nirvâna (Aparoksha-jnâna), opposée à la connaissance indirecte (Paroksha) ou purement intellectuelle.

(578) Vedânta-mahâvâkyajanya-sâkshâtkârarûpa-brahmavidyâ (Comm. de Shankara sur la *Trishatî*, v. 8). Vedânta veut dire ici Upanishad, et ne désigne aucune philosophie particulière de ce nom.

bien que la substance des Mantra soit conscience sensible, cette conscience sensible n'est pas perceptible sans l'union de la Shakti du Sâdhaka avec Mantrashakti, union obtenue par Sâdhanâ. C'est pourquoi il est dit dans le *Shâradâ Tilaka* : « Bien que Kulakundalinî, dont les Mantra sont la substance, brille vive comme l'éclair dans le Mûlâdhâra de chaque Jîva, pourtant c'est seulement dans le lotus du cœur des Yogî qu'Elle Se révèle et danse dans Sa joie. (Dans les autres cas, bien que présente sous forme subtile), Elle ne Se révèle point. Elle a pour substance tous les Veda, tous les Mantra et tous les Tattva. Elle est la Mère des trois formes d'énergie, « le Soleil », « la Lune » et « le Feu », et Shabdabrahman Lui-même ». Kundalinî est donc la plus grande manifestation de la puissance créatrice dans le corps humain. Kundalî est le Shabdhabrahman, autrement dit Atmâ sous forme de Shakti manifestée, dans les corps, et en toute puissance, toute personne et toute chose. Les Six Centres avec tous leurs développements sont Sa manifestation. Shiva «demeure» dans le Sahasrâra. Ce dernier est le Shrîchakra, le Chakra supérieur, et les six centres sont les Chakra inférieurs. Pourtant Shakti et Shiva ne font qu'un. C'est pourquoi le corps de Kundalinî Shakti comprend huit parties (Anga) : les six centres de force psychique et physique, Shakti, et Sadâshiva Son Seigneur (579). Au Sahasrâra Kundalî se fond dans l'Atmâ-Shakti suprême. Kundalinî est la grande Prâna-devatâ, Seigneur de la vie, qui est Nâdâtmâ, et pour que monte Prâna par la « voie du milieu », la Sushumnâ, vers le Brahmarandhra, il doit nécessairement percer les lotus ou Chakra qui en barrent le chemin. Kundalinî étant Prâna-shakti, si Elle Se meut Prâna se meut.

On utilise Asana, Kumbhaka, Bandha et Mudrâ pour éveiller Kundalinî, pour que le Prâna, retiré d'Idâ et Pingalâ, puisse, par la puissance de sa Shakti, étant entré dans la Sushumnâ ou le vide (Shûnya), s'élever vers le Brahmarandhra (580). Il est dit qu'alors le Yogî est libéré du Karma

---

(579) Voir le Comm. de Lakshmîdhara sur le v. 9 de l'*Ananda-laharî*. Dindima, au sujet du v. 35 du même ouvrage, dit que les huit formes sont les six (du mental à la « Terre »), le Soleil et la Lune.

(580) *Hathayogapradîpika*, ch. IV, v. 10.

actif, et atteint l'état naturel (581). Il s'agit donc de dévitaliser le reste du corps en faisant passer le Prâna d'Idâ et Pingalâ dans Sushumnâ, qui pour cette raison est considérée comme la plus importante de toutes les Nâdî et « la joie du Yogî », puis de le faire monter à travers les lotus qui « s'épanouissent » à son approche. Le corps, de part et d'autre de la colonne vertébrale, est dévitalisé, et tout le courant de Prâna s'engouffre dans cette colonne. On dit que l'état Manonmanî apparaît à la dissolution (Laya) de Prâna, car celle-ci est suivie du Laya de manas. En s'exerçant chaque jour à retenir Prâna dans Sushumnâ, on affaiblit l'effort naturel du Prâna pour suivre ses canaux ordinaires et l'on pacifie le mental. Car s'il y a mouvement (Parispanda) du Prâna, il y a mouvement du mental ; autrement dit, il se nourrit des objets (Yishaya) du monde objectif.

Mais quand Prâna est dans Sushumnâ « il n'y a ni jour ni nuit », car « Sushumnâ dévore le temps » (582). Lorsqu'il y a mouvement de Prâna (Prânaspanda), il n'y a aucun arrêt de Vritti, le fonctionnement du mental. Et, comme le dit le *Yogavâshishtha*, tant que le Prâna ne cesse point d'exister il n'y a ni Tattvajnâna ni destruction de Vâsanâ, la cause subtile de la volonté de vie qui est la cause des renaissances. Car Tattvajnâna, la connaissance suprême, est la destruction de Chitta et de Vâsanâ (583). La rétention du souffle fixe aussi la semence. Car la semence circule aussi longtemps que le Prâna. Et quand la semence n'est pas arrêtée le mental n'est pas arrêté (584). Le mental ainsi exercé se détache du monde. Ces divers résultats s'obtiennent, dit-on, par l'éveil de Kundalinî, et par les pratiques ultérieures dont Elle est la « clef ». « De même qu'on ouvre une porte avec une clef, de même le Yogî ouvre la porte de la Délivrance avec Kundalinî » (585). Car c'est Elle qui dort dans le Mûlâdhâra, fermant avec Sa bouche le canal (Sus-

---

(581) *Ibid.*, v. 11 ; sur ce qui suit, voir aussi le ch. IV.
(582) *Ibid.*, v. 16-17 et leur Comm.
(583) *Ibid.*, v. 19-21 et Comm. (Tattvajnânam mano-nâsho vâsanâkshaya eva cha.)
(584) Voir plus haut, et *Varâha Up.*, ch. V.
(585) *Hathayogapradîpikâ*, ch. III, v. 106. Voir aussi *Bhûtashuddhi Tantra*, cité dans le Comm. du v. 50 du *Shatchakranirûpana*.

humnâ) par lequel on peut monter au Brahmarandhra. Il faut ouvrir ce canal, et alors le Prâna y entre naturellement. « Elle, la « jeune veuve », doit être dépouillée de force ». Une pratique quotidienne est prescrite, en vue d'acquérir le pouvoir de manier cette Shakti (586).

Il faut généralement des années de cette pratique pour conduire la Shakti au Sahasrâra, bien que dans des cas exceptionnels cela puisse s'accomplir en peu de temps (587). On ne peut d'abord La conduire que jusqu'à un certain point, puis progressivement plus haut. Celui qui L'a conduite à un centre particulier peut atteindre plus facilement le même centre à la tentative suivante. Mais monter plus haut exige un nouvel effort. A chaque centre on éprouve une espèce particulière de béatitude (Ananda), et l'on obtient, dit-on, des pouvoirs particuliers, comme la maîtrise des formes élémentaires de la matière sensible (Bhûta), pour avoir enfin, au centre Ajnâ, l'expérience de l'univers entier. Aux premiers stades, en outre, la Shakti a une tendance naturelle à revenir en arrière. Par une pratique continue on acquiert l'aisance et une maîtrise plus grande. Si les Nâdî sont purifiées il est facile de La faire descendre même du Sahasrâra. Le Yogî accompli peut rester aussi longtemps qu'il le veut dans le Sahasrâra, où l'on éprouve la même béatitude que dans la Délivrance (et qui dans ce dernier cas peut revenir), ou bien il peut se transporter dans un autre corps, pratique connue à la fois des Tantra hindou et tibétain : dans ce dernier, elle porte le nom de *phowa*.

Le principe de toutes les méthodes ayant pour but d'atteindre Samâdhi est de faire sortir le Prâna d'Idâ et Pingalâ. Une fois cela accompli, ces Nâdî deviennent « mortes », la vitalité s'en est retirée. Le Prâna entre alors dans la Sushumnâ et, après avoir percé, à l'aide de Kundalinî, les six Chakra de la Sushumnâ, devient Laya, absorbé dans le Sahasrâra. Les moyens de parvenir à ce but, lorsqu'on opère à partir du Mûlâdhâra, semblent varier dans le détail, mais contiennent un principe commun : il s'agit de forcer Prâna à descendre

---

(586) *Ibid.*, ch. III, v. 112 et suiv.
(587) Selon le rapport du Yogî d'un Girnar parlant de son propre cas.

et Apâna à monter (588), au rebours de leur direction naturelle, par le Jâlandhara et le Mûla Bandha, ou autrement,
pour accroître par leur union le feu intérieur. Tout semble
se passer comme dans un tube creux dans lequel un piston
fonctionne aux deux extrémités, sans que puisse s'échapper
l'air central, qui est ainsi échauffé. Alors la Puissance du
Serpent, Kundalinî, éveillée par la chaleur ainsi produite,
sort de Son état potentiel, appelé « sommeil », où elle repose
lovée ; alors Elle siffle et Se redresse, et entre dans le Brahmadvâra, dans la Sushumnâ, puis par des efforts répétés perce
les Chakra de la Sushumnâ. C'est une montée graduelle qui
s'accompagne de difficultés spéciales aux trois nœuds (Granthi) où Mâyâshakti est puissante, particulièrement au nœud
abdominal, dont on admet que la percée peut impliquer une
douleur considérable, des désordres physiques et même la
maladie. Comme nous l'avons expliqué déjà, ces « nœuds »
sont les points où convergent les Chakra de chacun des trois
groupes. Quelques-unes des pratiques mentionnées ci-dessus
sont décrites dans le *Shatchakranirûpana*, qu'on peut sur ce
point résumer comme il suit.

Le verset préliminaire (et dans mes références aux versets
je comprends le commentaire) dit que ceux-là seulement qui
ont la connaissance des Six Lotus peuvent agir sur eux ;
et le premier verset dit que le Yoga, au moyen de la méthode
ici décrite, ne peut être accompli sans la connaissance des
Chakra et des Nâdî. Le premier verset dit que le Brahman
veut être réalisé. La question qui se pose alors est celle-ci :
Comment accomplir cela ? Le Commentateur du verset préliminaire dit que le très miséricordieux Pûrnânanda Swâmî,
désireux de secourir le monde enfoncé dans le bourbier de
la misère, a entrepris la tâche, d'abord de l'instruire de
l'union de la Shakti Kundalinî avec les centres vitaux, ou
Chakra, et ensuite de révéler cette connaissance de Brahman
(Tattvajnâna) qui conduit à la Délivrance. La première de
ces sciences, celle concernant les Chakra, est la « première
pousse » de la plante du Yoga. Brahman, comme le dit le
Commentateur, est la Conscience Suprême qui naît de l'acquisition de la connaissance. Le premier moyen de cette connais-

---

(588) Voir *Varâha Up.*, ch. III.

sance est de savoir et de pratiquer la Sâdhana du Yoga
tantrique qui s'occupe des Chakra, des Nâdî et de Kundalinî ;
le suivant est la réalisation de cette Sâdhana par l'éveil de
Kundalinî ; et le résultat final est l'expérience de Brahman,
effet de l'action de Kundalinî, qui est la Shakti ou puissance
de la Volonté (Ichchhâ), de l'Action (Kriyâ) et de la
Connaissance (Jnâna), et qui existe à la fois sous les formes
subtile et grossière. Le mental est une des formes de Kundalî
tout comme celle qui est appelée « matière ». Toutes deux
sont également des produits de Prakritishakti, qui est une
forme plus grossière de la Nâdamayî Shakti. Kundalî prend
la forme des huit Prakriti (589). La Puissance qui est éveillée
est en elle-même (Svarûpa) Conscience, et une fois éveillée
et conduite au centre cérébral supérieur donne la connaissance véritable (Svarûpa Jnâna), qui est la Conscience
Suprême.

L'éveil de cette force s'effectue à la fois par la volonté
et par la puissance du mental (Yogabala), accompagnées
d'une action physique appropriée. Le Sâdhaka (590) s'assied
dans l'Asana prescrit et pacifie son mental par le Khecharî
Mudrâ, dans lequel la concentration s'effectue entre les
sourcils. L'air est inhalé (Pûraka), puis retenu (Kumbhaka).
La partie supérieure du corps est alors contractée par Jâlan-
dharabandha (591) si bien que le souffle ascendant (Prâna)
est arrêté. Cette contraction empêche de s'échapper l'air
inhalé. L'air ainsi arrêté tend vers le bas. Quand le Yogî
sent que l'air qui est en lui, de la gorge au ventre, tend vers
le bas par les canaux des Nâdî, Vâyu qui allait s'échapper
comme Apâna en est encore empêché par le Mûlabandha et
l'Ashvinî Mudrâ, dans lequel on contracte le muscle anal.
L'air (Vâyu) ainsi accumulé devient un instrument au moyen
duquel, sous la direction du mental et de la volonté, les
potentialités de la force vitale contenue dans le Mûlâdhâra
peuvent être réalisées de force. La technique de concentration mentale sur ce centre est décrite comme il suit.
Avec Japa mental du Mantra prescrit et l'acquisition par ce

(589) *Shândilya Up.*, ch. I ; *Yogakundalî Up.*, ch. I.
(590) Le présent exposé suit le texte en l'amplifiant. Voir
Comm. du v. 50 du *Shatchakranirûpana*.
(591) Voir plus haut, et *Dhyânabindu Up.*

moyen de Mantrashakti, Jîvâtmâ (la Conscience indíviduelle),
qu'on se représente sous la forme de la flamme effilée d'une
ampe, est amené de la région du cœur dans le Mûlâdhâra.
Le Jîvâtmâ dont il est ici question est l'Atmâ du corps subtil,
c'est-à-dire l'Antahkarana, ou le mental en tant que Buddhi
(en comprenant dans celle-ci Ahamkâra) ; Manas, les facultés
sensibles (Indriya) ou le mental opérant pour recevoir des
impressions par l'intermédiaire des organes des sens ; et
Prâna (592) : éléments constitutifs de la seconde, de la troisième et de la quatrième enveloppes corporelles. Après cette
concentration et cette pression du Vâyu retenu sur ce centre,
on fait monter de nouveau le Vâyu avec le Bîja « Yam ».
On fait effectuer une révolution de gauche à droite à l'« air
de Kâma » ou Kandarpa (Kâmavâyu) (593). C'est là une
forme d'Ichchhâ Shakti. Celle-ci, la pression du Prâna et de
l'Apâna retenus en Kumbhaka, la chaleur naturelle qui en
résulte, et le Vahni Bîja (Mantra du Feu) « Ram », attisent
le feu de Kâma (Kâmâgni). Le feu encercle et réveille le
serpent endormi Kundalinî, qui est alors, suivant l'expression
du Shâstra, prise du « désir » passionné de Son Epoux, le
Parahamsah ou Paramashiva. Shakti, ainsi rendue active,
est attirée vers Shiva, comme cela se passe dans le cas des
charges d'électricité positive et négative ordinaires, qui ne
sont que des manifestations différentes de la polarité universelle caractéristique du monde manifesté.

La *Yogakundalinî Upanishad* (594) indique les méthodes
qui suivent, et d'autres que nous mentionnons. Quand Prâna
passe par Idâ, prenez la pause Padmâsana et allongez de
quatre l'Akâsha de douze points ; autrement dit, comme dans
l'exhalation Prâna sort en seize mesures, et dans l'inhalation
entre en douze, inhalez pendant seize mesures et gagnez
ainsi de la puissance. Puis, vous tenant les côtés de chaque
main, dressez Kundalinî de toute votre force de droite à
gauche, sans crainte, pendant quarante-huit minutes. Relevez
un peu le corps pour laisser Kundalî entrer dans la Sushumnâ.

---

(592) Suivant la définition du Vedânta ; ou, suivant le Sânkhya, les cinq Tanmâtra. Le Chitta (le mental) entre donc dans
la Sushumnâ avec Prâna. (*Yogatattva Up.* et *Dhyânabindu Up.*).
(593) Une forme d'Apâna Vâyu.

Le Yogî effectue un mouvement de redressement dans lequel il relève et laisse retomber les épaules. Prâna entre de lui-même avec Elle. Pressant vers le haut et se répandant par en bas, et inversement, Prâna s'élève.

Il est dit dans le Commentaire du v. 32 de l'*Anandala-harî* (595) : « Le soleil et la lune, de même qu'ils se meuvent toujours en Devayâna et Pitriyâna (orbes septentrional et méridional) dans le macrocosme, voyagent (incessamment dans le microcosme) par Idâ et Pingalâ jour et nuit. La lune, voyageant toujours par la gauche (Idâ), arrose de son nectar tout le système. Le soleil, voyageant par la Nâdî droite (Pingalâ), dessèche le système (humidifié par ce nectar). Quand le soleil et la lune se rencontrent au Mûlâdhâra, ce jour porte le nom d'Amâvasyâ (jour de la nouvelle lune)... La Kundalî aussi dort en Adhârakunda... Lorsqu'un Yogî dont le mental est maîtrisé est capable de maintenir la lune à sa place propre, comme aussi le soleil, alors la lune et le soleil deviennent fixés, et par suite la lune ne peut verser son nectar ni le soleil le dessécher. Ensuite, quand la place du nectar est desséchée par le feu à l'aide de Vâyu, alors la Kundalî s'éveille par manque de nourriture et siffle comme un serpent. Puis, forçant les trois nœuds, Elle court au Sahasrâra et mord le Chandra (lune) (596) qui est au milieu de ce dernier. Alors le nectar commence à couler, et baigne l'(autre) Chandra Mandala dans l'Ajnâchakra. De celui-ci le corps entier reçoit un flot de nectar. Puis les quinze éternels Kalâ (parties) de Chandra dans l'Ajnâ vont à Vishuddhi et s'y meuvent. Le Chandra Mandala du Sahasrâra porte aussi le nom de Baindava. Un Kalâ y demeure toujours. Ce Kalâ n'est autre chose que Chit Lui-même, qu'on appelle aussi Atman. Nous L'appelons Tripurasundarî. Par quoi l'on veut dire que, pour éveiller la Kundalî, il faut opérer dans la quinzaine lunaire seulement, et non dans la solaire ».

Kundalinî est conduite vers le haut « comme un cavalier guide par les rênes une jument entraînée », par l'ouverture jusqu'alors fermée par Ses propres replis, mais désormais libre, à l'entrée de la Chitrinî Nâdî. Elle perce alors, dans

---

(595) *Anandaharî*, éd. par le Pandit R. Ananta Shâstri, pp. 69 et 70.
(596) Voir le diagramme de la couverture.

cette Nâdî, chacun des lotus, qui dressent la tête lorsqu'Elle les traverse. Lorsque Kundalinî, unie au Jîvâtmâ subtil, traverse chacun de ces lotus, Elle absorbe en Elle les Tattva qui régissent chacun de ces centres, et tout ce que plus haut nous avons montré en eux. Durant cette montée, chacun des Tattva grossiers entre dans l'état Laya, et il est remplacé par l'énergie de Kundalinî, qui après le passage du Vishuddha Chakra les remplace tous. Les sens qui opèrent en association avec ces Tattva grossiers se fondent en Elle, qui absorbe ensuite en Elle les Tattva subtils de l'Ajnâ. Kundalinî Elle-même prend un aspect différent à mesure qu'Elle gravit les trois plans, et S'unit à chacun des Linga sous la forme d'Elle-même qui est appropriée à cette union. Car, tandis que dans le Mûlâdhâra Elle est la Shakti de tout en son état manifesté grossier ou physique (Virât), à l'étape d'Ajnâ, Elle est la Shakti du corps mental et psychique, ou subtil (Hiranyagarbha), et dans la région du Sahasrâra Elle est la Shakti du plan « spirituel » (Ishvara), qui, bien que lui-même indifférencié sous son aspect Shiva, contient sous son aspect Puissance tous les plans inférieurs à l'état potentiel et caché. Le *Mâyâ Tantra* (597) dit que les quatre Shakti productrices de son, à savoir Parâ, Pashyantî, Madhyamâ et Vaikhairî, sont Kundalî Elle-même (Kundalinyabhedarûpâ). Ainsi, quand Kundalî s'élance pour monter au Sahasrâra, sous Sa forme de Vaikhairî Elle enchante Svayambhu Linga ; puis Elle enchante de même Bâna Linga dans le cœur sous Sa forme de Madhyamâ et Itara Linga dans les sourcils sous Sa forme de Pashyantî. Puis, lorsqu'Elle arrive à l'étape de Parabindu, Elle atteint l'état de Parâ (Parâbhâva).

Le mouvement ascendant va du grossier au subtil, et l'ordre de dissolution des Tattva est le suivant : Prithivî avec ses Indriya (l'odorat et les pieds), ces derniers ayant pour support Prithivî (la terre en tant que sol), se dissout en Gandha Tattva, le Tanmâtra de l'odorat, qui est dans le Mûlâdhâra ; Gandha Tattva est alors conduit au Svâdhish- thâna, et lui, Ap, et les Indriya qui lui sont associés (le goût et les mains), se dissolvent en Rasa Tanmâtra (le Tanmâtra du goût) ; celui-ci est conduit au Manipûra et là Rasa Tattva,

---

(597) Voir *Shatchakranirûpana*, v. 51.

Tejas, et les Indriya qui lui sont associés (la vue et l'anus)
se dissolvent en Rûpa Tanmâtra, le Tanmâtra de la vue ;
puis celui-ci est conduit à l'Anâhata, et lui, Vâyu, et les
Indriya qui lui sont associés (le toucher et le pénis) se dissolvent en Sparsha Tanmâtra, le Tanmâtra du toucher ;
celui-ci est conduit au Vishuddha, où lui, Akâsha, et les
Indriya qui lui sont associés (l'ouïe et la bouche) se dissolvent
dans le Shabda Tanmâtra, le Tanmâtra du son ; celui-ci est
alors conduit à l'Ajnâ, et, là et plus haut, lui et Manas se
dissolvent en Mahat, Mahat en Sûkshma Prakriti, et cette
dernière s'unit à Parabindu dans le Sahasrâra. Dans le cas
de cette dernière absorption, il y a divers stades qui sont
mentionnés dans le *Shatchakranirûpana* (598), par exemple
absorption de Nâda en Nâdânta, de Nâdânta en Vyâpikâ,
de Vyâpikâ en Samanî, de Samanî en Unmanî, et de cette
dernière en Vishnuvaktra ou Pumbindu, qui est aussi Paramashiva (599). Quand toutes les lettres ont été dissoutes de
cette manière, les six Chakra sont dissous, les pétales des
lotus portant les lettres.

Au cours de ce mouvement ascendant, Brahmâ, Sâvitrî,
Dâkinî, les Deva, Mâtrikâ et Vritti du Mûlâdhâra, s'absorbent
en Kundalinî, comme aussi le Mahîmandala ou Prithivî, et
le Prithivî Bîja « Lam » dans lequel il passe. Car ces Bîja,
ou puissances de son, expriment l'aspect de Mantra subtil
de ce qui se dissout en eux. Ainsi la « terre » sort de sa
semence (Bîja) et se dissout en elle, ce germe étant l'aspect
particulier de la conscience créatrice, qui lui donna son
mouvement. Le Mantra prononcé (Vaikhairî Shabda), ou
« Lam », est son expression en son grossier.

Quand la Devî quitte le Mûlâdhâra, ce lotus, qui en raison
de l'éveil de Kundalinî et de la vivifiante intensité du courant prânique s'était ouvert et avait tourné sa fleur vers le
haut, se referme et penche la tête. Quand Kundalinî atteint le
Svâdhishthâna, ce lotus s'ouvre et redresse la tête. A Son
entrée, Vishnu, Lakshmî, Sarasvatî, Râkinî, les Mâtrikâ et
les Vritti, Vaikunthadhâma, Goloka, avec le Deva et la
Devî qui y résident, sont dissous dans le corps de Kundalinî.

---

(598) *Ibid.*, v. 52.
(599) Sur toutes ces Shakti du Pranava, voir Avalon, *Garland
of Letters.*

La Prithivî, le Bîja de la terre « Lam », sont dissous dans le Tattva de l'eau, et l'eau convertie en son Bîja « Vam » reste le corps de Kundalinî. Quand la Devî atteint le Chakra Manipûra ou Brahmagranthi, tout ce qui est dans ce Chakra se fond en Elle. Le Bîja de Varuna, « Vam », se dissout en feu, qui demeure dans Son corps comme le Bîja « Ram ». La Shakti atteint ensuite le Chakra Anâhata, qui est connu comme le Nœud de Vishnu (Vishnugranthi), dont tout le contenu se fond de même en Elle. Le Bîja du Feu, « Ram », se sublime en air, et l'air converti en son Bîja « Yam » s'absorbe en Kundalinî. Elle monte ensuite à la demeure de Bhâratî ou de Sarasvatî, le Chakra Vishuddha. A Son entrée, Ardhanârîshvara Shiva, Shâkinî, les seize voyelles, le Mantra, etc., se dissolvent en Elle. Le Bîja de l'Air « Yam » se dissout en éther, qui, se transformant lui-même en le Bîja « Ham », se fond dans le corps de Kundalinî. Perçant le Chakra caché Lalanâ, la Devî gagne l'Ajnâ connu sous le nom de Nœud de Rudra (Rudragranthi), où Paramashiva, Siddhakâlî, les Deva, et tout ce qu'il contient encore, se dissolvent en Elle. Enfin le Bîja de Vyoma (l'éther) ou « Ham » s'absorbe dans les Tattva subtils de l'Ajnâ, et ensuite dans la Devî. Après avoir traversé le Rudragranthi, Kundalinî s'unit à Paramashiva. Lorsqu'Elle s'élève au-dessus du lotus à deux pétales, le Nîrâlambapurî, Pranava, Nâda, et le reste, se fondent en la Devî. Elle a ainsi au cours de Sa montée absorbé en Elle les vingt-trois Tattva, en commençant par les éléments grossiers, et ensuite, demeurant Elle-même Shakti comme Conscience, cause de toutes les Shakti, s'unit à Paramashiva dont la nature ne fait qu'une avec la Sienne.

Par cette méthode de concentration mentale, aidée par les moyens physiques et autres que nous avons décrits, le grossier s'absorbe dans le subtil, chacun se dissolvant dans sa cause immédiate et toute chose dans le Chidâtmâ ou l'Atmâ qui est Chit. En langage emprunté au monde de la passion humaine, qui n'est lui-même qu'un reflet grossier sur le plan physique d'activités et de béatitude supra-sensuelles correspondantes, quoique plus subtiles, on dit que la Shakti Kundalinî, prise du désir de Son Seigneur, se hâte vers Lui, et, baisant la bouche de lotus de Shiva, jouit de Lui. Le terme Sâmarasya désigne la sensation de plaisir

qui naît de l'union (Sâmarasya) de l'homme et de la femme.
C'est là la forme la plus intense de volupté physique, représentant sur le plan du monde la Béatitude Suprême qui naît
de l'union de Shiva et de Shakti sur le plan « spirituel ».
Aussi Daksha, le Dharmashâstrakâra, dit : « Le Brahman
ne peut être connu que par Lui-même, et Le connaître est
pareil au bonheur de connaître une vierge » (600). De même,
le Sâdhaka, dans le Layasiddhiyoga, se représentant comme
Shakti et le Paramâtmâ comme Purusha, se sent en état
d'union (Sangama) avec Shiva, et goûte avec lui la béatitude
qui est Shringârarasa, le premier des neuf Rasa, c'est-à-dire
le sentiment et le bonheur de l'amour. Cet Adirasa (Shringâra) éveillé par Sattvaguna (601) est inséparable de la
personne (Akhanda) et l'illumine (Svaprakâsha), il est
béatitude (Ananda) dont la substance est Chit (Chinmaya) (602). Il est intense et exclusif au point de rendre
l'amoureux inconscient de tout autre objet de connaissance
(Vedyântarasparsha-shûnyah), et il est le propre frère (603)
de la Béatitude du Brahman (Brahmasvâdasahodara) (604).
Mais de même que la Béatitude du Brahman n'est connue que
du Yogî, de même, comme le remarque l'*Alamkâra Shâstra*
que nous venons de citer, même le véritable bonheur amoureux du monde mortel « n'est connu que d'un petit nombre »
(Jneyah kaischchit pramâtribhih), tels que les poètes et
quelques autres privilégiés. L'amour sexuel aussi bien que

---

(600) Svasamvedyam etad brahma kumârî-strî-sukham yathâ ;
cité dans le Comm. aux v. 15 du 1er chap. du *Hathayogapradîpikâ*.

(601) Ainsi les huit Bhâva qui commencent par Sveda, Stambha,
et comprennent le fameux Româncha, frisson qui fait se dresser
les cheveux (Pulaka), la voix qui s'étrangle (Svarabhanga), la
pâleur (Vaivarnaya), etc., sont tous sattviques. L'objection
d'un ami hindou, que ces Bhava ne pouvaient être sattviques
vu que Sattva était « spirituel », est un bon exemple de la rupture
avec la pensée hindoue effectuée par l'éducation anglaise, et
du danger de rendre les termes sanskrits en langue occidentale.

(602) Ce n'est pas une chose tâmasique comme le rêve, ou
la folie.

(603) Sahodara : frères nés de la même mère. Le plaisir sexuel
est le reflet (si faible soit-il relativement) de la Béatitude du
Brahman sans forme, dont il est une forme.

(604) *Sâhitya Darpana*, ch. III.

les autres formes d'amour sont des reflets ou des fragments de la Béatitude du Brahman.

Cette union de la Shakti Kundalinî avec Shiva dans le corps du Sâdhaka est cette copulation (Maithuna) du Sâttvika Panchatattva dont le *Yoginî Tantra* dit qu'elle est « la meilleure de toutes les unions pour ceux qui ont déjà maîtrisé leurs passions », et sont ainsi Yati (605). Voici ce que dit à ce sujet le *Brihat Shrikrama* : « Avec l'œil de la connaissance ils voient le Kalâ sans tache uni à Chidânanda sur Nâda. Il est le Mahâdeva, blanc comme un pur cristal. Il est la Cause resplendissante (Vimbarûpanidâna), et Elle est la femme adorable aux beaux membres qui sont inertes par l'effet de Sa grande passion ». Dans leur union coule le nectar (Amrita), qui en un fleuve d'ambroisie ruisselle du Brahma-randhra au Mûlâdhâra, inondant le Kshudrabrahmânda ou microcosme, et satisfaisant les Devatâ de ses Chakra. C'est alors que le Sâdhaka, oublieux de tout en ce monde, est plongé dans la béatitude ineffable. Renouvellement, force accrue, joie, suivent chaque visite à la Fontaine de Vie.

Il est dit dans le *Chintâmanistava*, attribué à Shri Shanka-râchârya : « Cette épouse (Kundalinî), entrant dans la voie royale (Sushumnâ), se reposant par intervalles dans les lieux sacrés (les Chakra), étreint l'Epoux Suprême (Parashiva) et fait couler le nectar (du Sahasrâra).

Les instructions du Guru ne doivent pas s'arrêter à l'Ajnâ Chakra, mais aucune indication spéciale n'est donnée : car, une fois percé ce Chakra, le Sâdhaka peut, et il doit, en vérité, atteindre le Brahmasthâna, ou demeure de Brahman, sans aide et par son propre effort. Au-dessus de l'Ajnâ cesse la relation de Guru à Shishya (de Maître à disciple). Kundalinî ayant percé les quatorze « nœuds » (Granthi), c'est-à-dire les trois Linga, les six Chakra, et les cinq Shiva qu'ils contiennent, et alors ivre Elle-même du nectar qui coule de Parashiva, redescend vers Sa demeure (le Mûlâdhâra), le sentier par où Elle était venue (606). Lors de Son retour Elle répand hors d'Elle-même dans les Chakra tout ce qu'Elle avait

---

(605) Ch. VI :
Sahasrâropari bindau kundalyâ melanam shive.
Maithunam paramam dravyam yatînâm parikîrtitam.
(606) Sur la pratique du Samaya, voir plus loin.

précédemment absorbé d'eux. En d'autres termes, alors que Sa montée était Layakrama, faisant passer à l'état de dissolution (Laya) toutes choses contenues dans les Chakra, Son retour est Srishtikrama, Elle les « recrée » ou les manifeste. C'est ainsi qu'Elle regagne le Mûlâdhâra, et tout le contenu des Chakra tel que nous l'avons déjà décrit apparaît dans la position qu'il occupait avant Son éveil. En fait, le Jîvâtmâ descendant se crée à lui-même l'idée de ce monde de l'individuel, du multiple et du séparé, qui l'avait quitté lors de sa montée vers la Cause et de sa fusion en elle. Comme Conscience, Elle absorbe ce qu'Elle avait projeté comme Puissance consciente. Bref, le retour de Kundalinî replace le Jîvâtmâ dans le monde phénoménal du plan le plus bas de l'être, après son ascension à un état d'extase, ou Samâdhi. Le Yogî connaît donc, par expérience, la nature et l'état de l'Esprit, et la voie qu'il suit pour gagner et quitter le monde de Mâyâ, le monde corporel. Il y a dans le Yoga un processus graduel d'involution du monde grossier et de ses éléments dans sa Cause. Chaque élément grossier (Mahâbhûta), avec l'élément subtil (Tanmâtra) dont il procède et l'organe sensoriel qui lui correspond (Indriya), se dissout dans l'élément immédiatement supérieur jusqu'à ce que le dernier élément, l'éther, avec le son Tanmâtra et Manas, se soient dissous dans l'Ego (Ahamkâra), dont ils sont des Vikriti. Ahamkâra se fond en Mahat, la première manifestation d'idéation créatrice, et Mahat en Bindu, qui est l'Etre Suprême, la Conscience, et la Béatitude en tant que Brahman créateur. Kundalî, une fois éveillée, est ressentie comme une chaleur intense. Lorsque Kundalinî s'élève, les membres inférieurs deviennent inertes et froids comme ceux d'un cadavre ; de même chaque partie du corps lorsqu'Elle l'a traversée et la quitte. Cela est dû au fait que, Puissance qui soutient le corps comme un tout organique, Elle quitte Son centre. Au contraire, la partie supérieure de la tête devient « brillante », par quoi il ne faut pas entendre un éclat (Prabhâ) extérieur, mais vivacité, chaleur et animation. Quand le Yoga est accompli, le Yogî est assis, rigide, dans la posture choisie, et la seule trace de chaleur qu'on puisse trouver en tout son corps est au sommet de la tête, là où la Shakti est unie à Shiva. Ainsi, les sceptiques peuvent aisément vérifier certains faits s'ils ont la chance de trouver un Yogî accompli qui veuille bien se laisser voir à l'œuvre. Ils observeront peut-être son état d'extase et la froideur de son corps, absente dans le cas du Yogî appelé Dhyâna Yogî, qui opère par la méditation seulement, et n'éveille pas Kundalinî. Cette froideur est un signe extérieur et facilement perceptible. On en peut voir la progression, qui dénote évidemment le départ de quelque chose qui donnait auparavant la chaleur. Le corps semble sans vie, ce qui indique que la puissance qui le soutenait l'a quitté (pas entièrement toutefois). La redescente de la Shakti ainsi déplacée est indiquée, d'autre part, par la réapparition de la chaleur, de la vitalité et de la conscience normale. Le processus de retour est celui d'une évolution à partir de l'état le plus élevé qui se puisse atteindre, jusqu'au point de départ.

Parlons un peu maintenant de la Sâdhanâ accompagnant le retour de Kundaliuî à Son lieu de repos dans la pratique rituelle appelée Bhûtashuddhi, où la montée et la descente sont imaginées seulement.

Le Sâdhaka, se représentant le Vâyu Bîja « Yam » placé dans sa narine gauche, inhale par Idâ, faisant seize fois le Japa du Bîja. Puis, fermant les deux narines, il effectue ce Japa soixante-quatre fois. Il se représente alors « l'homme noir du péché » (Pâpapurusha) (607) dans la cavité gauche (608) de l'abdomen comme desséché (par l'air), et en se représentant cela il exhale par la narine droite Pingalâ, tout en effectuant le Japa du Bîja trente-deux fois. Ensuite le Sâdhaka, méditant sur le Bîja rouge « Ram » du Manipûra, inhale en effectuant seize Japa du Bîja, puis il ferme ses narines en effectuant seize Japa. En effectuant le Japa il se représente le corps de « l'homme de péché » brûlé et réduit en cendre (par le feu). Ensuite il inhale par la narine droite avec trente-deux Japa, puis médite sur le Chandrabîja blanc « Tham ». Alors il inhale par Idâ, en effectuant le Japa du Bîja seize fois, ferme ses deux narines avec soixante-quatre Japa, et exhale par Pingalâ avec trente-deux Japa. Pendant l'inhalation, la rétention du souffle et l'exhalation, il doit

---

(607) Voir *Mahânirvâna Tantra Ullâsa*, ch. V, v. 98-99, où le processus de la Bhûtashuddhi est brièvement décrit. Voir aussi *Devî-Bhâgavata*, cité plus loin.

(608) Le mauvais côté, le côté le plus faible.

considérer qu'un nouveau corps céleste est formé par le nectar (composé de tous les Mâtrikâ-varna, ou puissances du son, matérialisées sous leur forme Vaikharî comme sons notés par des lettres), qui s'égoutte de la « Lune ». De manière analogue, avec le Bîja de l'eau « Vam », la formation du corps se poursuit, et avec le Bîja « Lam » du Prithivî Tattva cohésif, ce corps se complète et se fortifie. Enfin, avec le Mantra « So'ham » (« Je suis Lui »), le Sâdhaka conduit le Jîvâtmâ à sa résidence dans le cœur (609).

Au début, Kundalî ne demeure pas longtemps dans le Sahasrâra. La longueur du séjour dépend de la force avec laquelle pratique le Yogî. Il existe alors, de la part de Kundalî, une tendance naturelle (Samskâra) à redescendre. Le Yogî fera tous les efforts possibles pour la retenir en haut, car plus longtemps il y parviendra, plus sera proche le moment où Elle pourra y être retenue de façon permanente (610). Il faut remarquer, en effet, que la délivrance ne s'obtient pas en conduisant simplement Kundalî au Sahasrâra, et moins encore, évidemment, en ne faisant que l'éveiller dans le Mûlâdhâra ou en la fixant dans l'un quelconque des centres inférieurs. La délivrance n'est obtenue qu'au moment où Kundalî fait du Sahasrâra Son séjour permanent, si bien qu'Elle ne redescend que par la volonté du Sâdhaka. Après avoir séjourné quelque temps dans le Sahasrâra, certains Yogî, dit-on, ramènent la Kundalinî à Hridaya (le cœur), et L'adorent en ce centre. Ainsi font ceux qui sont incapables de séjourner longtemps dans Sahasrâra. S'ils conduisent la Kundalinî plus bas que Hridaya, autrement dit s'ils L'adorent dans les trois Chakra situés au-dessous d'Anâhata, il est dit qu'ils n'appartiennent plus au groupe Samaya (611).

Ainsi, une fois obtenue par la Sâdhanâ préliminaire la pureté des fonctions physiques et mentales, le Sâdhaka apprend à ouvrir l'entrée de la Sushumnâ, qui est d'ordinaire fermée à sa base. C'est là le sens de cette affirmation, que

---

(609) Certaines formes de méditation sont indiquées au v. 51 du *Shatchakranirûpana*.

(610) Un grand Pouvoir (Siddhi) appartient à l'homme qui peut maintenir Kundalî Shakti dans le Sahasrâra trois jours et trois nuits.

(611) *Lakshmîdhara*, cité par Ananta Shâstrî, *op. cit.*, p. 71.

le Serpent ferme de ses replis la porte de Brahma. A la base
de la Nâdî Sushumnâ et dans le lotus Adhâra, la Shakti
Kundalinî repose endormie et enroulée autour du Linga,
l'aspect Shiva ou Purusha dans ce centre du Shabdabrahman,
dont Elle est l'aspect Prakriti. Kundalî, sous la forme de
Ses émanations créatrices, mental et matière, est l'ensemble
du corps mouvant, mais Elle existe Elle-même dans le
Mûlâdhâra ou centre de terre comme aspect grossier de
Shakti sous sa forme endormie. C'est le séjour normal de la
Shakti qui est le Shabdabrahman. Pour S'être manifestée
si complètement, Elle repose ou sommeille en ce qui est
Sa plus grossière et Son ultime manifestation. La force vitale
« résiduelle » en ce centre existe à l'état latent et potentiel.
Si l'on recherche son aide en vue du Yoga, la première
opération doit être celle qui éveille le Serpent de son sommeil.
En d'autres termes, cette force est élevée de son état latent
et potentiel à un état d'activité, et là, unie de nouveau à
Elle-même sous son autre aspect de Lumière Statique brillant
dans le centre cérébral (612).

Kundalî Shakti est Chit, Conscience, sous son aspect
créateur de Puissance. Comme Shakti, c'est par Son activité
que le monde existe avec tous les êtres qu'il contient. Prakriti
Shakti est dans le Mûlâdhâra dans un état de sommeil
(Prasuptâ) c'est-à-dire d'activité latente tournée *vers l'extérieur* (Bahirmukhî). C'est parce qu'Elle est dans cet état
d'activité latente que par Elle toutes les fonctions vitales
du monde matériel extérieur sont accomplies par l'homme.
Et c'est pour cette raison que l'homme est accaparé par le
monde, et leurré par Mâyâ, prend son corps et son petit moi
pour le Soi réel ; ainsi tourne la roue de la vie en son cycle
sans fin de naissances et de morts. Quand le Jîva se représente le monde comme différent de lui-même et du Brahman,
c'est sous l'influence de Kundalinî qui demeure en lui. Son
sommeil dans le Mûlâdhâra signifie donc servitude pour
l'ignorant (613). Aussi longtemps qu'Elle demeure dans le
lotus Mûlâdhâra, c'est-à-dire dans celui de Ses états qui
accompagne l'apparence cosmique, cette apparence doit

---

(612) C'est pourquoi le Sahasrâra porte aussi le nom de Bhâloka
(de la racine Bha, « briller »).

(613) *Shândilya Up.*, ch. I.

durer. En un mot, quand Elle est endormie, l'homme est à l'état de veille (Jâgrat). C'est pourquoi il est dit (614) que la Shakti de l'initié est éveillée, celle du Pashu endormie. Elle est donc éveillée de Son sommeil, et une fois éveillée retourne à Son Seigneur, qui n'est autre qu'Elle-même sous un autre aspect ; Son retour est en fait la disparition de cette activité par laquelle Elle produit le monde des apparences, qui disparaît avec elle. Car en gravissant Sa Voie Elle absorbe en Elle tous les Tattva émanés d'Elle. La conscience individuelle du Yogî, le Jîvâtmâ, étant unie à la conscience cosmique en Elle, ou Kundalî, devient alors la conscience universelle, ou Paramâtmâ, dont elle n'apparaissait différente qu'en raison de l'activité, créatrice du monde, de Kundalî, activité qui est ainsi supprimée. L'instauration par Elle du pur état d'Etre-Conscience est Samâdhi.

En résumé, Kundalî représente dans le corps individuel la grande Puissance Cosmique (Shakti) qui crée et soutient l'univers. Quand cette Shakti individuelle, manifestée comme la conscience individuelle (Jîva), se fond dans la conscience du Shiva Suprême, le monde se dissout pour ce Jîva, et il obtient la Délivrance (Mukti). Cependant, sous l'influence de la Shakti Cosmique, l'univers continue pour ceux qui ne sont pas délivrés jusqu'à la Grande Dissolution (Mahâpralaya), à la fin de laquelle l'univers se déploie de nouveau en ces Jîva dont le Karma ne s'est pas épuisé, et qui par conséquent n'ont pas été délivrés. L'éveil, la montée de Kundalî, ou Kundalî Yoga, est donc une forme de cette fusion de la conscience individuelle dans la conscience universelle, ou de leur union, fin de tout système de Yoga hindou.

Le Pandit R. Ananta Shâstrî dit (615) : « La méthode Samaya pour adorer Shakti, appelée Samayâchâra (616), est traitée dans cinq ouvrages dont les auteurs réputés sont

---

(614) *Kulârnava Tantra*, ch. V, et *Mandalabrâhmana Up.* C'est la destruction de Tamas.

(615) *Anandalahari*, p. 8.

(616) Ce terme semble avoir des significations variées. Il paraît être employé ici dans un sens opposé à celui de Kulâchâra, tout au moins sous certaines de ses formes, et il est encore employé dans les Kaula Shâstra pour désigner leur vénération pour le Panchatattva.

les grands sages Sanaka, Sananda, Sanatkumâra, Vashishtha et Shuka. Voici un résumé des enseignements contenus dans ces Samaya Agama, dont chacun porte le nom de son auteur.

« La Shakti ou énergie, dont le développement constitue le sujet de ces traités, est appelée la Kundalinî. Le lieu où elle réside est appelé le Mûlâdhâra (séjour originel). Si l'on réussit à développer cette Shakti et à agir sur elle, on parvient à la libération de l'âme. Ordinairement Kundalinî repose paisiblement dans le Mûlâdhâra. Le premier but que se proposent les Yogî est d'éveiller ce serpent endormi, et cela s'effectue par deux moyens :

« (1) Par Tapas. Tapas désigne ici la pratique du Prânâyâma, qui consiste à régler le souffle et à le retenir pendant des périodes de temps déterminées. C'est aussi la méthode recommandée par les Yoga Shâstra.

« (2) Par les Mantra. Le disciple est initié à l'incantation de certains Mantra qu'il doit répéter un nombre déterminé de fois à des heures particulières de la journée, ayant toujours sous le regard de son esprit la figure de la Mûrti ou divinité désignée par le Mantra qu'il récite. On dit que le plus important de ces Mantra est la Panchadashî.

« Une fois éveillée par ces moyens, la Kundalinî s'élève du Mûlâdhâra (premier centre), où elle dormait, vers le centre immédiatement au-dessus, appelé le Svâdhishthâna (lieu propre; deuxième centre). De là, à grand effort, on mène cette Shakti aux centres suivants dans un ordre ascendant régulier, Manîpûra (plein de rayons : troisième centre); Anâhata (le son, n'émanant point d'un choc physique, quatrième centre), la Shakti s'y transforme en son; Vishuddhi (lieu de pureté, cinquième centre), elle y devient un pur élément sâttvique ; et Ajnâ (â-jnâ, un peu de connaissance, sixième centre). A ce stade on peut dire que le Yogî a réussi à s'assurer la maîtrise de la Shakti, qui maintenant lui apparaît, ne serait-ce qu'un instant, sous la forme d'un vif éclair.

« Le passage de la Kundalinî par les centres d'énergie énumérés ci-dessus, du Mûlâdhâra à Ajnâ, constitue la première partie de la montée. Le disciple qui s'adonne à cette pratique doit se soumettre à des exercices d'Upâsanâ (contemplation et adoration de la divinité prescrite) et de Mantra

Japa (incantations) (617), auxquels il sera initié par son Guru (maître et guide). Les six centres d'énergie énumérés ci-dessus, du mûlâdhâra à l'Ajnâ, forment, si on les joint par des lignes droites imaginaires, un double triangle, un hexagone, l'étoile à six branches, qui porte en sanskrit le nom de Shrîchakra. Le centre Anâhata (le cœur) est le point critique au cours de cette montée, et c'est pourquoi on peut lire dans les Agama tant de choses concernant ce centre.

« Ces centres du corps humain (Pindânda) ont leur correspondance sur les plans cosmiques, et chacun d'eux a sa qualité propre, ou Guna, et une Divinité qui le gouverne. Quand le disciple monte centre par centre, il passe par les Loka, ou plans cosmiques, correspondants. Le tableau suivant donne les correspondances, les Guna et les Divinités :

	Centre psychique dans le corps humain	Loka, ou plan cosmique	Guna, ou qualité	Divinité
1	Mûlâdhâra au stade de l'éveil de Shakti	Bhuvarloka	Tamas	Agni (le Feu)
2	Svâdishthâna	Svarloka		
3	Manipûra	Maharloka	Rajas	Le Soleil
4	Anâhata	Janaloka		
5	Vishuddha	Tapoloka	Sattva	La Lune
6	Ajnâ	Satyaloka		

« Si un homme mourait après avoir atteint l'un de ces stades, il renaîtrait avec tous les avantages des stades maîtrisés ; par exemple, il meurt après avoir mené la Shakti jusqu'à l'Anâhata : dans sa vie suivante il commence où il en est resté, et mène la Shakti plus haut en partant de l'Anâhata.

---

(617) Dans cette citation du Pandit, comme dans plusieurs autres, les équivalents occidentaux des termes sanskrits sont inadéquats, comme il fallait s'y attendre de la part d'un homme dont la propre langue n'est pas occidentale.

« Cette aspiration à unir son âme à l'Eternel a été considérée par certains comme une tentative d'origine tamasique pour se libérer de tout contenu Tamas et Rajas. C'est pourquoi l'on dit que le Yogî, au premier et au second stades, a plus de Tamas qu'aux stades suivants, et par suite est au stade tamasique, gouverné par Agni. Aux deux stades suivants, on dit qu'il est au stade rajasique, gouverné par le Soleil. Dans les deux suivants, il est au stade sattvique, gouverné par la Lune, Divinité à laquelle est assigné un plan plus élevé qu'au Soleil et qu'à Agni. Mais il importe de remarquer que le Yogî n'atteint au pur Sattva qu'en arrivant au Sahasrâra, et que le Tamas, le Tajas et le Sattva mentionnés dans le tableau ci-dessus ne sont que relatifs, et sans commune mesure avec leur acception courante.

« Kundalinî est la forme la plus grossière du Chit, le vingt-quatrième Tattva, qui habite dans le Mûlâdhâra ; nous aurons à en parler de façon plus détaillée en traitant de la seconde partie de la montée du Yogî. Cette Kundalinî, à son éveil, est au stade Kumârî (de fille). En arrivant à l'Anâhata, elle atteint le stade Yoshit (de femme). C'est pourquoi l'on indique que c'est l'étape la plus difficile et la plus importante de la montée. Le stade suivant est celui du Sahasrâra, dont nous parlerons plus loin, et la Shakti est appelée à ce stade Pativratâ (consacrée à un époux). (Voir *Taittirîyârânyaka*, 1, 27, 12.)

« La seconde partie de la montée de Kundalinî ne comprend qu'une seule étape ; la Shakti doit être conduite de l'Ajnâ, où nous l'avons laissée, dans le Sahasrâra. Le Sahasrâra (littéralement, *lotus aux mille pétales*) forme par lui-même un Shrîchakra. La description de ce centre en sanskrit est trop difficile pour être rendue de manière satisfaisante en langage occidental. Dans le Sahasrâra se trouve un certain lieu brillant connu sous le nom de Chandra Loka (monde de nectar). En ce lieu vivent unis le Sat (Sadâshiva) et le Chit, le vingt-cinquième et le vingt-quatrième Tattva. Le Chit, ou Shuddha Vidyâ, est aussi appelé Sadâkhyâ, le seizième Kalâ de la lune. Ces deux Tattva sont toujours unis, et cette union est elle-même considérée comme étant le vingt-sixième Tattva. C'est cette union de Sat et de Chit qui est le but du Yogî. La Kundalinî qui a été amenée jusqu'au Sahasrâra doit être fondue en cette union ; c'est là le terme du voyage du Yogî ; il jouit à présent de la béatitude même (Paramânanda).

« Mais la Kundalinî ne séjourne pas longtemps dans le Sahasrâra. Elle a toujours tendance à redescendre, et redescend en fait à sa demeure originelle. Le Yogî doit recommencer encore et encore, jusqu'à ce que la Shakti séjourne de façon permanente avec son Pati (époux), c'est-à-dire Sadâshiva, ou jusqu'à ce que l'union de Sadâshiva et de Chit soit complète, et devienne Pativratâ, comme nous l'avons dit déjà. Le Yogî est alors un Jîvan-mukta, ou pur Sattva. Il n'a point conscience de cette limitation matérielle de l'âme. Il n'est que joie, il est l'Eternel lui-même. (Voir *Shatchakranirûpana*, v. 9 et 10.) Voilà pour Samayâchâra.

« Passons aux autres méthodes d'adoration Shâkta ; les Kaula adorent la Kundalinî sans l'éveiller de son sommeil (618) dans le Mûlâdhâra, qui est appelé Kula ; de là le nom de Kaula (Ku = terre, Prithivi ; donc Mûlâdhâra). Ils ne s'élèvent pas au delà du Mûlâdhâra ; ils pratiquent le Vâmâchâra ou magie noire (619), ils atteignent leurs buts temporels et ils jouissent ; ils ne sont pas libérés de la naissance et de la mort, ils ne dépassent point cette terre. Bien plus, les Kaula sont aujourd'hui dégradés au point d'avoir complètement abandonné l'adoration de la Kundalinî dans le Mûlâdhâra, et s'adonnent à des pratiques tout-à-fait inhumaines, qui sont loin d'être divines pour autant (620).

_____

(618) Une affirmation du même auteur à la page 85 est en apparente contradiction avec ceci. Il disait alors, citant Lakshmîdhara : « Les Kaula qui adorent Kundalinî dans le Mûlâdhâra n'ont d'autre but que de l'*éveiller* de son sommeil. Cela fait, ils pensent avoir atteint leur but, et en restent là. Suivant leur propre expression, les Kaula ont le Nirvâna toujours à portée de la main ».

(619) *Vâmâchâra* n'est pas la « magie noire », dont l'équivalent sanskrit le plus proche est Abhichâra. Il a pu y avoir, comme le dit la *Mahâkâla Samhitâ* (Ullâsa II), des Kaula qui, à la manière des Vaidika, recherchaient la jouissance dans ce monde et dans l'autre, et non la Délivrance (Aihikârtham kâmayanti amrite ratim na kurvanti). Mais déclarer crûment que les Kaula dans leur ensemble n'éveillent point Kundalinî et ne la conduisent point au Sahasrâra est une erreur. Pûrnânanda Swâmî, l'auteur du *Shatchakranirûpana*, était lui-même un Kaula, et tout l'objet de l'ouvrage est l'obtention de la Délivrance (Moksha).

(620) Le Pandit semble adopter ici l'opinion de Lakshmî-

Les Mishra sont bien au-dessus des Kaula. Ils accomplissent tous les Karma, adorent la Devî ou Shakti dans les éléments, tels que le soleil, l'air, etc., et pratiquent Upâsanâ avec des Yantra d'or ou d'autres métaux. Ils adorent la Kundalinî, l'éveillent, et s'efforcent de l'élever. Certains adorateurs Mishra s'élèvent jusqu'à l'Anâhata.

« Les Commentateurs nous apprennent que l'ensemble de ce sujet (l'adoration de la Shakti) est traité en détail dans la *Taittirîya Aranyaka* (ch. I). Certains même font des citations de cette Aranyaka à l'appui de leurs explications. Le sujet est vaste et fort difficile. Il n'est pas possible de s'engager dans sa complexité si l'on n'est pas un grand Guru, d'une vaste science et d'une considérable expérience personnelle (621) ; d'importants ouvrages ont été écrits sur des points particuliers seulement de la montée du Yogî par les centres psychiques (622).

« Il est interdit aux adeptes du groupe Samaya d'adorer la Devî dans le macrocosme. Ils doivent l'adorer dans l'un des Chakra du corps humain, en choisissant le centre que leur pratique et leur qualification leur permettent d'atteindre. Ils doivent contempler la Devî et Son Seigneur Shiva comme (1) ayant le même séjour (Adhishthânasâmya), (2) ayant la même attitude (Avasthânasâmya), (3) accomplissant les mêmes fonctions (Anushthânasâmya), (4) ayant la même forme (Rûpa), et (5) ayant le même nom (Nâma). Ainsi, en adorant la Devî dans l'Adhârachakra, Shiva et Shakti (1) ont Mûlâdhâra pour séjour, (2) tous deux ont l'attitude de danseurs, (3) tous deux ensemble accomplissent la fonction de créer l'univers, (4) tous deux sont de couleur rouge, (5) Shiva porte le nom de Bhairava et Shakti celui de Bhairavî.

---

dhara, adepte de l'école appelée Samaya, et adversaire des Kaula. Si (comme c'est probablement le cas) le mot « inhumain » doit être attribué au Pandit, il est inexact. Mais il a existé différentes communautés aux vues et aux pratiques fort diverses : comparez, par exemple, un Brahma Kaula et un Kâpâlika. Sur les rites auxquels fait allusion le Pandit, voir *Shakti and Shakta (Secret Name)*.

(621) Je suis ici tout à fait d'accord avec mon distingué ami le Pandit.

(622) Voir son édition de l'*Anandalahari*, pp. 8-13.

« De même pour les autres Chakra mentionnés dans les Shloka précédents. C'est ainsi que doivent pratiquer les débutants. Les Yogî avancés adorent la Devî dans le Sahasrâra, et non dans les centres inférieurs. Comment adorer dans le Sahasrâra ?

« L'adorateur doit fixer son attention sur Baindava, qui est le lieu où réside le vingt-sixième Tattva (l'union de Shiva et de Shakti) qui existe éternellement. Ce lieu est situé au-dessus des vingt-cinq autres Tattva, dans le Chandramandala (la sphère de la lune), lui-même situé dans le Sahasrâra. Il doit contempler cette union et s'identifier avec elle. (Cela montre que ceux qui pratiquent Bâhya Pûja, ou adorent dans le monde extérieur, n'appartiennent pas à l'école Samaya.) En ce qui concerne cette identification du moi avec l'union de Shiva et de Shakti au Baindava, il existe deux manières de la réaliser ; l'une est connue sous le nom de quadruple voie, et l'autre sous celui de sextuple voie. Elles doivent être apprises du Guru.

« Un novice de l'école Samaya doit passer par les étapes suivantes :

« (1) Il doit avoir le plus grand respect pour son Guru et la plus grande confiance en lui. (2) Il doit recevoir de son Guru le Panchadashî Mantra, et chanter (répéter) celui-ci suivant les instructions reçues, connaissant celui qui l'a « vu » (Rishi), son mètre (Chhandas), et la Divinité qu'il désigne (Devatâ) (623). (3) Le huitième jour de la brillante quinzaine du mois Ashvayuja, Mahânavamî, il doit à minuit se prosterner aux pieds de son Guru, et ce dernier voudra bien alors l'initier à quelque Mantra et à la nature réelle des six Chakra et de la sextuple voie de l'identification.

« Une fois ainsi qualifié, le Seigneur Mahâdeva (624) lui donne la connaissance, ou capacité de voir son âme profonde... Alors la Kundalinî s'éveille, et, montant soudain au

---

(623) Le Rishi du Mantra est celui qui en eut le premier la révélation ; le mètre est celui dans lequel il fut émis pour la première fois par Shiva ; et la Devatâ est l'Artha du Mantra comme Shabda. L'Artha est quintuple, étant Devatâ, Adhidevatâ, Pratyadhidevatâ, Varnâdhidevatâ, Mantradhidevatâ.

(624) Shiva l'initie à la connaissance de Brahman. Shiva est donc considéré comme le Maître des Guru Spirituels (Adinâtha)

Manipûra, devient visible à l'adorateur. De ce centre il doit La conduire lentement aux Chakra supérieurs, l'un après l'autre, et il y accomplit l'adoration prescrite, et Elle lui apparaîtra de plus en plus clairement. Une fois traversé l'Ajnâchakra, la Kundalinî s'élance vivement, comme un éclair, au Sahasrâra, entre dans l'Ile des Gemmes entourée des arbres Kalpa dans l'Océan de Nectar, s'y unit à Sadâshiva, et jouit avec Lui.

« Le Yogî doit maintenant attendre derrière le voile (625) que Kundalinî regagne Sa place, et à Son retour continuer ses exercices jusqu'à ce qu'Elle soit unie à jamais à Sadâshiva, et jamais ne redescende.

« La technique décrite ci-dessus, et d'autres d'une nature semblable, sont toujours gardées secrètes ; pourtant le Commentateur dit que, par compassion envers ses disciples, il a donné ici un aperçu de la méthode.

« Même en attendant simplement que la Kundalinî redescende du Sahasrâra, le disciple éprouve Brahmânanda (la béatitude du Brahman). Celui qui a conduit une fois Kundalinî au Sahasrâra en vient à ne plus rien désirer que Moksha (la Délivrance), si tel était son but. Même si quelques adeptes du Samaya ont des buts terrestres, ils doivent pourtant adorer dans le microcosme seulement.

« Le *Subhagodaya*, et d'autres ouvrages célèbres sur Shrîvidyâ, disent que le Yogî doit concentrer son mental sur la Devî qui réside en Sûryamandala (le disque du soleil), et autres choses de ce genre. Cela n'est pas en désaccord avec l'enseignement contenu dans ce livre, car le Sûryamandala dont il s'agit se rapporte au Pindânda (microcosme), et non au Brahmânda (macrocosme). De même, tous les vers recommandant une adoration extérieure doivent être appliqués aux objets correspondants du Pindânda » (626).

La dernière, la plus haute et la plus difficile forme de Yoga est le Raja Yoga. Au moyen du Mantra Yoga, du

---

(625) Ceci m'échappe, comme certains autres détails de cette description. Qui attend derrière le voile ? Le Jîva, dans le cas en question, est à l'intérieur, s'il existe un voile ; et quel voile ?

(626) Commentaire sur *Anandalaharî*, éd. par le Pandit R. Ananta Shâstri, p. 85 et suiv. Il ajoute : « Pour un exposé détaillé de ces principes, voir *Shuka Samhitâ*, l'une des cinq Samhitâ du groupe Samaya ».

Hatha Yoga et du Laya Yoga, le Yogî, par une graduelle réalisation de la pureté, se qualifie pour Savikalpa Samâdhi. C'est par le Râja Yoga seulement qu'il peut atteindre à Nirvikalpa Samâdhi. Le premier de ces Samâdhi, ou extases, est celui qui, à moins qu'il ne trouve dans le second son accomplissement, permet le retour au monde et à son expérience. Il n'en est pas ainsi dans le Samâdhi du Râja Yoga, dans lequel n'existe pas le moindre germe d'attachement au monde et qui par suite ne laisse pas revenir à lui, mais assure l'éternelle unité avec Brahman. Les trois premières sortes de Yoga préparent la voie à la quatrième (627). Dans le Samâdhi du Mantra Yoga on atteint l'état de Mahâbhâva, caractérisé par l'immobilité et le silence. Dans le Samâdhi du Hatha Yoga la respiration cesse, et à l'observation extérieure le Yogî ne présente aucun signe d'animation et ressemble à un cadavre. Dans le Samâdhi du Laya Yoga le Yogî n'a pas de conscience externe et il est aussi plongé dans l'océan de la Béatitude. Le Samâdhi du Râja Yoga est Délivrance complète (Chit-svarûpa-bhâva) et définitive (Nirvikalpa) (628). Il est dit qu'il existe quatre états de détachement (Vairâgya) du monde (629), correspondant aux quatre Yoga, la forme la plus modeste du Vairâgya étant la marque du premier, le Mantra Yoga, et le plus haut degré du détachement étant la marque du Yoga le plus élevé, le Râja Yoga. Une autre marque distinctive est la prééminence donnée à l'aspect mental. Tout Yoga comporte des pratiques mentales, mais cela est plus particulièrement vrai du Râja Yoga, qui a été décrit (630) comme le pouvoir de distinguer le réel de l'irréel, c'est-à-dire l'infini et le durable, du fini et du transitoire, au moyen du raisonnement, aidé des Upanishad et des systèmes philosophiques orthodoxes.

Le lecteur occidental ne doit pas pourtant l'assimiler à

---

(627) *Râja Yoga*, par Swâmî Dayânanda, publié par Shrî Bhârata Dharma Mahâmandala, Bénarès.

(628) *Ibid.*, 19, 20.

(629) Mridu (intermittent, vague et faible), Madhyama (moyen), Adhimâtra (haut degré, où la jouissance terrestre devient une véritable source de souffrance), Para (le plus haut, où le mental est complètement détourné des objets du monde et ne peut en aucune circonstance leur être ramené).

(630) *Ibid.*, 5.

une simple philosophie. Il est l'exercice de la Raison, pratiqué par des hommes moralement purs et de grande intelligence, dans les conditions et suivant la discipline décrites plus haut, avec Vairâgya, le Renoncement. Chez l'homme de Savoir (Jnânî), Buddhi (la Raison) règne pleinement. Le Râja Yoga comprend seize divisions. Il y a sept variétés de Vichâra (raisonnement) sur sept plans de connaissance (Bhûmikâ) appelés Jnânadâ, Sannyâsadâ, Yogadâ, Lîlonmukti, Satpadâ, Anandapadâ et Parâtparâ (631). Par leur exercice, le Rajâ-yogî pratique graduellement, effectivement, les deux espèces de Dhâranâ (632), c'est-à-dire Prakrityâshraya et Brahmâshraya, qui dépendent respectivement de la Nature ou de Brahman. Il y a trois sortes de Dhyâna, par lesquelles est produit le pouvoir de réaliser le soi (Atmapratyaksha). Il y a quatre formes de Samâdhi. Il y a trois aspects de Brahman : son aspect grossier, en tant qu'il est immanent à l'univers, et qui porte le nom de Virât Purusha ; son aspect subtil de créateur, préservateur et destructeur de toutes choses, en tant que Seigneur (Ishvara) ; et au delà est l'aspect suprême, Sachchidânanda. Le Râja Yoga indique divers modes de Dhyâna pour les trois aspects (633). Des quatre Samâdhi obtenus par ces exercices, les deux premiers, ou Savichâra, conservent une subtile relation avec l'exercice conscient du pouvoir de Vichâra (le raisonnement, le discernement), mais les deux derniers en sont exempts, ils sont Nirvichâra. En atteignant ce quatrième état le Râja-yogi obtient la Délivrance tout en vivant dans le corps (Jîvanmukta), et il échappe au Karmâshaya (634). On considère généralement que par le seul Râja Yoga peut s'obtenir ce Nirvikalpa Samâdhi.

---

(631) De même il y a sept Bhûmikâ ou plans du Karma : Vividishâ ou Shubhechchhâ, Vichâranâ, Tanumânasâ, Sattâpatti, Asamsakti, Padârthâbhâvinî, Turyagâ ; et aussi sept plans d'adoration (Upâsanâ Bhûmikâ) : Nâmapara, Rûpapara, Vibhûtipara, Shaktipara, Gunapara, Bhâvapara, Svarûpapara.

(632) Voir plus haut, p. 190

(633) *Râja-Yoga*, par Dayânanda Swâmi, 19.

(634) La masse des Karma Samskâra dans leur état de germe (Bîja).

VII

BASES THÉORIQUES DU YOGA TANTRIQUE

Nombreuses sont les affirmations de la valeur du Kundalinî Yoga. La revue qui en est faite ci-après ne prétend pas
être exhaustive, car la littérature relative à Kundalinî et
au Laya Yoga est très vaste, mais se propose seulement de
rappeler brièvement quelques-unes des Upanishad et quelques-uns des Purâna qui sont venus à ma connaissance, et
dont j'ai pris note, au cours de ce travail (635). Pourtant,
elle établira clairement que cette doctrine relative aux
Chakra, ou des parties de cette doctrine, se trouvent dans
d'autres Shâstra que les Tantra, bien que dans certains cas
les allusions soient si rapides qu'il n'est pas toujours possible
de dire si la chose est envisagée dans le même sens que dans
le Yoga tantrique, ou comme formes d'adoration (Upâsanâ).
Il faut noter à ce propos que Bhâtashuddhi est un rite considéré comme un préliminaire nécessaire à l'adoration d'un
Deva (636). Il est évident que si la Bhûtashuddhi désigne la
pratique du Yoga, alors, à l'exception du Yogî expert en ce
Yoga, nul ne serait qualifié pour l'adoration. Car seul le
Yogî accompli (Siddha) peut réellement conduire Kundalinî
jusqu'au Sahasrâra. Dans la Bhûtashuddhi ordinaire et quotidienne, il s'agit donc d'un exercice purement mental ou

(635) Il en existe beaucoup d'autres. Certaines références
m'ont été aimablement communiquées par Mahâmahopâdhyâya
Adityarâma Bhattâchârya.

(636) Voir Taranga I de la *Mantramahodadhi*: Devârchâ-
yogyatâprâptyai bhûtashuddhim samâcharet.

imaginaire, qui fait partie de l'adoration ou Upâsanâ, et non du Yoga. En outre, et c'est une forme de culte, le Sâdhaka peut adorer, et adore en fait, son Ishtadevatâ en diverses parties de son corps. Cela encore fait partie d'Upâsanâ. Pourtant, quelques-uns des Shâstra mentionnés plus loin font clairement allusion aux exercices du Yoga, et d'autres semblent bien le faire.

Dans ce qu'on nomme les Upanishad primitives (637), il est fait mention de certaines choses qui sont décrites de façon plus explicite dans celles que les orientalistes occidentaux disent plus récentes. Ainsi, nous trouvons des allusions aux quatre états de conscience, aux quatre enveloppes, à la cavité du cœur comme centre de l'« âme ».

Comme nous l'avons dit déjà, les écoles hindoues considéraient le cœur comme le siège de la conscience éveillée. Le cœur se dilate pendant la veille, et se contracte pendant le sommeil. En lui, dans l'état de rêve (Svapna), les sens externes se résorbent, bien que la faculté de représentation soit éveillée ; jusqu'à ce que, dans le sommeil profond (Sushupti), elle aussi se résorbe. On trouve aussi des allusions aux 72.000 Nâdî ; l'entrée et la sortie du Prâna par le Brahmarandhra (au-dessus du foramen de Monro et de la commissure médiane) ; et la « respiration vers le haut » par l'une de ces Nâdi. Ces points impliquent probablement, dans une certaine mesure, l'admission d'autres éléments doctrinaux non expressément mentionnés. C'est ainsi que l'allusion au Brahmarandhra et au « nerf unique » implique l'axe cérébro-spinal avec sa Sushumnâ, par laquelle seulement le Prâna passe dans le Brahmarandhra ; c'est apparemment pour cette raison que la Sushumnâ elle-même est désignée dans la *Shivasamhitâ* comme le Brahmarandhra. La Libération est finalement accomplie par la « connaissance », qui, suivant l'antique *Aitareya Aranyaka* (638), « est Brahman ».

La *Hamsa Upanishad* (639) s'ouvre par cette affirmation,

_____

(637) Pour certaines citations des plus anciennes Upanishad, voir un article du Professeur Rhys Davids dans J.R.A.S., p. 71 (janvier 1899), *Theory of Soul in Upanishads*. Voir aussi Avalon, *Principles of Tantra*, vol. I, où il est fait mention, entre autres, de la Prashna Up., III, 6, 7.

(638) *Anecdota Oxoniensia*, p. 236 (éd. Arthur Berriedale Keith).

(639) *Upanishadâm Samuchchayah* (Anandâshrama Series, vol. XXIX, p. 593).

que la connaissance qu'elle renferme ne doit être communiquée qu'au Brahmachâri possédant la paix du mental (Shânta), la maîtrise de soi (Dânta) et la dévotion au Guru (Gurubhakta). Nârâyana, le Commentateur, qui cite parmi d'autres ouvrages l'abrégé tantrique *Shâradâ Tilaka*, se décrit comme « un homme dont le seul appui est Shruti » (Nârâyanena Shrutimâtropajîvinâ) (640). Cette Upanishad (par. 4) mentionne par leurs noms les six Chakra, comme aussi la méthode de l'éveil de Vâyu dans le Mûlâdhâra, c'est-à-dire le Kundalinî Yoga. Le Hamsa (autrement dit Jîva) est localisé dans le lotus à huit pétales au-dessous d'Anâhata (641) (par. 7), où est adorée l'Ishtadevatâ. Il y a huit pétales, auxquels sont associées certaines Vritti. Au pétale de l'est est associée l'inclination à la vertu (Punye matih) ; à celui du sud-est, le sommeil (Nidrâ) et la paresse (Alasya) ; à celui du sud, la méchanceté ou la cruauté (Krûra mati) ; à celui du sud-ouest, l'inclination au péché (Pâpe manishâ) ; à celui de l'ouest, diverses qualités inférieures ou mauvaises (Krîdâ) ; à celui du nord-ouest, l'intention dans le mouvement ou l'action (Gamanâdau buddhih) ; à celui du nord, l'attachement et la satisfaction sensuelle (Rati et Prîti) ; et au pétale du nord-est, la prise de la main sur les choses (Dravyagrahana) (642). Au centre de ce lotus est l'impassibilité (Vairâgya). Dans les filets est l'état de veille (Jâgradayasthâ) ; dans le péricarpe l'état de rêve (Svapna) ; dans la tige l'état de sommeil profond (Sushupti). Au-dessus du lotus est « le lieu sans support » (Nirâlamba pradesha), qui est l'état Tûrîya. Le Commentateur Nârâyana dit que les Vritti des pétales sont données dans l'*Adhyâtmaviveka*, qui les assigne aux différents lotus. Dans le passage cité de la *Hamsopanishad*, elles apparaissent, ou tout au moins certaines d'entre elles,

---

(640) Le Tantra, comme tous les autres Shâstra de l'Inde, prétend se baser sur le Veda.

(641) On confond souvent ce lotus avec l'Anâhata. Celui-ci est un Chakra situé dans la colonne vertébrale ; le lotus à huit pétales est dans la région du cœur (Hrid).

(642) Littéralement : « action de prendre les choses ». La traduction du nom de cette Vritti, comme de plusieurs autres, est approchée. Il n'est pas toujours facile de comprendre la signification exacte ou de trouver un équivalent en langage occidental.

comme réunies dans le centre de méditation sur l'Ishtadevatâ.
Au paragraphe 9, dix espèces de son (Nâda) sont mentionnées,
qui ont des effets physiques déterminés, comme la transpiration, le tremblement, et ainsi de suite, et il est dit qu'on
atteint le Brahmapada par la pratique de la dixième espèce
de Nâda.

La *Brahma Upanishad* (643) mentionne au verset 2 le
nombril (Nâbhi), le cœur (Hridaya), la gorge (Kantha) et la
tête (Mûrdhâ), comme des lieux (Sthâna) « où brillent les
quatre quarts du Brahman ». Nârâyana dit que la *Brahmo-
panishad*, en mentionnant ces derniers, indique que ces
emplacements sont les centres à partir desquels, selon la
méthode prescrite, le Brahman peut être atteint (644).
Mention est faite des lotus de ces quatre emplacements, et
le mental est désigné comme la « dixième porte », les neuf
autres ouvertures étant les yeux, les oreilles, les narines,
et ainsi de suite.

La *Dhyânabindu Upanishad* (645) fait allusion au fait
que le Yogî entend les sons Anâhata (v. 3). L'Upanishad
déclare qu'avec Pûraka la méditation doit se faire dans le
nombril sur le Grand et Puissant (Mahâvîra) qui a quatre
bras et la couleur de la fleur du chanvre (c'est-à-dire Vishnu) ;
avec Kumbhaka, il faut méditer dans le cœur sur le Brahmâ
rouge assis sur un lotus ; et avec Rechaka penser à celui
qui a trois yeux (Rudra) dans le front. Le plus bas de ces
lotus a huit pétales ; le second a la tête inclinée ; et le troisième, qui est composé de toutes les Devata (Sarvadeva-
maya), ressemble à une fleur de plantain (v. 9-12). Dans le
verset 13, la méditation est dirigée sur cent lotus ayant
chacun cent pétales, et ensuite sur le Soleil, la Lune et le
Feu. C'est Atmâ qui éveille le lotus, et, en retirant le Bîja,
atteint la Lune, le Feu et le Soleil.

L'*Amritanâda Upanishad* (646) parle des cinq éléments,
et, au-dessus d'eux, d'Ardhamâtra, c'est-à-dire Ajnâ (v. 30-

---

(643) Anandâshrama Series, vol. XXIX, p. 325.
(644) On remarquera qu'il n'est pas fait ici mention des deux
centres tâmasiques inférieurs.
(645) *Ibid.*, p. 262.
(646) *Op. cit.*, 43. L'Amritabindu Up., p. 71, s'occupe du
Yoga en général.

31). Les éléments dont il est question ici sont deux des Chakra, car le verset 26 parle de l'entrée du cœur comme de l'entrée aérienne (le Vâyu Tattva étant ici). Au-dessus, dit l'*Upanishad*, est la porte de la Libération (Mokshadvâra). Elle déclare, au verset 25, que Prâna et Manas suivent la route que voit le Yogî, ce qui se rapporte, selon le Commentateur, à la manière dont Prâna entre dans le Mûlâdhâra, et en sort. Il donne aussi quelques pratiques du Hatha Yoga.

La *Kshurikâ Upanishad* (647) parle des 72.000 Nâdî, et mentionne Idâ, Pingalâ et Sushumnâ (v. 14-15). Toutes, à l'exception de Sushumnâ, peuvent « être servies par le Dhyâna Yoga ». Le verset 8 enjoint au Sâdhaka « de pénétrer dans la Nâda (lire Nâdî) blanche très subtile, et d'y conduire Prâna Vâyu » ; et il est parlé de Pûraka, de Rechaka, de Kumbhala et de Hatha. Nârâyana remarque, à propos du verset 8, que Kundalî doit être échauffée par le feu interne et placée ensuite à l'intérieur de la Brahmanâdi, ce qui réclame l'emploi du Jâlandhara Bandha.

La *Nrisimhapûrvatâpanîya Upanishad* (648) (ch. V, v. 2) parle du Sudarshana (qui est apparemment ici le Mûlâdhâra), se transformant en lotus à six, huit, douze, seize et trente-deux pétales respectivement. Ce qui correspond au nombre de pétales donné par le *Shatchakranirûpana*, sauf pour le second lotus. Car, si l'on admet qu'il s'agit du Svâdhishthâna, le second lotus devrait avoir dix pétales. Il semble que cette divergence soit due au fait que c'est là le nombre des lettres du Mantra assigné à ce lotus. Car dans le lotus à six pétales est le Mantra à six lettres de Sudarshana ; dans le lotus à huit pétales, le Mantra à huit lettres de Nârâyana ; et dans le lotus à douze pétales, le Mantra à douze lettres de Vâsudeva. Comme c'est ordinairement le cas, dans le lotus à seize pétales sont les seize Kalâ (ici les voyelles) émises avec Bindu ou Anusvâra. Le lotus à trente-deux pétales (Ajnâ) est en réalité à deux pétales, parce qu'il y a ici les deux Mantra (de seize lettres chacun) de Nrisimha et de Sa Shakti.

Le sixième chapitre de la *Maitrî Upanishad* (649) parle des

---

(647) *Ibid.*, vol. XXIX, p. 145.
(648) Anandâshrama Edition, vol. XXX, p. 61.
(649) *Ibid.*, vol. XXIX, p. 345. Voir aussi pp. 441, 450, 451, 458 et 460.

Nâdî ; et en particulier de Sushumnâ, de la percée des Mandala Soleil, Lune et Feu (chacun de ceux-ci étant à l'intérieur de l'autre, Sattva dans le Feu, et dans Sattva Achyuta) ; et d'Amanâ, qui est un autre nom d'Unmanî.

La *Yogatattva Upanishad* (650) et la *Yogashikhâ Upanishad* (651) mentionnent toutes deux le Hathayoga, et la seconde parle de la fermeture de la « porte intérieure », de l'ouverture de la porte de Sushumnâ (par l'entrée de Kundalinî dans le Brahmadvâra), et de la percée du Soleil.

La *Râmatâpanîya Upanishad* (652) signale diverses techniques du Yoga et du Tantra, telles qu'Asana, Dvârapûjâ, Pîthapûjâ, et elle mentionne expressément Bhûtashuddhi, qui est, comme nous l'avons expliqué plus haut, la purification des éléments dans les Chakra, soit imaginativement, soit réellement, avec l'aide de Kundalinî.

J'ai déjà cité dans les notes de nombreux passages, relatifs à notre Yoga, de la *Shândilya Upanishad* de l'*Atharvaveda*, des *Varâha* et *Yogakundalî Upanishad* du *Krishna Yajurveda*, de la *Mandalabrâhmana Upanishad* du *Shukla Yajurveda*, et de la *Nâdabindu Upanishad* du *Rigveda* (653).

Le grand *Devîbhâgavata Purâna* (VII, 35-XI, 8) fait un exposé complet des six Chakra ou Lotus ; de l'éveil de Kundalinî (qu'il appelle la Paradevatâ) dans le Mûlâdhâra de la manière décrite dans le *Shatchakranirûpana*, et de son union avec Jîva par le Hamgsa Mantra ; de Bhûtashuddhi ; de la dissolution des Tattva grossiers dans les Tattva subtils, au terme de laquelle Mahat est en Prakriti, Mâyâ en Atmâ. Mention est faite, dans ce Purâna, du Dharâ Mandala, qui est décrit, comme les autres Mandala, de manière conforme au *Shatchkranirûpana*. On donne les Bîja de Prithivî et les autres Tattva. On fait aussi allusion à la destruction de l'« homme de péché » (Pâpapurusha), en termes semblables à ceux du *Mahânirvâna* et des autres Tantra. On trouvera

---

(650) *Ibid.*, vol. XXIX, p. 477.
(651) *Ibid.*, p. 483. Sur le passage de Kundalinî à travers le Brahmadvâra, voir p. 485.
(652) *Ibid.*, vol. XXIX, p. 520.
(653) Ces Yoga Upanishad ont été traduites récemment par K. Nârâyanasvâmi Aiyar et font partie de son ouvrage : *Thirty Minor Upanishad* (Theosophical Society of Madras, 1914).

dans le même chapitre un remarquable Dhyâna de Prâna-shakti, qui en rappelle fort un autre donné par le *Prapancha-sâra Tantra* (chap. XXXV) (654).

Le *Linga Purâna* (1ʳᵉ partie, ch. LXXV) mentionne les Chakra avec leurs différents pétales, dont les noms sont donnés par le Commentateur. Shiva, dit-il, est Nirguna, mais pour le bien des hommes Il réside dans le corps avec Umâ, et les Yogî méditent sur Lui dans les différents lotus.

Le chapitre XXIII de l'*Agni Purâna*, qui est rempli de rituel, de magie et de Mantra tantriques, parle aussi du rite de Bhûtashuddhi, dans lequel, après méditation accompagnée des Bîja Mantra respectifs sur le nombril, le cœur et l'Ajnâ, le corps du Sâdhaka est rafraîchi par un flot de nectar.

Enfin, un adversaire de notre Yoga, que je cite plus loin, invoque l'autorité du grand Shankara, bien qu'en fait, si la tradition est correcte, elle soit contre ce critique. Shankara, dont les Math contiennent le grand Yantra tantrique appelé le *Shrîchakra*, dit dans son commentaire des versets 9 et 10 du chapitre VIII de la *Bhagavad-Gîtâ* : « On obtient d'abord la maîtrise du lotus du cœur (Anâhata). Puis, par la conquête de Bhûmi (Mûlâdhâra, etc.) et par la Nâdî ascendante (Sushumnâ), après avoir placé Prâna entre les deux sourcils (655), le Yogî atteint le Purusha radieux et illuminateur ».

On lit sur ce sujet dans la Tîkâ d'Anandagirî : « Par la Nâdî Sushumna entre Idâ et Pingalâ. On atteint la gorge par la même voie, l'espace entre les sourcils. La conquête de la terre (Bhûmi) désigne la manière de maîtriser les cinq Bhûta ».

Shrîdara Svâmi déclare : « Par la puissance du Yoga (Yoga-bala), il faut conduire Prâna le long de la Sushumna ».

Et Madhusûdana Sarasvatî : « La Nâdî ascendante est Sushumna, et la conquête de Bhûmi et du reste s'effectue en suivant le sentier qu'indique le Guru ; et l'espace entre les sourcils désigne l'Ajnâ Chakra. En y plaçant Prâna, il sort par le Brahmarandhra, et le Jîva ne fait plus qu'un avec le Purusha ».

L'hymne célèbre appelé *Anandalaharî* (« Vague de Béati-

---

(654) Voir Avalon, *Tântrik Texts*, vol. III, ch. XXXV.
(655) Voir *Shatchakranirûpana*, v. 38.

tude »), et attribué à Shankara, traite de ce Yoga (Shatcha-krabheda) et dans le treizième chapitre du *Shankaravijaya* de Vidyâranya il est fait mention des six lotus, et aussi du fruit qu'on obtiendra du culte de la Devatâ qui demeure en chacun des Chakra (656).

Le Pandit R. Ananta Shâstri dit (657) :

« Maint grand homme a conduit avec succès la Kundalinî jusqu'au Sahasrâra, et effectué son union avec Sat et Chit. Le premier d'eux tous est le grand et célèbre Shankara-chârya, humble disciple de l'un des élèves de Gaudapâdâchâ-rya, auteur du célèbre *Subhagodaya* (52 sloka). Ayant bien assimilé les principes contenus dans cet ouvrage, Shri Shankarachârya reçut des instructions particulières, basées sur l'expérience personnelle de son Guru. En ajoutant à ces avantages sa propre expérience, il composa son fameux ouvrage sur le Mantra-shâstra, qui comprend cent sloka ; les quarante et un premiers formant l'*Anandalaharî*, et le reste la *Saundarya-Laharî* ; cette dernière invoque la Devî comme un être qui n'est que beauté des pieds à la tête.

« On peut dire que l'*Ananda-Laharî* contient la quintes-sence du Samayâchâra. L'ouvrage est d'autant plus précieux que l'auteur y enseigne d'après son expérience personnelle. D'abondants commentaires furent écrits sur presque chaque syllabe du texte. La théorie suivante fera bien comprendre la valeur attachée à cet ouvrage : certains pensent que Shiva est le véritable auteur de l'*Ananda-Laharî*, et non point Shankarachârya, qui n'était qu'un Mantradrashtâ ou un Rishi, c'est-à-dire un homme qui, ayant mené le Yoga jusqu'à son terme, le livra au monde. Il ne subsiste pas moins de trente-six commentaires sur cet ouvrage. Parmi eux, nous en trouvons un dont l'auteur est notre grand Appaya Dîkshita. Les commentaires ne sont pas entièrement différents, mais chacun a ses vues et ses théories particulières.

« Quant au texte de l'*Ananda-Laharî*, il contient qua-rante et un sloka. D'après certains Commentateurs, les sloka

---

(656) Voir aussi le *Shankaravijaya* d'Anandagirî et celui de Mâdhava (ch. XI ; voir aussi, *ibid.*, le passage qui mentionne Shrîchakra).

(657) *Anandalaharî*, 14. Cet hymne a été traduit par Avalon sous le titre *Wave of Bliss*.

sont au nombre de trente-cinq ; quelques-uns n'en recon-
naissent que trente, et selon Sudhâvidyotinî et quelques
autres les sloka suivants constituent le texte de l'*Ananda-
Laharî* : 1-2, 8-9, 10-11, 14-21, 26-27, 31-41. A mon avis,
cette dernière évaluation semble correcte, les autres sloka
traitant seulement des Prayoga (applications des Mantra)
pour des buts terrestres (658). Quelques-uns seulement de
ces Prayoga sont reconnus par tous les Commentateurs,
alors que les autres sont omis comme étant entièrement
karmiques.

« Comme on l'a déjà remarqué, l'*Ananda-Laharî* n'est
qu'un développement de l'ouvrage appelé *Subhagodaya*, et
dû à Gaudapâda, le Guru du Guru de l'auteur. Ce dernier
ouvrage ne donne que les points principaux, sans y mêler
jamais aucun de ces éclaircissements caractéristiques, que
j'ai signalés plus haut.

« De tous les commentaires sur l'*Ananda-Laharî*, celui de
Lakshmîdhara semble le plus récent ; il n'en est pas moins
le plus populaire, et à juste titre. D'autres commentaires
soutiennent tel ou tel aspect des diverses écoles philosophiques ; mais Lakshmîdhara collationne quelques-unes des
vues d'autrui, et les note à côté des siennes. Son commentaire est par suite le plus complet. Il ne se range à aucun
parti (659) ; ses vues sont larges et libérales. Toutes les écoles
de philosophes sont représentées dans ses commentaires.
Lakshmîdhara a aussi commenté beaucoup d'autres ouvrages
sur le Mantrashâstra, et par suite jouit d'une très haute
réputation. Ses commentaires sont aussi précieux, pour
l'*Ananda-Laharî* comme pour la *Saundarya-Laharî*, que ceux
de Sâyana pour les Veda.

« Lakshmîdhara semble avoir habité le sud de l'Inde ;
les pratiques et les coutumes qu'il décrit conduisent toutes à
cette conclusion ; les exemples qu'il donne ont invariable-
ment la saveur du sud, et encore aujourd'hui ses vues ont
plus de partisans dans le sud que dans le nord. Il a aussi

---

(658) Ainsi les vers 13, 18 et 19 traitent, dit-on, du Madana-
prayoga, application pour le troisième Purushârtha ou Kâma
(le désir).

(659) Il semble être l'adversaire de l'école Uttara, ou école
Kaula du nord.

écrit un commentaire minutieux sur le *Subhagodaya* de Gaudapâda. Les allusions à ce dernier dans le commentaire de l'autre ouvrage, et les excuses du Commentateur, çà et là, pour la répétition de ce qu'il a écrit dans l'étude précédente, conduisent à la conclusion que le commentaire sur le livre original fut l'œuvre de la vie de l'auteur.

« Les commentaires d'Achyutânanda sont en caractères bengalis, et font autorité aujourd'hui encore au Bengale (660). Divers commentaires sont admis en divers lieux, mais il en est peu qui aient gagné une acceptation universelle.

« Il n'existe que trois ou quatre ouvrages traitant du Prayoga (application) ; j'ai eu accès à tous. Mais ici je n'ai suivi que l'un d'entre eux, comme le plus marquant et le plus important. Il vient d'une vieille famille de Conjeeveram. Il contient cent sloka. Les Yantra (figures) pour les Mantra contenus dans les sloka, les différentes attitudes de l'adorateur, et autres prescriptions de ce genre, y sont clairement décrits jusque dans les plus minutieux détails.

« Il semble y avoir quelque rapport mystique entre chaque sloka et son Bîjakshara (661). Mais il n'est pas intelligible, et aucun des Prayoga Kartâ (662) ne l'a expliqué.

« Voici une liste de commentaires écrits sur l'*Ananda-Laharî* ; certains concernent aussi la *Saundarya-Laharî.*

« 1. *Manoramâ*, commentaire. 2. Commentaire par Appaya Dîkshita (Bibliothèque du Palais de Tanjore). 3. *Vishnupakshî*. Peut-être est-ce le même ouvrage que le nº 14 indiqué ci-dessous. 4. De Kavirâjasharman, environ 3.000 grantha (Bibliothèque du Collège du Deccan). 5. *Manjubhûshanî*, par Krishnâchârya, fils de Vallabhâchârya ; environ 1.700 sloka. Il dit dans son introduction que Shrî Shankarâchârya louait la Brahmashakti nommée Kundalinî quand il méditait sur les rives du Gange. Il indique l'objet de cet ouvrage dans son premier sloka : *Je loue constamment la Kundalinî, qui crée continuellement des mondes innombrables, bien qu'Elle soit pareille à un filet de lotus, et qui réside à la racine de l'arbre* (Mûlâdhâra) *pour être éveillée et conduite* (au Sahasrâra). L'œuvre est très connue au Bengale.

---

(660) J'ai suivi également ce commentaire dans *Wave of Bliss*.
(661) Bîja-mantra, ou Mantra racine.
(662) Les auteurs qui traitent des applications pratiques.

6. Un autre commentaire, appelé *Saubhâgyavardhana*, par Kaivalayâsharma. La Bibliothèque d'Adyar en possède un exemplaire. Il est connu dans l'Inde entière, aussi pouvons-nous nous procurer en divers endroits autant de manuscrits que nous voulons. Il contient environ 2.000 grantha. 7. Par Koshavabhatta. 8. *Tattvadîpikâ*, par Gangahari, petit commentaire basé sur le Tantrashâstra. 9. Par Gangâdhara. 10. Par Gopîramanatarkapravachana ; environ 1.400 grantha. Semble être d'origine récente. 11. *Gaurîkântasârvabhaumc-bhattâchârya ;* environ 1.300 grantha. D'origine récente. 12. Par Jagadîsha. 13. Par Jagannâtha Panchânana. 14. Par Narasimha ; 1.500 grantha. La principale particularité de ce commentaire est qu'il explique le texte de deux manières différentes, chaque sloka pouvant s'appliquer en même temps à la Devî et à Vishnu. Bien que certains Commentateurs aient donné des significations différentes à quelques-uns des vers, tous cependant s'appliquent aux différents aspects de la Devî seulement, et non des différentes Devatâ. 15. *Bhâvârtha-dîpa*, par Brahmânanda (663), environ 1.700 grantha. 16. Par Mallabhatta. 17. Par Mahâdevavidyâvâgîsha. 18. Par Mâdhavavaidya (Bibliothèque du Collège du Deccan). 19. Par Râmachandra ; environ 3.000 grantha (Bibliothèque du Collège du Deccan). 20. Par Râmânandatîrtha. 21. Lakshmî-dhara ; son commentaire est bien connu du public, et ne nécessite aucune présentation. Il a été récemment et excellemment édité en caractères Deva Nâgarî par le gouvernement de Mysore. 22. Par Vishvambhara. 23. Par Shrî-kanthabhatta. 24. Par Râma Sûri. 25. Par Dindima (Bibliothèque d'Adyar). 26. Par Râmachandra Misra ; environ 1.000 grantha (Bibliothèque du Collège du Deccan). 27. Par Achyutânanda (imprimé en caractères bengalis). 28. Sadâ-shiva (Bibliothèque orientale du Gouvernement, Madras). 29. Un autre commentaire anonyme (Bibliothèque orientale du Gouvernement, Madras). 30. Par Shrîrangadâsa. 31. Par Govinda Tarkavâgîsha Bhattâchârya ; 600 grantha. Il semble donner aussi le Yantra pour chaque vers. En outre, il dit que le dieu Mahâdeva s'est incarné spécialement en la per-

---

(663) C'est le célèbre Bengali Paramahamsa, Guru de Pûrnâ-nanda Svâmî, auteur du *Shatchakranirûpana*. Brahmânanda est l'auteur de la célèbre *Shâktânandataranginî*.

sonne de Shankarâchârya pour répandre la science de Shrîvidyâ. 32. *Sudhâvidyotinî*, par le fils de Pravarasena. Ce Commentateur dit que l'auteur de cet hymne fameux était son père, Pravarasena, prince des Dramida. Il nous raconte, à propos de la naissance de Pravarasena, une histoire très particulière. Comme il était né à une heure défavorable, Dramida, le père de Pravarasena, d'accord avec son sage ministre, du nom de Suka, le jeta dans la forêt, de peur que lui, le père, ne perdît son royaume... L'enfant célébra Devî par cet hymne, et la Devî, à qui il avait plu, l'éleva et prit soin de lui dans la forêt. L'histoire dit, pour finir, que l'enfant retourna au pays de son père et devint roi. Par son ordre, son fils, le présent Commentateur, écrivit *Sudhâvidyotinî*, après avoir été pleinement inité à ce Shâstra mystique, Shrîvidyâ. Ce récit, cependant, apparaît quelque peu fantaisiste. Je me procurai ce manuscrit au Malabar méridional avec beaucoup de difficulté. Il donne la signification ésotérique des vers d'*Ananda-Laharî* et semble être une précieuse relique de littérature occulte. 33. Le livre des Yantra avec Prayoga. Il est très rare et très important.

« En dehors des commentaires ci-dessus, nous ne savons combien il en existe encore sur cet hymne ».

La célébrité d'*Anandalaharî* et le grand nombre de commentaires qui lui sont consacrés sont la preuve de l'extension et de l'autorité du Yoga que nous décrivons.

Concluons par les mots du Commentateur de la *Trishatî* : « Il est *bien connu dans les Yoga-Shâstra* que le nectar (Amrita) est dans la tête de toutes les créatures douées de souffle (Prânî), et que, Kundalî s'y portant par le sentier du Yoga qui est baigné par le courant de ce nectar, les Yogin deviennent semblables à Ishvara » (664).

Cependant, les Chakra mentionnés ne sont pas toujours ceux du corps, décrits plus haut, comme semble l'indiquer l'exposé suivant, dont on remarquera le caractère particulier, et qui est tiré de la *Shatchakra Upanishad* de l'*Atharva-*

---

(664) Sarveshâm prâninâm shirasi amritam asti iti yogamârgena kundalinîgamane tatratya tatpravâhâplutena yoginâm Ishvarasâmyam jâyate iti yogashâstreshu prasiddham (Comm. du v. 1).

veda (665). Il s'agit ici, apparemment, de centres cosmiques dans le culte du Vishnu Avatâra nommé Nrisimha.

« Om. Les Deva, venant à Satyaloka, parlèrent ainsi à Prajâpati, disant : Parle-nous des Chakra de Nârasimha (666) ; à quoi il répondit : Il y a six Chakra de Nârasimha. Le premier et le deuxième ont chacun quatre rayons ; le troisième cinq ; le quatrième six ; le cinquième sept ; et le sixième a huit rayons. Ce sont les six Chakra de Nârasimha. Maintenant, quels sont leurs noms, demandez-vous. Ce sont Achakra (667), Suchakra (668), Mahâchakra (669), Sakalaloka-rakshana-chakra (670), Dyuchakra (671), Asurântaka-chakra (672). Tels sont leurs noms respectifs (I).

Maintenant, quels sont les trois cercles (Balaya) ? Ce sont l'intérieur, le moyen et l'extérieur (673). Le premier est Bîja (674) ; le second, Nârasimha-gâyatri (675) ; et le troisième, l'extérieur, est Mantra. Maintenant, quel est le cercle intérieur ? Il en existe six (car chaque Chakra en possède un) ; ce sont le Nârasimha, le Mahâlâkshmya, le Sârasvata, le Kâmadeva, le Pranava, le Krodhadaivata (Bîja), respectivement (676). Tels sont les six cercles intérieurs des six Nârasimha Chakra (II).

---

(665) Bibliotheca Indica, éd. Asiatic Society (1871). Les notes sont empruntées au commentaire de Nârâyana.

(666) L'incarnation de Vishnu comme homme-lion.

(667) Anandâtmaka ; dans l'être d'Ananda (la béatitude).

(668) Bon, parfait.

(669) Eclatant (Tejomaya).

(670) Le Chakra qui par les Shakti de Jnâna et de Kriyâ protège toutes les régions (Loka).

(671) Le Chakra du sentier atteint par le Yoga.

(672) Le Chakra qui est la mort de tous les Asura, ou menteurs.

(673) Autrement dit, chaque Chakra se divise en trois parties : intérieure, moyenne et extérieure ; c'est-à-dire Bîja, Nârasimha Gâyatrî, Mantra.

(674) Le Mantra racine.

(675) Autrement dit le Mantra. Nârasimhâya vidmahe vajraraklâya dhûmahi tannah Simkah prachodayât. (Puissions-nous contempler Nârasimha, puissions-nous méditer sur ses serres pareilles à Vajra. Puisse cet homme-lion nous conduire.)

(676) C'est-à-dire les Bîja suivants : Kshaum (dans Achakra) ; Shrîm, Sa Shakti (dans Suchakra) ; Aim (dans Mahâchakra) ; Klîm (dans Sakalalokarakshana-chakra) ; Om (dans Dyuchakra) ; et Hûm (dans Asurântakachakra).

Maintenant, quel est le cercle moyen ? Il en existe six.
A chacun d'eux appartiennent Nârasimhâya, Vidmaha, Vajranakhâya, Dhîmahi, Tannah, Simhah prachodayât, respecti-
vement (677). Tels sont les six cercles des six Nârasimha
Chakra. Maintenant, quels sont les six cercles extérieurs ?
Le premier est Anandâtmâ ou Achakra ; le second est
Priyâtmâ ou Suchakra ; le troisième est Jyotirâtmâ ou
Mahâchakra ; le quatrième est Mâyâtmâ ou Sakalo-loka-
rakshana Chakra ; le cinquième est Yogâtmâ ou Dyuchakra ;
et le sixième est Samâptâtmâ ou Asurântakachakra. Tels
sont les six cercles extérieurs des six Nârasimha Chakra (678)
(III).

Maintenant, où faut-il les placer ? (679) Que le premier
soit placé dans le cœur (680), le second dans la tête (681) ;
le troisième à l'emplacement de la mèche du sommet de la
tête (Shikhâyâm) (682) ; le quatrième par tout le corps (683) ;
le cinquième dans tous les yeux (Sarveshu notreshu) (684) ;
et le sixième dans toutes les régions (Sarveshu desheshu) (685)
(IV).

Celui qui effectue Nyâsa de ces Nârasimha Chakra sur
deux membres devient habile en Anushtubh (686), gagne la

---

(677) Ce qui signifie qu'à chacun d'eux sont assignées les
différentes parties de la Nârasimha-gâyatrî dont il est question
plus haut.

(678) L'Atmâ comme béatitude, amour, lumière ou énergie,
Mâyâ, le Yoga, et le dernier Chakra qui est la destruction de tous
les Asura.

(679) C'est-à-dire : comment effectuer Nyâsa ? Cela est expliqué
dans le *Shatchakranirûpana*.

(680) Kshaum Nârasimhâya priyât âchakrâya ânandâtmane
svâhâ hridayâya namah.

(681) Shrîm vidmahe suchakrâya jyotirâtmane privâtmane-
svâhâ shirase svâhâ.

(682) Aim vajranakhâya mahâchakrâya jyotirâtmane svâhâ
shikhâyai vashat.

(683) Klîm dhîmahi sakala-loka-rakshana-chakrâya mâyât-
mane svâhâ kavachâya hum.

(684) Om tanno dyuchakrâya yogâtmane svâhâ netratrayâya
vaushat.

(685) Haum nrisimhah prachodayât asurântaka-chakrâya sat-
yâtmane svâhâ astrâya phat.

(686) C'est-à-dire qu'il devient capable de langage, poète.

faveur du Seigneur Nrisimha, le succès dans toutes les régions
et parmi tous les êtres, et, à la fin, la Délivrance (Kaivalya).
C'est pourquoi il faut effectuer ce Nyâsa. Ce Nyâsa purifie.
Par lui on devient parfait dans l'adoration, on est pieux, et
l'on plaît à Nârasimha. Sans lui, d'autre part, on ne gagne
point la faveur de Nrisimha, et la force, l'adoration ni la
piété ne peuvent naître (V).

Celui qui lit ceci devient versé dans tous les Veda, devient
capable d'officier comme prêtre dans tous les sacrifices,
devient pareil à un homme qui s'est baigné dans tous les
lieux de pèlerinage, un adepte de tous les Mantra, et pur
au dedans comme au dehors. Il devient le destructeur de
tous les Râkshasa, Bhûta, Pishâcha, Shâkinî, Preta et
Vetâla (687). Il est libéré de toute crainte ; c'est pourquoi
il n'en faut point parler à un non-croyant » (688) (VI).

Bien que ce Yoga soit universellement accepté, il n'a
pas évité quelques critiques de la part des modernes. Le
passage suivant, entre guillemets, est un résumé (689) de
celle exprimée par un Guru instruit à l'anglaise (690), et
que j'ai reçu d'un de ses disciples. Il eut pour origine le don
du texte sanskrit de *Shatchakranirûpana* et de *Pâdukâ-
Panchakâ*.

« Le Yoga, comme moyen de libération, s'obtient en
entrant par les portes de Jnâna (la Connaissance) et de
Karma (l'Action). Le Yoga est incontestable béatitude, car
il est l'union du Jîvâtmâ avec le Brahman qui est Béatitude.
Il y a, par exemple, la béatitude physique, qui peut être

Il connaît le commencement et la fin de toutes choses et il est
capable d'expliquer toutes choses.

(687) Diverses formes d'influences spirituelles terrifiantes et
malignes.

(688) C'est-à-dire à quelqu'un qui n'est pas qualifié (Adhikârî)
pour recevoir cette connaissance. Ici se termine l'*Atharvanîya
Shatchakropanishat*.

(689) Si mon résumé, traduit du Bengali, souligne quelque peu
le caractère déplorablement acerbe de l'original, le critique, j'en
suis sûr, ne s'en plaindrait pas.

(690) Il est toujours important de signaler le fait, car il influence
généralement la manière de voir les choses. Dans certains cas
l'esprit est si occidentalisé qu'il est incapable d'apprécier correctement des idées hindoues anciennes.

grossière ou subtile. C'est une erreur de supposer que parce
qu'une méthode de Yoga procure la béatitude elle assure de
ce fait la délivrance. Pour être libérés nous devons nous
assurer cette Béatitude particulière qui est le Brahman.
Il y a quelques siècles, pourtant, une bande d'athées (les
Bouddhistes) découvrirent la doctrine du Vide (Shûnyavâda),
et par la vaine parade d'une nouvelle espèce de Nirvâna
Mukti fermèrent ces deux portes qui donnaient accès à la
délivrance. Aujourd'hui ces portes sont défendues par trois
cadenas. Le premier est la doctrine selon laquelle on atteint
Krishna par la foi, alors qu'Il demeure éloigné s'il y a raisonnement (Tarka). Le second est l'erreur des Brahmo,
qui pensent, à la manière occidentale, qu'ils peuvent maîtriser
le Brahman informel et immuable en fermant les yeux à
l'église et en répétant qu'Il est le Père plein de miséricorde
et d'amour, toujours occupé de notre bien, et qu'on Lui
plaira en Le flattant ; car le culte (Upâsanâ) est flatterie.
Le troisième est l'opinion de ceux pour qui tous les actes
religieux ne sont que superstition ; pour qui l'égoïsme est
le seul bien, et dont le plaisir est de jeter de la poudre aux
yeux des autres et de s'assurer la louange de ceux qu'ils ont
ainsi aveuglés. Vishnu, afin de provoquer la disparition des
Veda dans l'âge Kali, se manifesta sous la forme de l'athée
Bouddha, et permit la publication de diverses fausses doctrines, comme celle des Arhata. Rudra fut affecté du péché
d'avoir détruit la tête de Brahmâ. Alors il se mit à danser,
et un grand nombre de Rudra vils et maléfiques (Uch-
chhista), dont les actes ne sont jamais bons, sortirent de
Son corps. Vishnu et Shiva se demandèrent l'un à l'autre :
« Pouvons-nous faire du bien à ces gens ? » Leurs manifestations partielles promulguèrent alors des Shâstra opposés
aux Veda, adaptés à leur tournure d'esprit athée, afin qu'ils
leur permissent peut-être de s'élever à des choses supérieures.
Avec de telles Ecritures, Dieu dupe les méchants. Pourtant,
nous devons maintenant distinguer entre les Shâstra. Ce
n'est pas parce qu'il est dit en sanskrit : « Shiva dit » (Shiva
uvâcha), que nous devons accepter tout ce qui suit cette
annonce. Tout ce qui est opposé au Veda et à la Smirti doit
être rejeté. Des ennemis des Veda (691) pour lesquels furent

---

(691) Aucun Tantriste, je pense, n'admettrait cela. Il dirait

conçus de tels Shâstra, certains devinrent Vaishnava, et d'autres Shaiva. L'une de ces Ecritures fut le Tantra avec un système de Yoga matérialiste appelé Shatchakra-Sâdhana, lequel n'est que tromperie de la part des Guru professionnels, qui n'ont pas hésité non plus à répandre de fausses écritures. « La seule mention d'un Shâstra tantrique nous remplit de honte. » La Shatchakra-Sâdhana n'est qu'un obstacle au progrès spirituel. La Béatitude que l'on atteint, dit-on, en conduisant Kundalî au Sahasrâra n'est pas en discussion, puisqu'elle est affirmée par ceux qui disent l'avoir éprouvée. Mais cette Béatitude (Ananda) n'est qu'une espèce supérieure et momentanée de Béatitude physique, qui disparaît avec le corps, et non la Béatitude qui est Brahman et délivrance. Moksha ne s'obtient pas par l'entrée au Sahasrâra, mais par son abandon, en perçant le Brahmarandhra et en devenant sans corps (692).

« Le Tantriste cherche à demeurer dans le corps, et à obtenir ainsi à peu de frais la délivrance, tout comme les Brahmo et les membres de l'Arya Samâja sont devenus des Brahmajnânî (connaisseurs du Brahman) à peu de frais. Le Nectar aussi s'obtient à peu de frais chez les Tantristes. Mais ce qui s'obtient à peu de frais est toujours sans valeur ; on l'éprouve en essayant de retirer quelque fruit de ses efforts. « Et cependant tous les hommes sont attirés lorsqu'ils entendent parler de Shatchakra. » Beaucoup sont tellement plongés dans la foi tantrique qu'ils ne sauraient découvrir rien de mauvais dans ses Shâstra. Et l'Hindou d'aujourd'hui a été jeté dans une telle confusion par ses Guru tantristes, qu'il ne sait ce qu'il veut. Il est accoutumé depuis des siècles au Dharma tantrique (693), et ses yeux ne sont plus assez clairs pour voir qu'il est aussi véritablement inacceptable

---

que c'est l'ignorance (Avidyâ) qui voit des différences entre Veda et Agama. Le critique se fait l'écho de certaines attaques occidentales.

(692) Il est exact que la Mukti ou Kaivalya complète est sans corps (Videha). Mais il existe une Mukti dans laquelle le Yogî conserve son corps (Jîvanmukti). En vérité, il n'y a pas « abandon », car Atmâ, comme le dit Shankara, ne vient ni ne part.

(693) Cela atteste, en tout cas, sa large extension.

pour un Hindou que pour un Musulman. En réalité, ces personnes (au profit desquelles ce Guru fait ces remarques) sont remplies de Mlèchchhatâ (694), bien qu'après tout l'on doive admettre que ce soit un progrès, pour une créature telle qu'un Mlechchha, d'adhérer même à une doctrine tantrique. Car si mauvaise qu'elle soit, elle vaut mieux que rien. Il n'en reste pas moins vrai, que les Guru les trompent avec leurs paroles fascinantes au sujet de Shatchakra. Pareils à maint faiseur de réclame de notre temps, ils offrent de montrer leurs soi-disant « Lotus » à ceux qui se joindront à eux. Des hommes sont envoyés dans le but de rassembler les gens et de les conduire auprès d'un Dîkshâguru (initiateur). A cet égard les Tantristes sont tout pareils aux recruteurs de coolies pour les plantations de thé (695). Le Tantriste dit qu'il y a réellement des « Lotus » ; mais si réellement les Lotus sont là, pourquoi ne nous dit-on pas comment nous pouvons les voir ? (696) Et l'on suppose aussi qu'il existe des Devatâ, des Dâkini, des Yoginî, « toutes, à tout moment, prêtes à l'examen » (697). Et puis, comme tout cela est matériel ! Ils parlent d'un Parashiva au-dessus de Shiva, comme s'il existait plus d'un Brahman (698). Et puis, le

---

(694) C'est là un terme de mépris qui remonte à l'époque où l'on voyait dans l'étranger un objet d'hostilité ou de mépris. Tout comme les Grecs et les Chinois appelaient « barbare » quiconque n'était pas Grec ou Chinois, les Hindous de l'école exotérique appellent tous les non Hindous, qu'ils appartiennent à des tribus aborigènes ou qu'ils soient des étrangers cultivés, Mlechchha. Mlechchhatâ désigne l'état de Mlechchha. Il faut porter au crédit du Shâkta Tantra qu'il n'encourage point des idées aussi étroites.

(695) Ceux-ci parcourent l'Inde, persuadant les villageois d'aller travailler dans les plantations de thé, auxquelles ils sont alors conduits par des moyens qui, pour ne pas dire plus, ne sont pas toujours dignes d'admiration. La vérité m'oblige à dire que cette allégation, selon laquelle les Guru emploient des agents pour s'assurer des disciples, ne repose sur rien. Les Guru dignes de ce nom sont, c'est un fait, très difficiles pour l'aptitude d'un candidat à l'initiation.

(696) Les livres et les Guru prétendent le faire.

(697) Ce ne sont point là choses qu'on fait voir à la dérobée à n'importe qui. Seuls voient, dit-on, ceux qui ont maîtrisé les grandes difficultés de cette voie.

(698) Il existe un seul Brahman avec ses différents aspects.

nectar est dit couleur de laque. Eh bien, s'il en est ainsi, il est une chose grossière (Sthûla) et visible ; et comme un docteur peut alors exprimer ce nectar, il n'est nul besoin d'un Guru (699). Bref, le Shatchakra tantrique n'est qu'« un bonbon dans les mains d'un enfant ». A un enfant capricieux on donne un bonbon pour le faire rester tranquille. Mais s'il a assez de bon sens pour savoir qu'on lui donne le bonbon pour le distraire, il le jette, et trouve la clef des portes fermées du Yoga, appelées Karma et Jnâna. Cette méthode de Yoga fut chassée de la société hindoue il y a des siècles. Pour près de 2.500 ans Shankara (700), en détruisant l'athéisme, extermina aussi le Shatchakrayoga (701). Shankara montra ainsi la nullité des Tantra. On essaye aujourd'hui de les faire entrer de nouveau dans la société hindoue, et il faut de nouveau les détruire ».

L'auteur de la note ainsi résumée a omis de remarquer, ou ignorait peut-être, que les Chakra sont mentionnés dans les Upanishad, mais il a tenté d'expliquer le fait qu'ils sont aussi décrits dans les Purâna en alléguant que les Chakra puraniques sont en conformité avec les Veda, alors que les Chakra tantriques ne le sont pas. Il admet que dans le *Shiva Purâna* figure une description des six centres, mais il dit qu'ils n'y sont pas donnés comme ayant une existence réelle, et qu'il n'est fait mention d'aucune Sâdhanâ basée sur eux. On doit, prétend-il, les imaginer seulement dans un but d'adoration. Dans le culte extérieur Deva et Devî sont adorés dans des Lotus semblables. En fait les Purâna, dans cette manière de voir, convertissent ce qui est adoration extérieure en adoration intérieure. Si, d'après le Purâna, on adore un lotus intérieur, il ne faut pas supposer qu'il y ait là en réalité quelque chose. On adore seulement une fiction de son imagi-

---

(699) Ce nectar est dans le corps. Ce qui est perceptible n'est pas toujours une chose aussi grossière que celles dont s'occupe la médecine.

(700) C'est la tradition hindoue relative à l'époque du philosophe.

(701) Quand Shankara discutait avec le Kâpâlika Krakacha, celui-ci appela à son aide la forme terrible de Shiva nommée Bhairava. Mais Shankara adorant le Dieu, celui-ci dit à Krakacha : « Ton heure est venue », et absorba en Lui Son adorateur. (Voir le *Shankaravijaya* de Mâdhava, ch. XV.)

nation, bien qu'il soit dit (il est curieux de le noter) que
cette fiction assure certains avantages à l'adorateur et que
celui-ci doit commencer, selon notre critique, par le Chakra
qu'il est qualifié pour adorer. On ne voit pas bien comment
se pose cette question de qualification, si chacun des Chakra
n'est qu'imaginé. On attire l'attention sur le fait que dans
le Linga Purâna il n'est point parlé de l'éveil de Kundalî,
de la percée des six centres, de la saveur du nectar... Le
Purâna se contente de dire : « Médite sur Shiva et Devî
dans les différents lotus ». Il existe donc, prétend-on, une
différence radicale entre les deux systèmes. « Dans la description puranique des Chakra tout est clairement exposé ; mais
chez les Tantristes tout est mystère, et comment en vérité
pourraient-ils, autrement que par cette mystification, exercer
malhonnêtement leur profession de Guru ? »

Les Bouddhistes pourront discuter l'interprétation de leur
Shûnyavâda par ce critique, comme les Tantristes contes-
teront son exposé de l'origine de leur Shâstra. L'historien
mettra en question cette affirmation, que Shankara a aboli le
Tantra. Car, selon le *Shankaravijaya*, son œuvre ne fut pas
d'abolir aucune des sectes existant à son époque, mais de
les réformer, d'établir entre elles des liens d'unité, et de les
engager à suivre toutes, par leurs différentes méthodes, un
idéal commun. Ainsi, quand bien même Krachaka eût été
absorbé en son Dieu, la secte extrême du Tantrisme qu'il
représentait, celle des Kâpâlika, continua, dit-on, d'exister
avec l'approbation de Shankara, bien que sous une forme
modifiée peut-être, sous son chef Vatukanâtha. Les Brahmo,
les Aryasamâja, les Vaishnava, et les Shaiva, peuvent être
blessés par les remarques de ce critique dans la mesure où
elles les touchent. Je n'ai pas à m'occuper ici de ces sectes
religieuses, mais limiterai à mon sujet les observations que
je vais présenter en réponse.

La critique, en dépit de son âpreté « pieuse » envers des
formes de doctrine que désapprouvait l'auteur, contient
certaines remarques justes. Mais je n'ai pas à m'occuper ici
d'établir la réalité ou la valeur de cette méthode de Yoga,
et il n'est pas de preuve valable, sur l'un et l'autre de ces
deux points, en dehors de l'expérimentation et de l'expérience
réelles. D'un point de vue doctrinal et historique, cependant,
il est possible de répondre. Il est exact que Karma et Jnâna

sont des moyens d'obtenir Moksha. Avec Bhakti (la dévotion),
qui peut participer du caractère du premier ou du second,
suivant la façon dont elle s'exerce (702), ils sont tous deux
contenus dans les huit méthodes de Yoga. C'est ainsi qu'elles
comprennent Tapas, forme de Karma yoga (703) et Dhyâna,
méthode de Jnâna yoga. Comme on l'a montré, le Yoga
« aux huit membres » (Ashtângayoga) comprend des pratiques
de Hatha yoga, comme Asana et Prânâyâma. Ce qu'ont fait
les Hathayogî, c'est de développer les pratiques et l'aspect
Hatha, c'est-à-dire physiques. Une juste conception du
Hathavidyâ reconnaît qu'il est un *auxiliaire* de Jnâna, par
quoi l'on obtient Moksha. Il n'est pas moins évident que
toute Béatitude n'est point Moksha. Une certaine sorte
d'Ananda (Béatitude) peut s'obtenir par la boisson ou les
drogues, mais nul ne supposera que c'est là Béatitude de
délivrance. De même, les pratiques du Hathayoga peuvent
procurer diverses formes de Béatitude physique, grossière
ou subtile, qui ne sont point La Béatitude. Pourtant on
interprète mal le système en question, en le décrivant comme
purement matérialiste. Il a, comme d'autres formes de Yoga,
un côté matériel, un aspect Hatha, puisque l'homme est
grossier, subtil et spirituel ; mais il a aussi un aspect Jnâna.
Tout Yoga fait sa place à l'exercice mental. Le Jîva étant
matériel et spirituel à la fois, discipline et progrès sont
nécessaires sous ces deux aspects. Kundalî est éveillée par
le Mantra, qui est une forme de Conscience (Chaitanya).
« C'est celui dont l'être est immergé dans le Brahman », qui
éveille la Devî Kundalî par le Mantra Hûmkâra *(Shatchakranirûpana,* v. 50). La Devî est Elle-même Shuddha Sattva (704)
(v. 51). « Le sage et excellent Yogî, enveloppé dans Samâdhi
et dévoué aux Pieds de Lotus de son Guru, doit conduire

---

(702) Ainsi les offrandes, de fleurs, par exemple, à la Divinité,
participent de la nature de Karma ; alors que Bhakti sous son
aspect transcendant, où par amour du Seigneur l'adorant est
fondu en Lui, est une forme de Samâdhi.

(703) Si, pourtant, nous considérons ce qu'on appelle les trois
Kânda (c'est-à-dire Karma, Upâsanâ et Jnâna), Tapas et les
pratiques semblables font partie d'Upâsanâ Kânda. La définition
donnée plus haut ne concerne que la classification des Yoga.

(704) Sattva, Atisâttva, Paramasattva, Shuddhasattva et
Vishuddhasattva sont cinq formes différentes de Chaitanya.

Kundalinî, avec Jîva, à Son Seigneur le Parashiva dans la demeure de la Délivrance à l'intérieur du pur Lotus, et méditer sur Celle qui exauce tous les désirs comme la Chaitanyarûpâ Bhagavatî (la Devî dont la substance est la Conscience même) ; et en conduisant là Kundalinî, il doit faire que toutes choses s'absorbent en Elle ». La méditation se fait sur chaque centre dans lequel Elle œuvre. Dans le centre Ajnâ, Manas ne peut s'unir à Kundalinî et s'absorber en Elle qu'en devenant un avec la Jnâna-shakti qu'Elle est, puisqu'Elle est toutes les Shakti. Le Laya-yoga est donc une combinaison de Karma et de Jnâna. Le premier indirecte-ment, et le second directement, réalisent Moksha. Dans l'Ajnâ sont Manas et Om, et là-dessus le Sâdhaka médite (v. 33). L'Atma du Sâdhaka doit se transformer en médi-tation sur ce lotus (v. 34). Son Atma est dans le Dhyâna de Om, qui est l'Atma intérieur de ceux dont la Buddhi est pure. Il réalise que lui et le Brahman sont un, et que Brahman est seul réel (Sat) et tout le reste irréel (Asat). Il devient ainsi un Advaitavâdî, qui réalise l'identité du Soi individuel et du Soi universel *(ibid.)*. Le mental (Chetas), par la pratique répétée (Abhyâsa), est ici dissous, et cette pratique est l'opération mentale elle-même (v. 36). Car le Yogî, en médi-tant sur le Mantra par lequel il réalise l'unité de Prâna et de Manas, ferme « la maison suspendue sans support ». Autrement dit, il libère le Manas de tout contact avec le monde objectif (v. 36), afin d'atteindre l'Unmanî Avasthâ. Là est Paramashiva. Le Tantriste ne suppose point qu'il existe plusieurs Shiva, dans le sens de plusieurs Divinités distinctes. Le Brahman est un. Rudra, Shiva, Paramashiva, et tous les autres, ne sont que des noms pour les différentes manifestations de l'Un. Lorsqu'il est dit que telle Devatâ est dans tel Chakra, cela signifie que ce dernier est le siège de l'opération du Brahman, opération qui sous son aspect Daiva est connue sous le nom de Devatâ. Selon que varient ces opérations, de même les Devatâ (v. 44). C'est ici dans l'Ajnâ que le Yogî met son Prâna à l'heure de la mort, et entre au sein du suprême Purusha, « qui était avant les trois mondes, et qui est connu par le Vedânta » (v. 38). Il est exact que cette opération, comme d'autres encore, s'accom-pagne de pratiques Hatha. Mais elles sont associées à la méditation. Cette méditation unit Kundalinî et Jîvâtmâ

avec le Bindu qui est Shiva et Shakti (Shivashaktimaya), et
le Yogî après cette union, perçant le Brahmarandhra, est
libéré du corps à sa mort et devient un avec Brahman (ibid.).
Le corps causal secondaire (Kâranâvântara Sharîra) au-dessus
d'Ajnâ et au-dessous de Sahasrâra ne peut être vu que par
la méditation (v. 39), lorsqu'on a atteint la perfection dans
la pratique du Yoga. Le v. 40 se rapporte au Samâdhi Yoga.

Passant au Sahasrâra, le texte dit : « Bien caché, et accessible seulement par grand effort, est ce Vide subtil (Shûnya)
qui est la profonde racine de la Délivrance » (v. 42). En
Paramashiva sont unies deux formes de Béatitude (v. 42) :
Rasa ou Paramânanda Rasa (c'est-à-dire la béatitude de
Moksha), et Virasa (ou la béatitude produite par l'union de
Shiva et de Shakti). C'est de cette union que naissent l'univers
et le nectar qui inonde le microcosme (Kshudrabrahmânda),
autrement dit le corps. L'ascète (Yati) dont le mental est
pur est instruit dans la connaissance par laquelle il réalise
l'unité du Jîvâtmâ et de Paramâtmâ (v. 43). « Cet homme
suréminent qui a maîtrisé son mental (Niyatanija-chitta),
c'est-à-dire concentré les facultés internes (Antahkarana) sur
le Sahasrâra, et l'a connu, est libéré des renaissances », et
ainsi atteint Moksha (v. 45). Il devient Jîvanmukta, ne
demeurant dans le corps que le temps nécessaire pour épuiser
le Karma dont l'activité a déjà commencé, tout comme une
roue en mouvement tourne quelque temps encore après que
la cause de son mouvement a cessé. C'est la Bhagavatî
Nirvâna-Kalâ qui accorde la divine connaissance libératrice,
Tattva-jnâna, ou connaissance du Brahman (v. 47). En
Elle est Nityânanda, qui est « la pure Conscience elle-même »
(v. 49), et « que seuls les Yogî peuvent atteindre, par pure
Jnâna » (ibid.). C'est ce Jnâna qui procure la délivrance
(ibid.). Le Mâyâ Tantra dit : « Ceux qui sont versés dans le
Yoga disent qu'il est l'unité de Jîva et d'Atmâ (en Samâdhi).
D'après l'expérience de quelques autres, il est la connaissance
(Jnâna) de l'identité de Shiva et d'Atmâ. Les Agamavâdî
disent que la connaissance de Shakti est le Yoga. D'autres
sages disent que la connaissance du Purâna Purusha est le
Yoga ; et d'autres encore, les Prakritivâdî, déclarent que la
connaissance de l'union de Shiva et de Shakti est le Yoga »
(v. 57). « La Devî, par la dissolution de Kundalinî dans le
Parabindu, effectue la délivrance de certains Sâdhaka par

leur méditation sur l'identité de Shiva et d'Atmâ dans le Bindu. Elle agit, en d'autres cas, par un processus analogue et par la méditation (Chintana) sur Shakti. Dans d'autres cas encore le résultat est obtenu par la concentration de la pensée sur le Paramapurusha, et dans d'autres par la méditation du Sâdhaka sur l'union de Shiva et de Shakti » *(ibid.)*. En fait, l'adorateur de n'importe quelle Devatâ particulière doit réaliser qu'il ne fait qu'un avec l'objet de son adoration. Dans le culte Pranava, par exemple, l'adorateur réalise son identité avec l'Omkâra. Dans d'autres formes d'adoration, il réalise son identité avec Kundalinî, qui est incarnée dans les différents Mantra adorés par des adorateurs différents. En somme, Jnâna est Kriyâjnâna et Svarûpajnâna. Celui-ci est expérience spirituelle directe. Le premier est constitué par les méthodes de méditation qui y conduisent. Il y a ici Kriyâjnâna, et lorsque Kundalinî s'unit à Shiva Elle donne Jnâna (Svarûpa), car Sa nature (Svarûpa), comme aussi celle de Shiva, est cela.

Après l'union avec Shiva, Kundalinî fait Son voyage de retour. Après être à plusieurs reprises allée à Lui (705), Elle fait un voyage qui sera, à la volonté du Yogî, sans retour. Alors le Sâdhaka est Jîvanmukta ; Son corps étant conservé jusqu'au moment où le Karma actif est épuisé, et où il pourra réaliser la Délivrance sans corps (Videha) ou Délivrance suprême (Maivalya Mukti). « Le révéré Maître et Précepteur », Shankarâchârya, dans sa fameuse *Anandalaharî*, célèbre ainsi Son retour (v. 53) :

« Kuharini, Tu répands sur toutes choses le fleuve de nectar qui ruisselle des extrémités de Tes deux pieds ; et lorsque Tu regagnes Ta place, Tu vivifies et Tu rends visibles toutes les choses qui étaient jusqu'alors invisibles ; et en atteignant Ta demeure Tu T'enroules de nouveau comme un serpent, et dors ».

En d'autres termes, alors que Sa montée était Layakrama (dissolution des Tattva), Son retour est Srishtikrama (recréation des Tattva). Selon le v. 54, le Yogî qui a pratiqué Yama et Niyama, avec les autres méthodes de l'Ashtânga-

---

(705) Cela est nécessaire à l'obtention de l'aptitude. Par la répétition l'acte devient naturel, et son résultat devient permanent à la fin.

yoga, qui comprennent Dhyâna et le Samâdhi qui en est le fruit, et dont le mental a été ainsi maîtrisé, ne renaît jamais plus. Réjoui par la réalisation perpétuelle du Brahman, il est en paix.

Que la méthode décrite ci-dessus soit ou non efficace ou désirable, il doit apparaître évident, à la lecture du texte qui en donne une explication, que le Yoga, dont l'auteur affirme qu'il est la cause de la Délivrance, n'est pas simplement matériel, mais qu'il est l'éveil de la Puissance (Jîva-shakti) de la Conscience Cosmique (Jagachchaitanya) qui fait de l'homme ce qu'il est. Le Yogî prétend ainsi se procurer la béatitude de la Délivrance en y entrant par les portes du Karmayoga et du Jnânayoga.

Un auteur Brahmo (706), adversaire du Tantra au point de décrire la différence qui le sépare du Veda comme « aussi grande que celle qui existe entre l'Enfer (Pâtâla) et le Ciel (Svarga) » (707), ne nie pas l'efficacité de la Shatchakra Sâdhanâ tantrique, mais l'oppose à la Gâyatrî Sâdhanâ védique dans un exposé des deux méthodes que je résume ici entre guillemets.

« Les Chakra (dont l'existence n'est pas discutée) sont placés aux points de réunion des nerfs et des muscles (708). L'Ajnâ est le lieu du Commandement. Celui-ci se manifeste

---

(706) *Gâyatrîmûlaka Shatchakrer vyâkhyâna o sâdhanâ* (Mangala Ganga Mission Press).

(707) L'auteur non orthodoxe que nous citons, rapportant cette parole suivant laquelle « pour atteindre Siddhi (la réalisation) en Shruti (l'étude et la pratique des prescriptions des Veda), le Brâhmana doit suivre le Tantra », demande, conformément à son opinion sur ce dernier Shâstra : « Comment ceux qui sont séparés du Veda peuvent-ils obtenir Siddhi en Shruti ? » Cela ne fait que répéter ce que l'on reproche communément au Tantra, à savoir d'être opposé aux Veda, ce que nie le Shâstra lui-même. Le *Kulârnava Tantra* en parle, au contraire, comme de Vedâtmaka. Naturellement, prétendre se baser sur le Veda est une chose, et c'en est une autre que de savoir si tel Shâstra particulier est d'accord avec lui en fait. De ceci les écoles hindoues discutent, tout comme les sectes chrétiennes sont en désaccord au sujet de la Bible, sur laquelle toutes se prétendent fondées.

(708) Cette définition est inexacte. Comme on l'explique plus loin, les ganglions physiques ne sont que des correspondances grossières des Chakra vitaux subtils qui les animent.

dans l'acte de Buddhi. Si le commandement est suivi, le Sâdhaka devient pur en son esprit (Bhâva) et dans ses paroles. La parole s'exerce dans la gorge, la région du Vishuddha. Le Chakra situé immédiatement au-dessous est appelé Anâhata à cause de sa liaison avec Nâda, qui se produit de lui-même dans le cœur. Le Vâyu dans Anâhata est Prânashakti. Ici, quand on est libre de péché, on peut voir l'Atmâ. Ici le Yogî réalise : « Je suis Lui ». Le feu est au niveau du nombril. Le siège du désir est à la racine du Svâdhishthâna. Dans le lotus le plus bas, le Mûlâdhâra, sont les trois Shakti de Jîva (Ichchhâ, Kriyâ et Jnâna), dans un état inconscient et non vitalisé. Le Sâdhaka, avec l'aide du Parâtmâ sous la forme du feu (Agni) et de l'air (Vâyu) (709) éveille ces trois forces (Shakti), et finalement, par la grâce du Parâtmâ, il est uni au Turîya Brahman.

« Autrefois, la Sâdhanâ commençait au Mûlâdhâra Chakra, c'est-à-dire que ceux qui n'étaient point Sâdhaka du Gâyatrî-Mantra commençaient par le bas, au centre inférieur. Il y avait à cela une bonne raison, car les sens (Indriya) étaient ainsi maîtrisés. Sans cette maîtrise, des dispositions pures (Bhâva) ne peuvent être obtenues. Si l'on n'atteint pas à cette pureté, alors le mental (Chitta) ne peut trouver sa place dans le cœur ; et si le Chitta n'est pas dans le cœur, il ne peut y avoir d'union avec le Parâtmâ. Aussi la première chose que doit faire un Sâdhaka est-elle de maîtriser ses sens. Ceux qui ont réalisé cette maîtrise sans fixer leur mental sur le Seigneur (Ishvara) (710) ont dû passer par maintes pratiques difficiles et pénibles (comme les Mudrâ, les Bandha, etc., mentionnés plus loin), qui étaient nécessaires pour la maîtrise des Indriya et de l'action des Guna. Tout cela n'est point nécessaire dans la méthode de la Gâyatrî Sâdhanâ. Il est exact que les sens doivent être maîtrisés dans les trois centres

---

(709) L'auteur fait ici allusion aux pratiques décrites dans les textes, par lesquelles on aspire l'air et fait flamber les feux intérieurs pour éveiller le serpent endormi. Le Parâtmâ est l'Atmâ Suprême.

(710) Cette remarque ouvre des aperçus qui ne sont point sans valeur. Il en est qui suivent la voie de la dévotion (Bhakti) ; mais ceux qui en sont dépourvus, ou la possèdent à un moindre degré ?

(Chakra) inférieurs : la convoitise (Lobha) dans le Mûlâ-dhâra, la luxure (Kâma) dans le Svâdhishthâna à la racine des organes génitaux, et la colère (Krodha) au nombril. Ces trois passions sont les plus puissantes à mettre les sens en mouvement, et sont les portes principales de l'Enfer. Cependant, la manière dont on doit les maîtriser est de placer Chitta (le mental) sur Sattâ (l'existence) de Paramâtmâ dans ces Chakra. Le Chitta doit être conduit dans chacun de ces trois centres inférieurs et maîtrisé : par ce moyen, les passions qui ont leurs places respectives dans ces centres sont maîtrisées. Ainsi, chaque fois que les sens (Indriya) échappent à votre contrôle, fixez le Chitta (le mental) sur le Paramâtmâ dans le Chakra qui convient. »

(Pour exprimer cela d'une manière plus conforme à la tournure d'esprit occidentale : si, par exemple, il s'agit de maîtriser la colère, transportez le mental au nombril, et là méditez sur l'existence de l'Un Suprême (Paramâtmâ) dans ce centre, non seulement en tant que Suprême à l'extérieur du corps et à l'intérieur du corps, mais en tant qu'incarné dans cette région particulière du corps ; car elle est Sa manifestation. Le résultat est que l'activité passionnelle de ce centre est soumise ; car son fonctionnement est accordé à l'état de l'Atmâ qui l'anime, et le corps aussi bien que le mental atteignent à la paix de l'Atmâ sur lequel est concentré le soi.)

« Les sens étant ainsi maîtrisés, la Gâyatrî Sâdhanâ commence, non par le plus bas, mais par le plus élevé des six centres, l'Ajnâ entre les sourcils. Il n'est point nécessaire de recourir à la pratique difficile et pénible de la percée des Chakra à partir du bas (711). Fixez le mental sur le Seigneur (Ishvara) dans le centre le plus élevé. Pour l'éther (Akâshâ) il y a l'être (Sattâ) de l'Atmâ Suprême. Là, et dans les deux centres placés au-dessous (Vishuddha et Anâhata), on a la jouissance d'Ishvara. L'union entre Jîva et Prakriti est appelée Miel (Madhu) dans les Upanishad. Par Sâdhanâ du

---

(711) Cette remarque semble indiquer une méconnaissance du caractère spécifique du Yoga. Si l'on désire éveiller Kundalî, l'opération doit commencer, m'affirme-t-on, au centre le plus bas. Cependant, il existe d'autres formes de Yoga dans lesquelles on n'éveille pas Kundalî.

centre Ajnâ, on obtient la pureté de l'être (Bhâvashuddhi), et la pureté des paroles suit l'obtention de la première. On obtient ici le Yoga avec la Devatâ Suprême qui est toute-connaissante. Celui qui est libéré de toutes les perturbations du corps et du mental atteint l'état qui est au delà des Guna (Gunâtîta), et qui est celui du Suprême Brahman ».

Nous pouvons donner pour conclusion à ces deux critiques cette parole hindoue, si vraie, citée assez légèrement dans la première d'entre elles : « Discuter la religion (Dharma) d'autrui est la marque d'un esprit étroit. O Seigneur ! O Grand Magicien ! Quels que soient la croyance ou le sentiment avec lesquels nous T'invoquons, ils Te plaisent ».

Quelque différence qu'il y ait eu, ou qu'il puisse y avoir, quant aux formes et aux méthodes, dans l'Upâsanâ ou le Yoga, tous les adorateurs hindous rattachés à la tradition antique n'en cherchent pas moins un but commun : l'unité avec la Lumière de la Conscience, qui est au delà des régions du Soleil, de la Lune et du Feu.

On demandera maintenant quels sont les principes généraux sur quoi reposent les pratiques de Yoga décrites plus haut. Comment se fait-il que l'éveil de Kundalinî Shakti et Son union avec Shiva réalisent l'état d'union extatique (Samâdhi) et l'expérience spirituelle que l'on affirme ? Le lecteur qui a compris les principes généraux mentionnés dans les chapitres précédents saisira aisément, s'il ne l'a déjà devinée, la réponse que je donne ici.

En premier lieu, le précédent chapitre aura indiqué qu'il existe deux catégories de Yoga : le Dhyâna ou Bhâvanâ Yoga, et le Kundalinî Yoga, sujet de cet ouvrage, et qu'il y a entre les deux une différence. La première catégorie est celle où l'extase (Samâdhi) est obtenue par des méthodes d'intellection (Kriyâ jnâna), de méditation, avec l'aide possible, au stade préliminaire, de méthodes auxiliaires de Mantra ou de Hathayoga (712) (autres que l'éveil de Kundalinî Shakti), et par le détachement du monde ; la seconde est ce Yoga dans lequel, bien que les méthodes d'intellection ne soient pas négligées, la Shakti créatrice et préservatrice du corps entier sous sa forme de Kundalinî est réellement et

(712) Telles que Prânâyâma, et Asana.

véritablement unie au Seigneur qui est Conscience, afin de procurer au Yogî un résultat que le Jnâna-yogî obtient directement. Le Yogî fait d'Elle son introductrice auprès de Son Seigneur, et jouit par Son intermédiaire de la béatitude de l'union. Bien que ce soit le Seigneur qui L'éveille, c'est Elle qui donne Jnâna, car Elle est Elle-même cela. Le Dhyânayogi obtient la connaissance de l'état suprême dans la mesure où ses propres pouvoirs de méditation peuvent la lui donner, et ne connaît pas la jouissance de l'union avec Shiva dans et par la puissance fondamentale de son corps. Ces deux formes de Yoga diffèrent dans leur méthode comme dans leur résultat. Le Hathayogî en quête de Laya considère son Yoga, et le fruit qu'il en obtiendra, comme les plus hauts qui soient. Le Jnâna-yogî a du sien la même opinion. En fait, le Râja Yoga est généralement regardé comme la plus haute forme de Yoga. Kundalinî jouit d'un tel renom que beaucoup s'efforcent de La connaître. Ayant étudié la théorie de son Yoga, on m'a souvent demandé « si l'on pouvait s'en passer ». La réponse du Shâstra est la suivante : « Tout dépend de ce que vous cherchez, et de vos pouvoirs ». Si vous voulez éveiller Kundalinî Shakti pour jouir, par Son intermédiaire, de la béatitude de l'union de Shiva et de Shakti, que vos capacités ne vous permettent pas d'obtenir autrement, ou si vous désirez acquérir les pouvoirs (Siddhi) (713) qui accompagnent cette expérience, il est évident que vous ne pourrez atteindre au but que par le Yoga décrit dans ce livre. Mais si l'on cherche la délivrance, et si le Yogî est capable de l'atteindre sans Kundalinî, alors ce Yoga n'est pas nécessaire, car la délivrance peut être obtenue par pur Jnânayoga, au moyen du détachement, de l'exercice, et ensuite de l'apaisement du mental, sans faire le moindre appel à la puissance centrale du corps. En vérité, la Délivrance parfaite (Nirvikalpa Samâdhi) ne peut être obtenue de cette manière que par le Râja Yoga, dont le Kundalinî Yoga est une méthode préliminaire (714). On peut aussi

---

(713) C'est ainsi qu'en faisant monter Kundalinî Shakti au centre Manipûra, on peut, dit-on, acquérir la maîtrise du feu.

(714) Soumise à Dharma, Yama, Niyama, etc. Dans tous les cas où le but poursuivi est purement « spirituel », il y a Vairâgya ou renonciation.

obtenir Samâdhi par la voie de la dévotion (Bhakti), comme
par celle de la connaissance. En réalité, la dévotion la plus
élevée (Parabhakti) n'est point différente de la connaissance.
Toutes deux sont réalisation. Un Dhyânayogî ne doit point
négliger son corps, sachant que puisqu'il est à la fois mental
et matière, chacun des deux réagit sur l'autre. Négliger, ou
simplement mortifier le corps, risque de produire le désordre
de l'imagination plutôt qu'une expérience spirituelle véritable. Pourtant il n'a pas à s'occuper du corps à la manière
du Hathayogî. Il est possible de réussir comme Dhyâna-
Yogî tout en étant faible de corps, de santé débile, et appelé
à une courte vie. Son corps, et non lui, décide du moment
de sa mort. Il ne peut mourir à volonté. L'extase, qu'il appelle
« Délivrance dans la vie » (Jîvanmukti) n'est pas, m'a-t-on
dit, un but comparable à la vraie Délivrance. Il peut demeurer
l'esclave d'un corps souffrant, dont il ne sera libéré qu'à la
mort ; alors il aura la Délivrance. Son extase est de la nature
d'une méditation qui s'enfonce dans le Vide (Bhâvanâ-
samâdhi), par négation de la pensée et détachement du
monde, opération dans laquelle l'éveil de la puissance centrale
du corps n'a aucune part. Par son effort (715) le mental,
qui est un produit de Kundalinî en tant que Prakriti Shakti,
est apaisé avec ses désirs terrestres, si bien que le voile
produit par l'activité mentale est ôté de devant la Conscience.
Dans le Layayoga c'est Kundalinî Elle-même, une fois éveillée
par le Yogî (car cet éveil est son action et son rôle), qui
réalise pour lui cette illumination. Mais pourquoi, demandera-
t-on, s'inquiéter du corps et de sa puissance centrale, d'autant
plus qu'ils sont une cause de risques et de difficultés exceptionnels ? La réponse a été fournie déjà : certitude et facilité
prétendues de réalisation par l'entremise de la puissance qui
est la Connaissance elle-même (Jnâna-rûpâ shakti) ; acquisition préalable de pouvoirs (Siddhi) ; et jouissance préalable
et finale. Pourtant il peut être utile de développer cette

---

(715) C'est ce qui fait du Râja Yoga le plus haut et le plus
difficile des Yoga, car on force le mental à se maîtriser lui-même.
Dans le Laya Yoga cette maîtrise est effectuée pour l'Adhaka
par Kundalinî Shakti. Il L'éveille et Elle lui obtient des Siddhi.
Il est moins malaisé d'éveiller Kundalinî que d'obtenir par la
seule force de sa pensée Nirvikalpa Samâdhi.

réponse, car un principe fondamental du Shâkta Tantra s'y trouve impliqué.

Le Shâkta Tantra prétend donner à la fois la jouissance (Bhukti) (716) dans ce monde et dans l'autre, et la Délivrance (Mukti) de tous les mondes. Cette prétention est basée sur un principe profondément vrai (717). Si la Réalité dernière existe sous deux aspects, celui d'une jouissance paisible du Soi dans la Délivrance de toutes les formes, et celui d'une jouissance active des choses, autrement dit comme pur « Esprit » et comme « Esprit » dans la matière, alors une union complète avec la Réalité exige que l'on soit un avec elle sous ses deux aspects. Elle doit être connue à la fois « ici » (Iha) et « là » (Amutra). Comprise et pratiquée comme il convient, la doctrine n'est point dénuée de vérité, qui enseigne que l'homme doit tirer le meilleur parti possible des deux mondes (718). Il n'y a pas entre les deux d'incompatibilité réelle, pourvu qu'on agisse en conformité avec la loi universelle de la manifestation. On enseigne à tort, affirme cette doctrine, que le bonheur futur ne peut être obtenu qu'en dédaignant de le rechercher ici-bas, ou en recherchant délibérément la souffrance et les mortifications. C'est l'unique Shiva qui est l'expérience bienheureuse suprême, et qui apparaît sous la forme humaine avec une vie mêlée de plaisir et de souffrance. Le bonheur ici-bas, et la béatitude de la délivrance ici-bas et dans l'au-delà, peuvent s'obtenir si

---

(716) Comme il y a des personnes qui associent toujours au mot « jouissance » (Bhoga) les « menus plaisirs », il est nécessaire de préciser que le mot Bhoga n'implique point nécessairement cela, et qu'il n'est point pris ici dans ce sens. Au sens philosophique, Bhoga est la perception des choses, dont résulte jouissance, ou parfois souffrance. Il peut s'appliquer à toute forme de jouissance sensorielle ou intellectuelle. Toute vie dans le monde des formes est jouissance. Bhoga comprend en fait la souffrance.

(717) Qu'il est possible d'adopter sans approuver aucune des *applications* particulières qu'on en peut tirer. Il y a certaines pratiques dangereuses (pour ne pas dire plus), qui, aux mains d'êtres inférieurs, ont conduit à des résultats auxquels le Shâstra doit sa mauvaise réputation à cet égard.

(718) « Mondes », parce que c'est là l'expression occidentale. Mais l'opposition est ici entre le monde (que ce soit la terre ou le ciel), et la délivrance de tous les mondes.

l'identité de ces Shiva est réalisée dans tous les actes humains.
On y parviendra en faisant de chaque fonction humaine,
sans exception, un acte religieux de sacrifice et de culte
(Yajna). Dans l'ancien rituel védique, la jouissance de la
nourriture et de la boisson était précédée et accompagnée
de rites et de sacrifices. Cette jouissance était le fruit du
sacrifice et le don des dieux. A un stade plus élevé de la vie
d'un Sâdhaka, elle est offerte à l'Unique dont viennent tous
les dons et dont les Devatâ sont des formes limitées et inférieures. Mais cette offrande implique aussi un dualisme dont
la Sâdhanâ monistique (Advaita) la plus élevée du Shâkta-
Tantra est libérée. Ici la vie individuelle et la vie cosmique
sont reconnues comme ne faisant qu'une. Si bien que le
Sâdhaka tantriste, lorsqu'il mange ou boit (719) ou qu'il
accomplit n'importe quelle autre fonction naturelle du corps,
le fait en disant et en croyant : Shivo'ham (« Je suis Shiva »),
Bhairavo'ham (« Je suis Bhairava ») (720), Sâ'ham (« Je
suis Elle ») (721). Ce n'est pas simplement l'individu séparé
qui agit et jouit. C'est Shiva, *dans* et *par* lui. Cet homme
reconnaît, comme on l'a fort bien dit (722), que sa vie et
le jeu de toutes ses activités ne sont point chose séparée, à
garder et poursuivre égoïstement pour elle-même et pour
lui-même, comme si la jouissance était quelque chose à prendre
de la vie par sa propre force et ses propres moyens, avec le
sentiment d'être séparé ; mais sa vie, et toutes les activités
de sa vie sont conçues comme faisant partie de l'action
divine dans la nature (Shakti), se manifestant et œuvrant
sous la forme humaine. Il saisit dans la pulsation de son
cœur le rythme qui palpite dans la vie universelle, et qui
en est le signe. Négliger ou nier les besoins du corps, y penser
comme à quelque chose de non divin, c'est négliger et nier
cette vie plus vaste dont il fait partie, et fausser la grande
doctrine de l'unité de tout et de l'identité dernière de la

---

(719) Ainsi, dans le rituel Shâkta, le Sâdhaka qui prend la
coupe de vin répand le vin comme une libation dans la bouche
de Kundalinî Shakti, la Shakti apparaissant sous la forme du
Sâdhaka.

(720) Un nom de Shiva.

(721) C'est-à-dire la Mère universelle apparaissant sous la
forme de Son adorateur.

(722) Sj. Aurobindo Ghose dans *Arya*.

Matière et de l'Esprit. Si l'on se laisse guider par une telle conception de la réalité, même les besoins physiques les plus bas prennent une signification cosmique. Le corps est Shakti. Ses besoins sont les besoins de Shakti ; quand l'homme jouit, c'est Shakti qui jouit par son intermédiaire. En tout ce qu'il voit et fait, c'est la Mère qui regarde et qui agit. Ses yeux et ses mains sont celles de la Mère. L'ensemble du corps et de ses fonctions sont Sa manifestation. La concevoir pleinement sous cette forme c'est rendre plus parfaite cette manifestation particulière de la Mère, qui est lui-même. L'homme, quand il essaie d'être maître de soi, l'essaie sur tous les plans, physique, mental et spirituel ; on ne peut les séparer, car tous sont liés, ne constituant que des aspects différents de la Conscience unique et universelle. Qui est le plus proche du divin, de celui qui néglige et méprise le corps et le mental afin d'atteindre une imaginaire supériorité spirituelle, ou de celui qui avec sagesse prend soin de tous deux comme de formes de l'Esprit unique dont ils sont le vêtement ? On atteint plus rapidement et plus authentiquement la réalisation en discernant l'Esprit à l'intérieur et sous la forme de tout l'être et de ses activités, qu'en les fuyant et les rejetant comme non spirituels ou illusoires, et comme des obstacles dans la voie (723). Si l'on s'en fait une idée fausse, ils peuvent en vérité être des obstacles et une cause de chute ; dans le cas contraire ils deviennent des instruments de réussite. Et en avons-nous d'autres sous la main ? Aussi le *Kulârnava Tantra* affirme-t-il : « Par ce qui cause leur chute, les hommes s'élèvent ». Si les actes sont accomplis avec les sentiments et l'état d'esprit (Bhâva) qui conviennent, ces actes donnent la jouissance (Bhukti) ; et ce Bhâva, répété et prolongé, finit par produire cette expérience divine (Tattvajnâna) qui est la délivrance. Si l'on voit la Mère *en* toutes choses, on La réalise à la fin telle qu'Elle est *au delà* de toutes choses.

Ces principes généraux trouvent leur application la plus fréquente dans la vie terrestre avant l'entrée dans la voie

---

(723) La première méthode est la méthode tantrique pour mettre en application la vérité du Veda ; la seconde est la méthode ascétique ou Mâyâvâdîn, qui a sa grandeur propre, mais peut-être est moins conforme aux besoins de la masse des hommes.

du Yoga proprement dit. Le Kundalî-Yoga est pourtant, lui aussi, une application de ces mêmes principes, dans la mesure où il est affirmé qu'on atteint par lui à la fois Bhukti et Mukti. On dit ordinairement que là où se trouve Yoga, ne se trouve point Bhoga (la jouissance), mais dans l'enseignement du Kaula, Yoga est Bhoga et Bhoga est Yoga, et le monde lui-même devient le lieu de la délivrance (Yogo bhogâyate, mokshâyate samsârah) (724).

Dans le Kundalinî-Yoga jouissance (Bhoga) et pouvoirs (Siddhi) peuvent être obtenus à chacun des centres auxquels est conduite la Puissance Centrale, et si l'on continue de la conduire vers le haut l'on peut obtenir la jouissance qui est la Délivrance.

Par les premières pratiques du Hathayoga, on cherche à acquérir un corps physique parfait qui sera aussi un instrument pleinement adapté au fonctionnement du mental. Puis un mental parfait approche de la pure Conscience, et, en Samâdhi, passe en elle. Ainsi le Hathayogî recherche un corps qui soit aussi robuste que l'acier, sain, libéré de la souffrance, et par suite doué de longévité. Maître du corps, il est maître à la fois de la vie et de la mort. Sa forme éclatante jouit de la vitalité de la jeunesse. Il vit aussi longtemps qu'il a la volonté de vivre et de jouir dans le monde des formes. Sa mort est « la mort à volonté » ; lorsqu'il fait le grand geste, merveilleusement expressif, de la dissolution (725), il quitte ce monde avec noblesse. Mais, pourra-t-on dire, certains Hathayogî tombent malades et meurent. D'abord, la méthode intégrale est pleine de difficultés et de risques, et ne peut être pratiquée que sous la direction d'un Guru qualifié. Comme le dit la *Goraksha-Samhitâ*, la pratique du Yoga, sans aide et sans succès, peut conduire non seulement à la maladie, mais à la mort. Celui qui cherche à vaincre le Seigneur de la Mort court le risque, s'il échoue, d'être plus tôt vaincu par Lui. Tous ceux qui s'essayent à ce Yoga

---

(724) Yogo bhogâyate sâkshât dushkritan sukritâyate
Mokshâyate hi samsârah kanladharme kulishvari.
                              (*Kulârnava Tantra.*)
(725) Samhâramudrâ, le geste qui signifie dissolution : « à présent je vais mourir ».

ne peuvent évidemment réussir, ni atteindre un même degré
de réussite. Ceux qui échouent, non seulement demeurent
exposés aux infirmités des hommes ordinaires, mais à d'autres
qu'apportent des pratiques mal conduites, ou pour lesquelles
ils ne sont pas faits. D'autre part, ceux qui réussissent le
font à des degrés variables. L'un peut prolonger sa vie jusqu'à
l'âge sacré de quatre-vingt-quatre ans, d'autres jusqu'à cent,
d'autres plus encore. Théoriquement tout au moins, les
parfaits (Siddha) quittent ce plan du monde à volonté.
Tous n'ont pas les mêmes capacités ni les mêmes chances,
soit que leur manque la volonté, ou la force physique, ou
les circonstances favorables. Tous ne peuvent avoir la
volonté ou la capacité de suivre strictement les règles nécessaires au succès. Et la vie moderne en général n'offre guère
de possibilités pour un entraînement physique si complet.
Tous les hommes ne peuvent désirer ce genre de vie ; beaucoup peuvent penser que son acquisition ne mérite pas les
peines requises. Certains peuvent souhaiter se débarrasser
de leur corps, et le plus vite possible. Aussi dit-on qu'il est
plus facile d'obtenir la délivrance que l'immortalité. On peut
obtenir la première par le désintéressement, le détachement
du monde, la discipline morale et mentale. Mais il est plus
malaisé de vaincre la mort ; car il n'y suffira pas de ces
vertus et de ces actions. Celui qui la conquiert tient la vie
dans le creux d'une de ses mains, et s'il est un Yogî victorieux
(Siddha), la délivrance dans l'autre. Il a la Jouissance et la
Délivrance. Il est l'Empereur maître du monde et le possesseur
de la béatitude au-delà de tous les mondes. C'est pourquoi
le Hathayogî prétend que toute autre Sâdhanâ est inférieure
au Hathayoga.

Le Hathayogî qui éveille Kundalinî acquiert divers pouvoirs occultes (Siddhi) et la jouissance qu'ils procurent.
A chacun des centres auxquels il conduit Kundalinî, il
éprouve une forme spéciale de béatitude (Ananda) et acquiert
des pouvoirs spéciaux. S'il a Vairâgya (dégoût) de ces pouvoirs, il La conduit au Shiva de son centre cérébral, et jouit
de la Béatitude Suprême, qui par nature est celle de la Délivrance, et qui, une fois établie de façon permanente, est la
Délivrance elle-même, déliement de l'esprit et du corps.
Celle qui « brille comme une chaîne de lumières », comme
un éclair, au centre de son corps, est la « Femme Intérieure »,

à laquelle faisait allusion cette parole : « Quel besoin ai-je
d'aucune femme extérieure ? J'ai une Femme Intérieure en
moi ». Le Vîra (héroïque) (726) Sâdhaka, se sachant l'incarnation de Shiva (Shivo'ham), s'unit à la femme comme à
l'incarnation de Shakti sur le plan physique (727). Le Divya
(divin) Sâdhaka ou Yogî unit en lui-même ses propres
principes, féminin et masculin, qui sont le « Cœur du Seigneur » (728), ou Shakti et Son Seigneur Shiva, qui est
Conscience. C'est leur union qui est le coït (Maithuna)
mystique des Tantra (729). Il existe deux formes d'Union
(Sâmarasya) (730) : la première est l'union grossière (Sthûla),
union des incarnations physiques de la Conscience Suprême ;
la seconde est l'union subtile (Sûkshma), union des principes
non-agissant et agissant dans la Conscience elle-même. C'est
la seconde qui est Délivrance.

Enfin, quelle est la nature, dans un sens philosophique,
de la méthode ici décrite ? En somme, l'énergie (Shakti) se
polarise sous deux formes : statique ou potentielle, et dynamique comme Prâna, qui constitue les forces agissantes du
corps. Derrière toute activité se trouve un fond statique.
Ce *centre statique* est dans le corps humain, en son centre,
la Puissance du Serpent dans le Mûlâdhâra (support-racine).

---

(726) Voir Avalon, *Shakti and Shâkta*.

(727) L'affirmation des Tantra que cette union est délivrance
(Mukti) est simple Stuti, c'est-à-dire, à la manière hindoue,
surestimation du sujet. Le lecteur européen qui prend au pied
de la lettre des affirmations de ce genre et les tourne en ridicule
se rend lui-même ridicule aux yeux de ceux qui savent. Ce qui
se produit en réalité est une béatitude passagère, qui, comme
toute béatitude, émane de la Grande Béatitude, mais en est un
pâle reflet qui, par lui-même, ne met nullement à l'abri d'une
renaissance future. C'est la béatitude de cette Sâdhanâ inférieure,
comme l'union de Kundalinî Shakti avec Shiva est celle de la
Sâdhanâ la plus élevée.

(728) Hridayam parameshituh. Ainsi L'appelle magnifique-
ment le *Parâpraveshikâ*. Le *Yoginthridaya Tantra* dit : « Elle
est le cœur, car c'est d'Elle que viennent toutes choses ».

(729) C'est là, comme le dit le *Yoginî Tantra*, le coït (Maithuna) de ceux qui sont Yati (qui ont maîtrisé leurs passions).

(730) Ce terme désigne la jouissance qui naît de l'union du
mâle et de la femelle, qu'elle soit union des corps ou de leurs
principes internes.

C'est là la puissance qui est le support (Adhâra) statique du corps entier, et de toutes ses forces prâniques agissantes. Ce centre (Kendra) de puissance est une forme grossière de Chit (Conscience) ; c'est-à-dire qu'en elle-même (Svarûpa) elle est Conscience, et en apparence une puissance qui, étant la forme la plus haute de la force, en est une manifestation. De même qu'il y a une distinction (bien qu'au fond il y ait identité) entre la Conscience suprême non-agissante et sa puissance active (Shakti), de même, quand la Conscience se manifeste comme énergie (Shakti), elle possède les deux aspects d'énergie potentielle et d'énergie cinétique. Dans l'Advaita Vedânta il ne peut y avoir, en fait, aucune division de la Réalité. Au regard parfait de son Siddha l'acte de devenir n'est qu'une attribution (Adhyâsa) du Réel suprême (731). Au regard du Sâdhaka, c'est-à-dire de celui qui aspire à Siddhi (le parfait accomplissement), à l'esprit qui peine encore sur les plans inférieurs et s'identifie à eux de diverses manières, le devenir tend à apparaître, et l'apparence est réelle. Le Shâkta Tantra est une interprétation de la vérité védantique de ce point de vue pratique, et représente le processus cosmique comme une polarisation à l'intérieur de la Conscience elle-même. Cette polarité, telle qu'elle existe dans le corps, et sous la forme du corps, est détruite par le Yoga, qui dérange l'équilibre de la conscience corporelle résultant du maintien de ces deux pôles. Dans le corps humain le pôle potentiel d'énergie, qui est la puissance suprême, est mis en activité, sur quoi les forces agissantes (Shakti dynamique) qu'il soutient sont attirées vers lui, et tout le dynamisme (732) ainsi créé s'élève pour s'unir à la Conscience non-agissante dans le Lotus suprême (733). Ce

---

(731) Au regard de Siddhi, pour l'esprit qui est Udâsîna (simple témoin, insoucieux du monde extérieur), le devenir est Adhyâsa, chose sans réalité (au sens hindou du terme, tel que l'emploie Shankara). La création (Shristi) est Vivarta, c'est-à-dire évolution (Parinâma) apparente et non réelle. Adhyâsa est l'attribution à une chose de ce qu'elle ne possède pas en réalité.

(732) La puissance de la conscience reprend en elle ce qu'elle a projeté dans le monde sensible, et la puissance de la Conscience demeure en tant que Puissance d'Etre.

(733) Pourquoi ici, demandera-t-on, puisque la Conscience est

sujet a été si bien exposé par mon ami et collaborateur le
Professeur Pramathanâtha Mukhyopâdhyâya que je ne puis
améliorer son exposé (734), et je le cite au lieu de poursuivre
moi-même ma description :

« Quand vous dites que Kundalî Shakti est la Shakti
primordiale *au repos*, cela me suggère une analogie (et peut-
être y a-t-il là plus qu'une analogie) avec la science moderne.
L'énergie cosmique sous son aspect physique peut être considérée soit comme statique, soit comme dynamique, la première étant une condition d'équilibre, la seconde une condition de mouvement ou de changement dans les positions
relatives. Ainsi une chose matérielle apparemment en repos
(car il n'existe de repos absolu que dans la pure Conscience,
Chit) doit être regardée comme une énergie, ou Shakti, en
équilibre, ses divers éléments se tenant mutuellement en
échec (ou, comme diront les mathématiciens, la somme algé-
brique des forces étant égale à zéro). Evidemment, dans tous
les cas l'équilibre est relatif plutôt qu'absolu. La chose
importante à noter est cette polarisation de Shakti sous deux
formes, statique et dynamique.

« D'autre part, dans les tissus d'un corps vivant, l'énergie
en action (quelle qu'en puisse être la nature, et que l'on
croie ou non à une « force vitale » particulière) se polarise
sous deux formes similaires, anabolique et catabolique, l'une
tendant à modifier et l'autre à conserver les tissus, l'état
réel des tissus étant la simple résultante de ces deux activités
coexistantes et rivales.

« Dans le mental, dans l'expérience, cette polarisation ou
polarité n'est pas moins évidente pour qui réfléchit. Dans
mes propres ouvrages (735), j'ai constamment insisté sur cette

---

partout ? Sans doute : mais c'est là que la force tâmasique de
Mâyâ est à son point le plus bas. Aussi peut-on y parvenir à la
Conscience.

(734) Dans une lettre qu'il m'adressa, en réponse à une lettre
de moi répondant à des questions qu'il m'avait posées au sujet
de Kundalinî-Yoga. Il écrivait que ma lettre lui avait suggéré
certaines idées « sur un sujet d'un intérêt philosophique primordial,
et d'un intérêt pratique également primordial dans la vie d'un
Hindou », idées que je reproduis dans le texte.

(735) *Approaches to Truth*, *The Patent Wonder*, remarquables
exposés, en termes modernes, de l'antique enseignement védantique.

polarité entre le pur Chit et l'effort qu'il implique : il y a un effort, ou Shakti, qui développe le mental à travers une infinité de formes et de changements, mais toutes ces formes et tous ces changements sont reconnus comme contenus dans l'éther pur et illimité de la conscience (Chidâkâsha). Cette analyse montre donc la Shakti primordiale sous les deux mêmes formes polarisées que tout à l'heure, statique et dynamique, et ici la polarité est tout à fait fondamentale et elle a presque un aspect d'absolu.

« Enfin, considérons un instant l'atome de la science moderne. L'atome de la chimie a cessé d'être un atome (unité indivisible de matière). Nous l'avons remplacé par la théorie des électrons. Suivant cette théorie, le soi-disant atome est un univers en miniature très semblable à notre système solaire. Au centre de ce système atomique nous avons une charge d'électricité positive autour de laquelle est supposé tourner un nuage de charges négatives (appelées électrons), tout comme des myriades de planètes et de corps plus petits tournent autour du soleil. Les charges positive et négative se tiennent mutuellement en échec, si bien que l'atome est un état d'énergie en équilibre, et pour cette raison n'éclate pas ordinairement, bien qu'il puisse éclater et libérer sa réserve équilibrée d'énergie, comme cela se produit probablement dans les émanations du radium. Que remarquons-nous ici ? La même polarisation de Shakti en deux forces adverses, statique et dynamique : la charge positive au centre à l'état de repos, et les charges négatives en mouvement autour du centre ; ce qui présente une très remarquable analogie avec les faits cosmiques, si ce n'est leur image même. Cette image peut se retrouver dans d'autres domaines de la science et de la philosophie, mais je puis me dispenser d'entrer dans les détails. Nous pouvons pour l'instant, je crois, tirer cette importante conclusion :

« Shakti, en se manifestant dans l'univers, se divise en deux aspects polarisés, statique et dynamique, ce qui implique qu'on ne peut l'avoir sous une forme dynamique sans l'avoir en même temps sous une forme statique correspondante, tout à fait comme pour les deux pôles d'un aimant. Dans n'importe quel domaine où nous voyons la force en activité, nous devons avoir, conformément à ce principe cosmique, un fond statique, Shakti au repos ou « repliée », **comme disent les Tantra.**

« Avant d'aller plus loin, laissez-moi indiquer ce que je crois être la signification fondamentale de notre Kâlî tantrique et puranique. Cette figure, ou Mûrti, est à la fois réelle et symbolique, comme l'est en vérité chaque Mûrti de notre soi-disant mythologie hindoue. Or, la Mère Divine Kâlî est un symbole de la vérité cosmique que je viens d'expliquer. Sadâshiva, sur la poitrine duquel Elle danse, sombre et nue, est le fond statique du pur Chit, inerte et blanc (Shavarûpa), parce que le pur Chit est en lui-même Svaprakâsha (manifeste par lui-même) et Nishkriya (non-agissant). En même temps, en dehors et au delà de la Conscience rien ne peut exister, aucune puissance ou Shakti, c'est pourquoi la Mère Divine se tient debout sur la poitrine du Père Divin. La Mère est Elle-même tout activité et Gunamayî (sous Son aspect de Prakriti composée des Guna). Sa nudité signifie que bien qu'Elle contienne tout, rien ne peut Elle-même La contenir ; Son aspect sombre signifie qu'Elle est impénétrable Avâng-mânasagocharâ (hors d'atteinte de la pensée et du langage). Naturellement, il n'y a pas division de la réalité en deux (c'est sur ce point que la doctrine du Sânkhya sur Purusha et Prakriti est imparfaite, alors qu'elle est juste à tous autres égards), mais simple polarisation, du point de vue de notre expérience, d'un fait indivisible qui est la Shakti primordiale (Adyâ) elle-même. Ainsi, Chit est aussi Shakti. Shiva est Shakti et Shakti est Shiva, comme disent les Tantra. La divinité est Gunâshraya (support des Guna), et en même temps Gunamaya (dont les Guna sont la substance) ; Nirguna (sans attributs), en même temps que Saguna (avec attributs), comme il est dit dans un passage célèbre du *Chandi*.

« L'idée que vous suggérez (736) m'éclaire beaucoup sur la nature de la Kundalinî Shakti. Peut-être avez-vous tout à fait raison de dire que la Shakti cosmique est la Samashti (collectivité), par rapport à laquelle la Kundalinî qui réside dans les corps n'est que la Vyashti (individu) ; c'est une image, une reproduction en miniature, sur le plan microcosmique, du tout. La loi, le principe du tout, de la Shakti macrocosmique, doit donc se retrouver dans la Kundalinî. Cette

---

(736) L'idée que Kundalinî est la Shakti statique.

loi, nous l'avons vu, est la loi de polarisation en aspects statique et dynamique, potentiel et cinétique. Dans le corps vivant, il doit donc y avoir une telle polarisation. Or la Kundalinî enroulée trois fois et demie dans le Mûlâdhâra est le fond statique indispensable, et qui ne pouvait manquer, de la Shakti qui œuvre dans le corps entier, développant des processus et effectuant des transformations. Le corps peut donc se comparer à un aimant avec ses deux pôles. Le Mûlâdhâra est le pôle statique par rapport au reste du corps, qui est dynamique ; le corps agissant suppose et trouve nécessairement un tel support statique, d'où peut-être (737) le nom de Mûlâdhâra, « le support fondamental ». En un sens, la Shakti statique du Mûlâdhâra coexiste nécessairement avec la Shakti qui crée et développe le corps, parce que l'aspect ou pôle dynamique ne peut jamais exister sans sa contre-partie statique. Dans un autre sens, c'est la Shakti *restée inemployée* (vous l'avez indiqué vous-même, et les italiques sont de vous) après que la Prithivî, dernier des Bhûta, a été créée : réserve de puissance où puisera et qu'utilisera l'activité future, en cas de besoin. Dans les deux sens, le vôtre comme le mien, Shakti dans le Mûlâdhâra est à la fois coexistante à tout acte de création ou de manifestation, et effet résiduel de cet acte (cause et effet tout à la fois, en vérité), idée qui apparaît sans contradiction réelle à un examen approfondi. Il y a là, en fait, ce que le physicien présentera comme un cycle ou circuit en action. Prenons l'œuf fécondé, premier stade embryonnaire du corps vivant. La Kundalinî Shakti s'y présente déjà sous ses deux aspects polarisés : l'œuf, élément maternel, représente un pôle (peut-être le pôle statique, et le spermatozoïde, élément paternel, représente l'autre (peut-être le pôle dynamique) (738). De leur fusion naissent les processus d'évolution que le biologiste appelle différenciation et intégration ; mais dans tout ce processus de création il est fort aisé de suivre le cycle. Shakti s'écoule hors de la cellule germinale (l'œuf fécondé), s'empare d'une matière étrangère et l'assimile, et par ce moyen accroît sa masse ; elle se divise et se subdivise, puis elle coordonne

---

(737) Je dirai : certainement.
(738) Le processus de la fécondation est traité dans le *Mâtrikâbheda Tantra*.

de nouveau toutes ses subdivisions en un tout organique.
Or, en tout cela nous retrouvons le cycle. La prise de matière
étrangère est une activité dirigée vers l'extérieur ; l'assimilation est une activité dirigée vers l'intérieur, un courant
de retour ; la division et la multiplication des cellules sont
une opération dirigée vers l'extérieur, leur coordination est
dirigée vers l'intérieur (739) ; et ainsi de suite. La force
contenue dans la cellule-mère déborde, mais aussi rentre
continuellement en elle-même, les deux opérations se supposant et se soutenant l'une l'autre, comme c'est le cas dans
tout circuit. La quantité de force existant dans la cellule-
mère, qui est statique tant que la fusion des éléments mâle
et femelle n'aura pas eu lieu dans la matrice, est le point
de départ nécessaire de toute activité créatrice ; elle est donc
la cause primordiale par rapport au corps, primordiale et
aussi présente sans cesse à tout moment. D'autre part, la
réaction appelée par chaque action créatrice, le courant de
retour, ou reflux, de chaque débordement, de chaque développement, renouvelle constamment cette force originelle, la
modifie sans modifier son état général d'équilibre relatif
(chose parfaitement possible, comme dans le cas de tout
système matériel) ; la force contenue dans la cellule-mère
peut donc être aussi considérée comme un effet perpétuel,
une chose résiduelle et s'opposant aux forces actives du corps.
Un grand nombre d'idées incompatibles en apparence entrent
dans cette conception et doivent être conciliées.

« 1. Nous avons d'abord une force contenue dans la
cellule-mère et qui est d'abord statique (bien qu'elle contienne,
comme une graine de dicotylédone, ou même comme un
atome de la physique moderne, à la fois un pôle statique et
un pôle dynamique ; autrement dit, du pur repos, n'impliquant aucune possibilité de mouvement, aucun mouvement
ne pourrait jamais naître). Disons que c'est la Kundalinî
repliée.

« 2. Puis il s'y éveille une impulsion créatrice ; c'est le
mouvement naissant du repos. Ainsi, la Kundalinî devient
partiellement statique et partiellement dynamique ; ou encore
elle projette, pour ainsi dire, un pôle dynamique afin de

---

(739) Ce flux et ce reflux sont une idée familière au Tantrisme.

développer le corps, mais en restant elle-même cependant un pôle ou un fond statique. A aucun moment de l'opération la Kundalinî ne s'est réellement déroulée tout à fait, ni même n'a diminué ses trois replis et demi. Si cette Shakti du Mûlâdhâra ne demeurait intacte, aucune évolution ne serait possible. Elle est le gond sur lequel tourne tout le reste.

« 3. Chaque acte créateur a sa réaction sur la Shakti du Mûlâdhâra, et cette réaction, sans troubler le repos relatif de la Shakti repliée, modifie son volume ou son intensité, mais ne diminue ni n'augmente le nombre des replis. Par exemple, tout acte naturel de respiration réagit sur la Shakti repliée dans le Mûlâdhâra, mais d'ordinaire sans y produire de différence importante. Par contre, le Prânâyâma réagit sur elle puissamment, au point d'éveiller la puissance endormie et de l'envoyer percer les centres. Maintenant, la manière dont on nous montre habituellement la Kundalinî Se déroulant alors et quittant le Mûlâdhâra pour s'élever vers la Sushumnâ, doit, à mon avis, n'être acceptée qu'avec prudence. On ne peut jamais se dispenser complètement de ce fond statique. Comme vous l'avez vous-même justement observé, « Shakti ne peut jamais s'épuiser, mais il faut bien voir les choses de cette manière ». En réalité, la Kundalinî, quand le Yoga s'exerce puissamment sur Elle, envoie une émanation ou projection à Sa propre ressemblance (pareille au « double éthérique » des théosophes et des spirites) qui perce les divers centres jusqu'à ce qu'elle se mêle, comme vous l'indiquez, à la Mahâkundalî de Shiva au septième centre ou centre suprême. Ainsi, alors que ce « double éthérique », ou cette projection, de la puissance repliée dans le Mûlâdhâra monte dans la Sushumnâ, la puissance repliée ne bouge ni n'a besoin de bouger elle-même de sa place. C'est comme une étincelle émise par une machine électro-magnétique surchargée ; ou plutôt, c'est quelque chose d'analogue aux émanations du radium, qui ne diminuent pas sensiblement l'énergie qu'il contient. C'est là, peut-être, la plus proche analogie physique du cas que nous essayons de comprendre. Comme l'exprime un passage bien connu de l'Upanishad, « Le tout (Pûrna) est ôté du tout, et pourtant le tout demeure ». Je crois que dans le cas qui nous occupe, les choses sont bien près de se passer ainsi. La Kundalinî dans le Mûlâdhâra est la Shakti primordiale tout entière à

l'état de monade ou de germe, à l'état latent : c'est pourquoi
elle est enroulée. La Kundalinî qui s'élève dans la Nâdî est
aussi la Shakti tout entière sous une forme particulièrement
dynamique, image dressée du Serpent Eternel. Le résultat de
la fusion suprême (il y a aussi des fusions successives dans
les différents centres) dans le Sahasrâra est aussi le Tout,
Pûrna. C'est ainsi que je vois les choses. Dans cette conception, le fond statique permanent n'est pas réellement épuisé,
et bien moins encore superflu.

« 4. D'autre part, quand je dis que le volume ou l'intensité
de la puissance repliée peut être affecté (mais non pas sa
structure et son équilibre relatif), je n'entends pas nier le
principe de conservation de l'énergie en ce qui regarde la
Kundalinî, qui est la personnification de toute énergie. Il y
a simplement conversion d'énergie statique (potentielle) en
énergie dynamique (cinétique), conversion partielle, la somme
demeurant constante. Comme nous considérons ici des quan-
tités infinies, une expression physique exacte de ce principe
ne saurait être attendue. Aussi le Yogî ne fait qu'« éveiller »,
jamais il ne crée Shakti. D'autre part, la cellule-mère qui
développe le corps ne cesse pas, selon la biologie moderne,
d'être une cellule-mère à aucun stade de ce processus complexe. La cellule-mère originelle se divise en deux : une
moitié se développe graduellement en un corps de plante ou
d'animal, c'est la cellule somatique ; l'autre moitié reste
enfermée dans le corps, pratiquement inchangée, et elle est
transmise dans le processus de reproduction à la descen-
dance, c'est le protoplasme séminal. Or, ce protoplasme se
transmet sans interruption tout au long de la propagation.
C'est la doctrine de Weismann sur la « continuité de la
semence », qui a été largement acceptée, bien qu'elle ne soit
qu'une hypothèse ».

Le Professeur m'écrivit par la suite :

« 1. Shakti étant statique ou dynamique, toute forme
dynamique présuppose nécessairement un fond statique. Une
activité purement dynamique (qui est le mouvement sous
son aspect physique) est impossible sans un support ou une
base (Adhâra) statique. D'où la fausseté de la doctrine philosophique du mouvement ou du changement absolu, enseignée
autrefois par Héraclite, par les Bouddhistes, et de nos jours
par Bergson ; elle n'est basée ni sur une logique correcte ni

sur une intuition claire. La constitution d'un atome révèle
la polarisation statique-dynamique de Shakti ; d'autres
formes plus complexes d'existence la révèlent aussi. Dans le
corps vivant ce fond statique nécessaire est Mûlâdhâra, où
Shakti est Kundalinî repliée. Toutes les activités fonction-
nelles du corps, qui commencent au développement de
la cellule-mère, sont liées à la Shakti, soutenues par la Shakti
concentrée dans le Mûlâdhâra. La création cosmique, qui
s'achève par le développement de Prithivî Tattva (dans un
autre sens, cependant, c'est un processus sans fin, et là peut-
être Henri Bergson a-t-il raison, qui affirme que l'impulsion
créatrice est toujours originale et féconde), suppose aussi un
fond statique cosmique (au-dessus de Chidâkâsha, l'éther de
la Conscience), qui est la Mahâkundalî Shakti dans le Chin-
mayadeha (corps de Conscience) de Parameshvara ou Parameshvarî (le Seigneur suprême sous son aspect masculin ou
féminin). Au premier stade de la création, quand le monde
se lève dans la Conscience Divine, il lui faut, en même temps
que le principe ou pôle de Tat (Cela), le principe ou pôle
corrélatif d'Aham (Je) ; dans le développement du premier,
le second sert de fond statique. De même, dans notre expérience propre, l'aperception ou conscience du moi est le fond
qui porte, le fil, pour ainsi dire, qui tient ensemble tous les
grains séparés de nos éléments sensibles. Le fond, le support
(Adhâra), siège de la force statique, se trouve donc, sous
une forme ou sous une autre, à chaque phase et à chaque
stade de l'évolution créatrice. La forme ultime, absolue, est
naturellement Chit-Shakti (la Conscience en tant que Puissance) elle-même, l'infaillible Lumière de connaissance dont
notre Gâyatrî (Mantra) dit qu'« Elle soutient et anime toutes
les activités de Buddhi ». C'est ce que symbolise la Kâlî-
mûrti, qui n'est pas, d'ailleurs, un simple symbole.

« 2. Mes remarques concernant la montée ou l'éveil de la
Puissance du Serpent dans le Mûlâdhâra ont eu, peut-être,
quelque apparence de paradoxe. La puissance repliée, bien
qu'éveillée, déroulée et montante, en réalité ne bouge jamais
de sa place ; ce n'est qu'une sorte de « double éthérique », de
« projection », qui se délie et s'élève a travers la hiérarchie
des centres. Or, en langage simple, ce double éthérique,
cette projection, représente l'équivalent dynamique de la
puissance statique concentrée dans le Mûla, ou racine. Chaque
fois que par Prânâyâna ou Bîjamantra, ou par tout autre

moyen approprié, le Mûlâdhâra devient, comme une machine électro-magnétique, sursaturé (bien que la Kundalî Shakti dans le Mûla soit infinie et inépuisable, pourtant la capacité d'un organisme fini à la contenir sous une forme statique est limitée, et par suite il peut y avoir sursaturation), un équivalent dynamique, actif, de la puissance statique est créé, peut-être par une loi analogue à la loi naturelle d'induction, et la puissance statique elle-même n'en est pas épuisée ou rendue autre que statique. L'énergie statique dans le Mûla nc passe pas tout entière dans une forme dynamique, la Kundalinî repliée quittant le Mûla et en faisant ainsi un vide ; cela ne se peut, et même si les choses se passaient ainsi, toute opération dynamique cesserait immédiatement dans le corps par manque de ce fond. La puissance repliée demeure repliée, statique, et pourtant quelque chose, en apparence, sort du Mûla : c'est l'équivalent dynamique. Peut-être ce paradoxe peut-il s'expliquer de deux manières :

« a) Une explication était suggérée dans ma lettre principale. La Kundalî Shakti potentielle est partiellement convertie en Shakti cinétique, et cependant, puisque Shakti, même telle qu'elle est donnée dans le centre Mûla, est une infinité, elle n'est pas épuisée : la réserve potentielle reste toujours inépuisée. J'ai fait allusion à un passage de l'Upanishad relatif à Pûrna. Dans le cas dont il s'agit, l'équivalent dynamique est une conversion partielle d'un mode d'énergie dans un autre. Dans le Laya-yoga (ici décrit),il en est généralement ainsi. Pourtant, quand le potentiel infini devient un cinétique infini, c'est-à-dire quand la puissance repliée dans le Mûla devient intégralement déroulée, nous avons nécessairement la dissolution des trois corps (Sthûla, Linga et Kârana, grossier, subtil et causal), et par suite Videhamukti (délivrance sans corps), parce que le fond statique lié à une forme particulière d'existence a maintenant complètement cédé la place, selon notre hypothèse. Mais Mahâkundalî demeure ; c'est pourquoi la Mukti (délivrance) individuelle ne signifie pas nécessairement dissolution de Samsâra (mondes de la transmigration) lui-même. D'ordinaire, cependant, comme dit le Tantra, « Pîtvâ pîtvâ punah pîtvâ », etc... (740).

---

(740) « Ayant bu, ayant bu, ayant bu encore », passage du

« *b*) L'autre explication est suggérée par la loi d'induction. Prenez une machine électro-magnétique (741) ; si l'on place près d'elle une substance appropriée, elle produira en elle par induction une espèce d'électro-magnétisme équivalente et opposée sans perdre sa propre réserve d'énergie. En conduction, l'énergie s'écoule en quelque chose de différent, si bien que la source perd et que l'autre chose gagne ce qu'elle a perdu, et son gain est de même espèce que la perte. Il n'en est pas de même dans l'induction. Là, la source ne perd rien, et l'énergie induite est équivalente et d'espèce opposée à l'énergie inductrice. Ainsi une charge positive produira par induction une charge négative équivalente dans un objet voisin. Maintenant, supposerons-nous que le Mûlâdhâra, lorsqu'il devient sursaturé, produit par induction dans le centre voisin (soit le Svâdhisthâna) un équivalent dynamique (non statique) ? (742) Est-ce là ce que signifie réellement l'éveil de la Puissance du Serpent ? Cette explication, je suis tenté de le croire, n'est peut-être pas entièrement fantaisiste ».

En réponse à cet exposé de mon ami, d'un si grand intérêt explicatif, je lui signalai quelques difficultés soulevées par son affirmation que Kundalinî Shakti, en réalité, ne Se déroulait ni ne S'élevait, mais projetait au-dessus d'Elle une émanation à Sa ressemblance. La difficulté que j'éprouvais était la suivante : d'abord, les livres sur le Yoga, auxquels on doit accorder pleine créance en cette matière, affirment sans équivoque que Kundalinî Elle-même, réellement, S'élève. Cela est confirmé par des questions que je posai à un Pandit tantriste connaissant très bien son Shâstra (743), après avoir reçu la lettre citée. Comme le corps du Yogî est toujours

---

Kulârnava Tantra qui ne signifie point l'action réelle de boire, comme le supposent certains, mais l'éveil répété de Kundalinî.

(741) Nous pouvons dire : « un aimant », et « magnétisme ».

(742) C'est là le siège du premier mouvement, ou Pashyantî Shabda.

(743) Bien qu'il ne le pratiquât pas lui-même, son frère, auprès duquel il s'était instruit, était un adepte du Yoga. Ses déclarations m'ont toujours paru d'une particulière valeur. Il faut pourtant se rappeler que, si grandes que soient les connaissances ou l'expérience d'un Pandit ou d'un Yogî, il peut ignorer les implications scientifiques de sa doctrine et de sa pratique.

vivant, bien que dans un état d'inertie semblable à celui
d'un cadavre. lorsque la conscience en a été perdue, je lui
demandai ce qui soutenait le corps lorsque Kundalinî quittait
Sa demeure centrale. Sa réponse fut que le corps était conservé
par le nectar qui coule de l'union de Shiva et de Shakti dans
le Sahasrâra. Ce nectar est une émission de puissance produite
par leur union. Si Kundalinî ne S'élève pas, mais une simple
étincelle émanée d'Elle, comment, demandai-je ensuite, le
corps peut-il devenir froid et semblable à un cadavre ?
Cela s'ensuivrait-il si la puissance demeurait toujours en son
centre, et se contentait de projeter un équivalent dynamique
d'elle-même ? Il y avait d'autres difficultés encore dans la
théorie avancée par mon ami, bien qu'il puisse y avoir aussi
des difficultés à admettre que le Mûlâdhâra est entièrement
vidé de la grande puissance. Je suggérai que Kundalî pouvait
être le centre statique du corps entier considéré comme un
organisme conscient et complet, et que chacune des parties
du corps et leurs cellules constitutives devaient avoir leurs
centres statiques propres, qui soutiendraient ces parties et
ces cellules ; et que la vie du corps, considéré comme un
ensemble de particules matérielles (privé de la conscience
organique générale du tout), était soutenue par le nectar qui
coulait de Kundalinî Shakti lorsqu'elle s'unissait à Shiva
dans le Sahasrâra. En réponse, le Professeur P. Mukhyopâdhyâya donnait sur la question les vues suivantes :

« De la façon dont je présente les faits, quelque chose, à
savoir un équivalent dynamique ou « double actif », se
dégage certainement du Mûlâdhâra, mais ce centre ou siège
fondamental n'est pas épuisé ni vidé d'énergie statique par
suite de cette opération. Le Mûla (racine), comme siège de
puissance statique ou repliée, est toujours indispensable.
Il est la condition *sine qua non* de toutes les fonctions du
triple corps (grossier, subtil, causal). Il est, pour ainsi dire,
le tampon, ou la base, contre laquelle toute activité du Jîva
(conscience incarnée) doit réagir ou se replier, comme un
canon de marine ou toute autre sorte de canon lourd contre
sa base ou son emplacement. Ainsi, tandis que la Shakti
dynamique ou déroulée s'élève le long de la colonne vertébrale, la Shakti statique ou repliée garde sa place dans le
Mûla, et demeure comme la possibilité même du soulèvement
dynamique. La puissance montante est simplement la contre-

partie dynamique du fond statique. Dire que Kundalinî quitte sa place et s'élève revient à dire qu'elle cesse d'être Kundalinî et devient dynamique. La puissance ascendante est donc puissance déroulée, qui n'est point Kundalinî ; c'est l'expression dynamique de la puissance nommée Kundalinî. Là-dessus tout le monde peut être d'accord. Mais voici le problème : le Mûla est-il épuisé ou privé de toute puissance (en particulier de puissance repliée) quand cette expression dynamique l'abandonne et s'élève le long de la colonne vertébrale ? L'expression dynamique est-elle entièrement aux dépens du fond statique ? Celui-ci doit-il cesser pour que la première puisse commencer ?

« Je crois devoir répondre ici par la négative. Dans ce cas la Puissance s'éloigne et en même temps demeure : s'éloigne dynamique, et statique demeure ; la Kundalî est déroulée sous un de ses aspects, ou pôles, et demeure repliée sous son autre aspect ou pôle. C'est peut-être un paradoxe, mais, comme la plupart des paradoxes, il a des chances d'être vrai.

« L'autorité des Ecritures, pour laquelle, je le déclare à cette occasion, j'ai le plus grand respect, est-elle réellement contredite par cette interprétation ? J'ai indiqué dans les deux communications précédentes la nature de l'équivalent dynamique et sa relation avec le fond statique, et je n'ai pas besoin de m'étendre longuement là-dessus. J'ai toujours affirmé que le Mûlâdhâra, siège de la puissance statique (c'est-à-dire repliée), ne peut jamais devenir vide de cette puissance, sauf dans le cas de Videhamukti (délivrance sans corps), où le triple corps (grossier, subtil, causal) doit se dissoudre. Je crois aussi que le point de vue que vous avez adopté peut se concilier avec cette interprétation. La Kundalinî Shakti est l'aspect statique de la vie du corps organisé dans son ensemble, comme vous le dites très justement. La relation qui existe entre la vie des cellules individuelles et celle de l'organisme dans son ensemble n'est pas clairement comprise par la science. La vie de l'ensemble n'est-elle que la résultante mécanique des vies des cellules individuelles, ou les vies des cellules individuelles ne sont-elles que des manifestations détaillées de la vie de l'ensemble ? Autrement dit, la vie de l'ensemble est-elle cause et celle des cellules effet, ou inversement ? La science n'est pas encore fixée sur ce point. Admettant le Shaktivada (doctrine de Shakti), j'incline, pour ma part, à donner la primauté à la vie de l'ensemble ; dès la cellule-mère la vie de l'ensemble est donnée en substance, et tout le développement du Jîvadeha (corps du Jîva) n'est que la réalisation dans le détail de ce qui a déjà été donné en substance, suivant le principe de l'Adrishta (Karma). Néanmoins, je suis tout à fait disposé à reconnaître aux cellules individuelles des vies indépendantes jusqu'à un certain point. « Jusqu'à un certain point », parce qu'elles ont besoin d'être soutenues, dans une mesure considérable, par la vie de l'ensemble. Bénéfice ou dommage reçu par la vie de l'ensemble réagit sur l'état des cellules ; la mort de l'ensemble est suivi de la mort des cellules, et ainsi de suite.

« Or, il y a naturellement dans chaque cellule une polarisation statique-dynamique ; dans l'ensemble de l'organisme, existe aussi une telle polarisation ou corrélation. Dans l'ensemble de l'organisme, le pôle du corrélatif statique est la puissance enroulée dans le Mûlâdhâra, et le corrélatif dynamique est la puissance active (les cinq Prâna, qui sont Prâna, Apâna, Samâna, Udâna et Vyâna), qui effectue réellement les diverses fonctions du corps. C'est pourquoi, d'ordinaire, cette puissance dynamique est distribuée dans le corps entier, vivifiant non seulement l'étendue des tissus, mais les cellules microscopiques. Or la dévitalisation (comme vous dites) du corps dans le Kundalinî Yoga ou le Shatchakrabheda est due, je crois pouvoir le penser, non à l'épuisement ou à la privation de puissance statique dans le Mûlâdhâra, mais à la concentration ou à la convergence de la puissance dynamique ordinairement répandue dans le corps entier, si bien que l'équivalent dynamique dressé sur le fond statique ou Kundalinî Shakti n'est que le quintuple Prâna, d'ordinaire répandu, maintenant rassemblé, retiré des autres tissus du corps, et concentré au long de la colonne vertébrale. Ainsi, d'ordinaire, l'équivalent dynamique est le Prâna répandu dans tous les tissus ; dans le Yoga il est concentré le long de la colonne vertébrale ; l'équivalent statique ou Kundalinî subsistant dans les deux cas. La polarisation ou corrélation est également maintenue : dans le premier cas entre Shakti dans le Mûlâdhâra et le Prâna répandu ; dans le second cas entre Shakti dans le Mûla et le Prâna concentré le long de la colonne vertébrale. Peut-être est-ce là une explication satisfaisante de la froideur, de l'inertie croissante, de l'insensibilité, etc., du reste du corps dans le Kundalinî Yoga, dont vous parlez dans votre lettre. Généralement, dans le Yoga, le Prâna ne se retire et ne se concentre pas complètement ; le Prâna subsistant, et la vie des cellules, maintiennent le corps en vie, bien qu'il soit inerte ou semblable à un cadavre. Dans le cas d'un retrait et d'une concentration complète, les cellules meurent et le corps se désintègre.

« D'autre part, si dans le Kundalinî Yoga la puissance repliée était simplement et complètement déroulée (c'est-à-dire dynamisée), alors il y aurait excès plutôt que défaut de vitalité par tout le corps ; rien ne serait soustrait de l'énergie dynamique déjà disponible dans le corps, mais quelque chose s'y ajouterait, la puissance statique dans le Mûla devenant cinétique, s'élevant dans la colonne vertébrale et influençant les tissus voisins.

« De tout cela, je me risquerai à conclure que la puissance statique à la base de la colonne vertébrale, sans s'épuiser ou devenir autre que statique, provoque ou produit un équivalent dynamique qui est le Prâna répandu dans le corps, maintenant rassemblé et concentré le long de la colonne vertébrale. Les étapes de ce processus peuvent être indiquées sommairement comme il suit :

« 1. Tout d'abord, il y a une puissance enroulée à la base de la colonne vertébrale, et son corrélatif nécessaire, le Prâna dynamique, répandu par tout le corps sous ses cinq formes.

« 2. Dans le Kundalinî Yoga une partie du Prâna dynamique déjà disponible est employé à la base de la colonne vertébrale d'une manière appropriée, et par ce moyen la base, ou plus particulièrement le Padma (lotus) à quatre pétales qui représente ce centre, devient sursaturé, et réagit sur toute la puissance dynamique (ou Prâna) répandue dans le corps, en la faisant se retirer des tissus et se concentrer le long de la colonne vertébrale. Ainsi l'équivalent dynamique répandu dans le corps devient l'équivalent dynamique concentré le long de la colonne vertébrale. Telle est peut-être la signification de l'éveil du serpent.

« a) En réagissant de cette manière, la puissance enroulée n'a point perdu son équilibre général ni son état statique.

« b) Le mode opératoire de cette réaction est difficile à

indiquer, mais c'est probablement (comme je l'ai suggéré dans mes communications précédentes) soit : une conversion partielle de la puissance enroulée infinie en la sorte d'influence qui peut rassembler ainsi le Prâna répandu, et le concentrer le long de la colonne vertébrale ; soit une action inductrice, analogue à l'action électro-magnétique, par laquelle les Prâna sont rassemblés et concentrés. Dans ce dernier cas, il n'est pas besoin d'une conversion de l'énergie statique. Nous aurons peut-être à choisir entre ces deux explications, ou plutôt à les coordonner, pour comprendre le mode opératoire. En langage mathématique, le Prâna diffus est une quantité scalaire (ayant une grandeur, mais sans direction), tandis que le Prâna concentré est une quantité vectrice (ayant à la fois une grandeur et une direction définie).

« Supposons, enfin, que nous assistions avec un Divya-chakshu (œil intérieur) au progrès du Kundalinî Yoga. Là quelque chose de comparable à de la foudre concentrée (Tadit) s'élève du Mûlâdhâra, et accroît son élan en montant de Chakra en Chakra, jusqu'à ce que l'accomplissement soit atteint au Paramashivasthâna (séjour du Suprême Shiva). Mais regardez en arrière, et vous verrez que la Kulakundalinî est là aussi dans le Mûla, enroulée trois fois et demie autour du Svayambhu Linga. Elle est partie et pourtant elle est restée, elle est demeurée, et Elle revient à Elle-même. Cette manière de voir n'a-t-elle pas le soutien de l'autorité des Ecritures et de l'expérience du Yogî ? »

Laissant les détails de côté, le principe essentiel paraît être qu'une fois « éveillée », Kundalinî Shakti, soit en Elle-même, soit, comme le suggère mon ami, en Sa projection, cesse d'être une puissance statique qui soutient la conscience du monde, dont le contenu n'est gardé qu'aussi longtemps qu'Elle « dort », et, une fois mise en mouvement, est entraînée vers cet autre centre statique situé dans le lotus à mille pétales (Sahasrâra), qui est Elle-même unie à la conscience de Shiva, ou conscience extatique au delà du monde des formes. Quand « dort » Kundalinî, l'homme est éveillé à ce monde. Quand Elle « s'éveille », il dort, c'est-à-dire qu'il perd toute conscience du monde et entre dans son corps causal. Dans le Yoga, il passe au delà, à la Conscience informelle.

Il ne me reste qu'à ajouter, sans en discuter plus longue-

ment, que ceux qui pratiquent ce Yoga le déclarent plus
élevé que tout autre (744) ; et le Samâdhi (extase) atteint
par lui plus parfait. La raison qu'ils allèguent est la suivante :
dans le Dhyânayoga l'extase se produit par détachement
du monde et concentration mentale, conduisant à la vacuité
de l'opération mentale (Vritti), ou faisant se lever la Conscience pure libérée de toutes les limitations du mental (745).
Le degré atteint par ce dévoilement de la conscience dépend
des capacités de méditation (Jnânashakti) du Sâdhaka et
du degré de son détachement du monde. D'autre part
Kundalinî, qui est toutes les Shakti, et qui est donc Jnâna-
shakti elle-même, produit, une fois éveillée par le Yogî, la
plénitude du Jnâna. En second lieu, dans le Samâdhi du
Dhyâna Yoga, il n'y a point d'éveil ni d'union de Kundalinî
Shakti, qui s'accompagnent de béatitude et de l'acquisition
de pouvoirs spéciaux (Siddhi). De plus, dans le Kundalinî
Yoga il n'y a pas seulement un Samâdhi obtenu par la
méditation, mais un Samâdhi obtenu par le pouvoir central
du Jîva, puissance qui porte en elle à la fois les forces du
corps et du mental. L'union ainsi comprise est déclarée
plus complète que celle réalisée seulement par des méthodes
mentales. Bien que dans les deux cas la conscience corporelle
soit perdue, dans le Kundalinî Yoga, ce n'est pas seulement
le mental, mais le corps dans la mesure où il est représenté
par sa puissance centrale (ou, peut-être, sa projection), qui
est réellement uni à Shiva. Cette union produit une jouissance
(Bhukti) que ne possède point le Dhyânayogî. Alors que le
Divya Yogî et le Vîra Sâdhaka ont l'un et l'autre la jouissance, celle du premier est infiniment plus intense, étant
une expérience de la Béatitude même. La jouissance du
Vîra Sâdhaka n'en est qu'un reflet sur le plan physique,
un jaillissement de la véritable béatitude à travers l'amas

---

(744) Je ne dis pas que je l'admets, ni que c'est un fait. Seul
en peut juger qui a connu toutes les expériences de Yoga. Je ne
fais ici que constater.

(745) Que la Christian Science appelle, je crois, « le mental
mortel ». Dans la doctrine hindoue le mental est une manifestation temporelle et limitée de la Conscience éternelle et sans
limites. Comme il s'agit d'états différents, deux termes valent
mieux qu'un.

étouffant et les entraves de la matière. En outre, quand on dit que l'un et l'autre ont la délivrance (Mukti), ce terme n'est employé dans la Vîra Sâdhanâ que dans un sens figuré, indiquant une béatitude qui approche le plus possible sur le plan physique de celle de Mukti, et un Bhâva ou sentiment d'union momentanée de Shiva et de Shakti, qui dans la Yoga Sâdhanâ la plus élevée parvient à la Délivrance radicale du Yogî. Celui-ci, au sens plein et littéral, a tout ensemble la Jouissance (Bhukti) et la Délivrance (Mukti). D'où la prétention de ce Yoga au titre d'Empereur de tous les Yoga.

Quoi qu'il en soit, j'abandonne ici mon sujet, avec l'espoir que d'autres poursuivront l'étude que j'ai commencée dans cet ouvrage. Elle me semble, avec d'autres matières du Tantra Shâstra, et quelle que soit leur valeur inhérente, digne d'une recherche qu'on ne lui a pas encore consacrée.

———

TABLE DES PLANCHES

———

TABLE DES MATIÈRES

DANS LA MÊME COLLECTION

Achevé d'imprimer par Corlet, Imprimeur, S.A. - 14110 Condé-sur-Noireau
N° d'Imprimeur : 5876 - Dépôt légal : mai 1985 - Précédent dépôt : 2e trimestre 1981

Imprimé en France